KB270177

실무 디자이너가 제안하는
Keynote Presentation Design

키노트 프레젠테이션 디자인

DIGITAL BOOKS
www.digitalbooks.co.kr
디·지·털·세·상·의·안·내·자

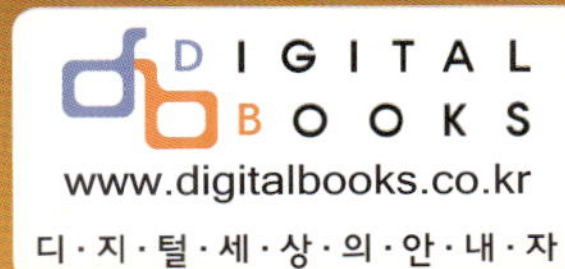

실무 디자이너가 제안하는 Keynote Presentation Design

키노트 프레젠테이션 디자인

| 만든 사람들 |

기획 IT · CG기획부 | **진행** 양종엽 | **집필** 신다니엘 | **편집 디자인** 심즈커뮤니케이션 | **표지 디자인** 심즈커뮤니케이션

| 책 내용 문의 |

도서 내용에 대해 궁금한 사항이 있으시면
저자의 홈페이지나 디지털북스 홈페이지의 게시판을 통해서 해결하실 수 있습니다.
디지털북스 홈페이지 : www.digitalbooks.co.kr
저자 이메일 : rixn@naver.com
저자 블로그 : www.kineticpresentation.com

| 각종 문의 |

영업관련 hi@digitalbooks.co.kr
기획관련 digital@digitalbooks.co.kr 또는 dgbookplan@digitalbooks.co.kr
전화번호 (02) 447-3157~8

 2007년 관련 서적이 없던 시절, 독학으로 조금씩 키노트를 배워가며 업무에 활용하였는데, 그로부터 만 6년이 지난 지금 키노트 책을 출간하게 되었습니다. 책을 마무리 해가며 점점 드는 생각은 필자보다 먼저 책을 쓰신 분들을 향한 존경심이었습니다. 제품디자인을 전공한 필자가 글을 쓴다는 것은 쉽지 않은 일이었기 때문입니다.

 필자는 이 책을 쓰며 필자가 전공한 디자인에 촛점이 맞춰진 예제들로 구성하기 위해 애를 썼습니다. 디자인 이론을 길게 설명하기에는 지면이 부족하여 각각의 예제를 차근차근 따라하면서 조금씩 독자들의 디자인 감각이 높아질 수 있도록 하기 위함이었습니다.

 의외로 성공적인 발표의 슬라이드 디자인을 들여다 보면, 핵심단어와 간단한 도표들로 구성된 슬라이드 몇 장으로 이루어진 것들이 참 많았습니다. 불필요할 정도로 화려한 디자인 보다는 레이아웃의 일관성 있고 절제된 멋이 조금 가미된 슬라이드 디자인은 그리 어렵지 않게 익힐 수 있습니다. 이 책을 통해 독자분들이 조금이나마 실질적인 도움을 얻게 되기를 바랍니다.

 그리고 여러분도 아시다시피 프레젠테이션의 목적은 대부분 청중을 설득하기 위한 경우가 가장 많습니다. 그런데 많은 발표자들은 무의식적으로 자신의 지식을 현학적으로 표현하여 청중의 기선을 제압하려고 애쓰기 쉽상입니다. 그렇게 해야만 상대방을 설득할 수 있을 것이라는 선입견 때문입니다.

 필자도 마찬가지로 발표내용을 어렵고 복잡하게 구성하는 것을 좋아하는 편이었습니다. 하지만 실제로 여러차례 발표자가 되어 프레젠테이션을 해보고, 또한 저도 청중이 되어 듣는 기회를 가져보니 친근하고 알기 쉽게 구성된 발표내용에 제 마음이 더 움직이는 것을 알게 되었습니다. 마치 친한 친구에게 자신의 생각을 전하는 것과 같은 편안한 발표는 전하는 사람도 준비하기 쉽고 듣는 사람도 부담없이 받아들입니다.

 필자는 어떤 사람에게 나의 생각을 전달하는 시간이 참 행복한 순간이라고 생각합니다. 또한 발표할 때 느껴지는 약간의 긴장감은 때로 상당히 매력적이기도 합니다. 그리고 많은 사람들이 고개를 끄덕이고 공감대가 형성되었을 경우의 감동이란 다른 것과 비교하기 힘들 정도로 강력하기도 합니다.

 이 책을 집필하기 시작하면서 사례로 사용하기 위해 수년전 필자가 만들었던 키노트 파일을 하나씩 열어보았을 때 필자는 참 많이 부끄러웠습니다. 왜냐하면 자료들이 참 볼품없고 내용도 설득력이 없었기 때문입니다. 그동안 많은 경험과 좋은 책들을 읽으며 필자도 필자만의 디자인 스타일이 정립되고 발표내용을 구성하는 노하우도 쌓였습니다. 필자 뿐만 아니라 이 책을 읽으시는 독자분들도 충분히 조금만 노력하면 누구나 훌륭한 발표를 하실 수 있을 거라 확신합니다.

 마지막으로, 이 책을 쓰는 동안 아이디어를 떠오르도록 해주신 하나님께 감사드립니다. 또한 항상 격려해주신 부모님께 감사드리고, 필자의 책이 나오기만 하면 소문내주겠다며 관심가져준 동생에게도 고마운 마음을 전합니다. 그리고 필자의 디자인을 항상 날카롭게 지적해주는 높은 안목을 지닌 사랑하는 아내와 아직 뱃속에 있지만 조만간 세상에 태어날 아들에게 진심으로 고마운 마음을 전합니다.

 제6회 신디영화제 사례를 사용할 수 있도록 도와준 친한 동생 이우리와 강성경 사무국장님, 박기용 집행위원장님 감사드립니다. 그리고 작품이미지를 사용할 수 있도록 승락해주신 두 분, 작가로 멋지게 활동하는 이예림과 저에게 있어서 평생 은사님이신 김태진 선생님께 진심으로 감사드립니다. 더불어 (주)21그램(www.21grams.co.kr)에서 강의할 수 있도록 도와주신 모든 분들, 직장에서 다양한 디자인 경험을 할 수 있도록 도움을 주신 많은 분들께 감사드립니다.

신다니엘 (rixn@naver.com)

Contents

Part 01 키노트야, 반가워

Contents

Contents

Part **05** 실전 예제 따라하기

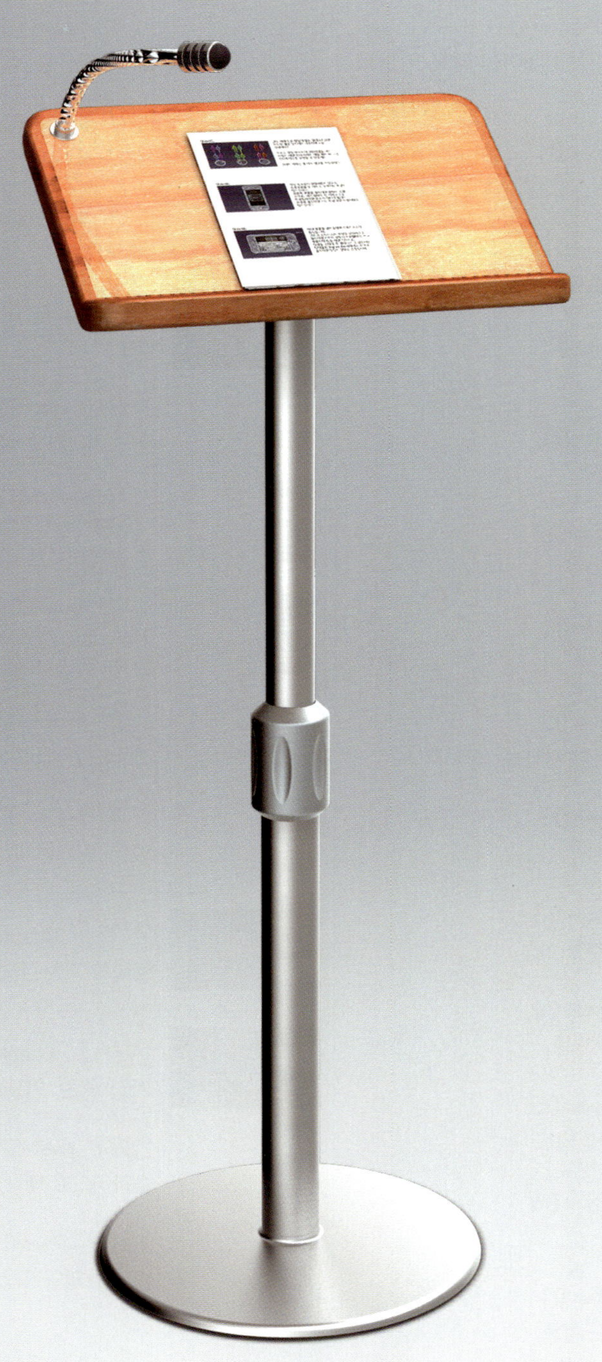

Part 01

키노트야, 반가워

Chapter 01

Mac OS와 키노트
둘러보기

Lesson **01** 라이온에서 퓨마로?

Unit **01** 왠지 더 예쁘게 보이는 애플 Mac OS : 마운틴 라이온

2012년 7월 25일, 매킨토시 컴퓨터의 새로운 운영체제(OS : Operating System)인 마운틴 라이온을 사용할 수 있게 되었습니다. 산사자라고 부를 수도 있지만 원래 뜻은 우리가 알고 있는 퓨마라고 합니다. 키노트를 배우기 전에 애플 컴퓨터의 운영체제에 관하여 알아봅시다.

Unit **02** 메뉴막대의 변신

Windows 운영체제와는 다르게 Mac OS를 실행시키면 항상 화면 위에 메뉴막대가 보입니다. 이 메뉴막대는 실행되는 프로그램의 메뉴를 표시하는 기능을 하는데 사용하는 프로그램이 바뀔 때마다 자동으로 메뉴막대의 항목도 변화합니다.

Unit 03 아름답고 편리한 도크

Mac OS의 바탕화면에서 눈에 띄는 기능 중 하나는 도크라고 부르는 아이콘 모음입니다. 주로 사용하는 프로그램의 아이콘을 모아놓고 필요할 때 마다 클릭하여 실행시킬 수 있습니다. 도크에 등록시키는 방법은 응용프로그램 폴더에서 도크로 드래그하기만 하면 됩니다.

그리고 간단하게 도크의 크기를 변화시킬 수 있는 방법이 있습니다. 도크는 점선 같은 표시를 기준으로 두 부분으로 나뉩니다. 이 지점을 마우스를 클릭한 상태에서 위아래로 움직이면 마우스 커서 모양이 바뀌면서 도크의 크기를 조절할 수 있습니다.

Unit 04 Finder 길들이기

저장된 파일을 찾으려면 도크 가장 왼편에 보이는 [Finder]를 실행시키면 됩니다. Windows의 [내 컴퓨터]와 비슷한 기능입니다. [Finder]는 4가지 보기 기능이 있는데 아이콘으로 보거나 자세히 보기 혹은 디렉토리 구조로 보거나 마지막으로 커버플로우 형태로 볼 수 있습니다.

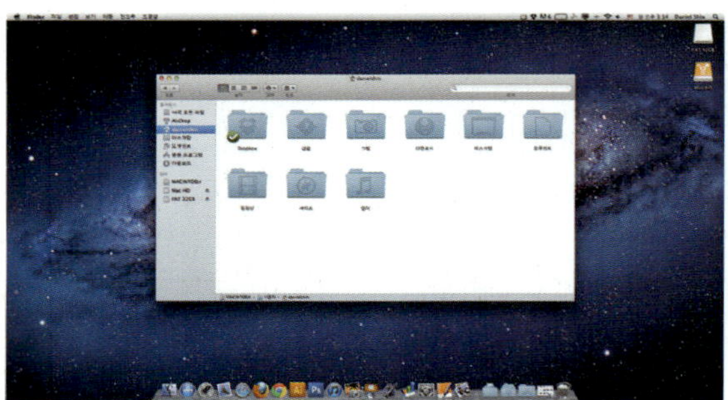

▲ 아이콘 보기

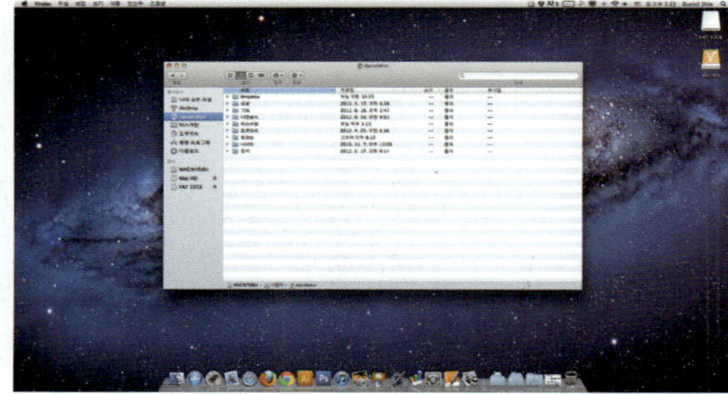

▲ 자세히 보기

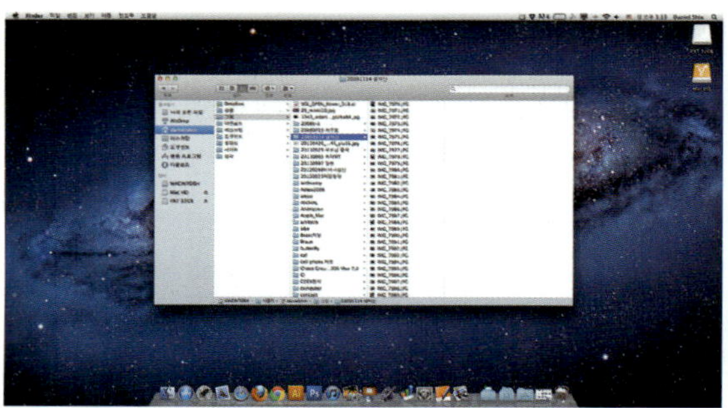

▲ 디렉토리 구조로 보기

▲ 커버플로우로 보기

자주 사용하는 폴더는 왼편에 보이는 사이드바의
즐겨찾기 영역으로 드래그하여 등록시켜 놓으면 편
리합니다.

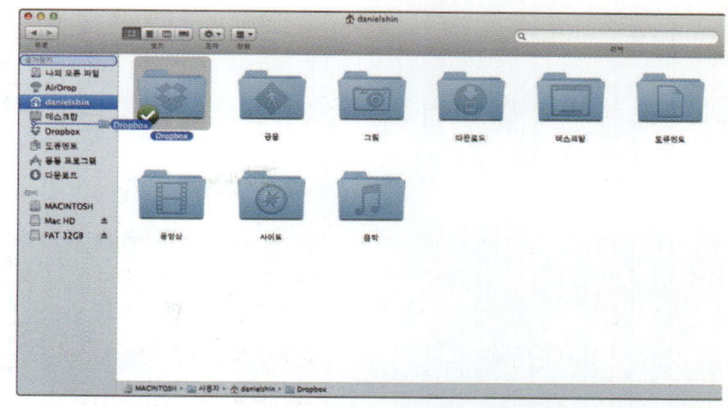

만약 사이드바에서 하드디스크 경로가 보이지 않는다면 [Finder 환경
설정]에서 보이게 할 수 있습니다. 메뉴막대에서 환경설정을 선택하면
[Finder 환경설정]이 나타납니다. 여기에서 하드디스크를 체크해줍니다.

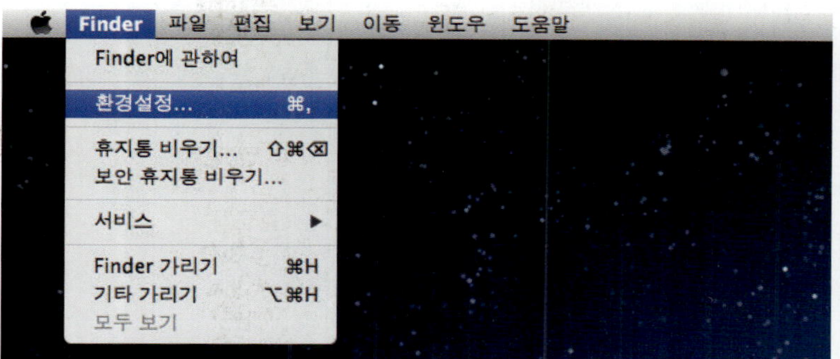

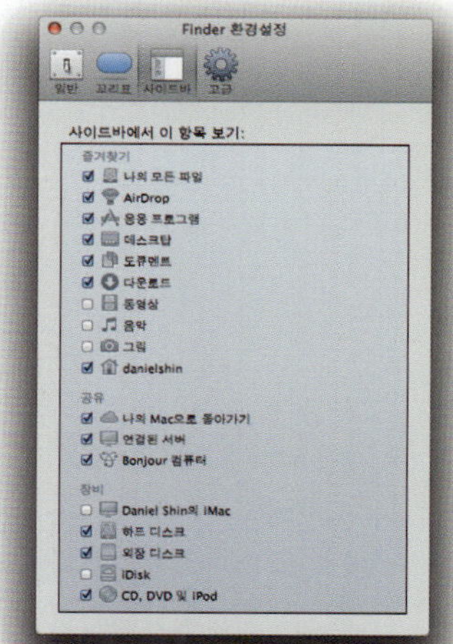

[Finder]의 도구막대의 기능을 확장하려면 도구막대의 빈 영역에서 마우스 오른쪽 버튼을 클릭하여 도구
막대 사용자화를 선택합니다. 여기서 필요한 기능의 아이콘을 도구막대로 드래그하면 됩니다. 보통은 [새
로운 폴더], [훑어보기]와 같은 기능을 추가합니다.

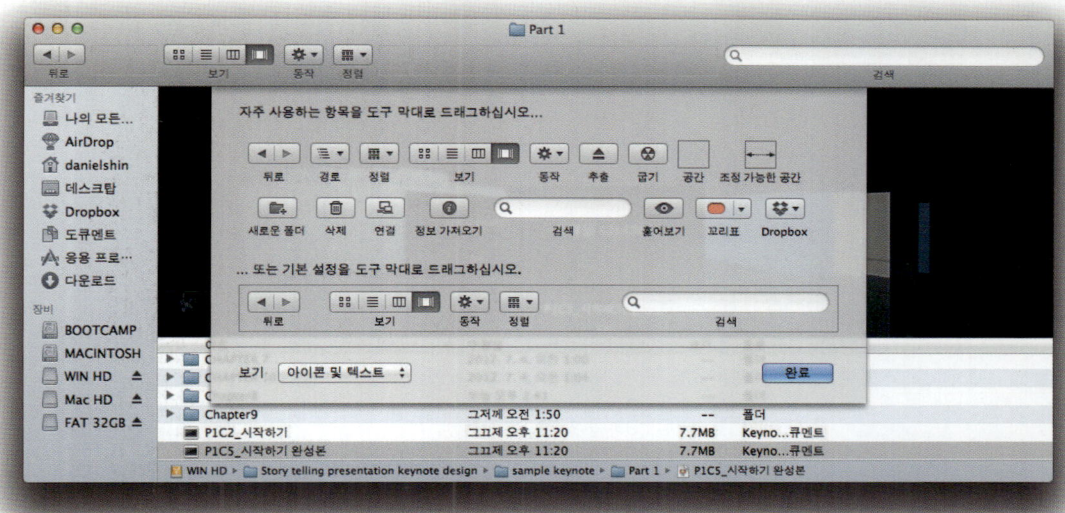

Unit 05 응용프로그램

소프트웨어의 설치 위치를 임의로 조정하지 않았다면 기본적으로 설치된 프로그램은 전부 응용프로그램 폴더에서 확인할 수 있습니다.

 런치패드를 활용하면 마치 아이폰이나 아이패드에서 어플리케이션을 실행시키는 듯한 화면을 보이게 할 수도 있습니다.

Unit 06 서체관리자

추가로 서체를 설치할 때 사용하는 서체관리자입니다. 응용프로그램의 거의 맨 밑부분에서 찾을 수 있습니다. 구입한 서체들은 종종 자체 매니저 프로그램을 통해 설치되는 경우가 있지만 그 외의 서체는 서체관리자로 서체 파일을 드래그 하면 자동으로 설치됩니다.

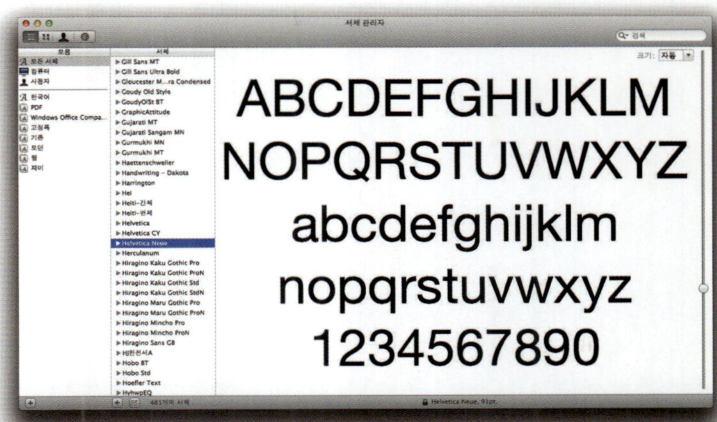

Unit 07 시스템 환경설정

도크에서 시스템 환경설정을 클릭하면 보이는 화면입니다. 이 부분에서 모니터의 해상도나 바탕화면의 배경을 바꾼다든지 마우스의 이동속도를 조절하는 등 다양한 설정을 자신에게 맞게 조절할 수 있습니다.

Unit 08 외장 저장매체 제거하기

Windows와는 다르게 Mac OS는 새로운 저장매체를 연결하면 바탕화면에 아이콘이 보입니다.

외장하드나 메모리 혹은 DVD 아이콘을 도크의 휴지통으로 이동하면 휴지통 아이콘이 추출 아이콘으로
바뀌면서 제거됩니다. 저장된 내용이 삭제되는 것이 아니므로 사용이 끝났으면 안심하고 휴지통으로 이동
시켜 제거하세요.

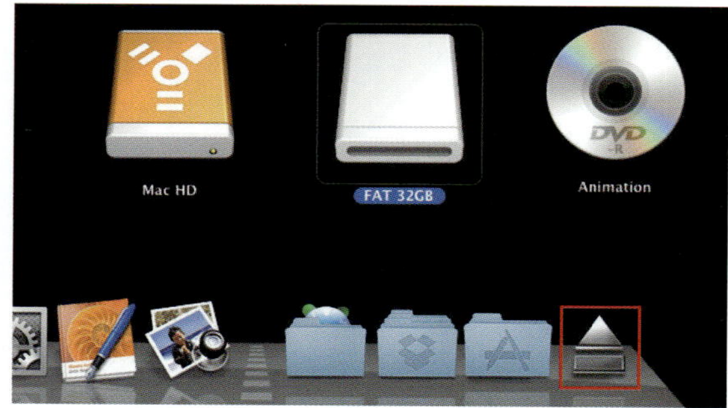

혹은 저장매체 아이콘 위에서 마우스 오른쪽 버튼을 클릭하면 곧바로 추출할
수도 있습니다.

Unit 09 맥 앱스토어

새로운 소프트웨어를 구입하고 설치할 때 사용하는 앱스토어입니다. 도크에서 앱스토어 아이콘을 누르면 다양한 프로그램들을 찾아볼 수 있으며 무료 버전들도 많이 있습니다.

키노트도 앱스토어를 통하여 간단히 구매할 수 있습니다. 키노트의 가격은 19.99달러입니다.

Unit 10 기능키

Windows에서 Windows 모양 키는 시작하기 기능입니다. Mac OS도 비슷하지만 여기에 추가로 Command 키는 Windows의 ctrl키와 똑같은 기능을 합니다. 예를 들어 복사하기 단축키가 Windows 에서는 Ctrl + C 키라면 Mac에서는 Command + C 키입니다. 참고로 Windows의 Enter 키도 Mac에 서는 Return 키라고 부릅니다.

다음은 기능키를 뜻하는 기호입니다. 이 기호를 외 워두면 프로그램의 단축키를 사용하는 데 많은 도 움이 됩니다. 왜냐하면 대부분의 단축키는 메뉴막 대의 오른쪽에 기호를 사용하여 표시되어 있기 때 문입니다.

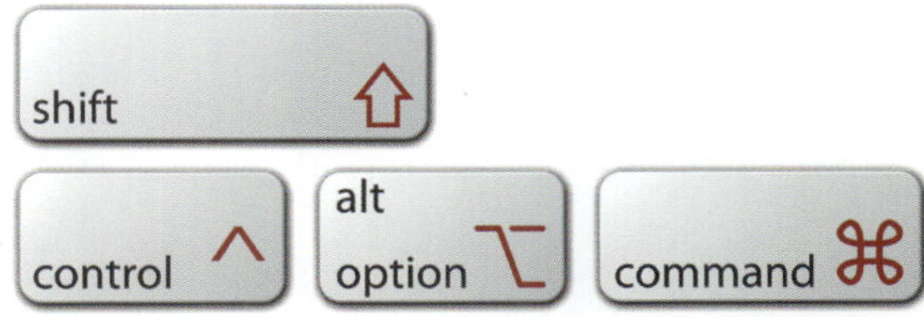

Lesson 02 키노트, 꼭 배워야 할까?

"키노트가 뭐죠? 키노트 그렇게 좋은가요? 파워포인트와 제일 큰 차이점은 무엇인가요?"
가끔 이런 질문을 받게 됩니다. 그러면 저는 이렇게 대답하곤 합니다.
"애플社에서 만든 파워포인트 같은 발표용 프로그램입니다. 파워포인트보다 사용자 인터페이스가 약간
더 편리하고 움직이는 애니메이션 효과가 더 예쁩니다."

Unit 01 키노트 사용자 인터페이스

Microsoft社의 파워포인트도 좋은 프로그램입니다. 여러 번의 업데이트 통해 보완되었으며 전 세계 프레젠테이션 시장을 사로잡고 있습니다. 굳이 키노트를 사용하지 않아도 됩니다. 왜냐하면 대부분의 기능은 키노트와 파워포인트가 동일하기 때문입니다. 하지만 프레젠테이션은 약간의 차이가 승패를 결정하는 경우가 많이 있습니다. 앞으로 키노트를 배워보면서 어떠한 장점이 있는지 알아봅시다.

Unit 02 도구 막대

키노트의 도구들이 버튼 형태로 위치하고 있습니다.
대부분 한번 클릭으로 기능이 실행되지만 아이콘 옆에 작은 삼각형이 있다면 세부 항목이 나타납니다.

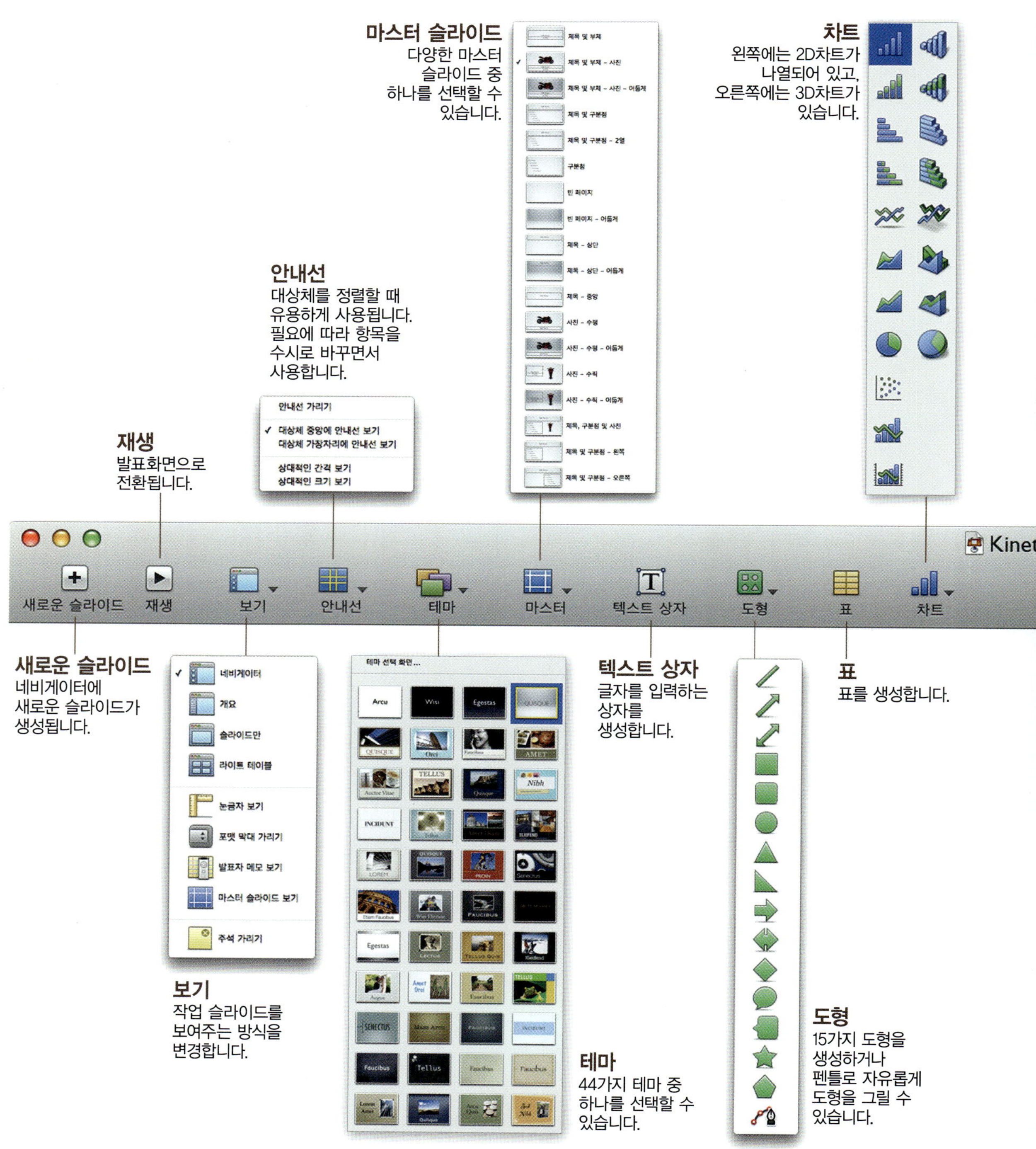

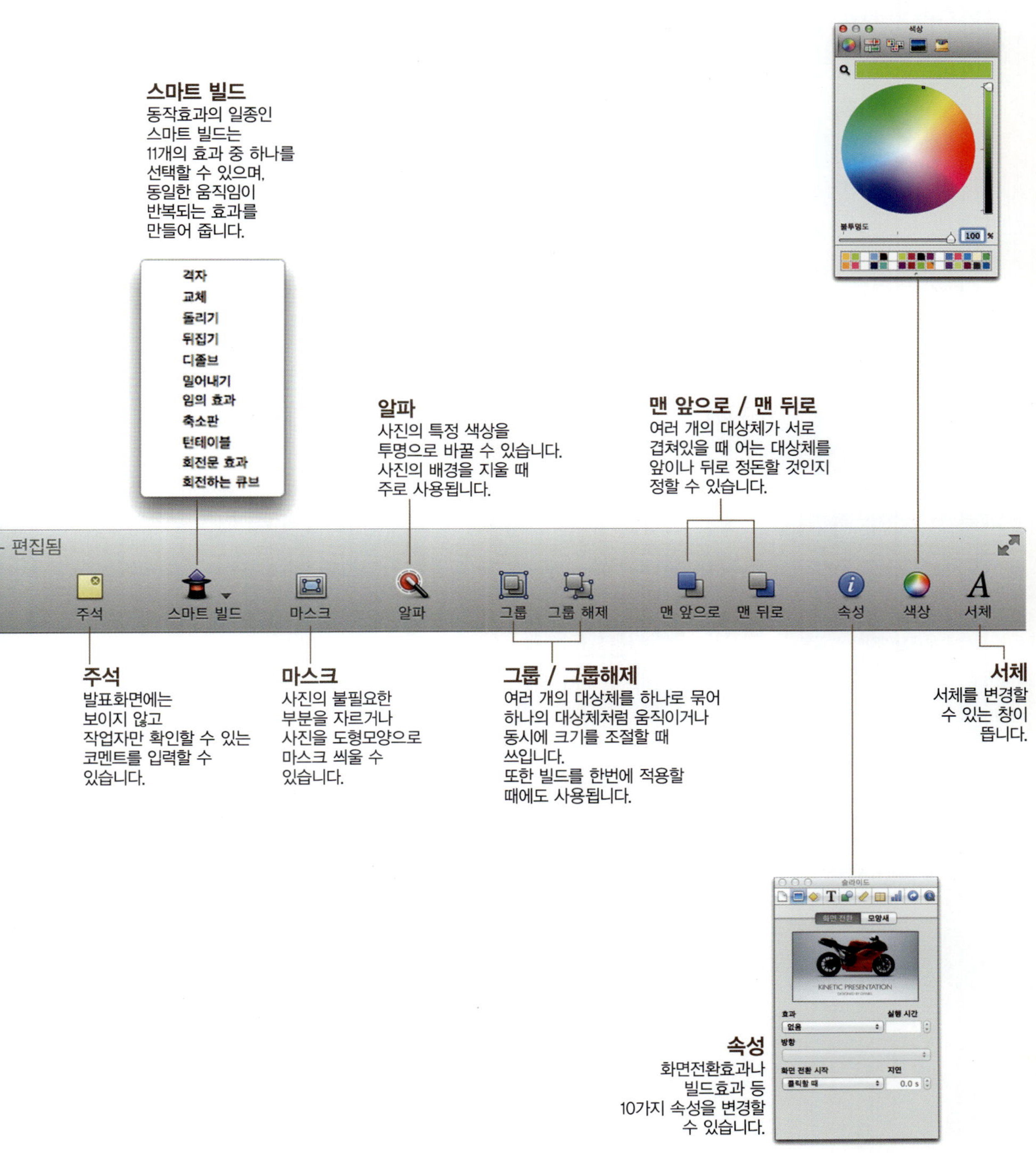
스마트 빌드
동작효과의 일종인
스마트 빌드는
11개의 효과 중 하나를
선택할 수 있으며,
동일한 움직임이
반복되는 효과를
만들어 줍니다.

격자
교체
돌리기
뒤집기
디졸브
밀어내기
임의 효과
축소판
턴테이블
회전문 효과
회전하는 큐브

알파
사진의 특정 색상을
투명으로 바꿀 수 있습니다.
사진의 배경을 지울 때
주로 사용됩니다.

맨 앞으로 / 맨 뒤로
여러 개의 대상체가 서로
겹쳐있을 때 어는 대상체를
앞이나 뒤로 정돈할 것인지
정할 수 있습니다.

색상

— 편집됨

주석   스마트 빌드   마스크   알파   그룹   그룹 해제   맨 앞으로   맨 뒤로   속성   색상   서체

주석
발표화면에는
보이지 않고
작업자만 확인할 수 있는
코멘트를 입력할 수
있습니다.

마스크
사진의 불필요한
부분을 자르거나
사진을 도형모양으로
마스크 씌울 수
있습니다.

그룹 / 그룹해제
여러 개의 대상체를 하나로 묶어
하나의 대상체처럼 움직이거나
동시에 크기를 조절할 때
쓰입니다.
또한 빌드를 한번에 적용할
때에도 사용됩니다.

서체
서체를 변경할
수 있는 창이
뜹니다.

속성
화면전환효과나
빌드효과 등
10가지 속성을 변경할
수 있습니다.

Unit 03 포맷막대

도구막대 밑에 위치하며 대상체의 형식을 빠르게 바꿀 수 있는 기능들이 있습니다. 대상체란 글자, 도형, 차트, 표 등을 통틀어 뜻하는 명칭입니다. 도형을 선택하면 포맷막대는 자동으로 도형의 색상이나 투명도, 외곽선 등을 조절할 수 있도록 바뀝니다. 또한 텍스트나 차트, 표 등을 선택하여도 선택된 대상체의 형태를 조절할 수 있도록 포맷막대의 항목이 자동으로 바뀝니다.

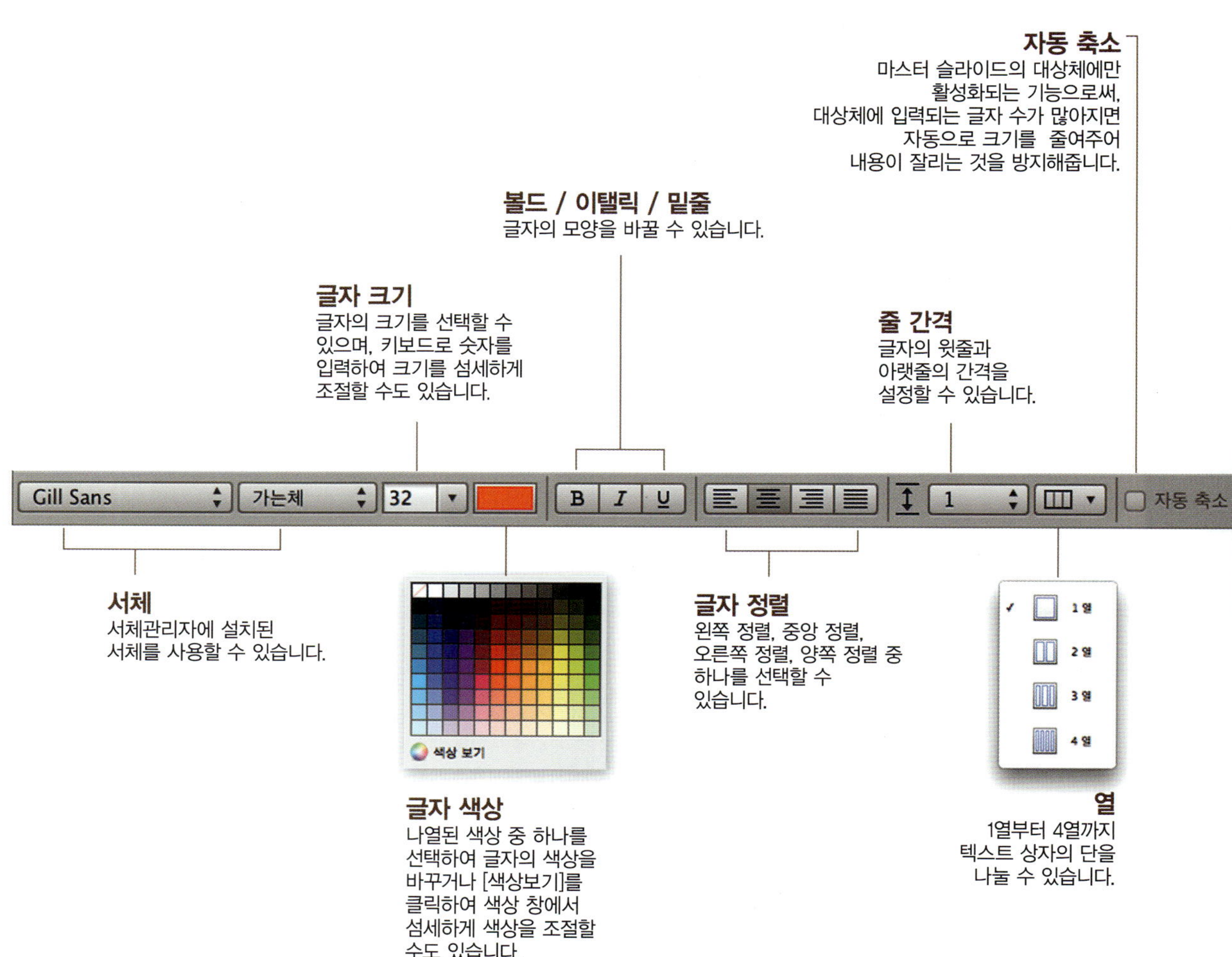

키노트를 처음 설치하고 실행시키면 포맷막대는 보이지 않습니다. 이런 경우 메뉴막대에서 [보기] 〉 [포맷 막대 보기]를 설정합니다.

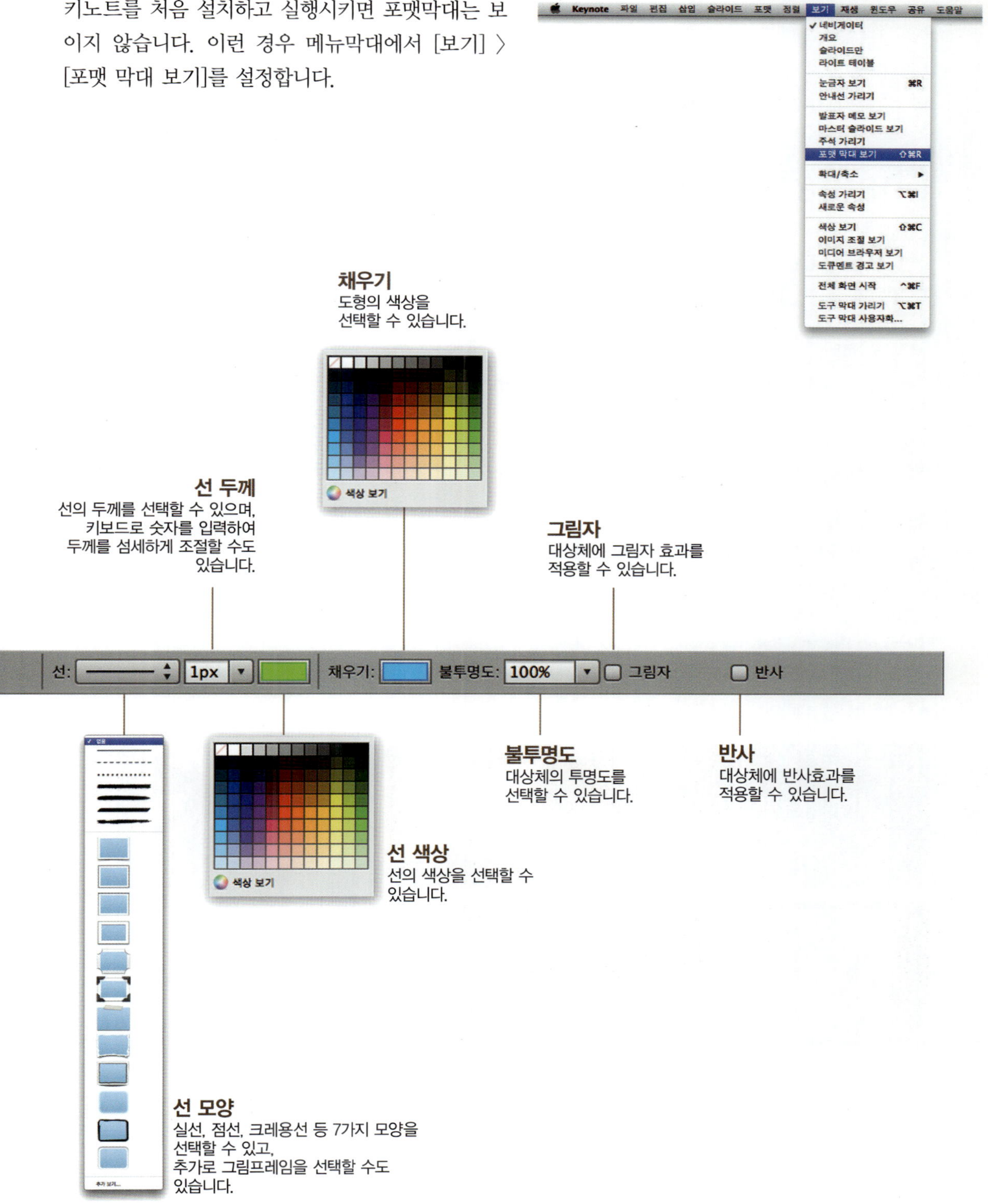

Chapter 02

준비되었다면 이제 시작합니다!

여행지에서 촬영한 사진을 가지고 자신의 여행경험을 간단하게 소개하는 자료를 만들어 보겠습니다.

|학·습·목·표|
키노트에서 글자를 입력하고 도형과 사진을 삽입하는 등 기본적인 사용법 익히기.

• 소스 이미지 :
  종이지도.jpg / Bali.png / GWK(Garuda Wisnu Kencana) Cultural Park.jpg
  Padang Padang Beach.jpg / Pura Luhur Uluwatu1.jpg
  Pura Luhur Uluwatu2.jpg / Pura Luhur Uluwatu3.jpg

• 완성 키노트 : p1c2-시작하기1.key

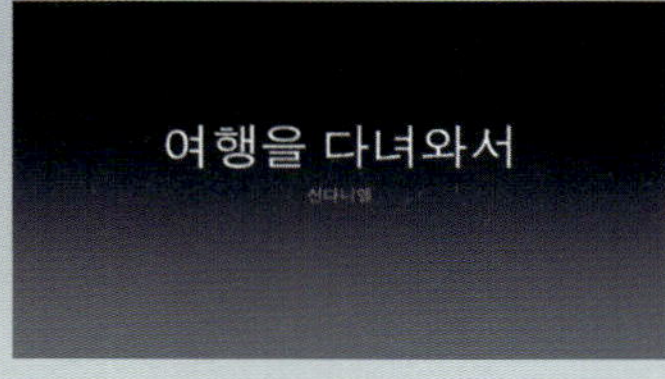

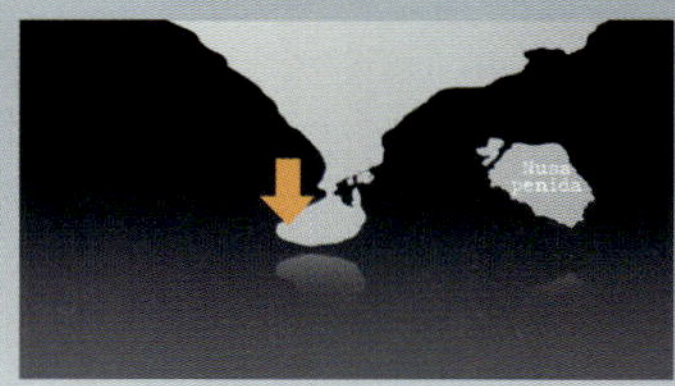

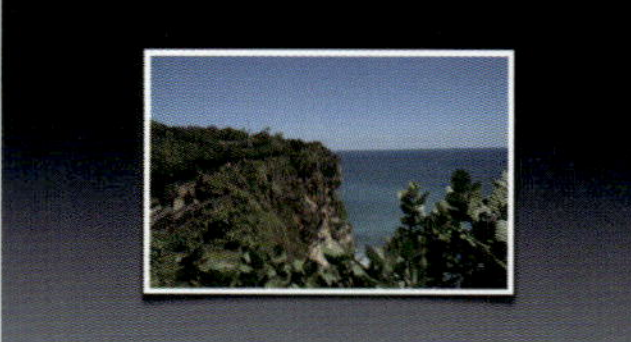

완성된 슬라이드 5장

Lesson 01   테마 선택

키노트를 처음 실행시키면 보이는 화면입니다. 키노트에는 기본으로 디자인된 여러 가지 테마들이 들어있습니다.

이중 원하는 테마를 선택하고 [슬라이드 크기]를 조절한 후, [선택] 버튼을 누릅니다.

슬라이드의 크기는 작업중에도 재설정 할 수 있으므로 안심하고 작업을 시작합시다.

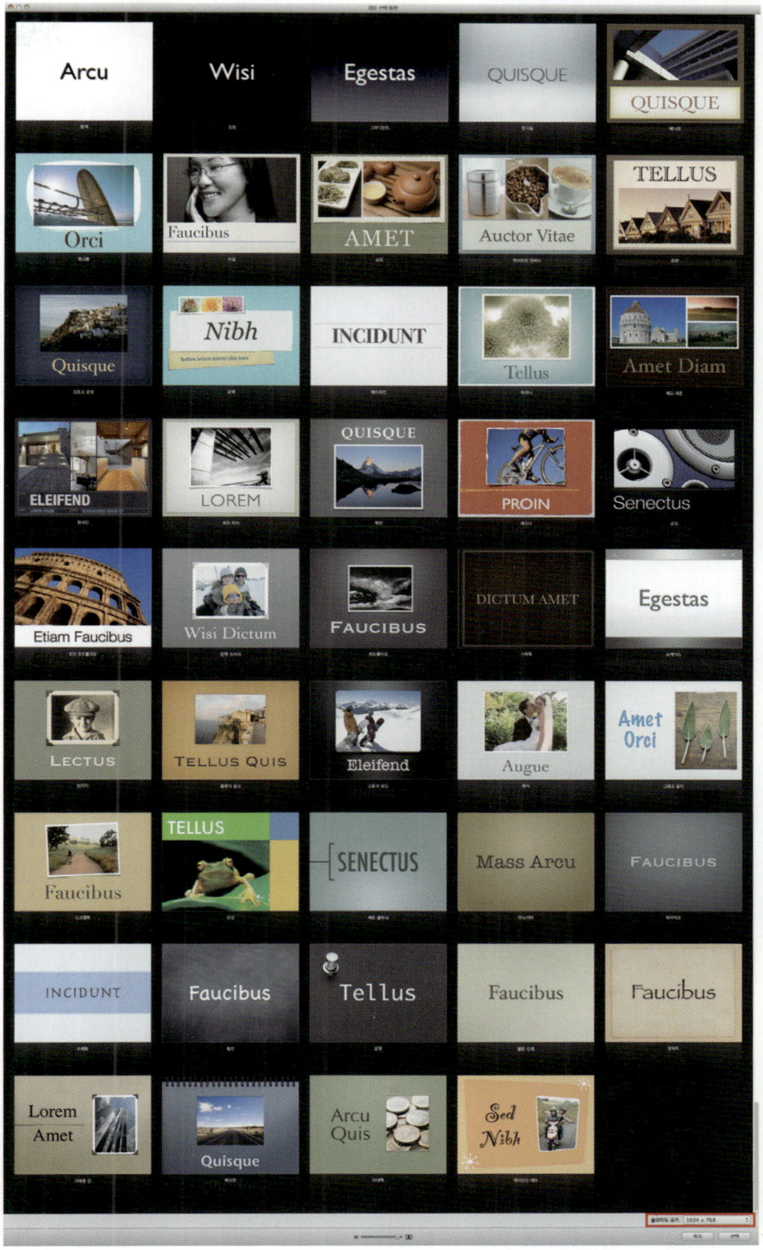

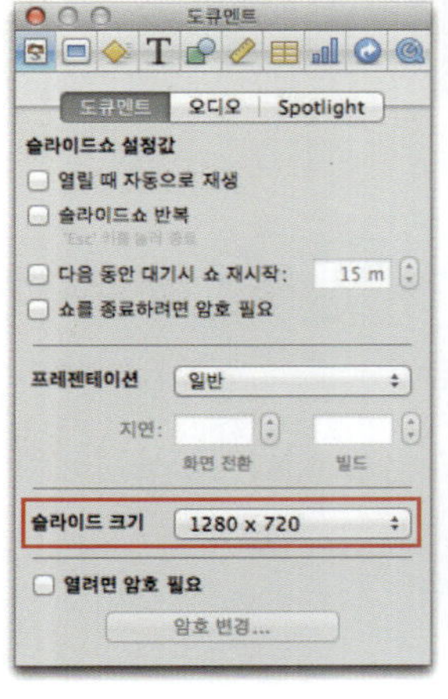

Lesson **02** 글자 입력하기

01 [편집하려면 이중 클릭] 영역을 더블 클릭하여 내용을 입력합니다.

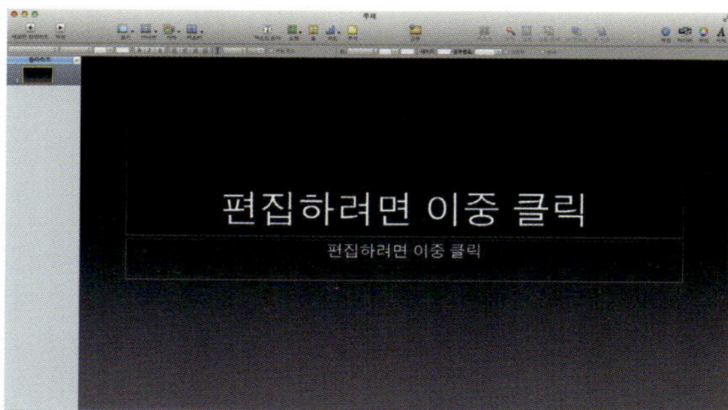

02 제목을 입력합니다. 저는 "여행을 다녀와서"라고 입력하였습니다.

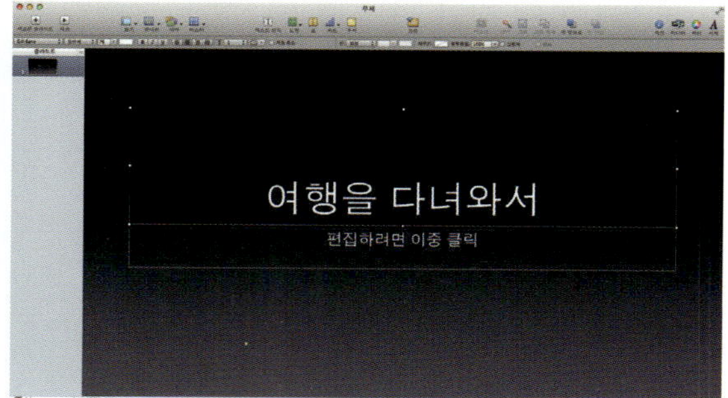

03 부제목 부분을 더블 클릭하고, 자신의 이름을 입력하도록 합니다.

04 제목의 글자를 조금 크게 바꾸고 싶습니다.
제목 글자를 드래그하여 선택한 후, 포맷막대에서 글자 크기를 바꿔줍니다.

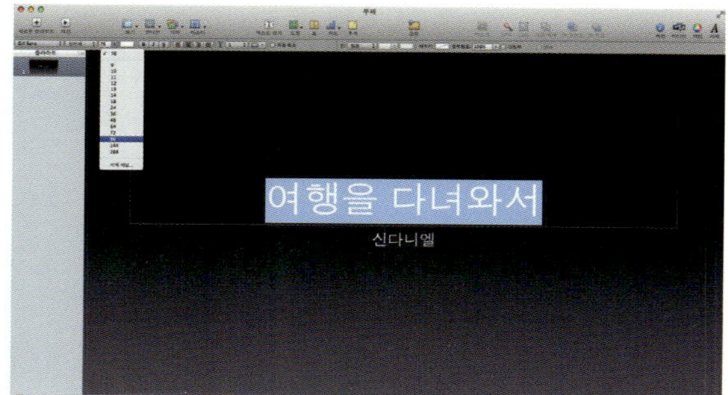

05 아래에 있는 이름의 글자색을 회색으로 바꾸고 싶습니다.
이름을 드래그하여 선택한 후, 포맷막대에서 글자색을 바꿔줍니다.

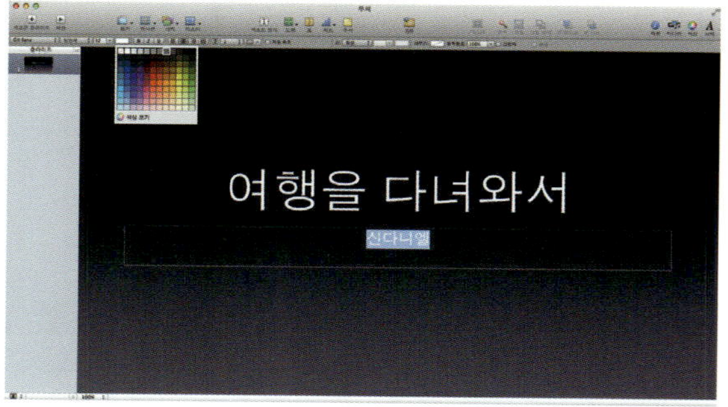

Lesson 03 마스터 슬라이드 선택하기

06 도구막대 가장 왼쪽의 [새로운 슬라이드](Shift + Command + N)를 클릭하여 다음 슬라이드를 생성합니다. 자동으로 상단에 제목과 아랫부분에 내용을 입력하는 구성의 슬라이드가 생성됩니다.

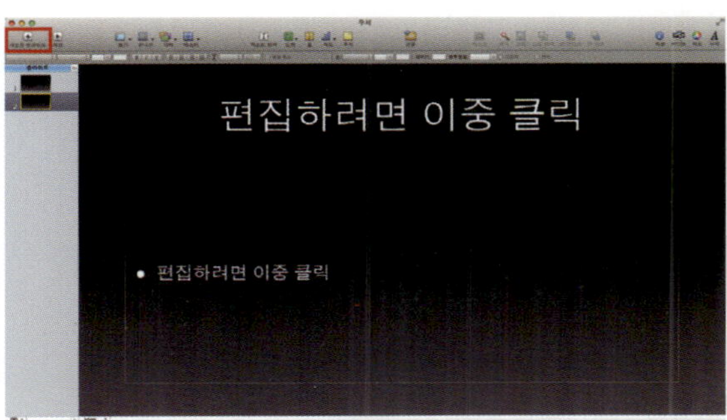

07 이번에는 빈 슬라이드 형식이 필요하므로 도구막대의 [마스터]를 클릭하여 [빈 페이지]를 선택합니다.

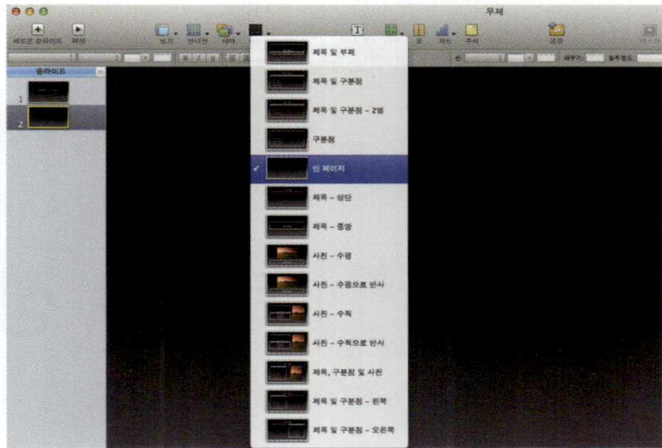

Lesson 04 그림 삽입하기

08 [Finder]에서 지도그림(Bali.png)을 찾습니다. 그리고 키노트 슬라이드로 드래그하면 그림이 삽입됩니다.

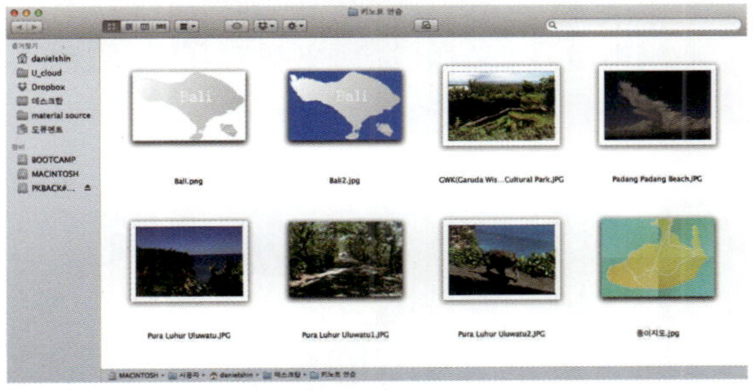

09 그림을 움직일 때 화면의 중앙에 위치하면 자동으로 노란 안내선이 표시되는 것을 알 수 있습니다.

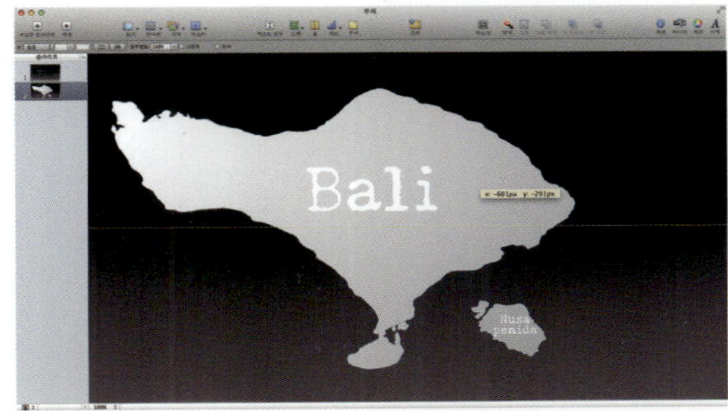

10 그림의 크기와 위치를 조절하여 화면의 오른쪽 위에 위치시킵니다. 선택된 그림 주위에는 총 8개의 하얀 점이 표시되는데 이 점을 드래그하여 그림의 크기를 조절할 수 있습니다.
만약 그림의 가로세로 비율을 바꾸고 싶다면 속성에서 [비율유지] 항목의 해제하면 됩니다.

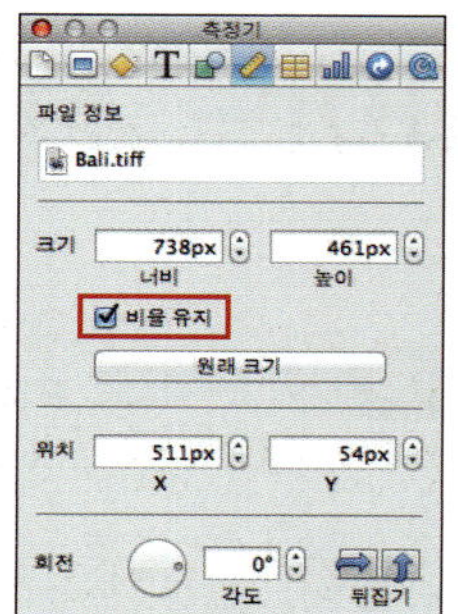

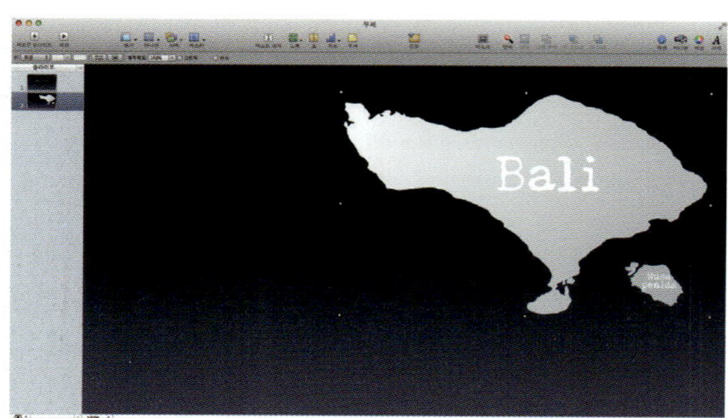

Lesson 05 텍스트 상자 활용하기

텍스트 상자가 선택되었을 때 포맷막대에서는 서체, 크기, 색상 및 정렬과 행간 등을 설정할 수 있습니다.

11 도구막대에서 [텍스트 상자]를 누르면 슬라이드 중앙에 글자를 입력할 수 있는 대상체가 생성됩니다.

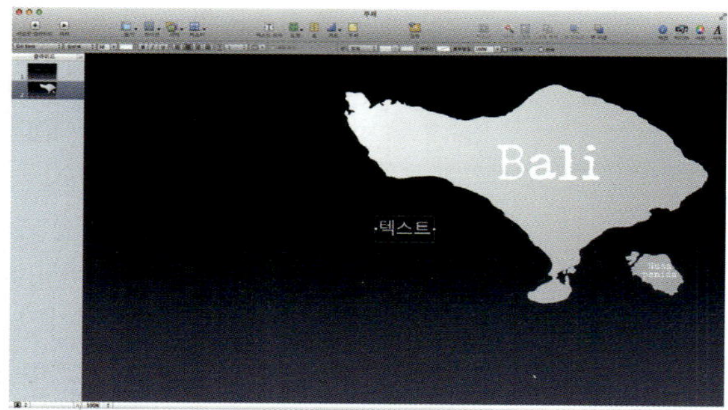

12 텍스트 상자에 '인도네시아 발리섬'이라고 내용을 입력합니다. 그리고 포맷막대에서 서체와 크기를 원하는 대로 바꾸어 줍니다. 필자는 'Gill Sans, 96pt'로 맞추었습니다.

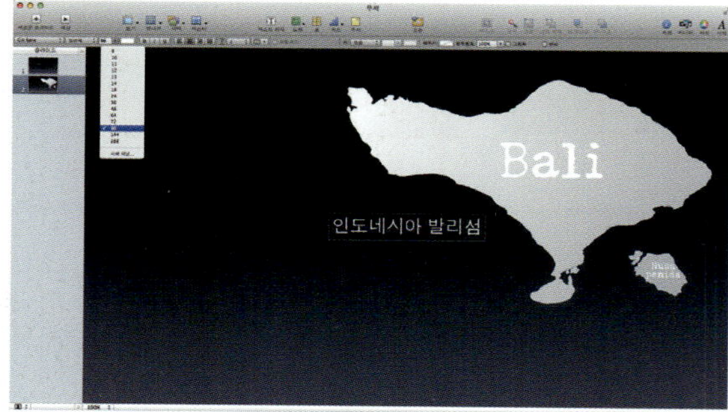

Lesson **06** 반사 설정하기

13 그림을 선택한 후, 포맷막대에서 [반사]를 체크하면 지도그림 밑에 반사가 표현됩니다.

Lesson **07** 슬라이드 복사하고 붙여넣기

14 그 왼쪽에 보이는 [네비게이터]에서 두 번째 슬라이드를 선택하면 해당 슬라이드에 노란색 테두리가 생깁니다. Command + D 키를 눌러 슬라이드를 복사합니다.

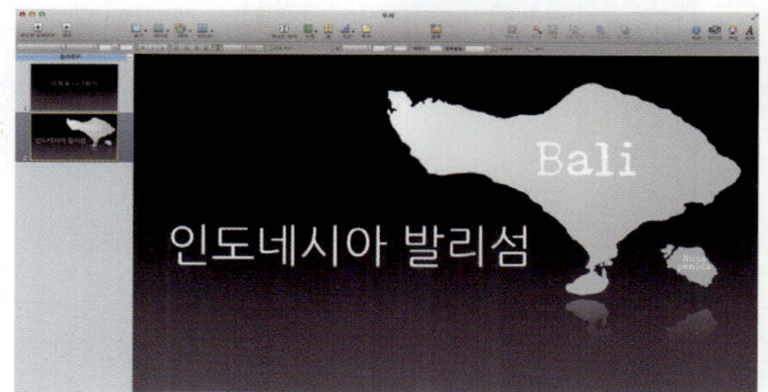

15 복사된 세 번째 슬라이드에서 글자를 선택한 후, Delete 키를 눌러 지웁니다. 그리고 지도그림의 크기를 다음과 같이 보이는 것처럼 키워줍니다.

Lesson **08** 도형 만들기

16 주로 여행했던 곳을 지도 위에 표시하기 위한 화살표 도형을 만들어 보겠습니다. 도구막대에서 [도형]을 누르면 다양한 모양의 도형이 보이는데, 이들 중 중간에 위치한 두꺼운 화살표를 선택합니다.

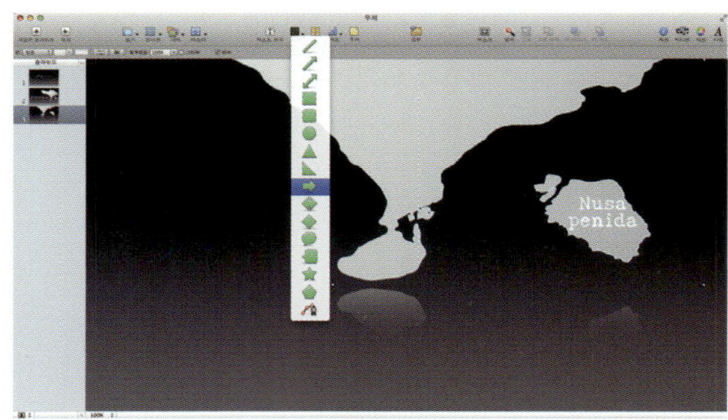

17 생성된 화살표 주변의 8개 포인트 중에서 하나의 포인트를 Command 키를 누른 상태에서 드래그하면 화살표의 각도가 조절됩니다. 이때 Shift 키를 추가로 누른 상태에서 드래그하면 '45°' 간격으로 조절됩니다.

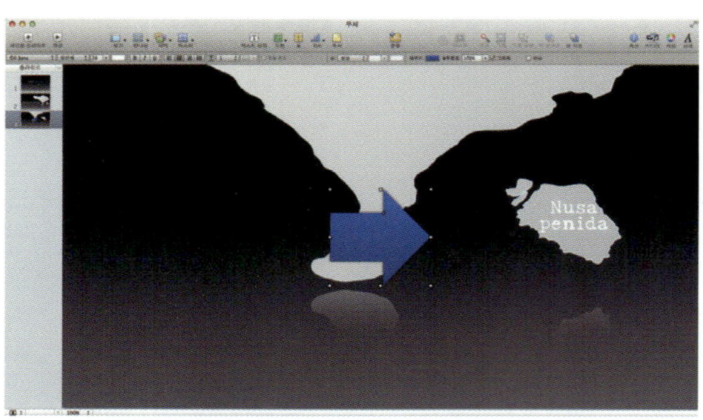

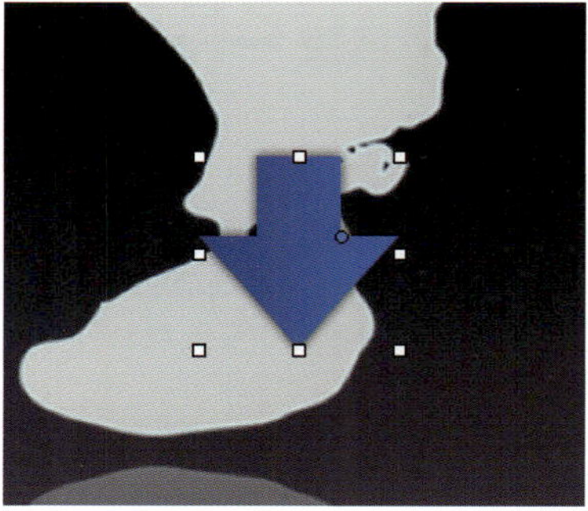

Tip 화살표 모서리의 동그란 파란 점을 움직이면 화살표의 모양이 바뀝니다.

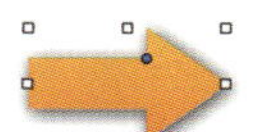

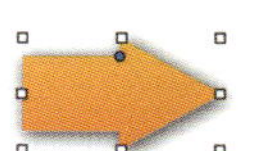

18 포맷막대에서 채우기를 눌러 화살표의 색상을 바꿔줍니다.

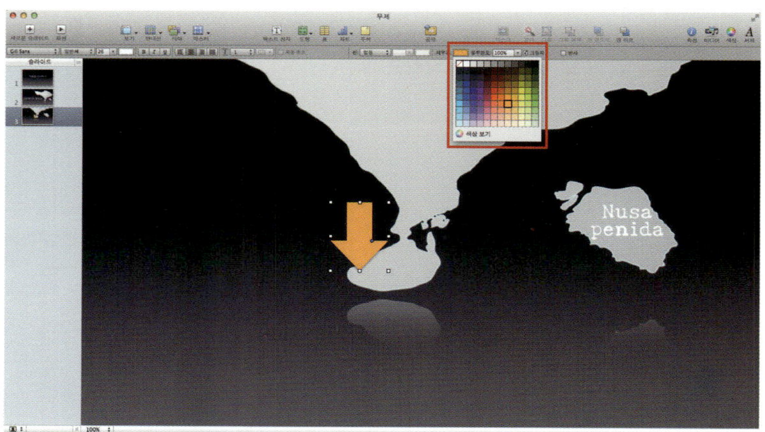

Lesson 09 그림 프레임

19 새로운 슬라이드(Shift + Command + N)를 만들고 [Finder]에서 종이지도 그림을 불러옵니다. 크기와 위치를 조절하여 화면 중앙으로 옮깁니다.

20 종이지도가 선택된 상태에서 속성의 [선]을 누릅니다. [없음]에서 [그림 프레임]으로 바꿔주면 지도에 하얀 테두리와 그림자가 생깁니다. 속성창이 보이지 않는다면 도구막대 오른쪽의 속성 아이콘을 클릭합니다.

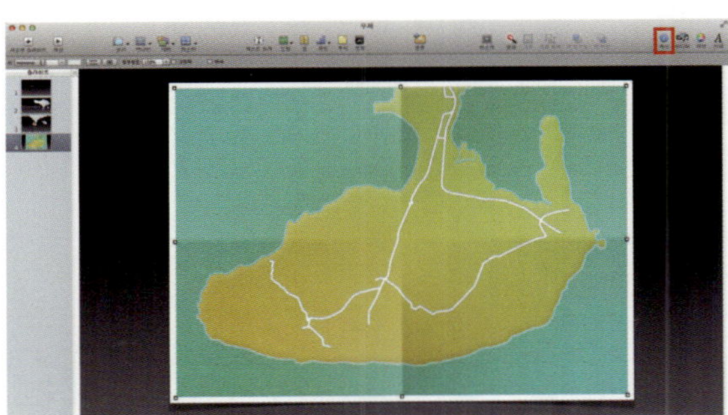

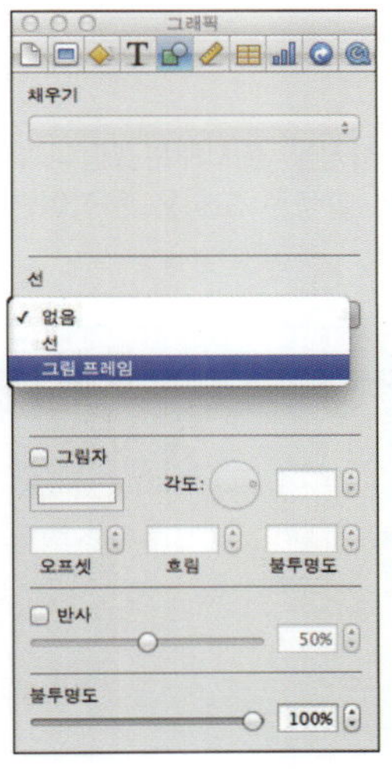

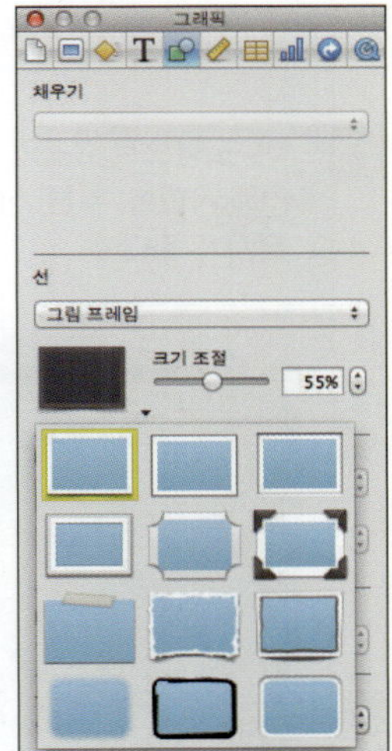

21 도구막대의 [도형] 중에서 말풍선 모양을 선택합니다.

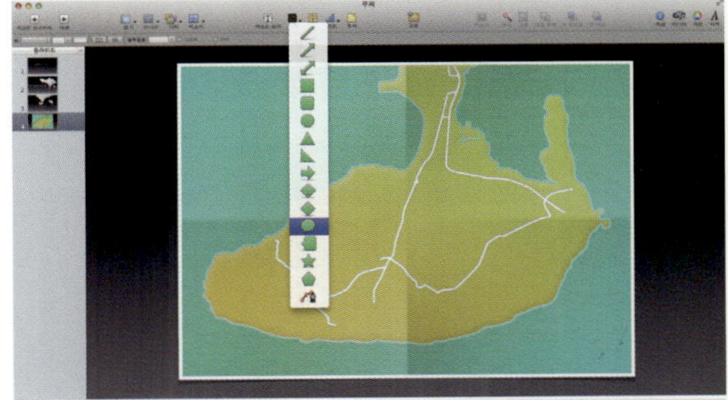

22 화면 중앙에 생성된 말풍선의 파란점을 조절하여 모양을 바꿔줍니다.

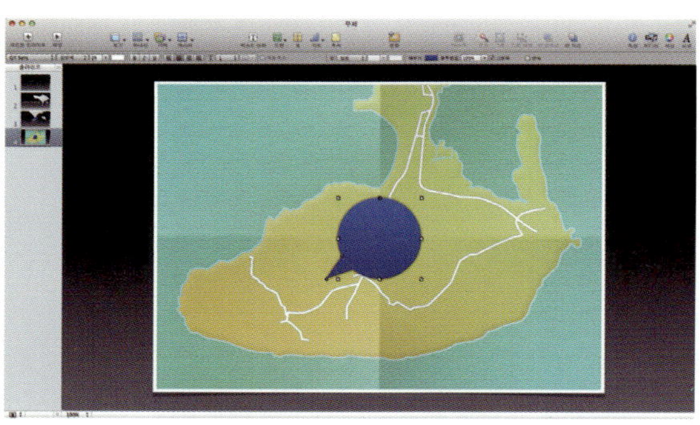 

Tip 말풍선에는 세 개의 파란 점이 보이는데, 하나는 모서리를 둥글게, 나머지 두개는 풍선 끝의 두께와 길이를 조절하는 점입니다.

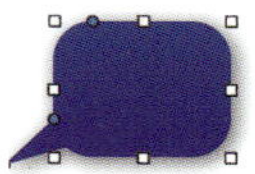 

23 이 도형으로 3곳의 여행 지점을 표시해보겠습니다. Option 키를 누른 상태에서 말풍선 도형을 움직이면 복사가 됩니다.

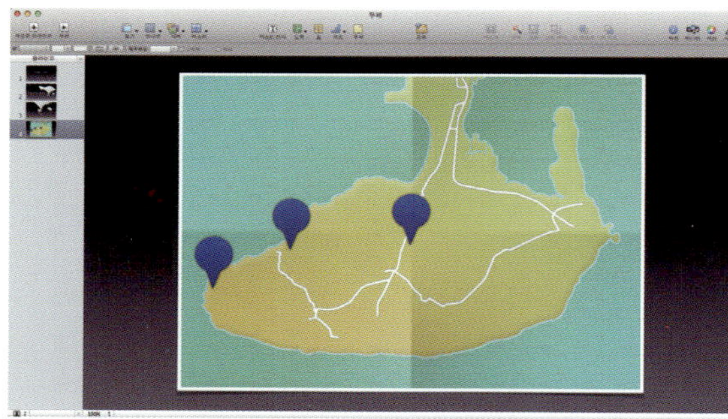

24 이동 경로를 나타내기 위해 도구막대의 [도형]에서 얇은 화살표를 선택합니다.

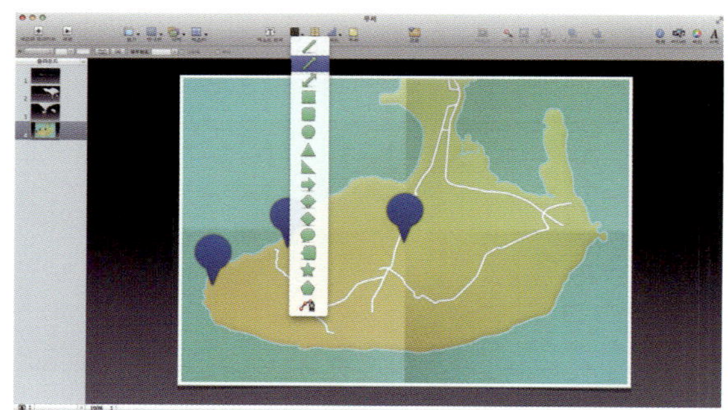

25 시작점과 끝점을 움직여 하얀 화살표를 움직인 후, 포맷막대에서 굵기를 '10px'로 두껍게 조절합니다.

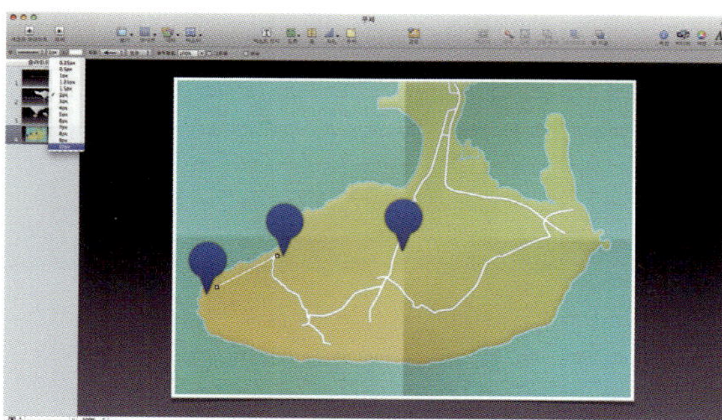

26 Option 키를 누른 상태에서 '두껍게 조절된 화살표'를 드래그하여 복사하고 위치를 바꿔줍니다.

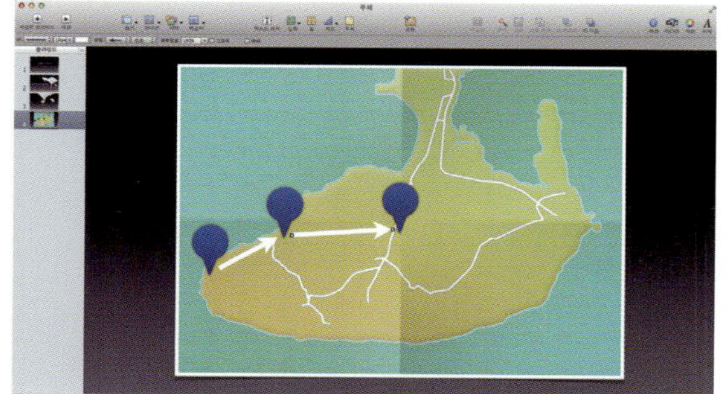

27 도구막대에서 [텍스트 상자]를 누른 후 내용을 입력합니다. 이번에는 여행한 3곳의 지명을 입력하였습니다.

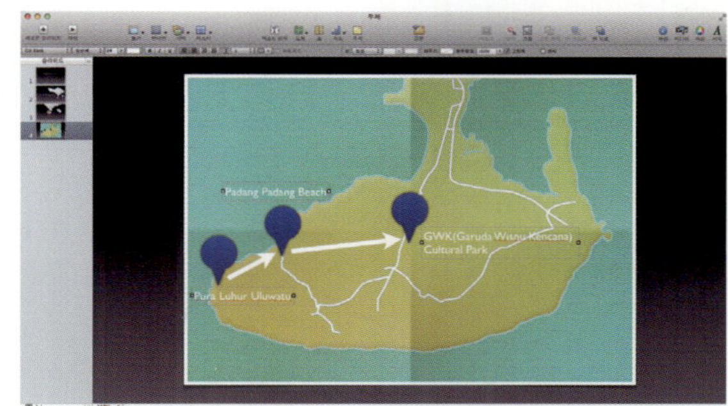

Lesson 10 그림자 설정

28 하얀색 글자를 도드라지게 보이도록 포맷막대에서 그림자를 만들어 줍니다.
기본값의 그림자가 어울리지 않는다면 속성에서 [오프셋]은 '3px', [흐림]은 '4px', [불투명도]는 '80%' 값을 조절합니다.

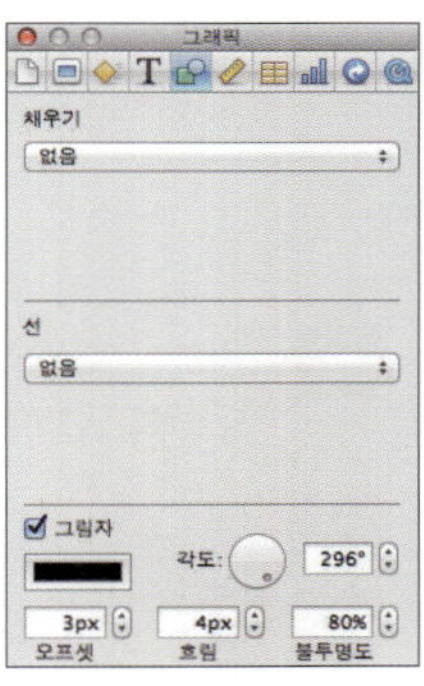

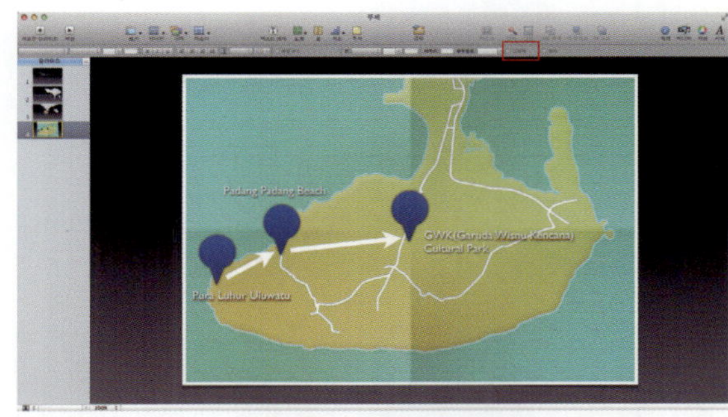

Lesson 11 스마트빌드

29 새로운 슬라이드(Shift + Command + N)를 만들고, [Finder]에서 여행지에서 찍은 사진 5장을 찾아 키노트 슬라이드로 한꺼번에 드래그하여 삽입합니다.

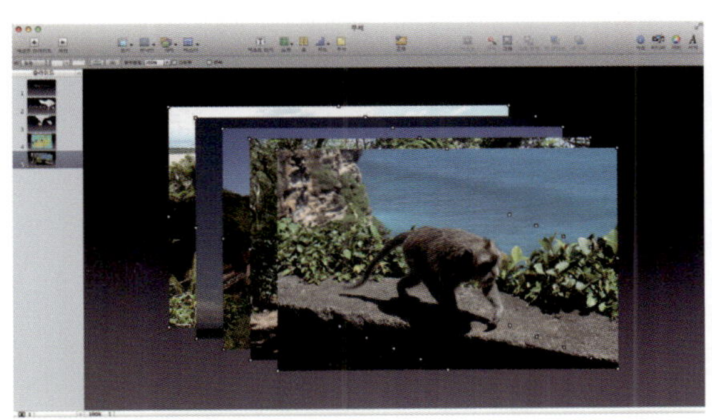

30 5장의 사진이 모두 선택된 상태입니다. 이때 속성에서 [빌드]를 선택하고, [동작]을 누른 후, 효과에서 [축소판]을 선택합니다.

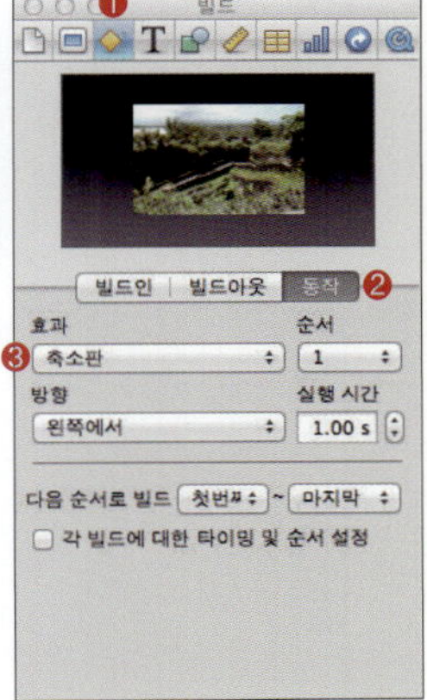

31 5장의 사진이 하나의 개체로 묶였음을 나타내는 파란색 테두리가 생겼습니다. 도구막대에서 [재생]((Option)+(Command)+(P))을 눌러 애니메이션을 확인해봅시다. 사진을 한 장씩 넘기는 효과가 적용되었습니다.

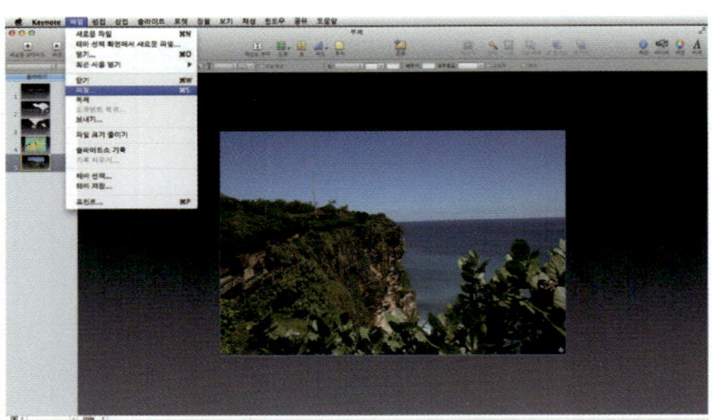

32 사진을 선택하면 5장의 사진의 순서를 교체할 수 있는 창이 추가로 보입니다. 이 창을 [스마트빌드 편집기]라고 부릅니다. 사진을 드래그하여 원하는 순서로 바꿔봅시다.

▲ 스마트빌드 편집기

Lesson **12** 저장하기

33 이때까지 작업한 키노트 파일을 저장합니다. 메뉴막대의 [파일]을 누르고, [저장]을 선택합니다.

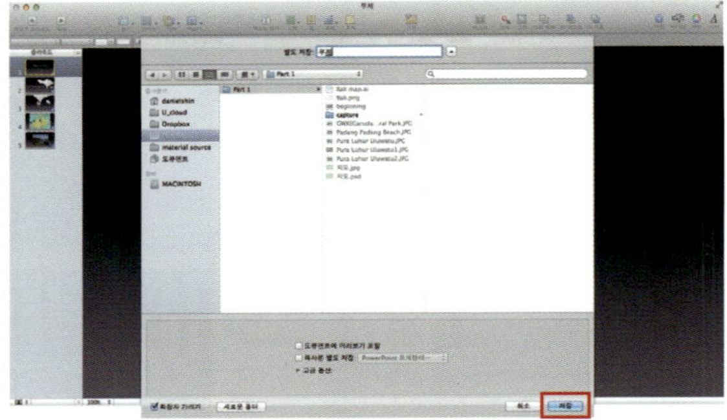

34 원하는 파일명을 입력하고 저장할 위치를 지정합니다. 오른쪽 밑의 [저장]을 클릭하면 저장됩니다.

35 메뉴 막대에서 [공유] 〉 [보내기]를 선택하면 퀵타임 영상이나 파워포인트 파일, PDF, 이미지 파일 등으로 변환 할 수 있습니다.

특히 퀵타임 영상으로 변환할 때 [수동이동]을 선택하면 화면 전환이나 빌드 효과에서는 영상이 재생되고, 다음 슬라이드로 넘어가기 전에 자동으로 영상이 멈추는 형태로 변환됩니다. 따라서 Windows용 퀵타임에서 변환된 mov영상을 재생하면 마치 키노트 프레젠테이션을 할 때와 동일하게 발표를 할 수 있습니다. 파워포인트 파일로 변환할 경우 대부분의 화려한 화면 전환과 빌드 효과가 디졸브로 변환되므로 특별한 경우가 아니면 잘 사용하지 않습니다.

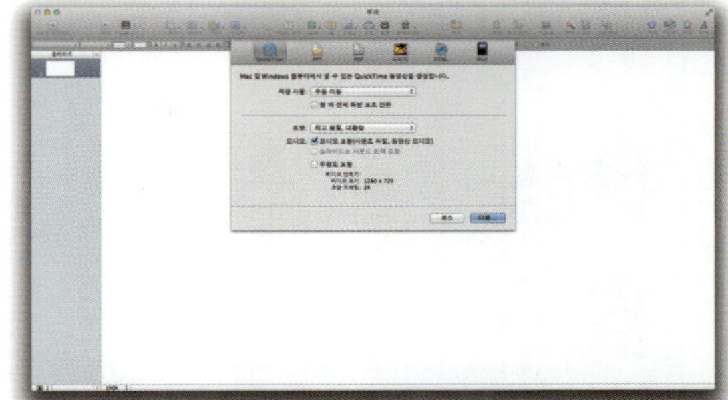

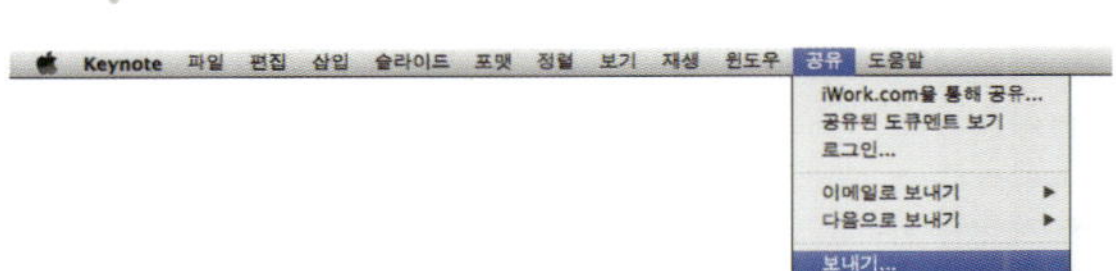

Lesson 13   타임머신과 비슷한 모든 버전 탐색

도구막대의 맨 위 파일명 오른쪽을 클릭하면 [모든 버전 탐색]이 보입니다.

이 기능은 Mac OS 라이온 버전부터 제공되고 있습니다. 자동으로 작업하는 모든 과정을 저장하여 작업 도중 삭제하거나 잘못 수정한 내용을 다시 불러올 수 있습니다. 단, 외장 메모리가 아닌 내장 하드디스크에 저장하며 작업한 키노트 파일일 경우에만 본 기능을 사용할 수 있습니다.

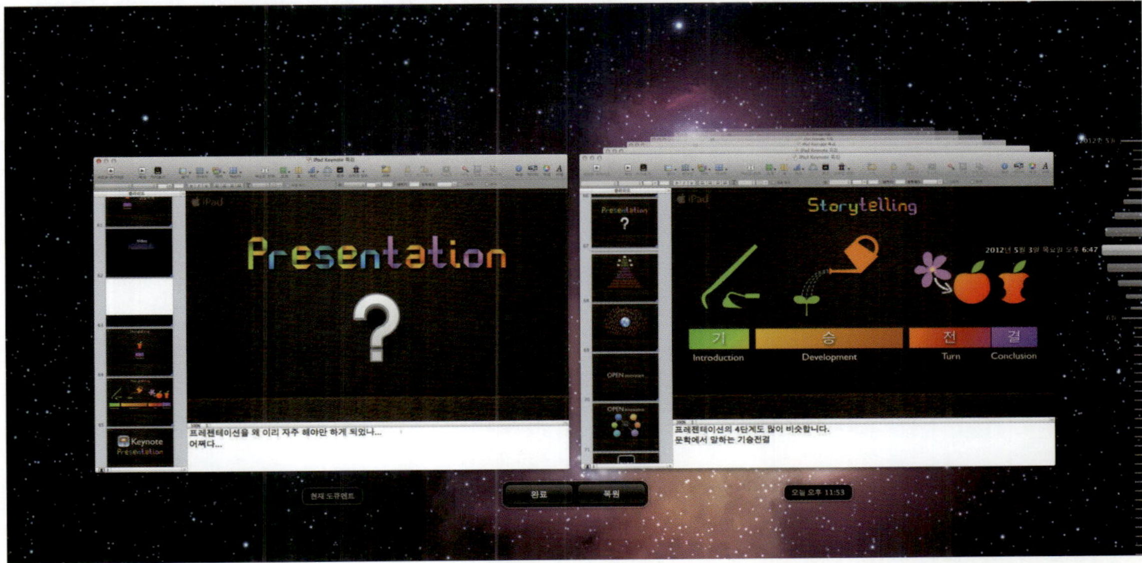

Chapter 03

키노트 움직임의 모든 것, 화면 전환과 빌드

이전 Chapter를 통해 키노트의 기본적인 사용방법을 배웠다면 이번 Chapter에서는 내용이 갖추어진 키노트 파일을 바탕으로 화면의 움직임을 더해보도록 하겠습니다.

|학·습·목·표|
슬라이드 사이에 화면이 화려하게 전환되거나 움직이며 등장하는 도형을 만드는 방법을 익히기

• 완성 키노트 : P1C3- 효과적용1.key

Lesson 01 화면 전환

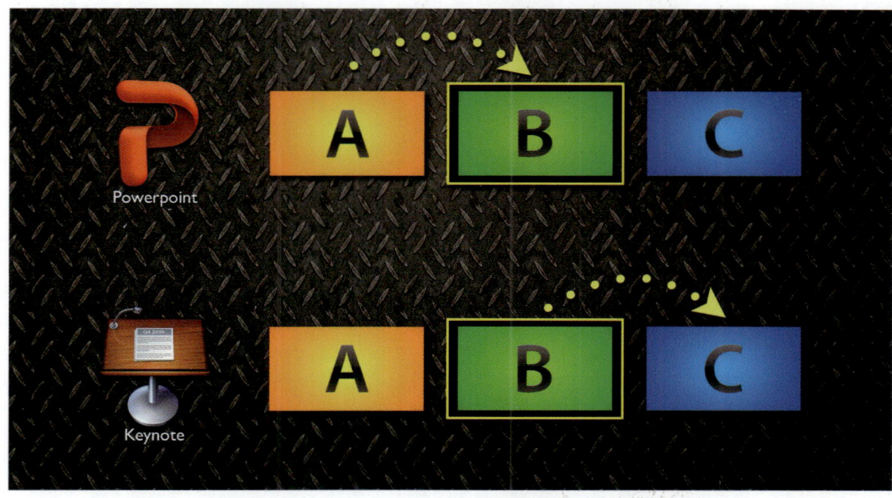

파워포인트의 전환과 키노트의 화면 전환에는 커다란 차이가 있습니다.
파워포인트의 전환은 해당 슬라이드가 어떻게 나타나느냐를 정해주는 것인 반면,
키노트는 해당 슬라이드가 다음 슬라이드로 어떻게 넘어가느냐를 정해주는 것입니다. 두 방식 모두 장단점이 있는데, '화면 전환'이라는 단어의 뜻과는 키노트가
더 적합한 구조를 가지고 있는 것처럼 보입니다. 하지만 파워포인트는 첫 슬라이드부터 어떻게 나타날 것인지를 정할 수 있지만 키노트는 그럴 수 없습니다. 따라서 만약 키노트를 사용하여 발표를 하는 경우 첫 장이 나타날 때부터 특별한 효과를 사용하고 싶다면 검은색 슬라이드를 맨 앞에 추가하여 화면 전환 효과를 적용시켜주어야 합니다.

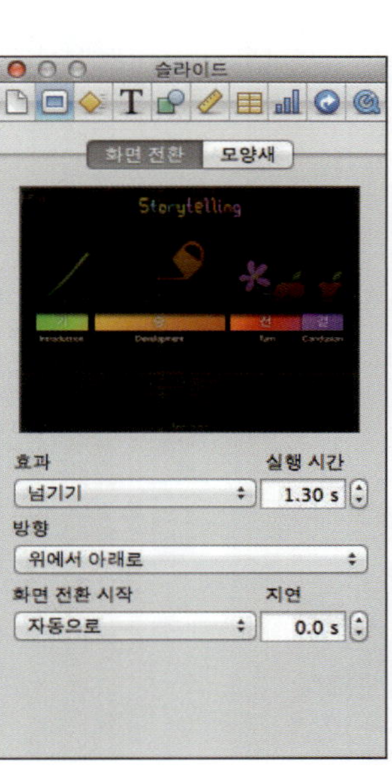

- **효과** : 이동 마법사, 텍스트 효과, 대상체 효과, 3D 효과, 2D 효과 등 여러 가지 효과를 선택할 수 있는 부분
- **실행 시간** : 선택한 효과에는 기본적으로 정해진 실행 시간이 있지만 필요할 경우 길이를 조절 할 수 있습니다.
- **방향** : 선택한 효과의 방향을 바꿀 수 있는 부분
- **화면 전환 시작** : 기본적으로는 [클릭할 때]이지만 필요할 경우 자동으로 넘어가도록 설정할 수 있습니다.
- **지연** : 자동으로 전환될 경우 지연시간을 설정하여 잠시 멈추었다가 다음 슬라이드로 넘어가게 설정할 수 있습니다.

01 앞에서 작업한 키노트 파일의 첫 번째 슬라이드를 선택하고 화면 전환 속성의 효과에서 [대상체 밀어내기]를 선택합니다. 방향은 [왼쪽에서 오른쪽으로]를 선택합니다.

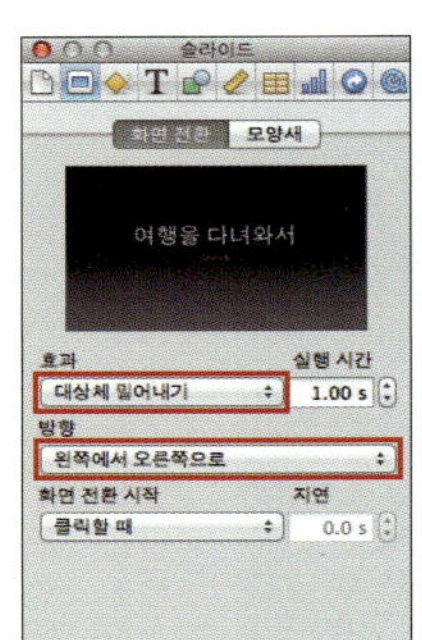

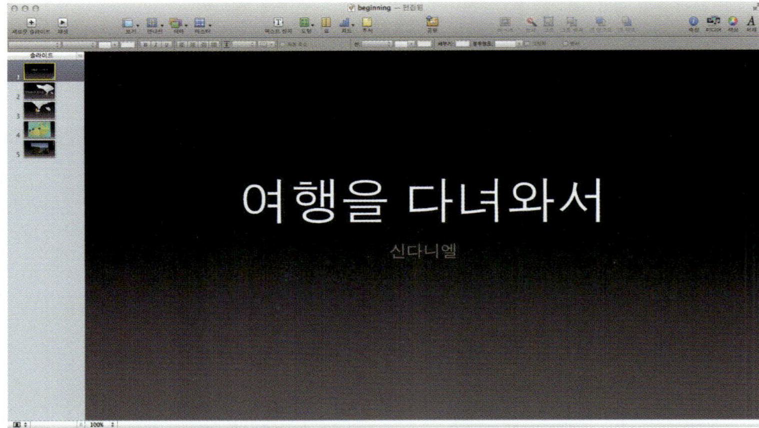

02 두 번째 슬라이드를 선택하고, 속성에서 [이동 마법사] 효과를 적용시켜줍니다. [재생]시켜보면 지도그림이 확대되는 것을 확인할 수 있습니다.

03 세 번째 슬라이드를 선택하고 [대상체 확대/축소] 효과를 적용시켜줍니다.

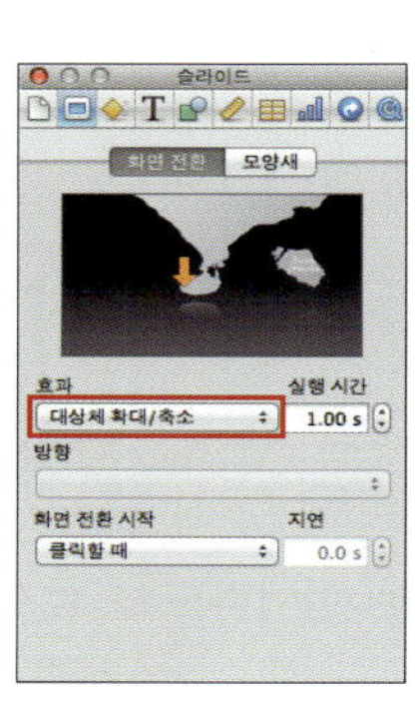

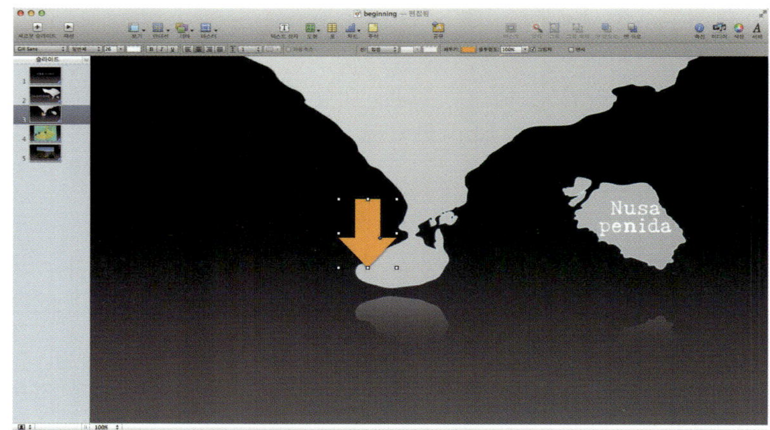

04 네 번째 슬라이드를 선택하고 [디졸브] 효과를 적용시켜줍니다.

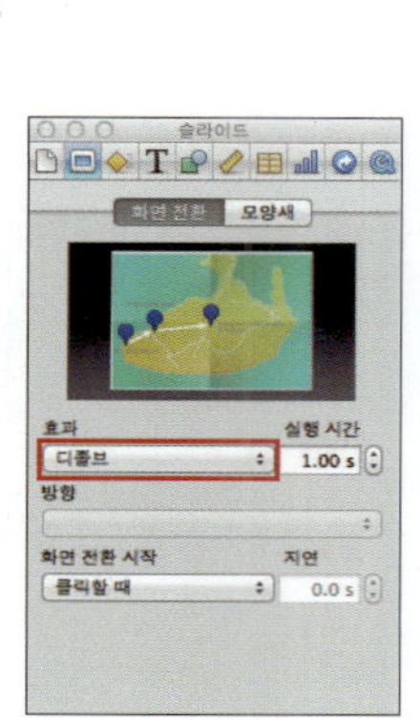

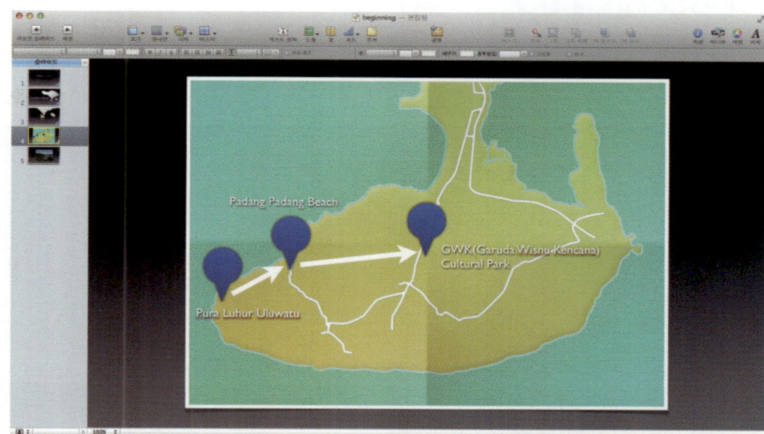

05 다섯 번째 슬라이드를 선택하고 [색상으로 페이드]를 적용시켜줍니다.

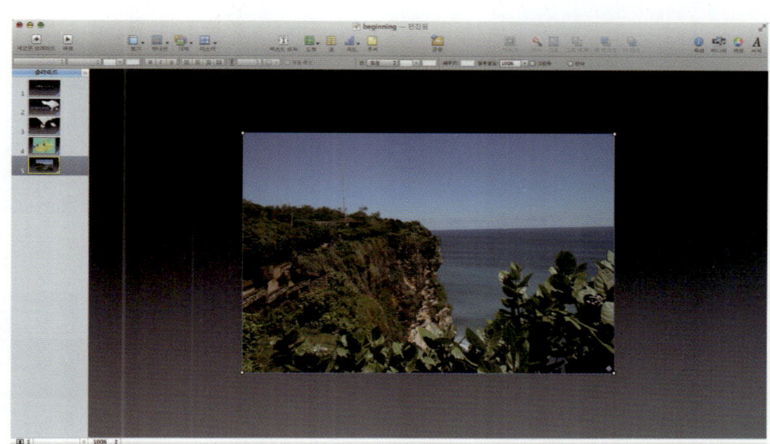

06 첫 번째 슬라이드를 선택하고 재생 아이콘을 눌러 실행시켜 봅시다.
(키노트에는 안타깝게도 무조건 첫 번째 슬라이드부터 재생되는 단축키가 없습니다. 화면 전환의 자세한 활용법은 Part 03에서 설명하겠습니다.)

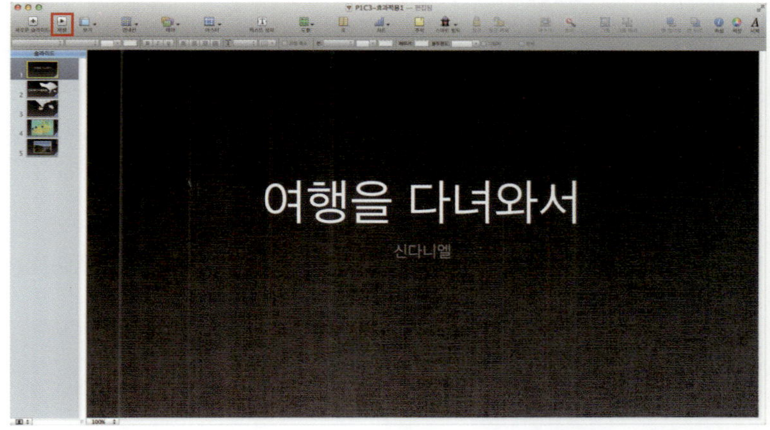

Lesson 02 빌드

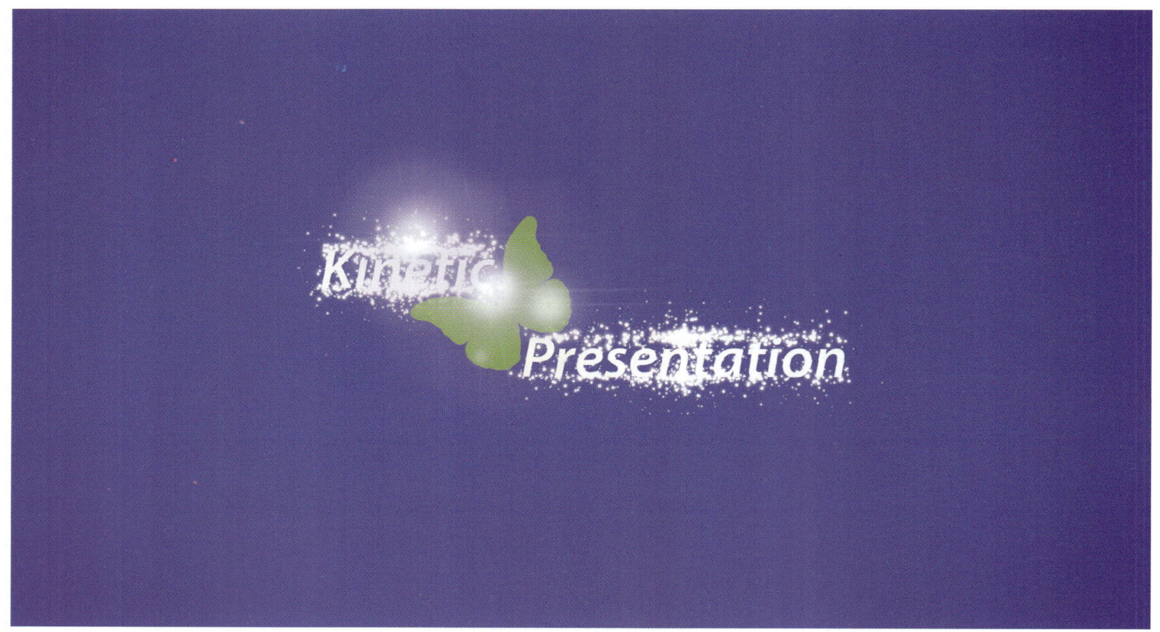

파워포인트에서 '애니메이션'이라고 불리는 것을 키노트에서는 '빌드'라고 표현합니다. 빌드는 총 3가지 종류가 있습니다. [빌드인]은 대상체가 화면에 나타나는 것을 뜻하고, [빌드아웃]은 대상체가 화면에서 사라지는 것입니다. [동작]은 대상체가 한 화면에서 이동하거나 크기가 변화하거나 회전하는 등의 효과를 뜻합니다.

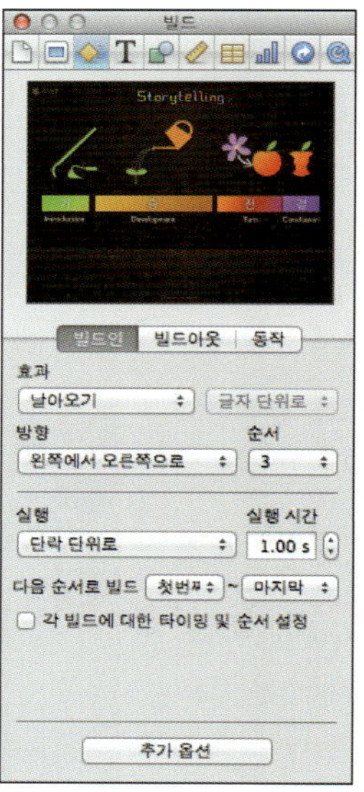

- **효과 :** 나타나는 효과를 선택할 수 있는 부분, 대상체의 속성에 따라 효과 개수의 차이가 있습니다.
- **방향 :** 선택한 효과의 방향을 설정하는 부분
- **실행 :** 텍스트 개체인 경우 단락 단위로 혹은 한꺼번에 나타나도록 설정할 수 있습니다.
- **실행 시간 :** 빌드인이 진행되는 시간을 설정하는 부분
- **추가 옵션 :** 여러 개의 빌드가 한 슬라이드에 존재하는 경우 순서를 조절할 수 있습니다.

01 세 번째 슬라이드의 화살표를 선택하고, 빌드 속성창에서 [빌드인]을 클릭합니다. 그리고 효과에서 [안으로 이동]을 선택한 후, 방향을 [위에서 아래로]로 바꿔줍니다.

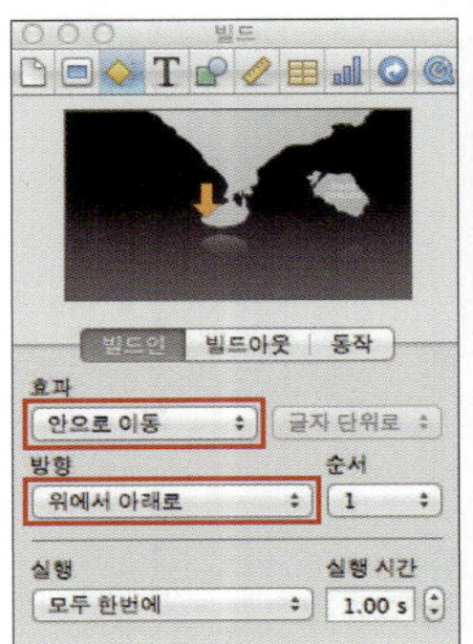

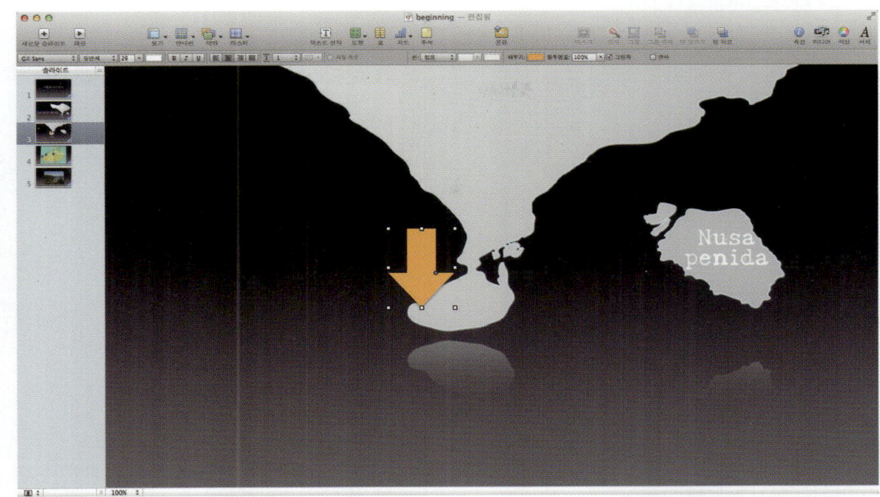

02 네 번째 슬라이드의 말풍선 도형을 선택한 후, [안으로 들어오기] 빌드인 효과를 적용시키고, 방향을 [위에서 아래로]로 바꿔줍니다.

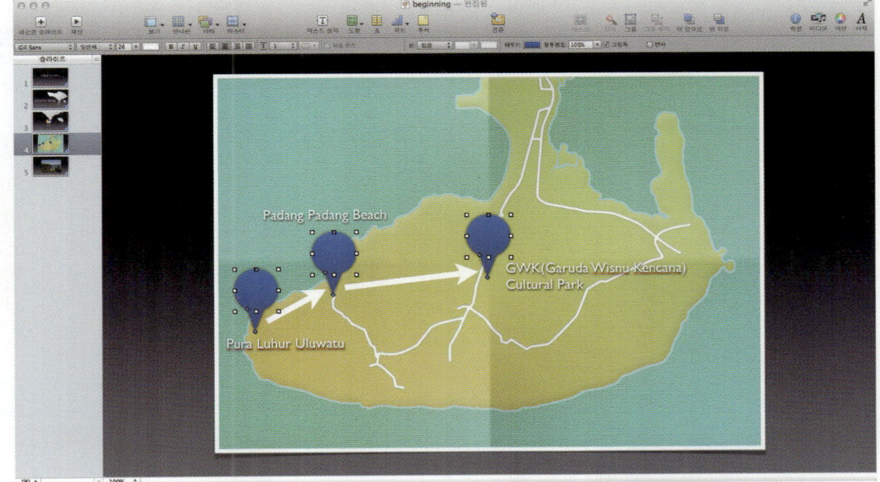

03 화살표를 선택하고, [닦아내기] 빌드인 효과를 적용시켜줍니다. 방향은 기본값이 [왼쪽에서 오른쪽으로]이므로 그대로 사용합니다.

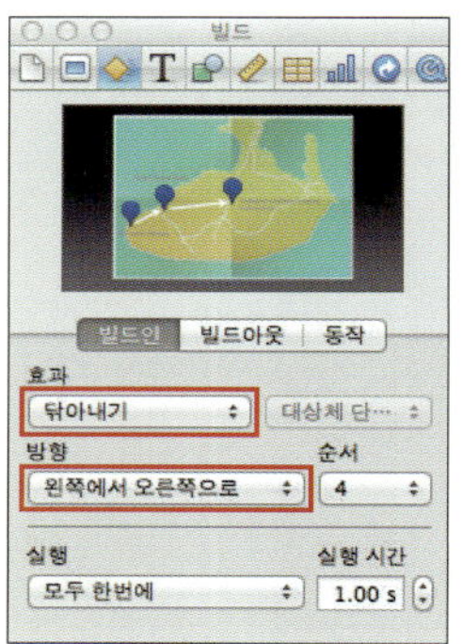

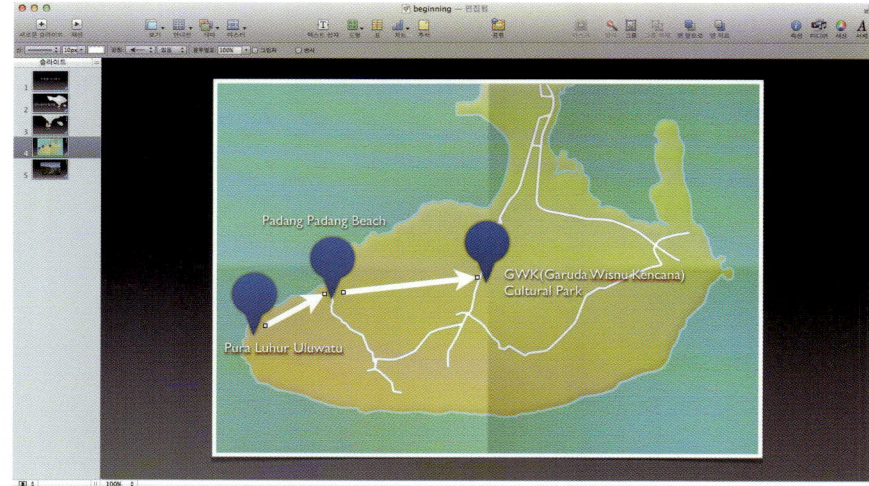

04 3곳의 지명 텍스트 상자를 선택한 후. [디졸브] 빌드인 효과를 적용시켜줍니다. 그리고 속성에서 [추가옵션]을 클릭합니다.

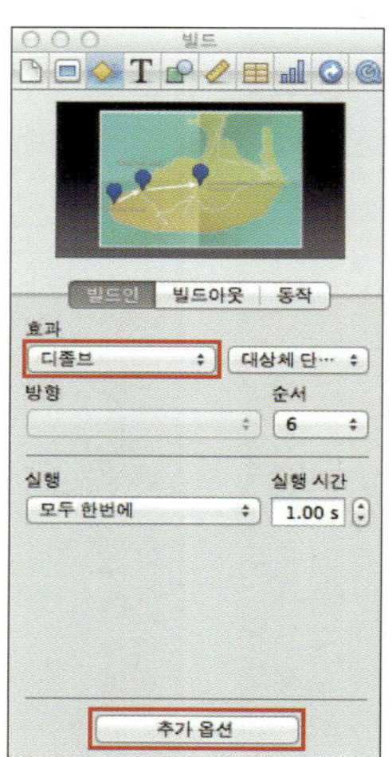

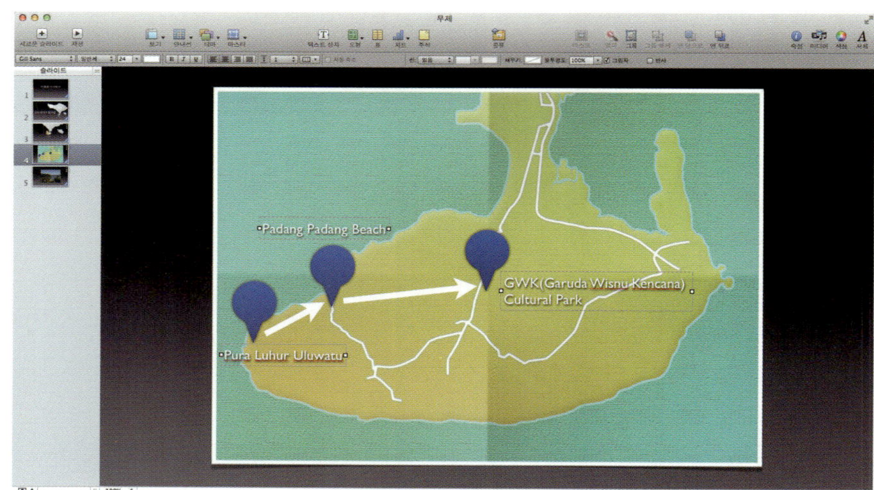

05 추가옵션을 누르면 모든 빌드의 순서를 확인할 수 있습니다.

06 이곳에서 대상체를 드래그하여 위, 아래로 움직여주면 빌드 순서가 변경됩니다.
이번에는 지도 위에 도형으로 위치가 표시되고, 글자로 지명이 나타난 후, 화살표로 이동경로를 설명하는 순서로 빌드 순서를 정리하였습니다. 빌드 순서를 보면 대상체 정리 순서가 '도형, 텍스트, 선' 이러한 순서로 되어 있는 것을 알 수 있습니다.

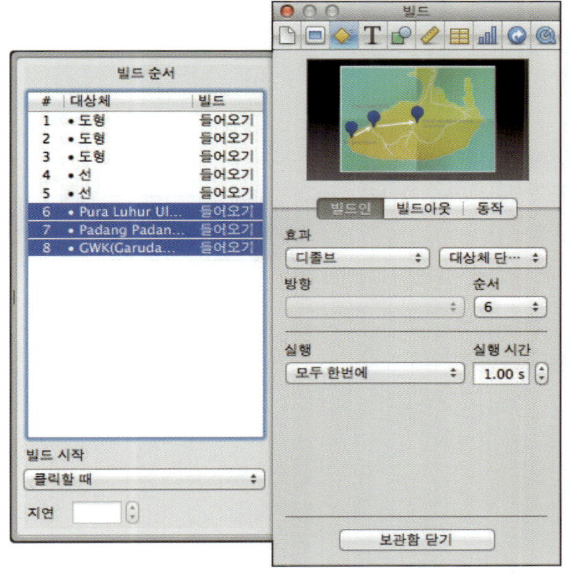

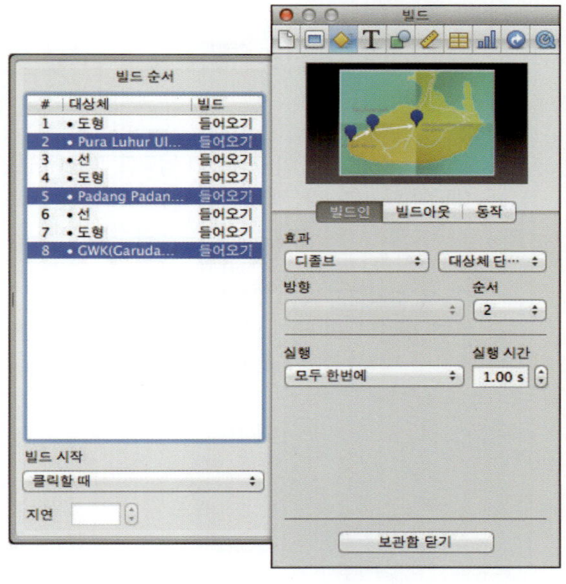

07 말풍선 도형과 지명이 동시에 나타나도록 하기 위해 3개의 텍스트 대상체(지명 대상체)를 선택하고, 빌드 시작에서 [이전 빌드와 함께 자동으로]를 선택합니다. 여러 개의 대상체를 한꺼번에 선택하고 싶다면 Command 키를 누른 상태에서 클릭하면 됩니다.

08 화살표는 선의 한 종류이므로, 선이라고 표시됩니다. 화살표는 빌드 시작에서 [이전 빌드 후에 자동으로]를 선택합니다. 그러면 발표할 때 굳이 클릭하지 않아도 자동으로 화살표가 나타납니다.

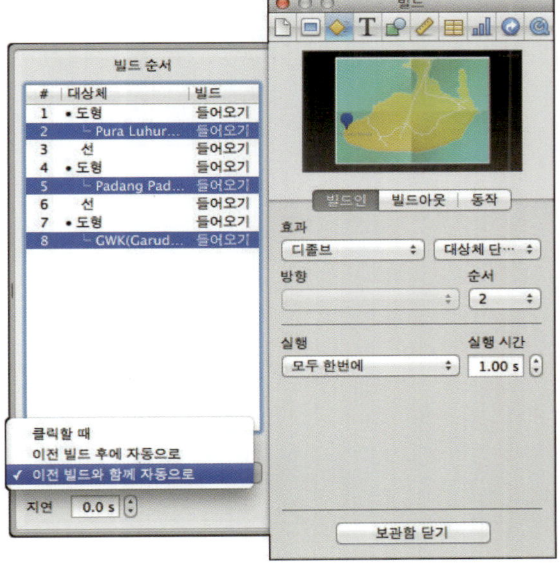

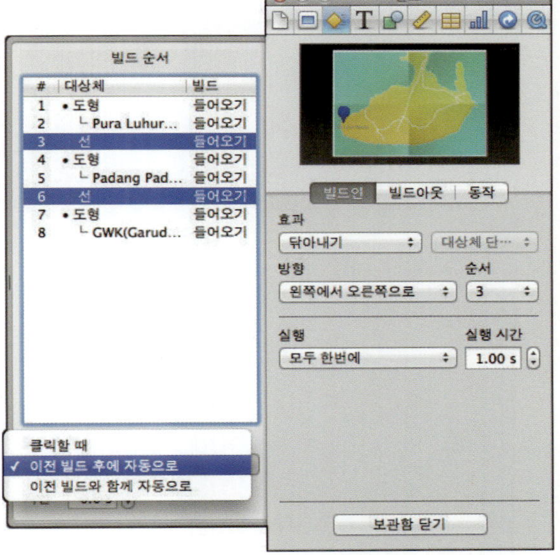

Chapter **04**

발표를 위한 환경설정

발표하는 상황은 때에 따라 차이가 납니다. 때문에 발표장소에 설치된 장비의 설정의 자신에게 맞게 설정하는 것은 대단히 중요합니다. 키노트와 모니터 그리고 리모트 어플리케이션의 설정방법을 배워봅시다.

|학·습·목·표|
1. 키노트 환경설정 방법 익히기
2. 두 개 이상의 모니터가 연결되었을 때 모니터 환경설정 방법 익히기
3. 키노트 리모트 어플리케이션으로 아이폰과 매킨토시 연결하는 방법 익히기

Lesson **01** 키노트 환경설정

처음 설치된 키노트의 환경설정 초기값은 고쳐주어야 할 부분이 몇 가지 있습니다. 이를 숙지하였다가 발표현장의 매킨토시 컴퓨터의 환경설정도 자신에게 맞도록 수정합시다.

01 메뉴막대에서 [Keynote] 〉 [환경설정]을 선택합니다.

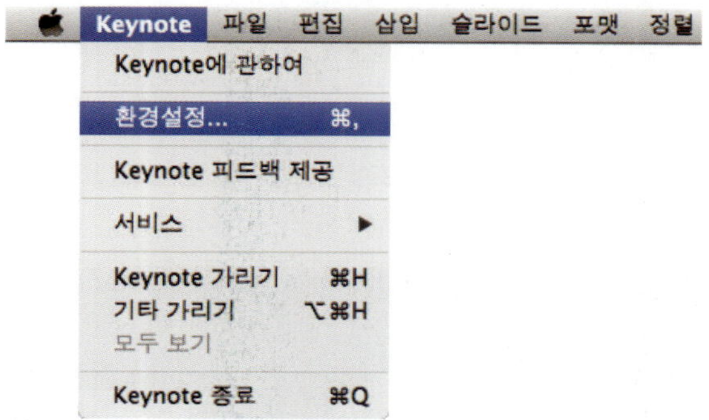

02 '08 버전의 키노트에서 사용되던 애니메이션의 일부가 '09 버전에서는 기본적으로 보이지 않습니다. 감춰진 애니메이션을 활성화 시켜주기 위해 [일반] 환경설정에서 [애니메이션] 항목의 [선택사항에서 사용하지 않는 애니메이션 포함]을 체크해줍니다.

03 [슬라이드쇼] 환경설정에서 [프레젠테이션 시] 항목의 [모니터 크기에 맞게 슬라이드 크기 확대]를 체크합니다. (작업 슬라이드의 해상도보다 모니터의 최대 해상도가 일반적으로 더 높습니다. 그래서 이 항목을 체크하면 이런 경우 모니터에 꽉 차게 보이도록 해줍니다.) 그리고 [보조 모니터에 표시]도 선택해줍니다. (빔프로젝터를 연결하여 발표를 할 때 슬라이드쇼가 빔프로젝터로 나가도록 하기 위함입니다.)

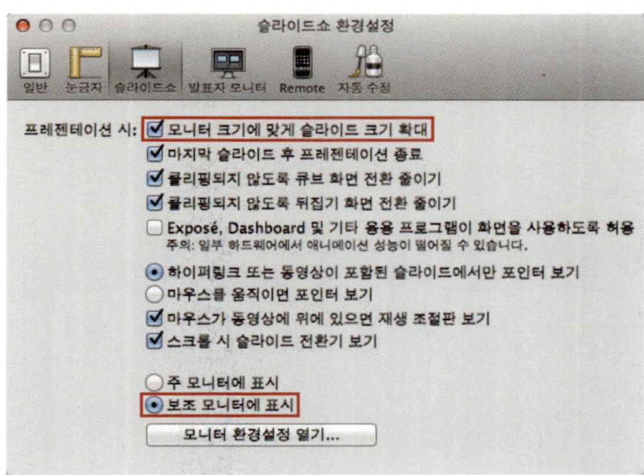

04 [Remote] 환경설정에서 [iPhone 및 iPod touch Remote 활성화]를 체크해줍니다. (iOS 장비에서 Remote 어플리케이션을 사용하여 슬라이드를 조종할 수 있는 기능입니다. (48페이지의 Lesson 03을 참고 바랍니다.)

05 [발표자 모니터] 환경설정에서 [발표자 모니터 사용자화]를 클릭합니다.

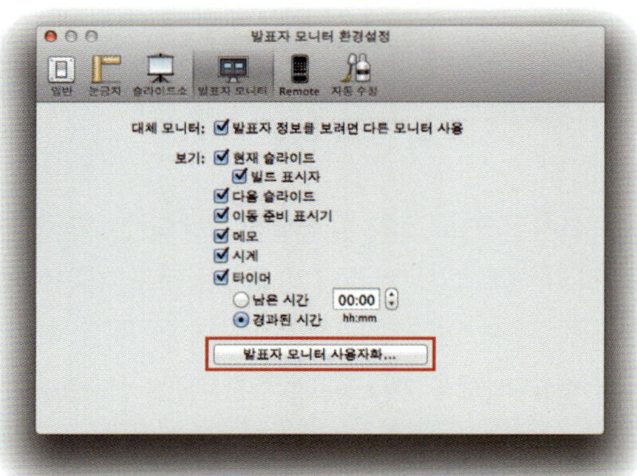

06 화면 최상단에 보이는 노란 막대는 [이동준비 표시기]입니다. 화면 전환이나 빌드 효과는 발표자 모니터 상에서는 재생되지 않습니다. 따라서 현재 화면이 전환되고 있는 1~2초 동안 발표자에게 붉은 색으로 알려줍니다. 현재 슬라이드 밑에 보이는 하늘색 점은 빌드의 개수를 나타냅니다. 여러 개의 빌드 효과로 인한 진행 실수를 방지해줍니다.

▲ 아래 발표자를 위한 메모는 발표대본을 준비하여 발표시에 읽을 수 있는 기능입니다.

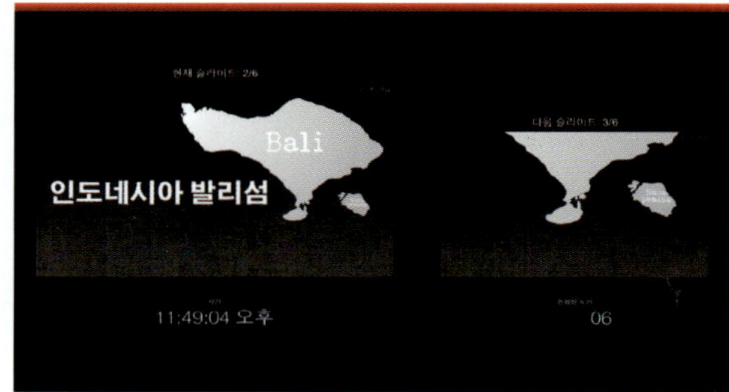

▲ 실제 발표시 보이는 발표자 모니터 화면

Lesson 02 모니터 환경설정

01 모니터 설정에 따라 화면의 선명도가 달라지기도 하고 혹은 [발표자 모니터] 기능의 사용 유무를 결정할 수 있습니다. 도크나 응용프로그램 폴더에서 시스템 환경설정을 실행시킵니다.

02 두 번째 줄에 보이는 모니터 아이콘을 누릅니다.

03 만약 모니터 혹은 빔프로젝터가 추가로 연결되어 있다면 각각의 화면에 이와 같은 설정창이 뜹니다.
이곳에서 화면의 해상도를 설정할 수 있습니다. 특별한 경우가 아니면 자동으로 최적화된 해상도를 찾아줍니다.

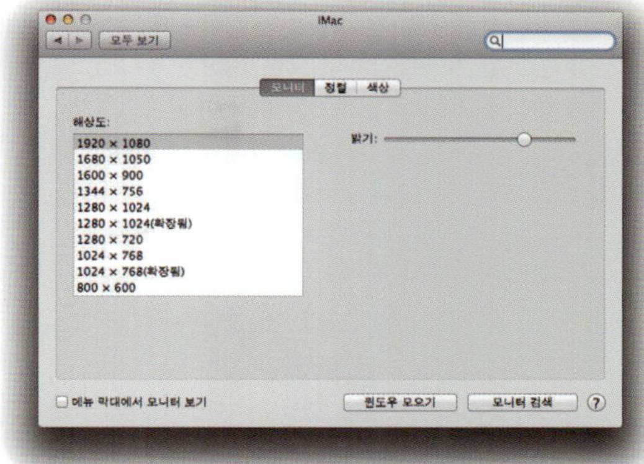

04 그리고 [정렬]을 누릅니다. 만약 2개의 모니터를 듀얼로 사용한다면 이와 같은 화면이 보이게 됩니다.
이런 경우 키노트에서는 자동으로 2개 중 하나의 화면에 발표자 모니터가 뜨게 됩니다. 대개는 빔프로젝터로는 발표를 위한 화면이 출력되고, 노트북의 모니터에는 발표자 모니터가 뜨게 설정합니다.

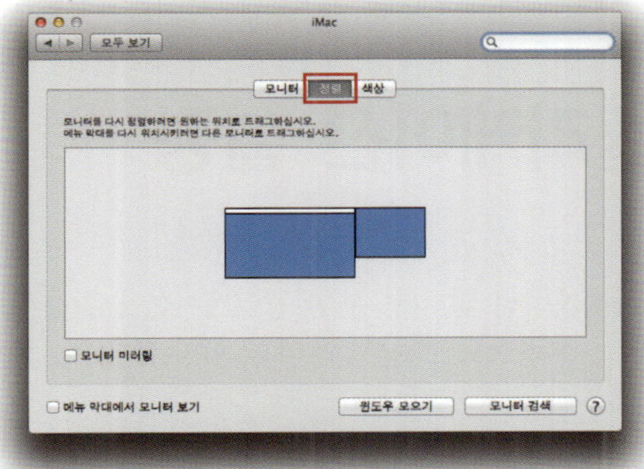

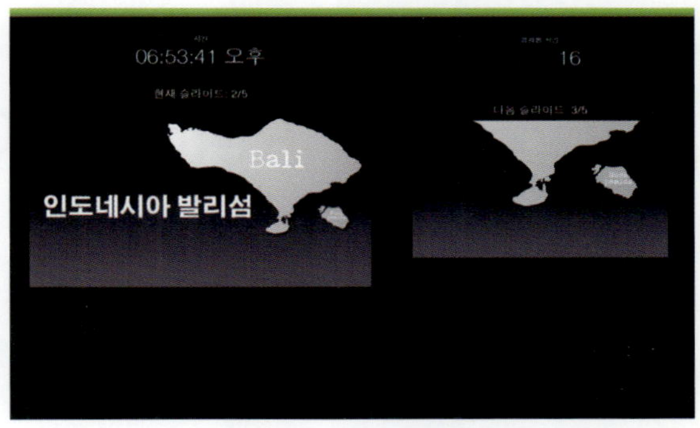

05 발표자 모니터에서 마우스의 휠을 움직이면 네비게이터가 나타납니다. 이때 원하는 슬라이드를 더블클릭하면 곧바로 그 슬라이드로 넘어갑니다. 물론 이러한 과정은 빔프로젝터에서는 보이지 않습니다.

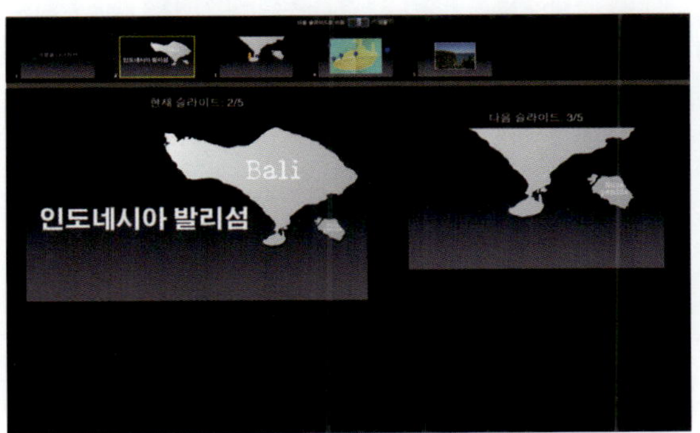

Tip 만약 이 기능이 작동하지 않는다면 키노트 환경설정에서 [Keynote] 〉 [환경설정] 〉 [슬라이드쇼] 〉 [프레젠테이션 시] 〉 [스크롤 시 슬라이드 전환기 보기] 항목에 체크가 되어 있는지 확인해봅시다.

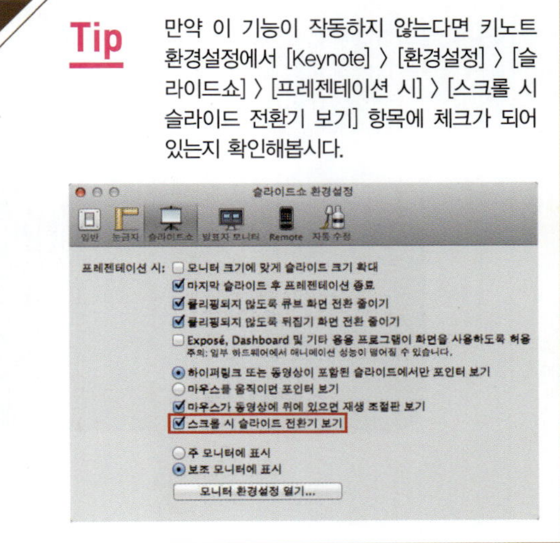

06 모니터 설정에서 [모니터 미러링]을 켜면 2개의 모니터에 동일한 화면이 보입니다. 따라서 발표시에는 빔프로젝터와 발표자의 모니터에 같은 내용이 보이게 됩니다. 일반적으로 발표보다는 직접 화면을 조작하며 시연할 때 [모니터 미러링]을 활성화 시킵니다.

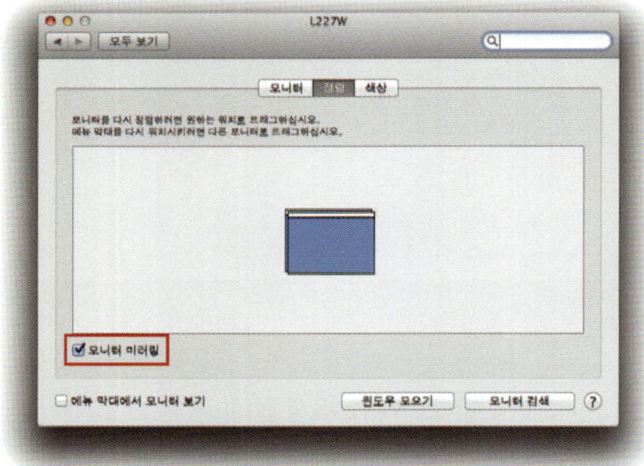

Lesson 03 Remote 어플리케이션 설정

아이폰이나 아이패드와 같은 iOS기기에 설치 가능한 어플리케이션 입니다. 본 어플리케이션을 활용하면 매킨토시 컴퓨터의 키노트를 원격으로 조종할 수 있습니다. 뿐만 아니라 발표화면을 원거리에서도 확인할 수 있으므로 발표를 원활하게 진행할 수 있도록 도와줍니다.

01 매킨토시 컴퓨터와 아이폰을 같은 Wifi 에 연결합니다. 아이 폰에서 Remote 어 플리케이션을 실행 하고, [Keynote에 링 크]를 누릅니다.

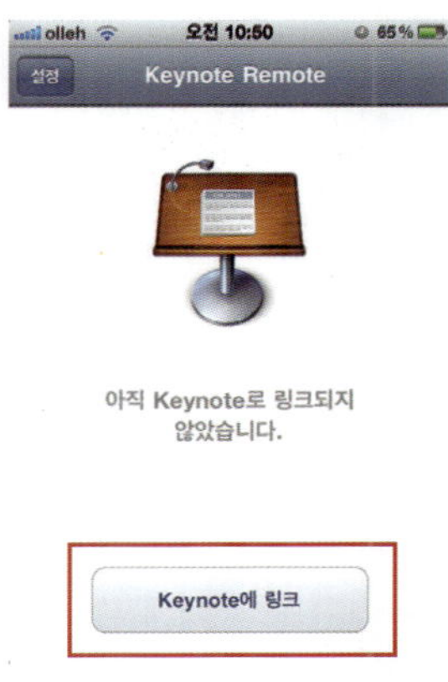

02 [새로운 Keynote 링크...]를 누르면 암호를 알려줍니다.

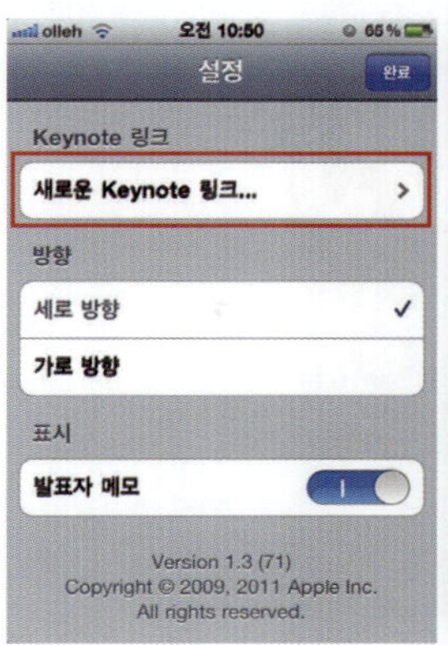
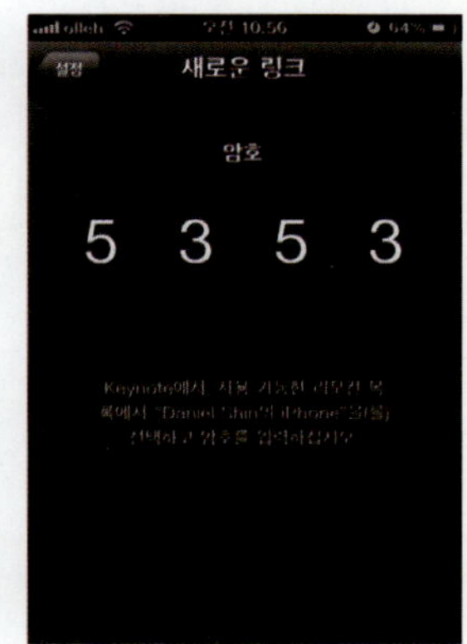

03 키노트의 [Remote] 환경설정에 자신의 아이폰 이름이 뜨고, 옆에 [링크] 버튼이 생깁니다. [링크]를 누르고 다음으로 넘어갑니다.

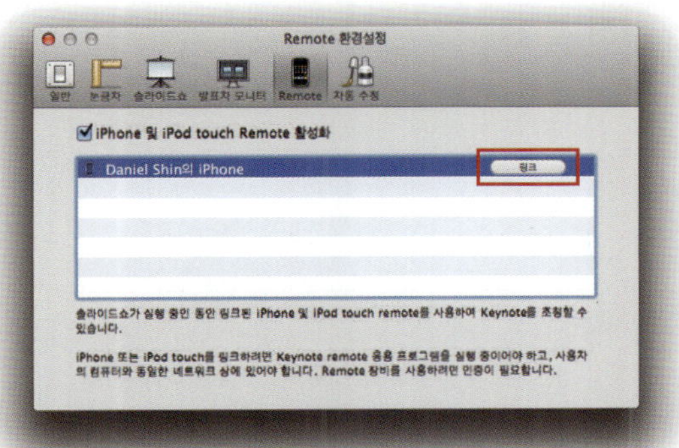

04 아이폰에서 보았던 암호를 입력합니다.

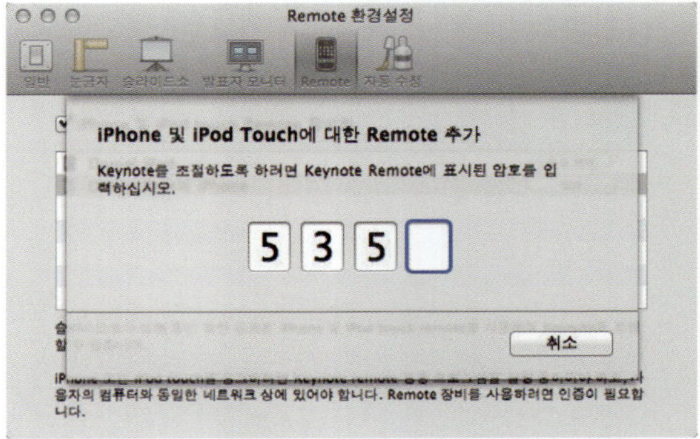

05 암호를 정확히 입력하면 "링크에 성공하였습니다."라 는 메시지가 뜨면서 완료됩니다.

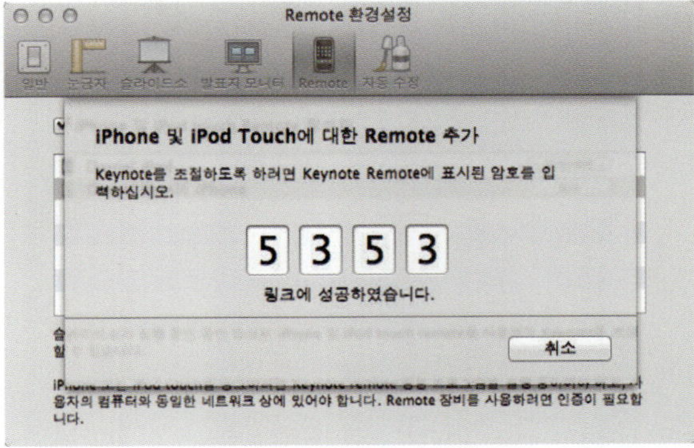

Chapter 05

효율적인
마스터 슬라이드

마스터 슬라이드란 배경이나 글자의 위치 등을 미리 지정하여 동일한 모양을 여러 슬라이드에 적용하기 위해 만드는 것입니다. 마스터 슬라이드를 활용하면 작업 도중에 전체 슬라이드의 배경을 수정하거나 글자의 위치를 한꺼번에 바꿀 때 요긴합니다.

|학·습·목·표|
마스터 슬라이드를 활용하여 한꺼번에 모든 슬라이드의 배경을 바꾸는 방법과 모든 슬라이드에 동일하게 넣어야 하는 내용을 입력하는 방법 익히기

- **소스 이미지** : paper_B빗금.png

- **완성 키노트** : P1C5-마스터 슬라이드1.key

01 네비게이터의 슬라이드 오른쪽의 [≡] 부분을 아래로 드래그하면 숨겨져 있던 마스터 슬라이드를 볼 수 있습니다.

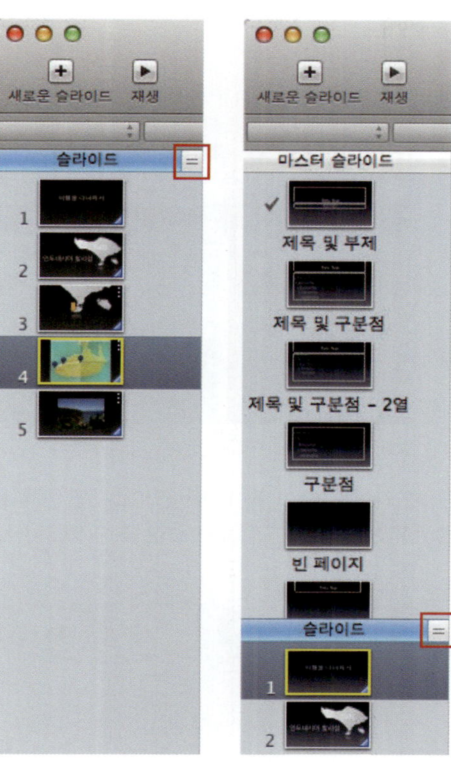

02 맨 위에 있는 [제목 및 부제] 마스터 슬라이드를 선택합니다.

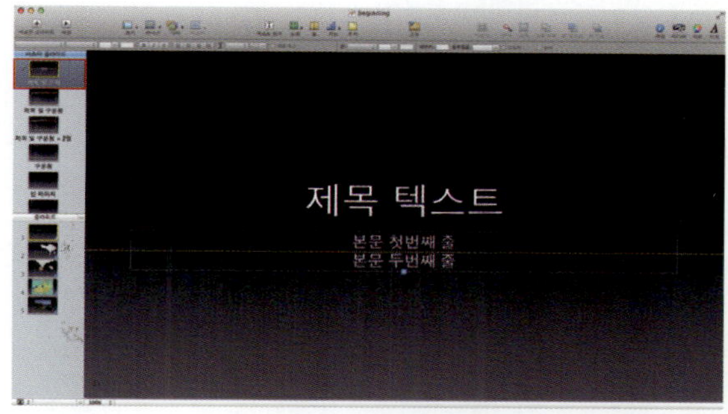

03 화면 전환을 적용할 때 보이는 속성에서 [모양새]를 클릭합니다.
[배경] 항목에서 [이미지 채우기]가 선택되어 있다면 [선택] 버튼을 누릅니다.

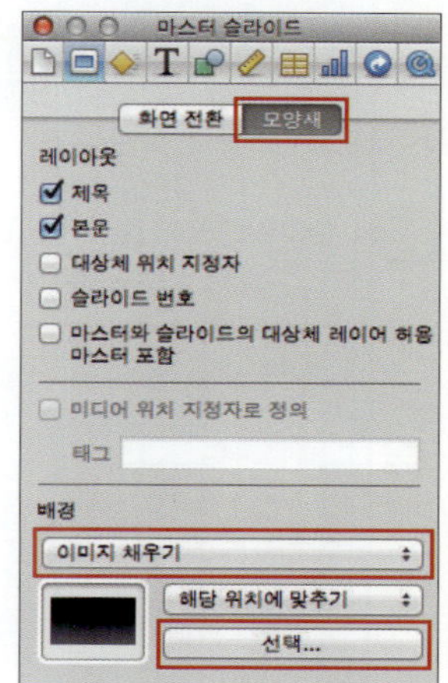

04 배경으로 사용하고 싶은 그림(paper_B빗금.png)을 찾아서 선택하고, [열기] 버튼을 누릅니다.

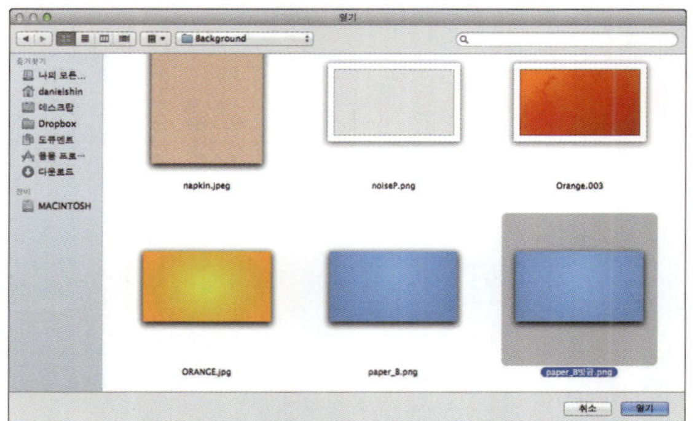

05 [제목 및 부제] 마스터 슬라이드의 배경이 바뀌었습니다.

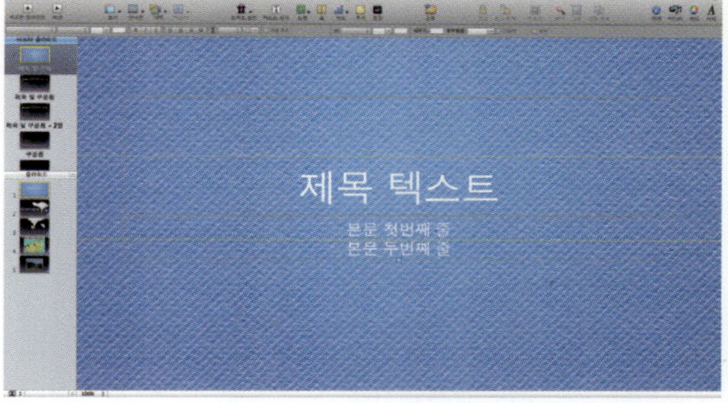

06 14개의 마스터 슬라이드 중 [제목 및 부제]와 [빈 페이지] 마스터 슬라이드를 제외한 나머지는 지워줍니다. (반드시 삭제할 필요는 없지만 불필요한 마스터 슬라이드를 지워주면 작업 슬라이드에서 마스터 슬라이드를 선택할 때 필요한 마스터 슬라이드만 보이므로 편리합니다.)

07 마스터 슬라이드를 보기 위해 아래로 내렸던 [=] 부분을 위로 올리면 작업 슬라이드로 돌아옵니다. 여기서 도구막대의 [마스터]를 누르면 2개의 마스터 슬라이드만 보이는 것을 알 수 있습니다.

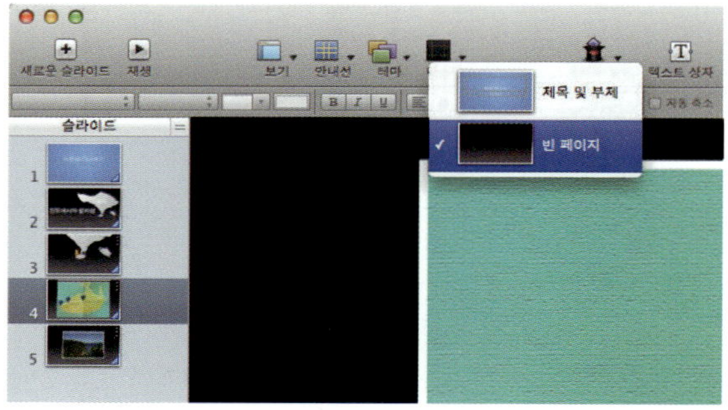

08 도구막대에서 [보기] 〉 [라이트 테이블]을 선택합니다.

09 다섯 개의 슬라이드가 한 눈에 보입니다. 첫 번째 표지를 제외하면 배경이 그대로인 것을 알 수 있습니다.

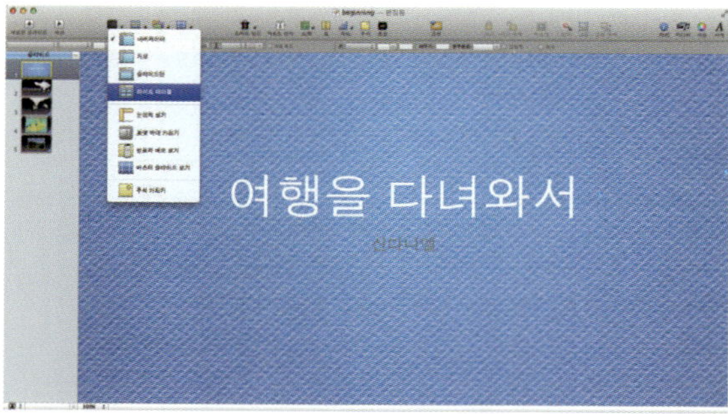

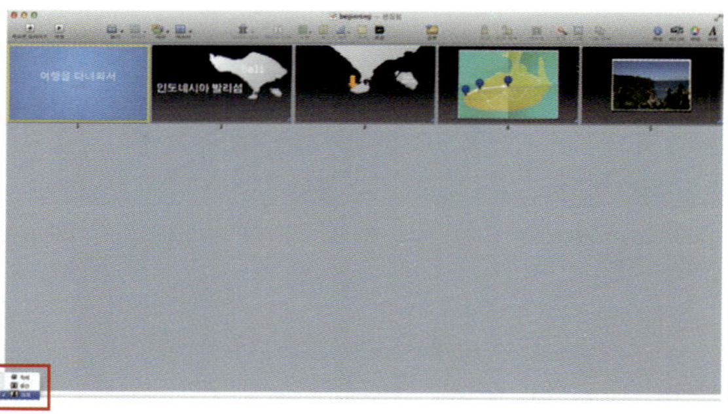

Tip 슬라이드의 크기가 작게 보인다면 왼쪽 아래 크기를 조절할 수 있는 부분에서 [크게]를 선택합니다.

10 도구막대의 [보기]를 눌러 [네비게이터]를 선택한 후, 다시 마스터 슬라이드로 돌아와 [빈 페이지] 마스터 슬라이드도 동일하게 배경을 바꿔줍니다.

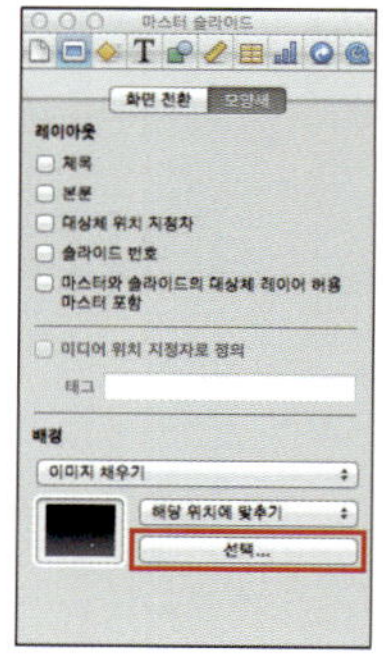

11 [빈 페이지] 마스터 슬라이드에서 텍스트 상자를 생성합니다.

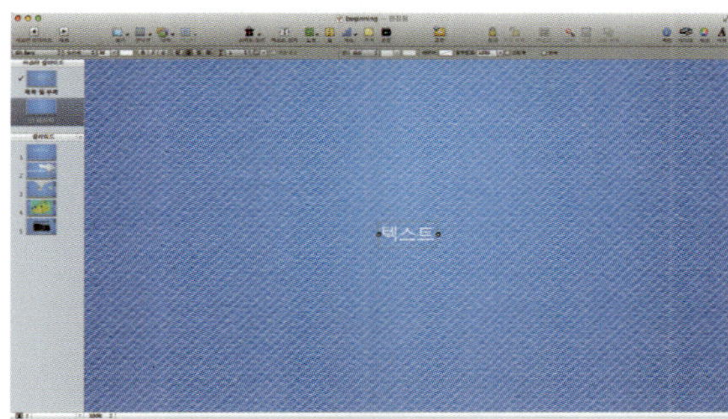

12 '키노트 연습'이라는 글자를 입력합니다.

13 포맷막대에서 글자의 크기를 줄여줍니다.

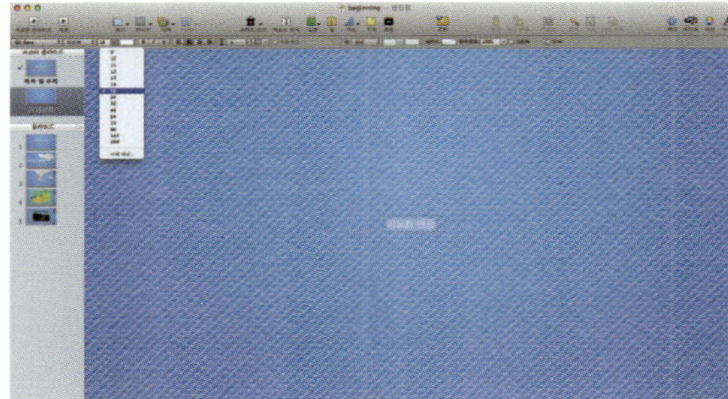

14 포맷막대에서 불투명도를 '80%'로 낮춥니다. 그리고 오른쪽 상단으로 위치를 옮겨줍니다.

15 마스터 슬라이드를 감추고, 다시 작업 슬라이드로 돌아옵니다. 표지를 제외한 [빈 페이지] 마스터 슬라이드가 적용된 슬라이드에는 모두 '키노트 연습'이라는 글자가 보입니다.

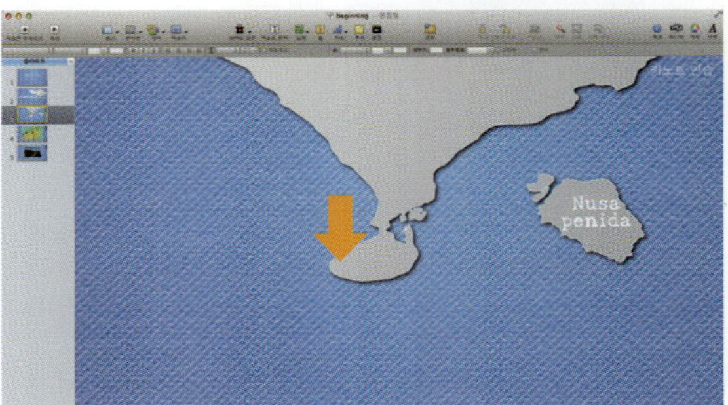

Chapter **06**

알파로 그림의 배경 지우기

키노트의 그래픽 프로그램 못지않게 강력한 기능 중 하나는 알파입니다. 사진의 특정 색상을 투명하게 바꿔주는 기능으로서 주로 동일한 색상으로 이루어진 배경을 지우는데 활용합니다.

|학·습·목·표|
도구막대의 알파의 사용법과 메뉴막대를 통해 인스턴트 알파를 제거하는 방법 익히기

• **소스 이미지** : P1C6_Bali2.jpg

• **완성 키노트** : P1C6−알파1.key

01 [Finder]에서 이미지 파일 (P1C6_Bali2.jpg)을 불러옵니다. 앞부분에 사용하였던 이미지와는 다르게 배경이 있음을 알 수 있습니다.
그림이나 사진의 배경을 지우고 싶다면 그림이 선택된 상태에서 도구막대의 [알파]를 누릅니다.

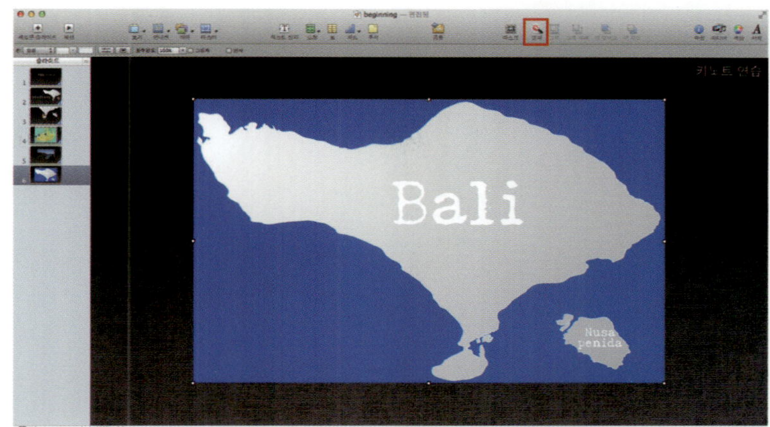

02 마우스로 지우고 싶은 배경 부분에서 드래그 합니다. 마우스 커서의 원 지름이 클수록 지워지는 영역이 넓어집니다.

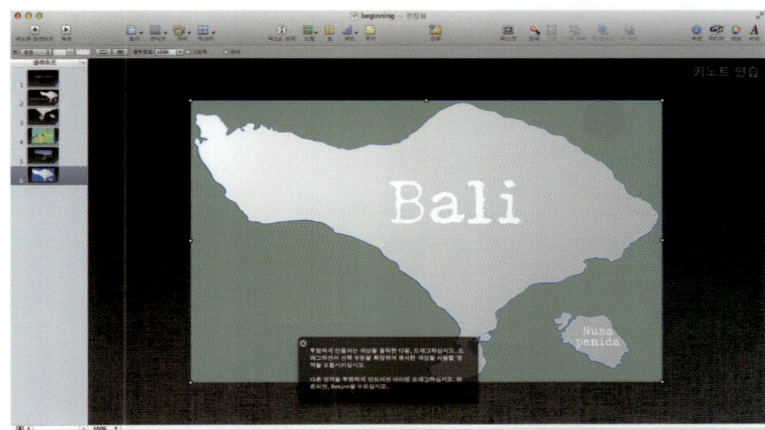

03 완료되었다면 [Return] 키를 누릅니다. 그러면 배경이 투명하게 지워진 것을 알 수 있습니다.

> **Tip** [알파]를 제거하려면 메뉴막대의 [포맷] 〉 [인스턴트 알파 제거]를 선택하면 됩니다.

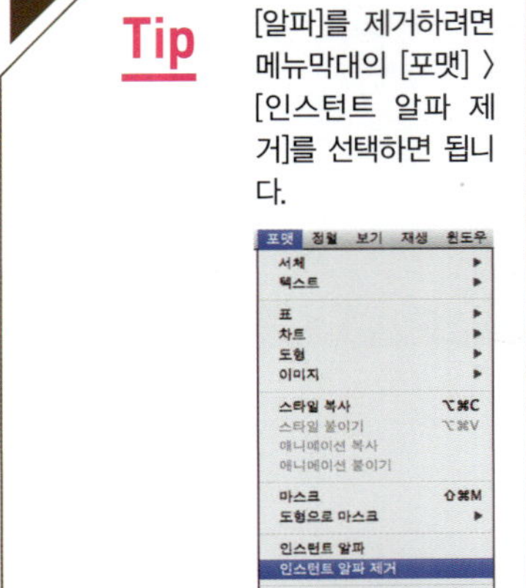

Chapter 07

칙칙한 사진을
화사하게 조절

사진이 너무 어둡거나 색감이 좋지 못할 때 키노트의 [이미지 조절] 기능을 활용하면 사진을 보정할 수 있습니다.

|학·습·목·표|
어둡게 촬영된 구름 사진의 노출을 보정하는 방법을 익히기

• 소스 이미지 : Padang Padang Beach.jpg

보정 전

• 완성 키노트 : P1C7-조절.key

보정 후

01 [Finder]에서 사진(Padang Padang Beach.jpg)을 삽입합니다. 사진이 선택된 상태에서 도구막대의 [조절]을 누릅니다.

Tip 도구막대에서 [조절] 아이콘이 보이지 않는다면 도구막대에서 마우스 오른쪽 버튼을 클릭하고 [도구막대 사용자화]를 눌러서 조절 아이콘을 도구막대로 드래그하면 됩니다.

02 이미지 조절창이 나타납니다. 밝기와 대비, 노출 등의 항목을 조절하면서 사진이 원하는 상태가 되는지 확인합니다. 원래 상태로 되돌리고 싶다면 오른쪽 밑의 [이미지 재설정]을 눌러주세요. 필자의 경우 '밝기 : 17, 대비 : 15, 온도 : –7, 선명도 : –1, 노출 : 38'로 조절하였습니다.

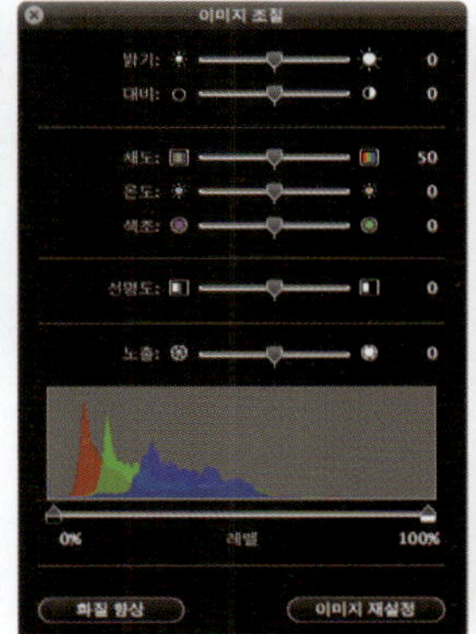
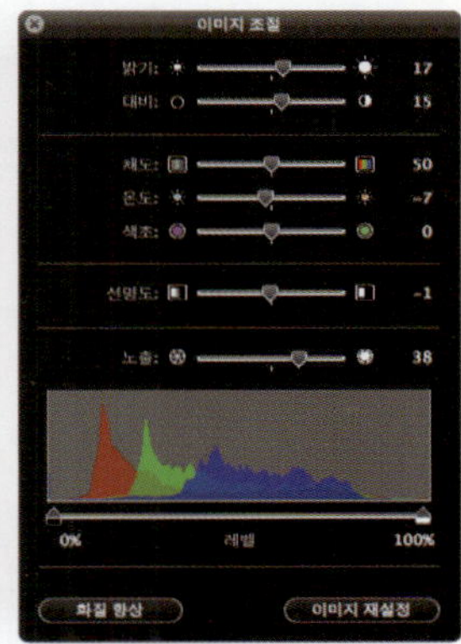

03 사진이 원래 촬영되었을 때 보다 밝게 보정된 것을 알 수 있습니다.

04 혹은 분위기 있는 흑백사진으로 만들 수도 있습니다. 항목 중 채도를 최소로 줄여주면 색상이 전부 무채색으로 변합니다.

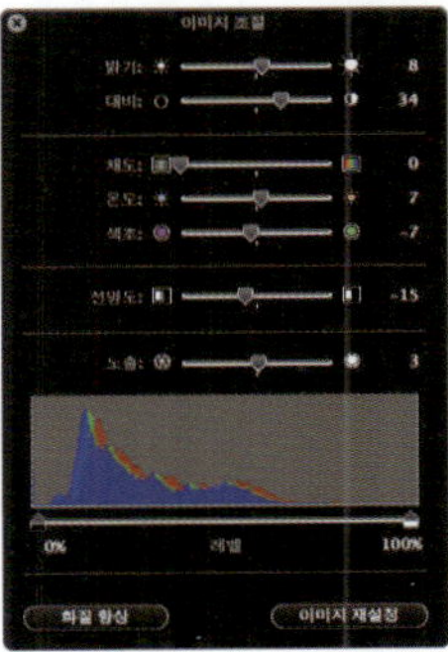

Chapter 08

한 눈에 알아볼 수 있는 표

키노트에서 표를 생성하고 수정하는 것은 다른 유사한 프로그램의 표수정 보다 훨씬 직관적입니다. 특히 선을 수정하는 것은 곧바로 클릭하여 선택한 후, 굵기와 색상을 바꿀 수 있어서 편리합니다.

|학·습·목·표|
1. 표의 모양을 세련되게 바꿔봅니다.
2. 함수를 활용하여 편리한 합계를 계산합니다.

• 소스 이미지 : paper_B.png

• 연습 키노트 : P1C8-표0.key

• 완성 키노트 : P1C8-표1.key

지출내역

구 분	세부내역	지 출
숙박비	A호텔	₩153,000
	B호텔	₩550,000
	소계	₩703,000
식사비	외부식당	₩30,000
	호텔 추가 식사비	₩15,000
	소계	₩45,000
교통비	택시	₩160,000
	버스	₩24,000
	소계	₩184,000
물품구입비	선물	₩196,000
	기타	₩10,520
	소계	₩206,520
합 계		₩1,138,520

Lesson **01** 나에게 필요한 표 만들기

01 메뉴막대에서 [파일] 〉 [새로운 파일]([Command]+[N]) 을 클릭하여 [빈 슬라이드]를 만듭니다.
혹은 연습용 키노트 파일(P1C8-표0.key)을 불러옵니다.

02 도구막대에서 표 아이콘을 누르면 자동으로 3×3 표가 생성됩니다.

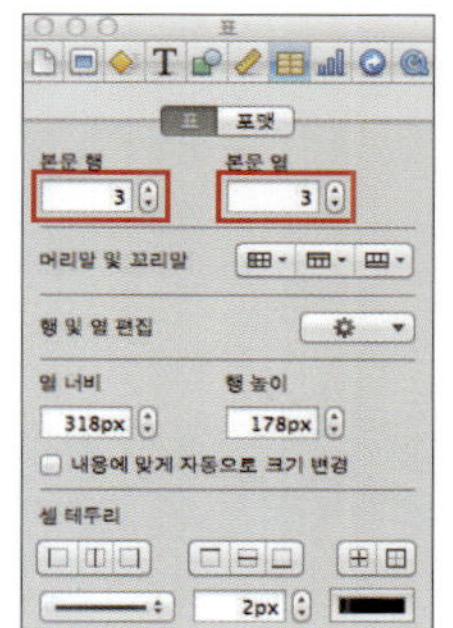

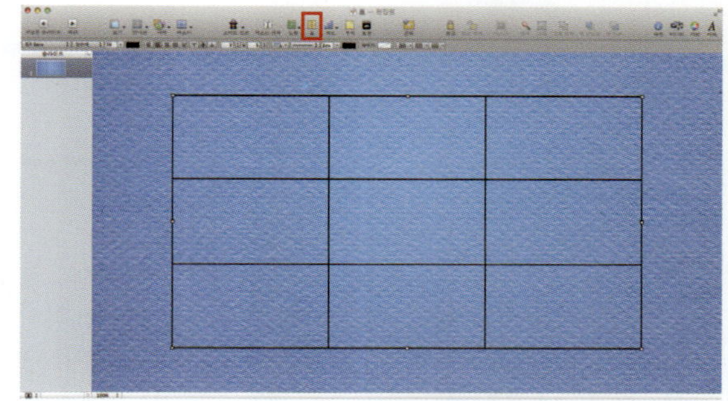

03 속성에서 행의 값을 5로 바꿔주면 표에 반영됩니다.

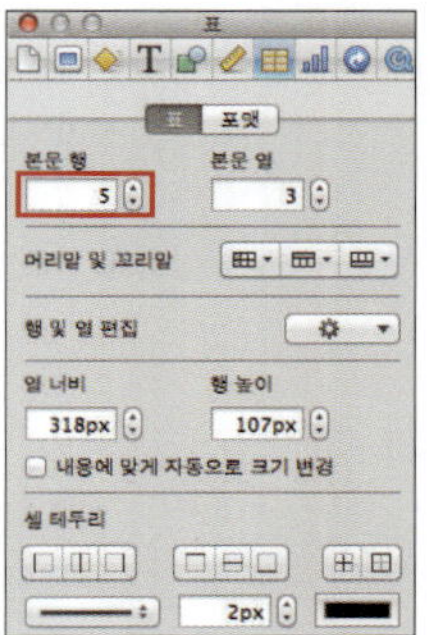

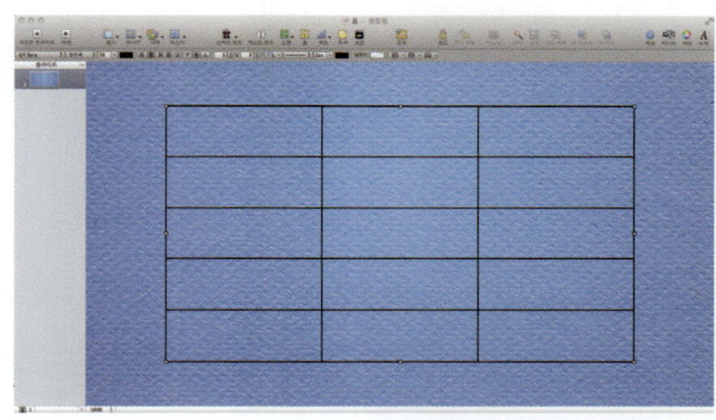

04 표의 일부분을 선택합니다. [Command]키 혹은 [Shift]키를 누른 상태에서 클릭하면 여러 셀을 선택할 수 있습니다. 선택된 셀은 노란색 테두리가 표시됩니다.

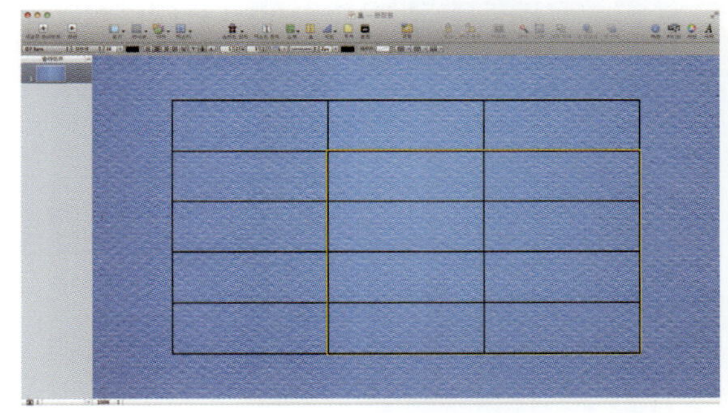

05 마우스 오른쪽 버튼을 누르고 [행으로 분할]을 누르면 선택한 영역이 나눠집니다.

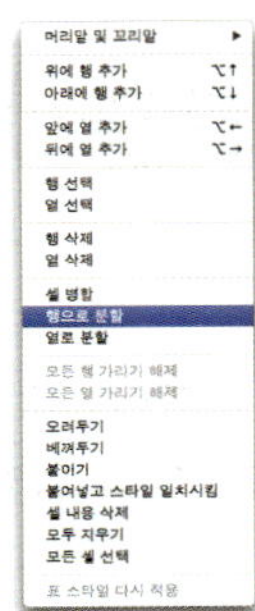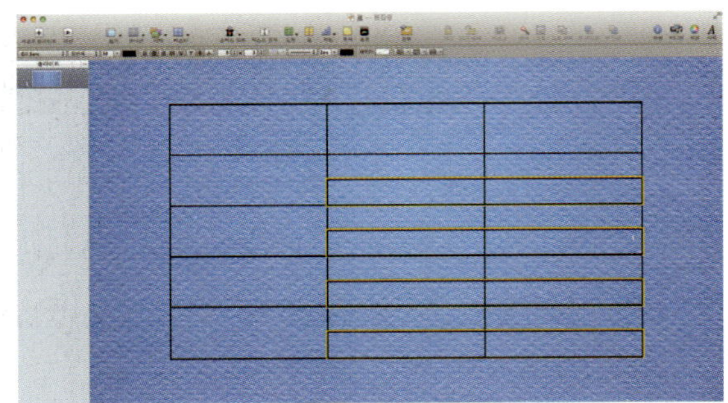

06 한 번 더 [행으로 분할]을 눌러 나눠줍니다.

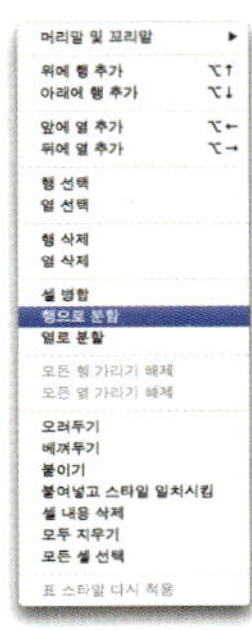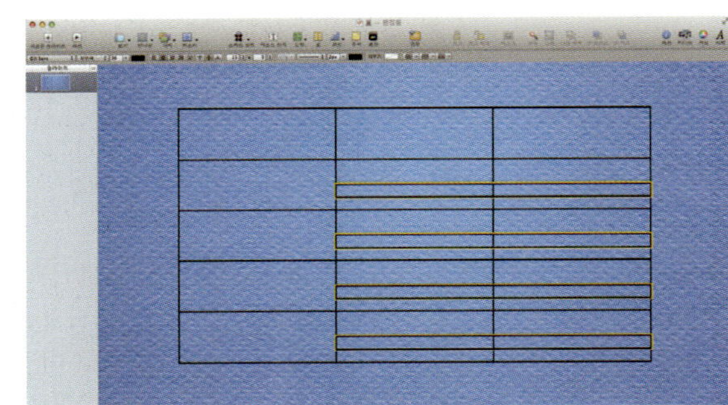

07 셀의 크기가 일정하지 않게 되었습니다. 표의 전체 크기를 조절하기 위해 배경을 한번 클릭하였다가 다시 표를 선택하면 크기를 조절할 수 있는 하얀 점들이 나타납니다.

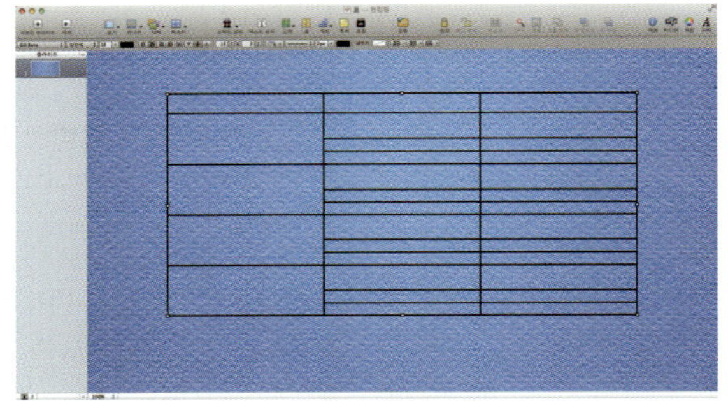

08 표의 크기를 줄였다가 다시 늘려주면 행의 크기가 일정해집니다.

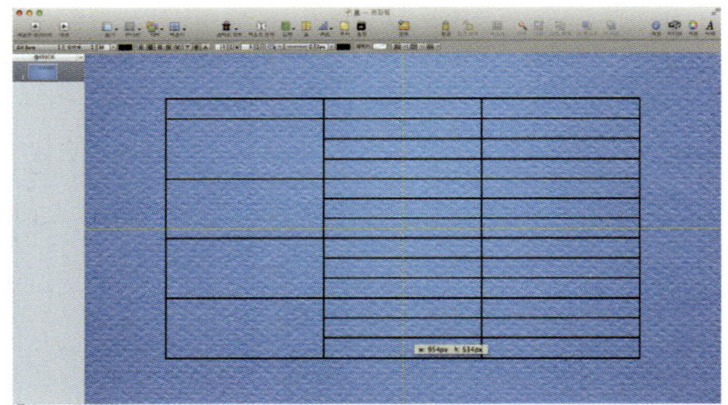

09 첫 번째 셀에 '구분'이라고 내용을 입력합니다.

> **Tip** 셀 오른쪽 아래 [더하기] 표시가 뜨는 것은 글자의 크기가 셀의 크기보다 크기 때문입니다.
>
> 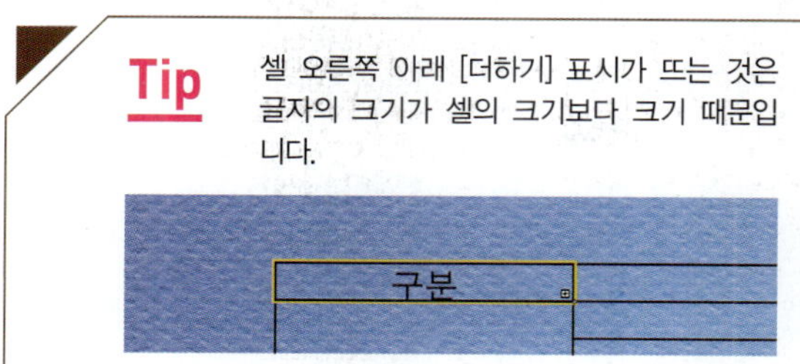

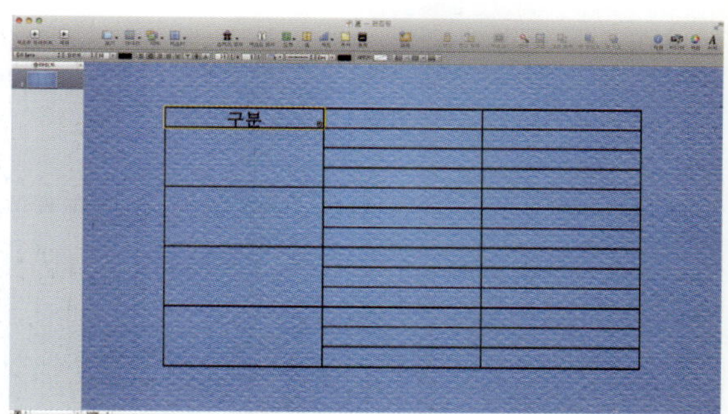

10 Shift 키를 누른 상태에서 첫 번째 셀과 마지막 셀을 클릭하여 표의 전체를 선택하고, 글자의 크기를 줄여줍니다. 27정도로 맞춰줍니다.

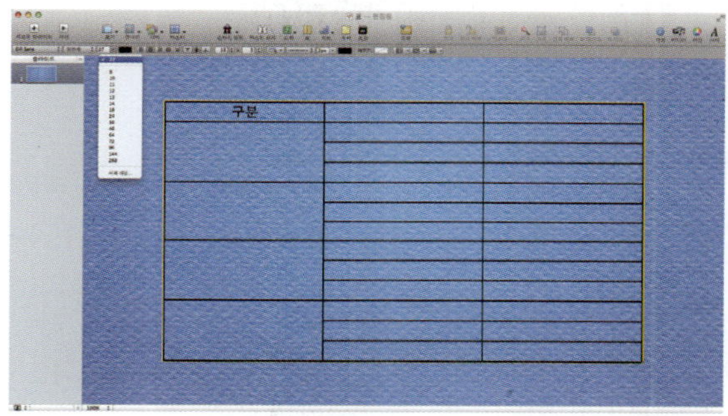

11 구분과 세부내역의 내용을 입력합니다.

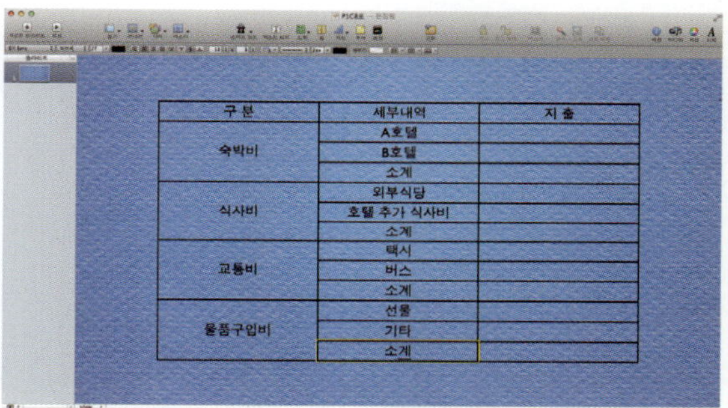

12 추가로, 밑에 합계 부분을 만들기 위해 Option + ↓ 키를 누릅니다. 그러면 선택되었던 셀 바로 밑에 새로운 행이 생성됩니다.

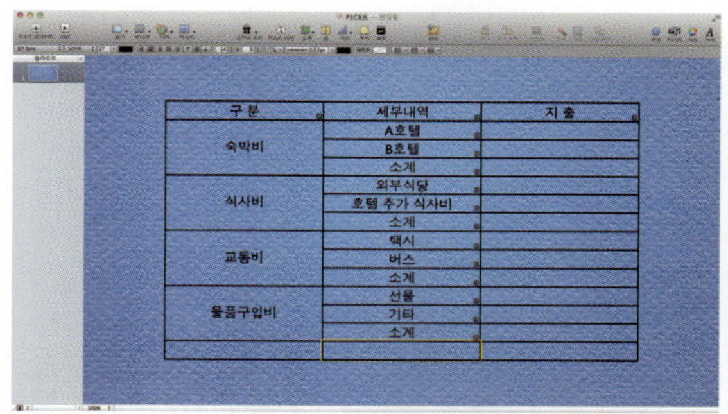

> **Tip** 만약 물품구입비 셀에서 Option + ↓ 키를 누르면 세 줄이 생성되므로 주의합니다.

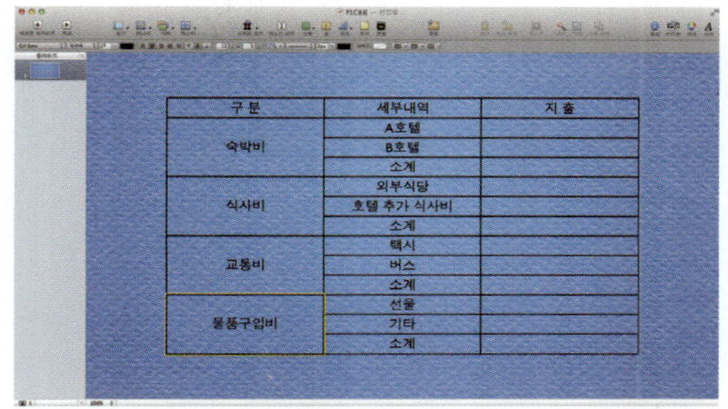

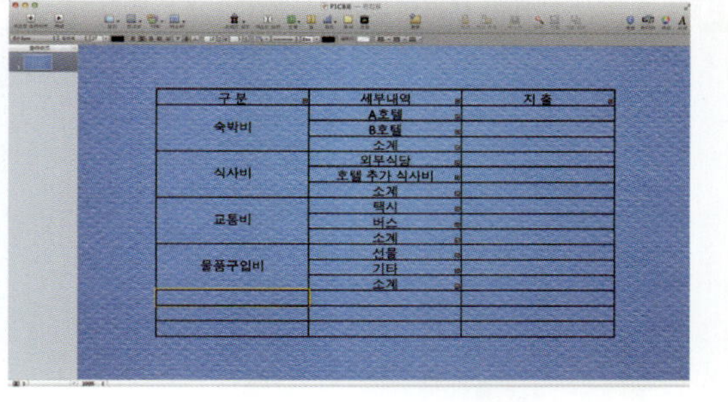

13 합계를 위한 두 개의 셀을 합치기 위해 마우스 오른쪽 버튼을 누르고 [셀 병합]을 선택합니다.

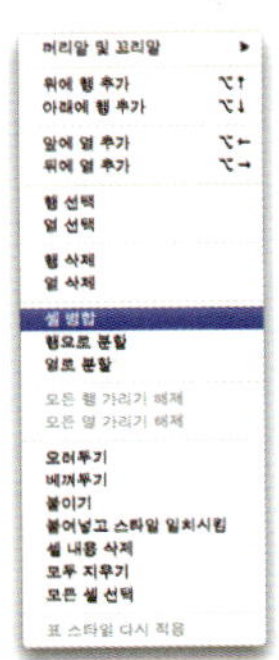

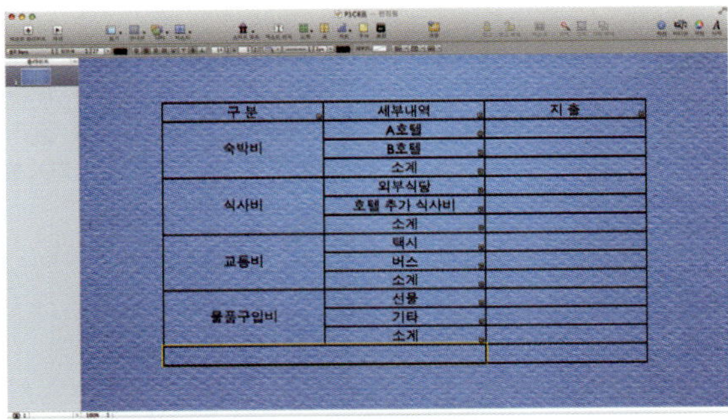

14 병합된 셀에 '합계'라고 입력합니다.

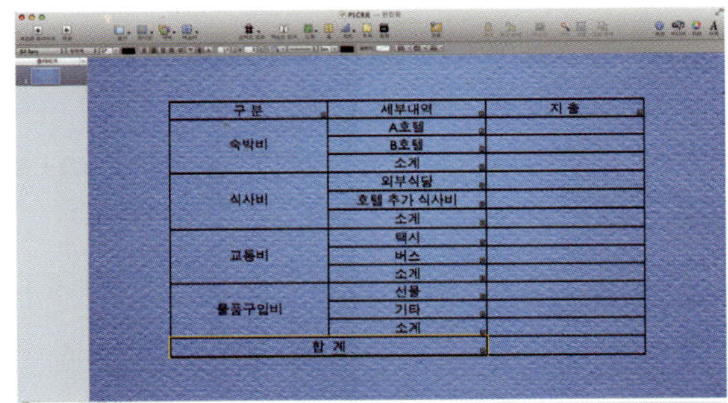

Lesson 02 계산기가 필요 없어지는 함수 사용하기

15 소계와 합계를 제외한 세부 지출내역을 입력합니다.

구분	세부내역	지출
숙박비	A호텔	153000
	B호텔	550000
	소계	
식사비	외부식당	30000
	호텔 추가 식사비	15000
	소계	
교통비	택시	160000
	버스	24000
	소계	
물품구입비	선물	196000
	기타	10520
	소계	
합계		

16 소계 부분을 선택하고 메뉴막대에서 [삽입] 〉 [함수] 〉 [합계]를 선택합니다.

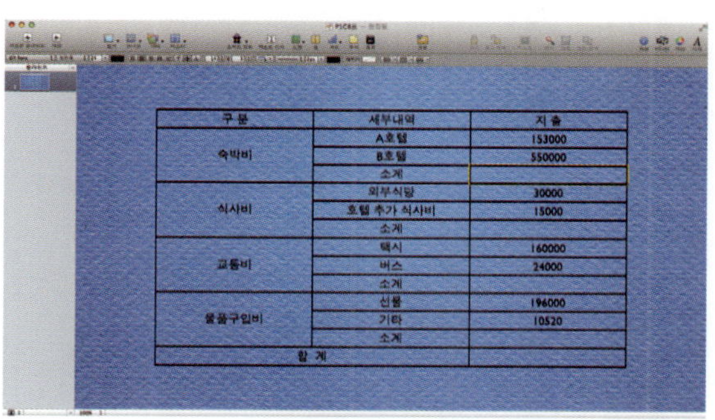 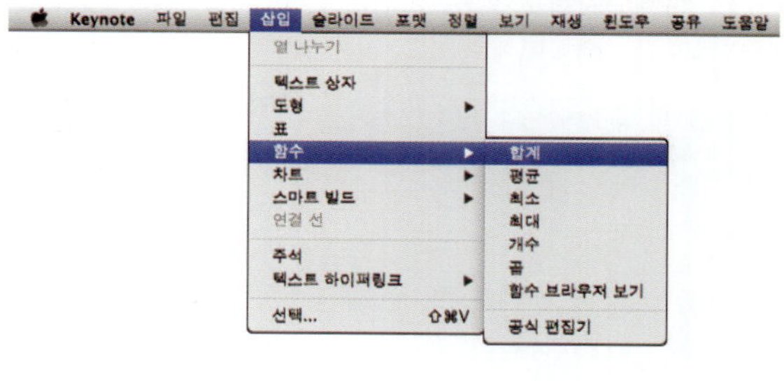

17 자동으로 가로셀의 합계를 계산합니다. 이번에는 세로의 위 두 셀의 합계를 계산할 것이므로 괄호 안의 'A4 : B4'라는 내용을 지웁니다.

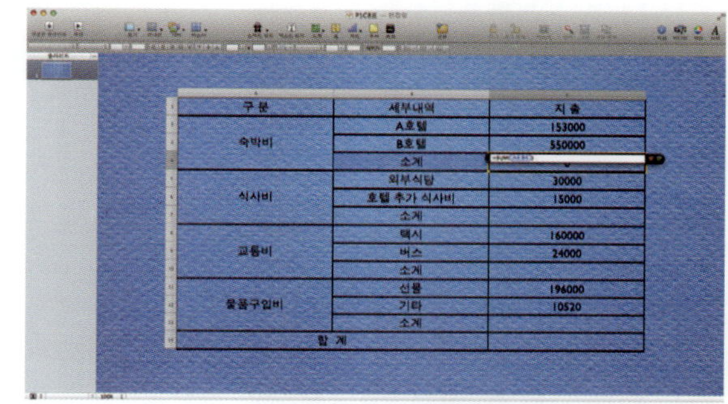

18 '=SUM(C2 : C3)'라고 입력한 후, [Return]키를 누릅니다. 그러면 계산된 값이 표시됩니다.
그리고 아래 부분의 소계에도 똑같은 함수를 적용하기 위해 [Command] + [C]키를 눌러 함수를 복사해둡니다.

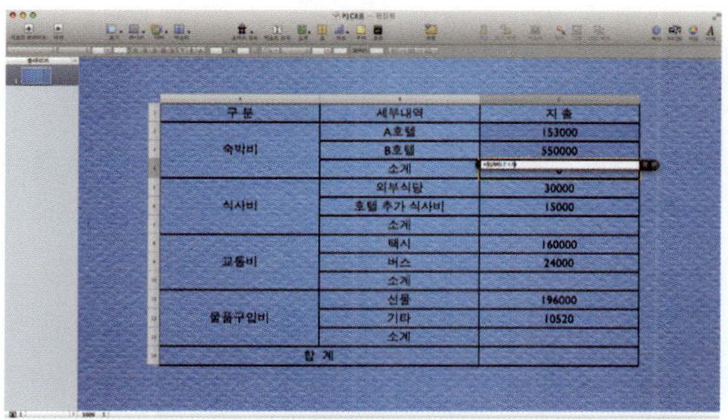 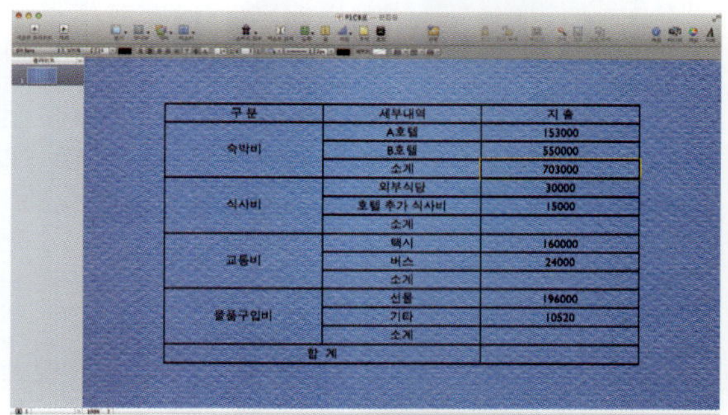

19 아래에 있는 소계 셀에서 [Command] + [V]키를 눌러 붙여넣기 하면 자동으로 소계가 계산됩니다.

20 이번 사례에서는 소계의 값이 동일하게 두 개씩 더하는 내용이므로 나머지 소계 부분에도 동일하게 붙여넣기 (Command + V)를 합니다. 만약 셀의 개수가 다르다면 붙여넣기 한 후, 다시 영역을 지정해주어야 합니다.

21 총 합계를 계산하기 위해 아까와 마찬가지로 메뉴막대에서 [삽입] 〉 [함수] 〉 [합계]를 선택합니다.

22 자동으로 생성된 괄호 안의 합계 영역을 키보드 Delete 키로 지우고, 마우스로 소계 부분 셀을 하나씩 클릭합니다. Command 키를 누를 필요는 없습니다.

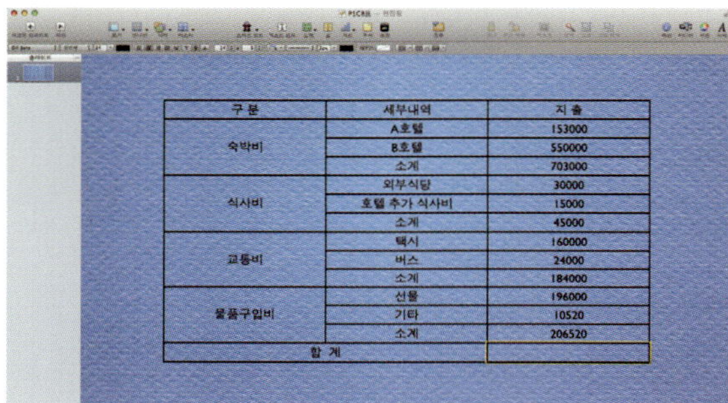

23 마우스로 셀을 클릭할 때마다 차례로 '=SUM(C4,C7,C10,C13)'이 입력됩니다.
' : '은 이어진 영역을 뜻하지만 ','는 떨어진 영역을 의미합니다. 클릭하지 않고 직접 영역 값을 키보드로 입력해도 됩니다. Return 키를 누르면 더해진 값이 표시됩니다.

Lesson **03** 알아보기 쉽게 표의 모양 바꾸기

24 표가 선택된 상태에서 한 번 더 표의 선을 클릭하면 선만 선택됩니다. Command 키를 누른 상태에서 추가로 클릭하면 다중 선택이 가능합니다. 세로선과 맨 위 가로선을 선택한 후, 포맷 막대에서 [선 없음]을 선택합니다.

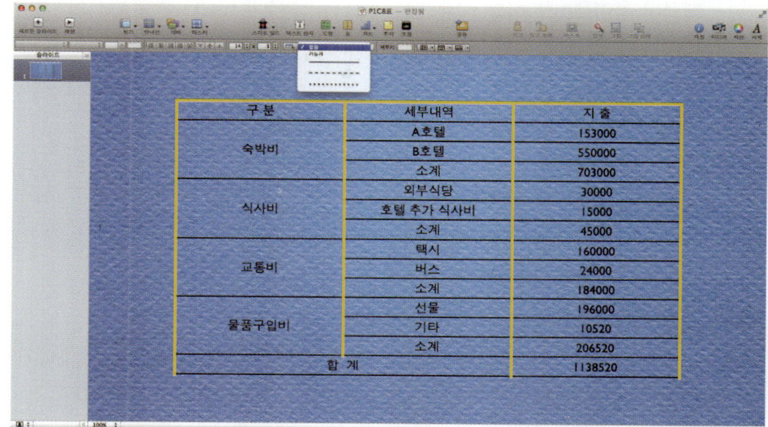

25 선이 선택된 상태에서 한 번 더 특정 셀의 선을 선택하면 그 부분만 선택됩니다. 표에서 구분, 세부내역, 지출 글자가 있는 맨 위 셀을 [머리말 셀 영역]이라고 부릅니다. 머리말 셀의 글자 사이의 2개의 선을 선택하고 포맷 막대에서 선을 다시 생성시킵니다.

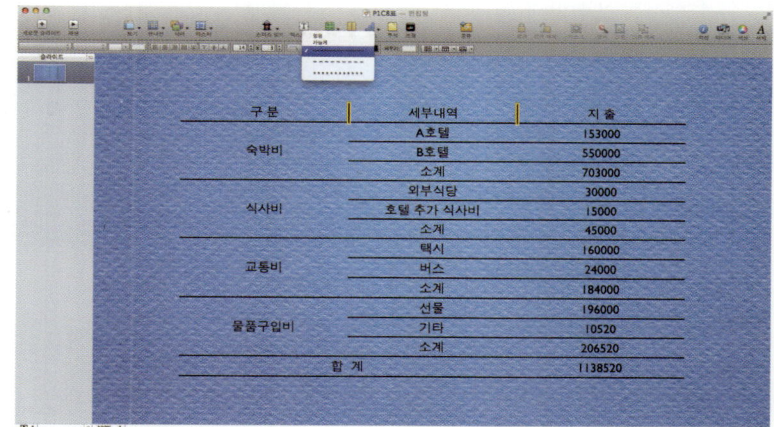

26 표의 맨 아래 선을 드래그하여 합계 부분의 셀 크기를 조금 아래로 늘려줍니다.

27 화면의 빈 곳을 클릭하고, 다시 표를 선택하면 셀이 아닌 표 전체가 선택됩니다. 이 상태에서 포맷막대에서 선의 색상을 하얀색으로 바꿔주면 전체 선의 색상이 하얀색이 됩니다.

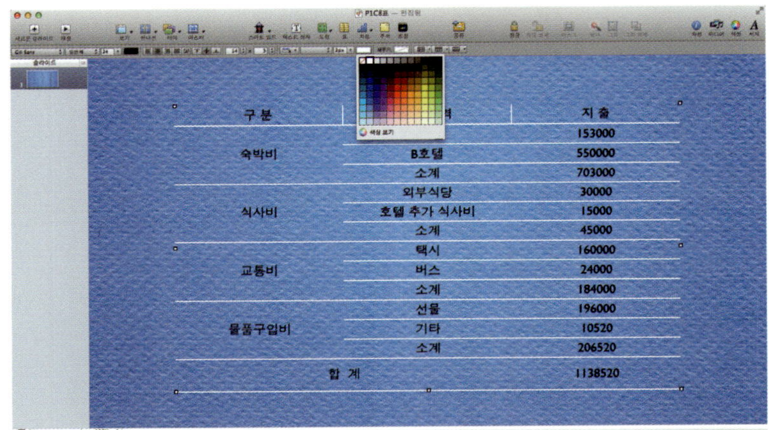

28 추가로 아래, 위의 선을 선택하여 포맷막대에서 굵기를 '7px'로 두껍게 조절합니다.

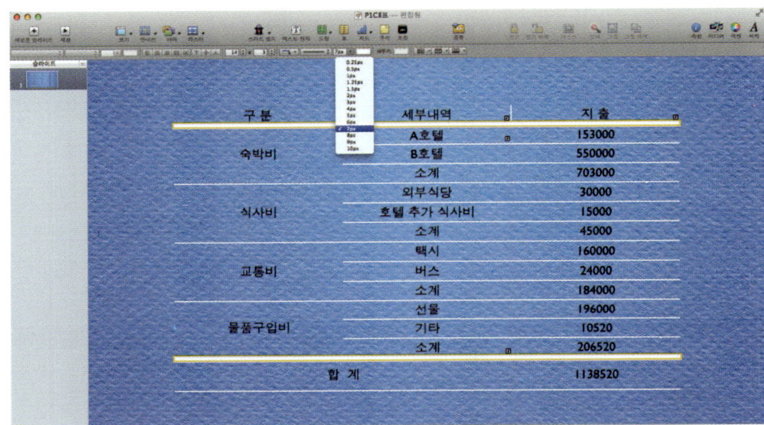

29 각 항목의 구분이 잘 가도록 소계 밑선도 '3px'로 두껍게 바꿉니다.

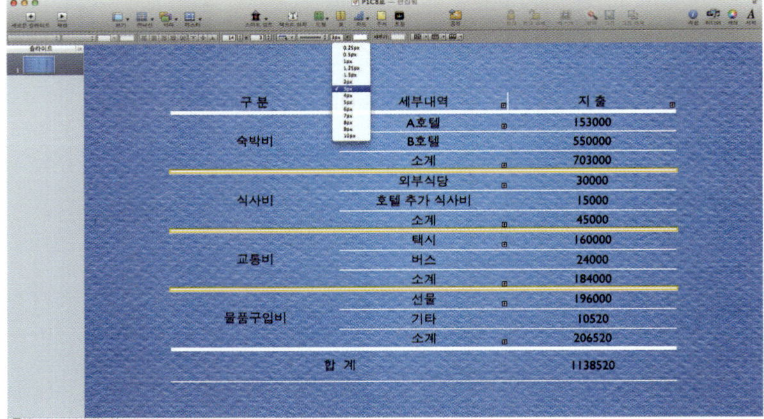

30 소계를 좀 더 잘 보이기 위해 셀의 색상을 바꾸도록 하겠습니다. Shift 키를 누른 상태에서 클릭하면 여러 개의 이어진 셀을 선택할 수 있습니다.

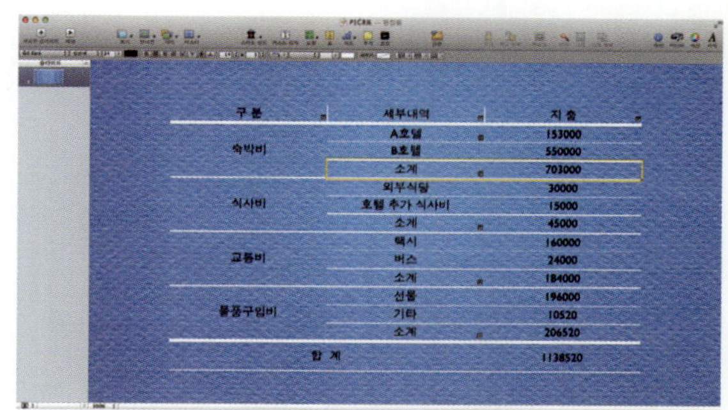

31 Command 키를 누른 상태에서 아래 소계 영역을 클릭하면 위치가 떨어져 있지만 한꺼번에 선택이 가능합니다.

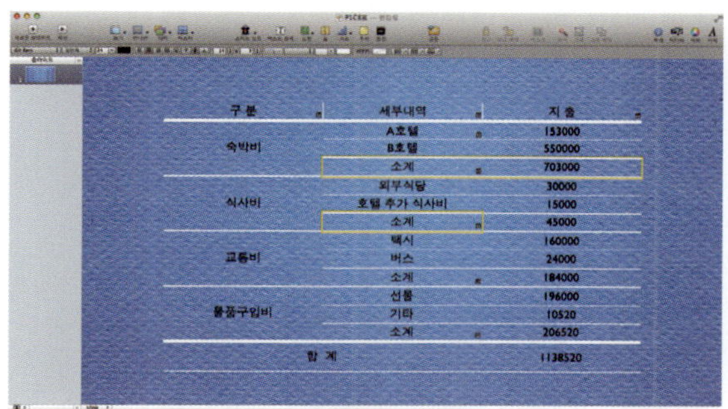
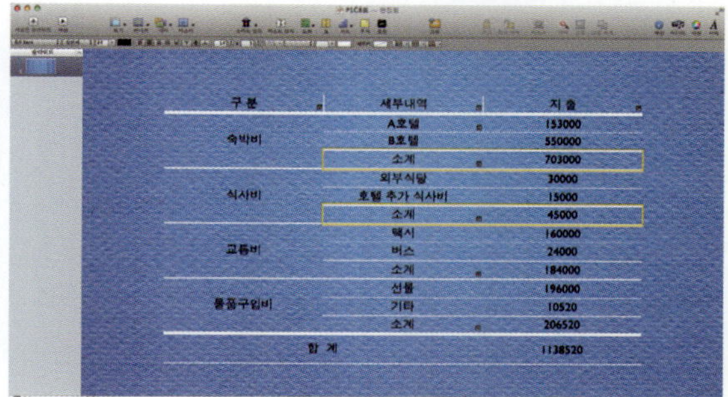

32 Shift 키와 Command 키를 활용하여 소계 영역을 전부 선택합니다.

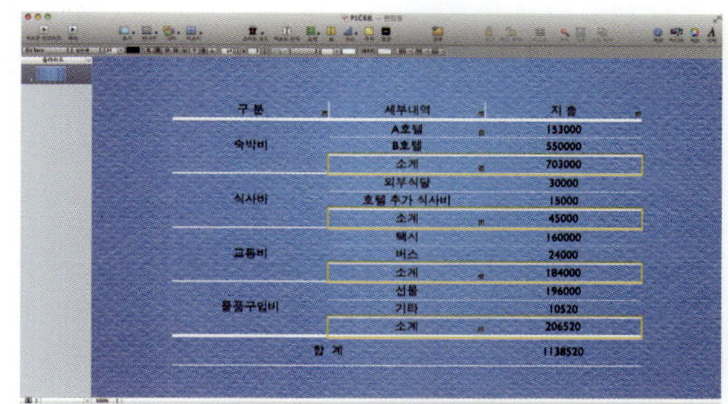

33 선택된 영역의 색상을 바꾸기 위해 포맷막대에서 [채우기]를 누르고, [색상 보기]를 선택합니다. 색상 팔레트가 보이면 파란색을 선택하고, 불투명도에서 '30%'로 투명도를 조절합니다.

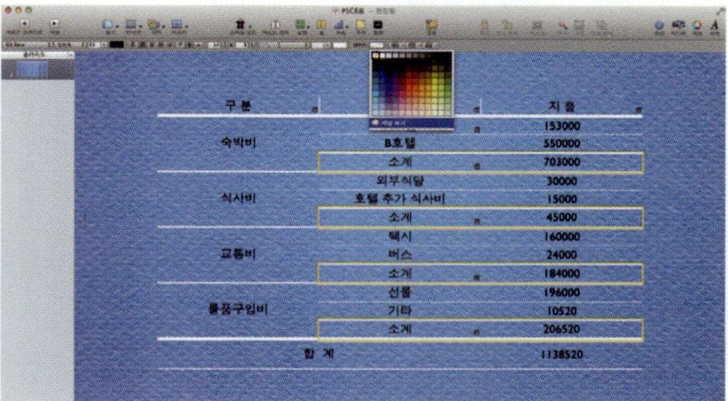

34 합계 영역의 색상도 연두색으로 바꿔줍니다. 그리고 불투명도는 '51%'로 조절합니다.

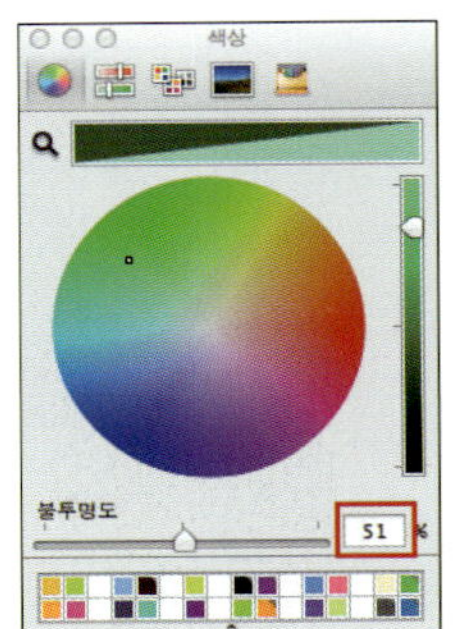

35 맨 위 영역의 서체를 볼드체로 바꾸고, 색상도 하얀색으로 수정합니다.

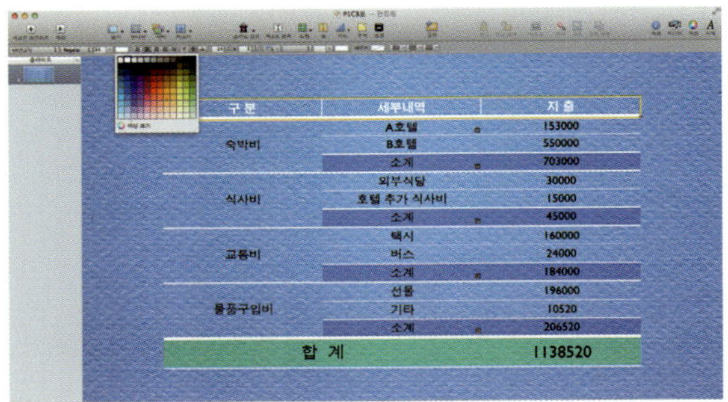

36 슬라이드의 제목을 왼편에 넣기 위해 구분 영역의 크기를 줄여줍니다.

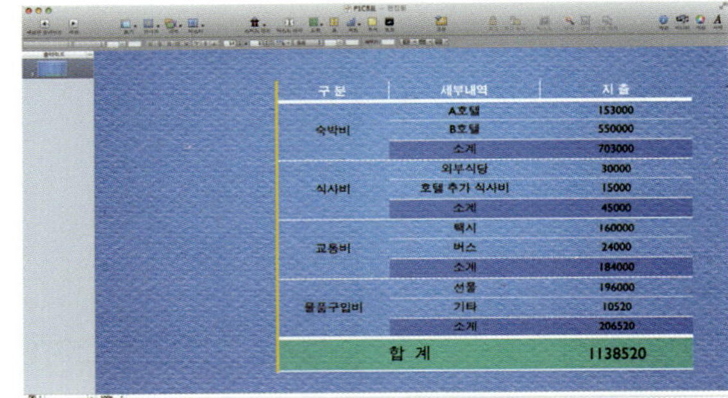

37 지출 영역의 숫자는 가운데 정렬 보다는 오른쪽 정렬이 알맞습니다. 포맷막대나 속성에서 조절할 수 있습니다.

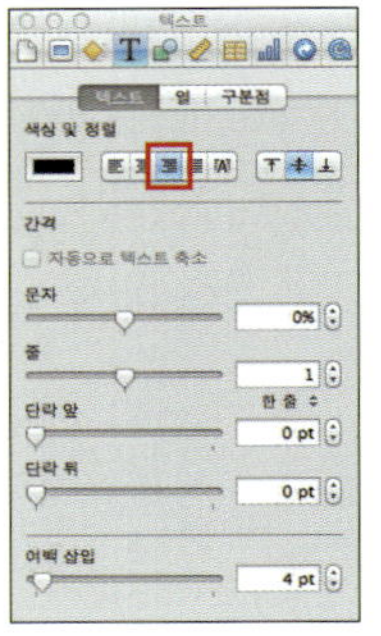

38 그런데 숫자들이 너무 오른쪽에 딱 붙어서 보기에 불편합니다. 이런 경우에는 옆에 보이지 않는 열을 하나 만들어 빈 공간을 만들어 줍니다. 셀을 선택한 후 마우스 오른쪽 버튼을 클릭하고 [열로 분할]을 선택합니다.

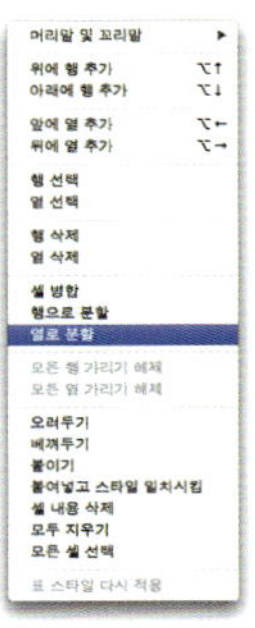

39 생성된 열의 크기를 조절하여 보기 좋게 바꿉니다.

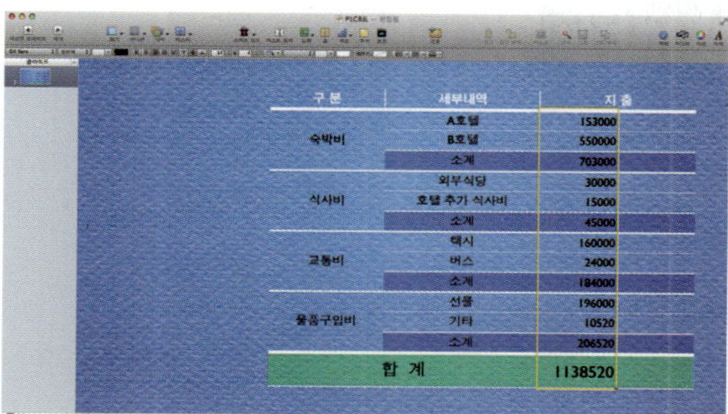
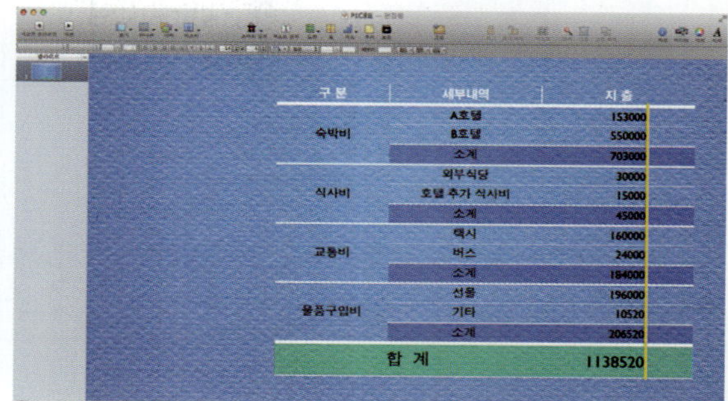

40 지출 영역의 단위를 입력하기 위해 속성에서 셀 포맷을 [통화]로 바꿉니다. 단위는 자동으로 원으로 표시됩니다.
만약 다른 단위로 바꾸고 싶다면 기호에서 다른 나라 통화를 선택하면 됩니다.

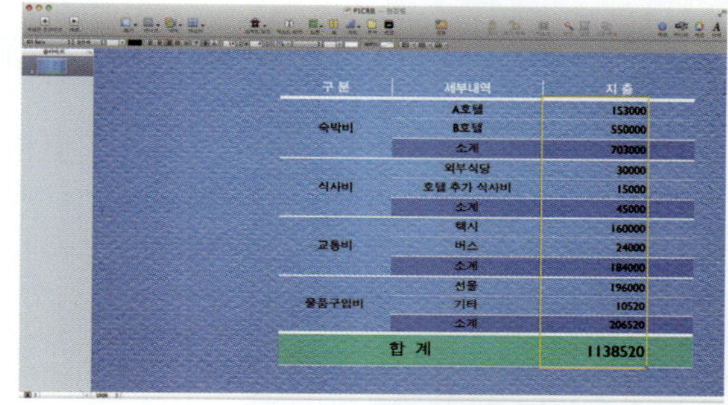

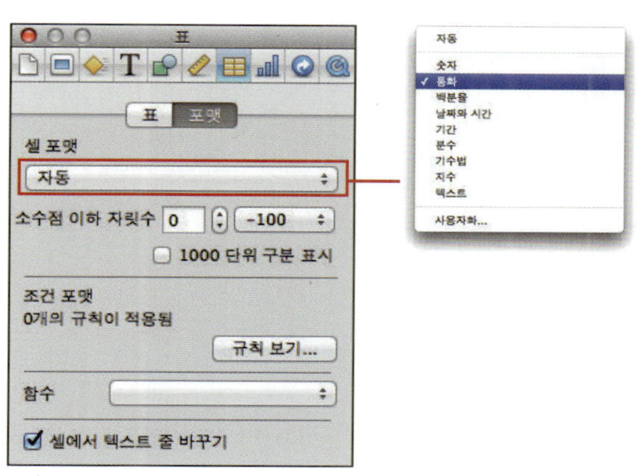
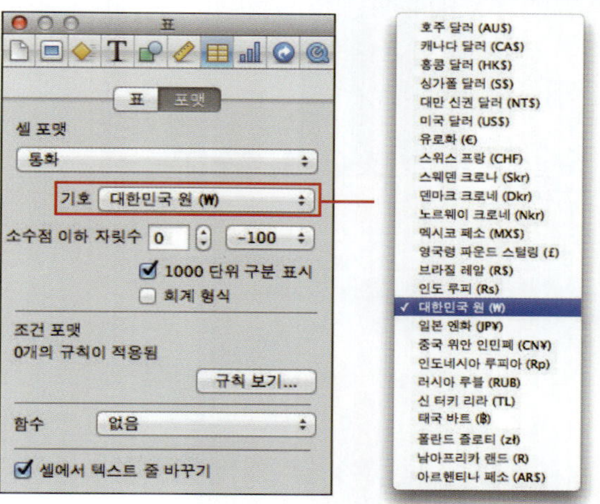

41 도형을 만들어 제목을 입력하고, 추가로 소계 셀의 글자 색상까지 조절하면 완성됩니다.

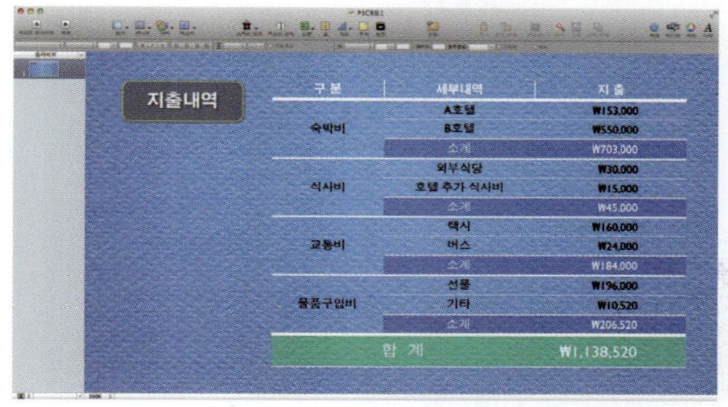

Chapter 09

논리를 뒷받침 해주는 차트

키노트에서는 상당히 세련된 차트를 만들 수 있으며 차트의 값이 각각 차례대로 증가하는 애니메이션을 만들 수도 있습니다.

|학·습·목·표|
1. 다양한 차트를 만들어보고 데이터 및 색상, 크기를 조절하는 방법을 익히기
2. 3D 차트의 [빌드인] 효과 사용법을 익히기

• 소스 이미지 : 21G.png / 가상A.png / 가상B.png / 21G2.png / 가상A2.png / 가상B2.png / 종이겹칩.png

• 완성 키노트 : P1C9- 차트1.key

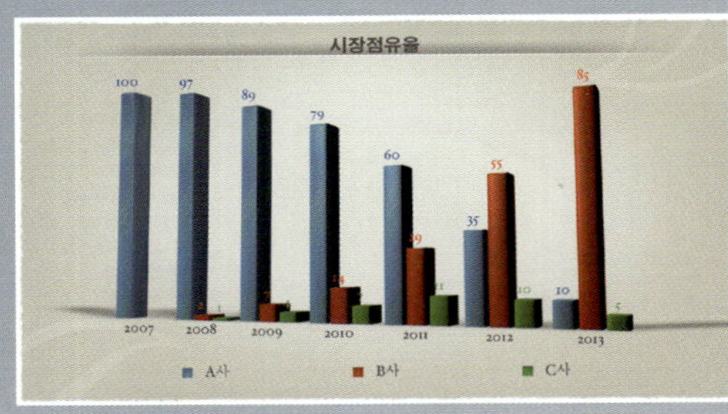

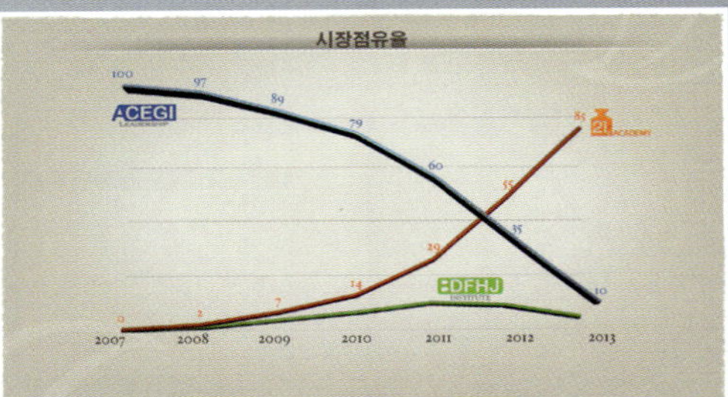

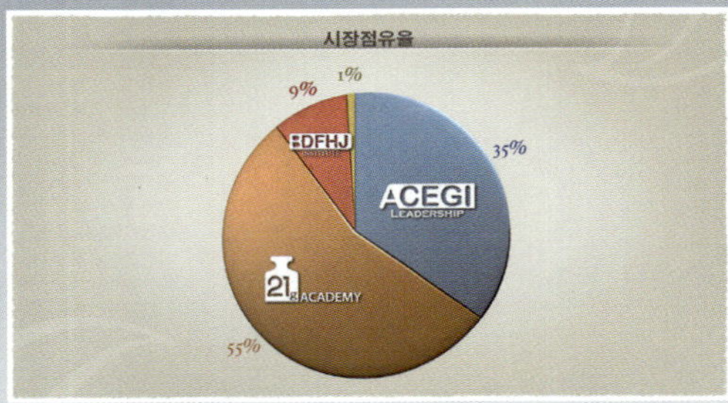

Lesson **01** 차트 만들기

01 새로운 슬라이드(Command+N)를 만들고, 도구막대에서 [차트] 아이콘을 누르면 다양한 차트의 종류가 나타납니다. 왼편은 2D 차트이고, 오른편은 3D 차트입니다.

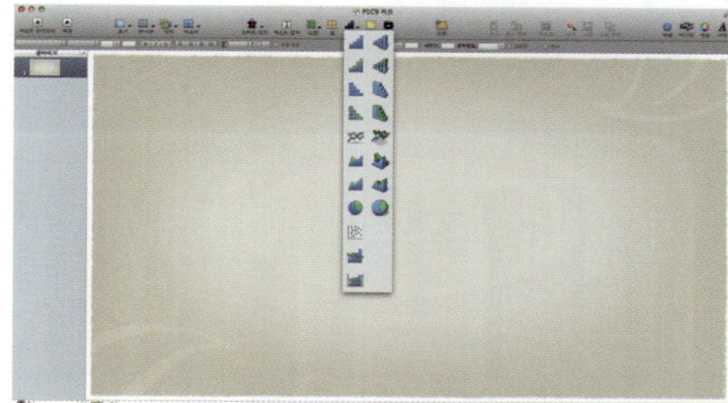

02 여기서 가장 기본적인 좌측 상단의 막대그래프를 선택하였습니다. 자동으로 임의의 값이 적용되어 있습니다.

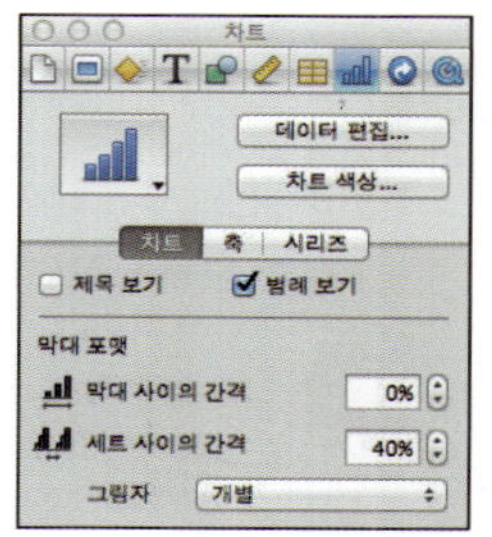

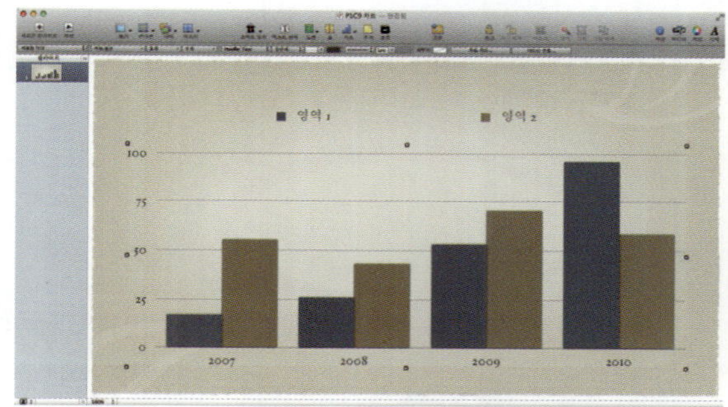

	2007	2008	2009	2010
영역 1	17	26	53	96
영역 2	55	43	70	58

03 [차트 데이터 편집기]에 임의로 원하는 수치를 입력합니다. (만약 [차트 데이터 편집기]가 보이지 않는다면 속성에서 [데이터 편집] 버튼을 클릭하면 다시 보입니다.)

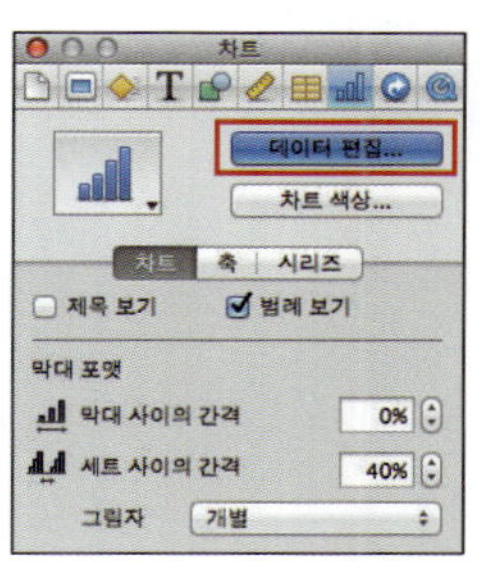

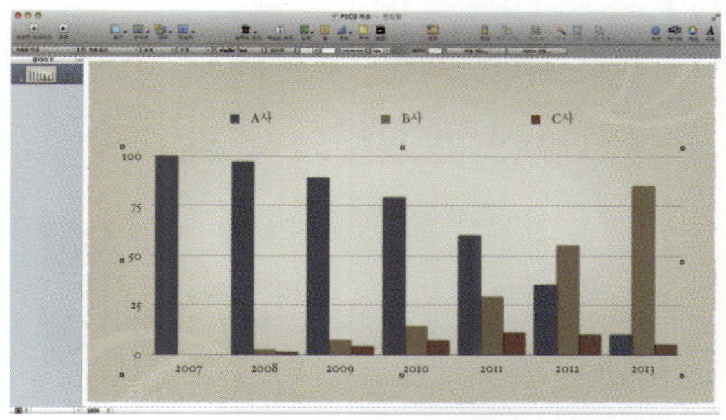

	2007	2008	2009	2010	2011	2012	2013
A사	100	97	89	79	60	35	10
B사	0	2	7	14	29	55	85
C사	0	1	4	7	11	10	5

04 차트의 각 부분의 글자 크기와 색상은 자유롭게 바꿀 수 있습니다. 한 번 클릭으로 선택된 차트에서 원하는 부분을 다시 한 번 클릭하면 선택됩니다. 이번에는 Y축 값 꼬리표의 크기를 포맷막대에서 '18pt'로 바꾸었습니다.

05 X축 카테고리의 각도도 포맷막대에서 변화시킬 수 있습니다. 차트가 선택된 상태에서 X축 값을 클릭하고, 포멧막대 [각도]에서 '30°'로 변경합니다. (이 기능은 2D 차트에서만 지원되는 기능입니다.)

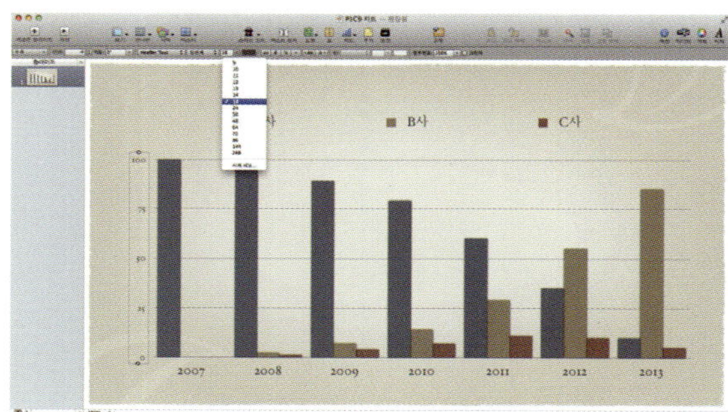

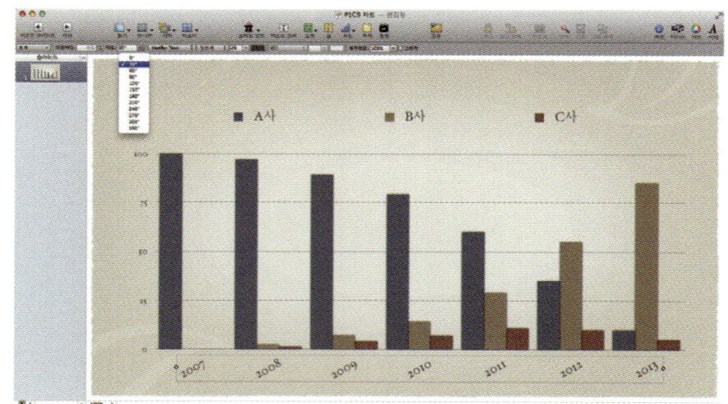

06 포맷막대에서 격자선의 두께와 색상를 조절하거나 모양을 실선에서 점선으로 바꿀 수 있습니다.

07 그래프의 색상을 바꾸는 방법은 몇 가지가 있습니다. 그 중에서 가장 기본적인 방법은 그래프를 선택하고, 포맷막대에서 [채우기] 색상을 교체하는 것입니다. 연습을 위해 노란으로 바꿔봅시다.

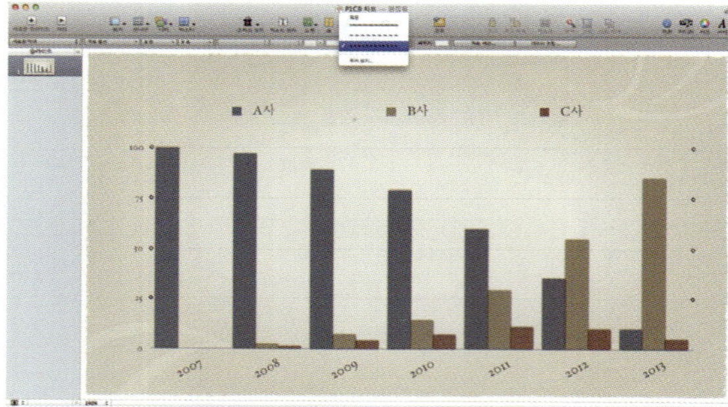

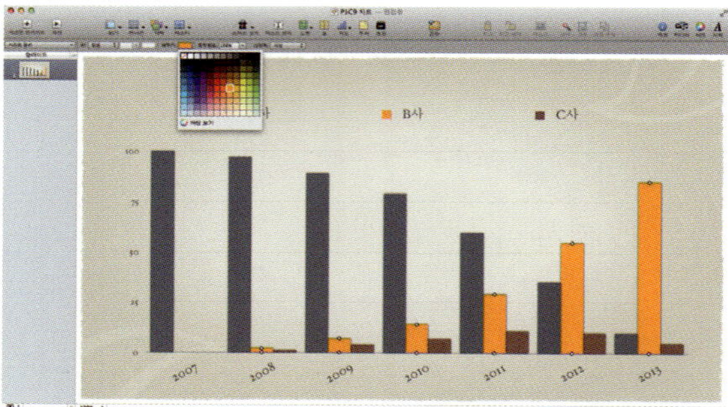

08 속성에서 [차트 색상] 버튼을 누르면 추가로 [차트 색상] 팔레트가 나타납니다. 여기서 원하는 색상을 마우스로 드래그하여 그래프로 옮기면 색상이 적용됩니다.

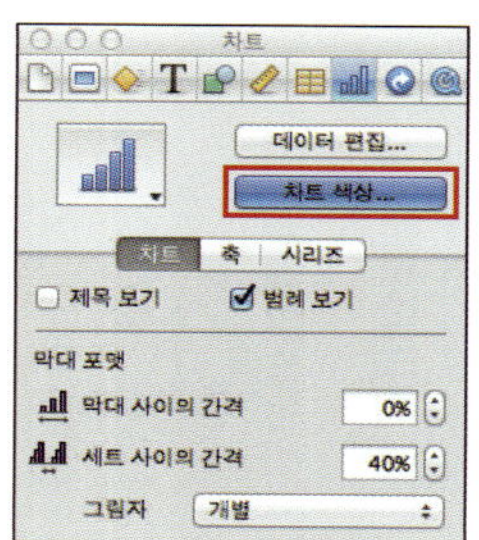

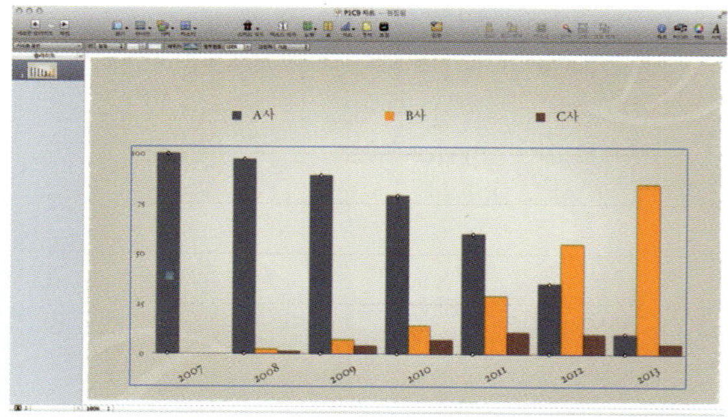

09 더불어 다양한 차트 색상 세트를 선택할 수 있습니다.

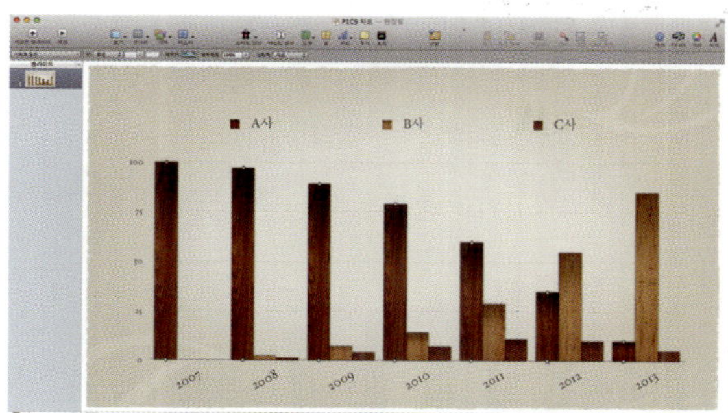
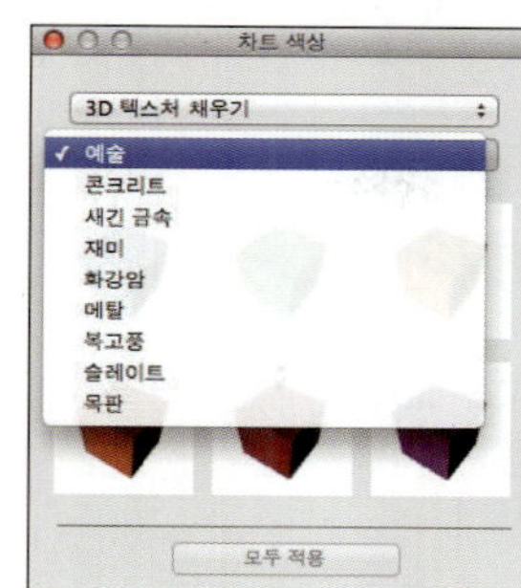

10 속성에서 [시리즈]를 선택하고 [값 꼬리표]를 체크하면 각 그래프마다 값이 표시됩니다.

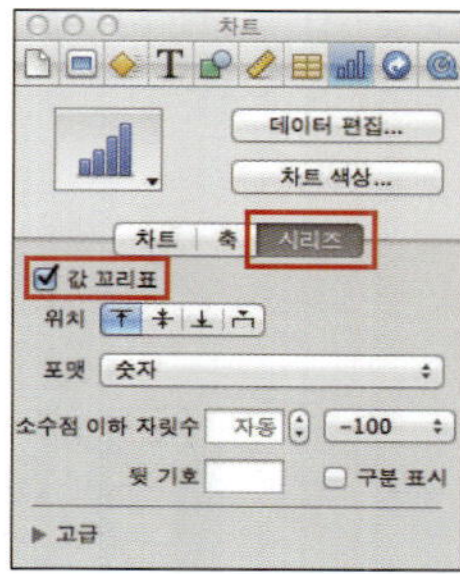
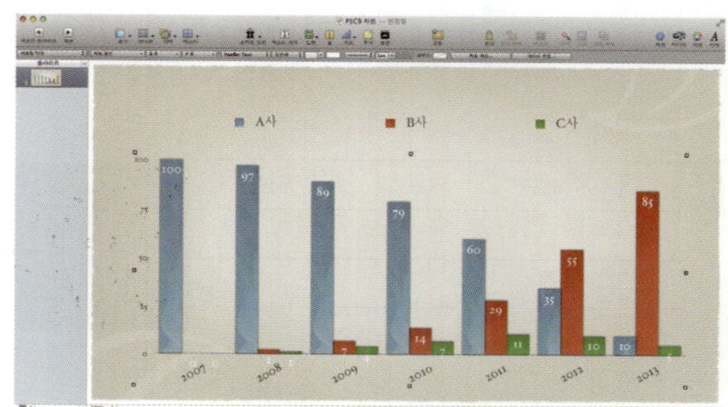

11 속성에서 [값 꼬리표]의 위치를 조절하고, 포맷 막대에서 색상을 조절합니다. (이때 그래프의 색상과 유사한 색상을 꼬리표에 적용시키는 것이 알아보기 편합니다.)
이번에는 하늘색과 주황색 글자를 만들어 보았습니다.

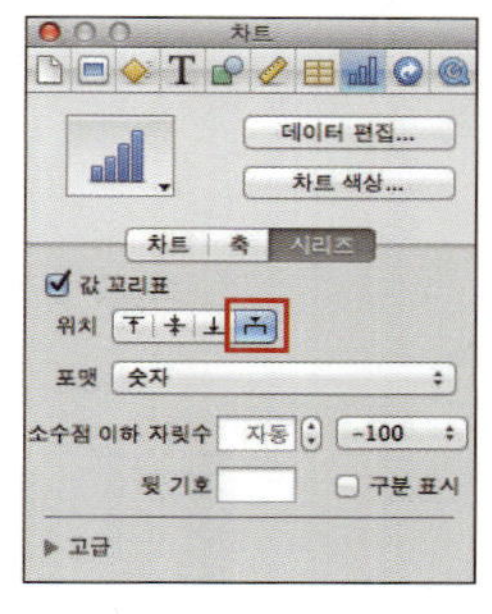
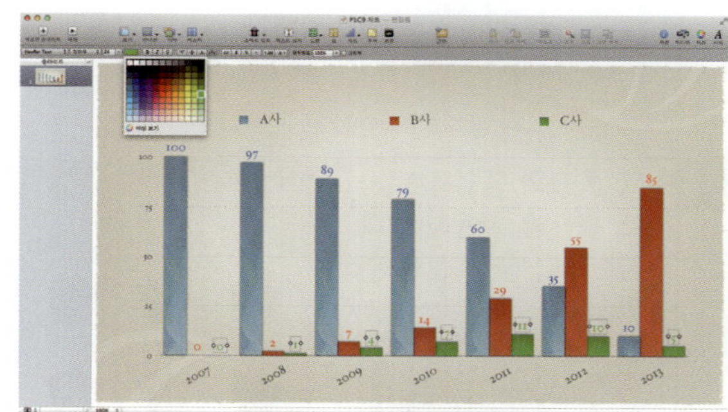

12 범례의 위치를 아래로 움직이고, 텍스트 상자를 활용하여 차트의 제목을 입력하면 차트가 완성됩니다.
(※ 속성에서 [제목 보기]를 체크해도 되지만 위치조절이 자유롭지 못하므로 텍스트 상자가 더 편리합니다.)

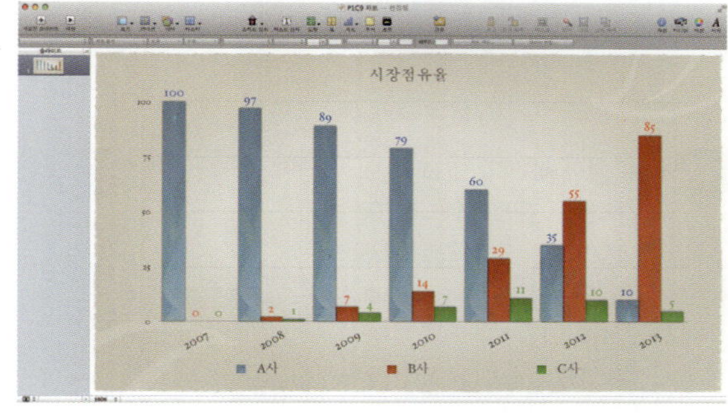

Lesson **02** 차트 스타일 수정하기

13 속성에서 [차트 유형]을 다시 선택하면 이제까지 작업했던 차트의 스타일을 바꿀 수 있습니다. 교체된 차트는 다시 테마에 정해진 기본 색상이 적용되어 있습니다.

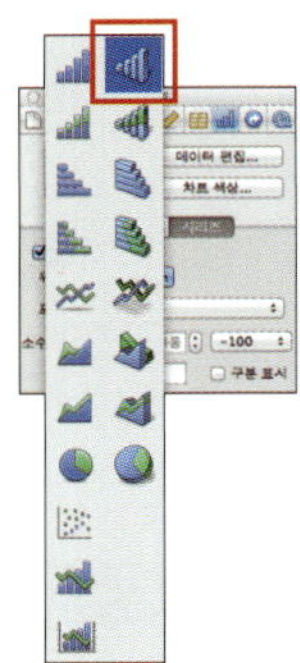
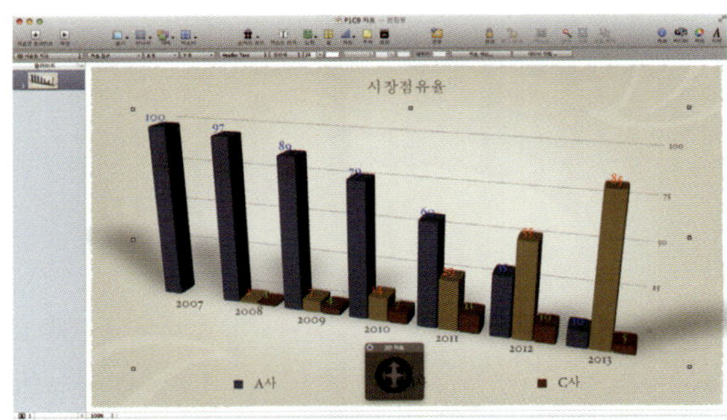

14 3D 차트는 2D 차트와 달리 보는 각도를 변환할 수 있는 조절창이 추가로 나타납니다. 화살표를 드래그하여 차트의 전체 각도를 바꿔봅시다.

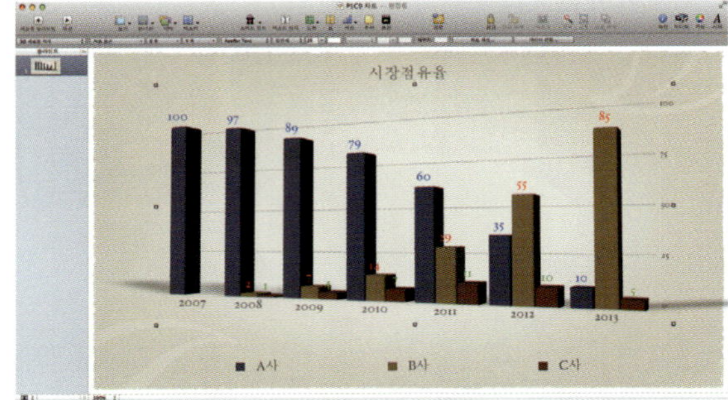

15 2D 차트와 동일하게 [차트 색상]을 사용하여 다양한 색상을 조절할 수 있습니다.

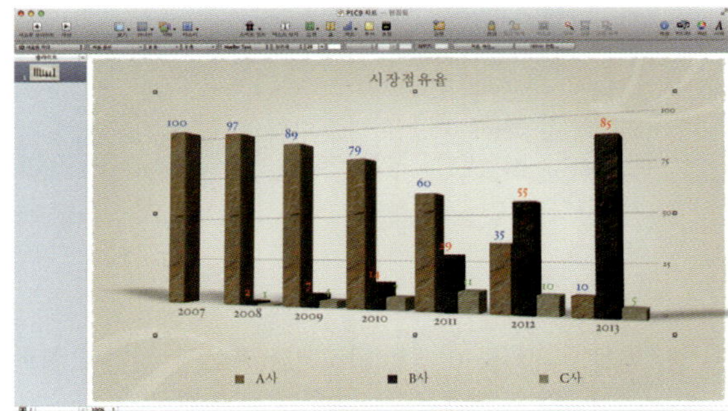

16 속성에서 각 그래프의 간격을 조절하거나 [막대모양]을 직사각형에서 [원기둥형]으로 바꿀 수 있습니다.
이번에는 [막대 사이의 간격 : 10%], [세트 사이의 간격 : 60%]로 조절하였습니다.

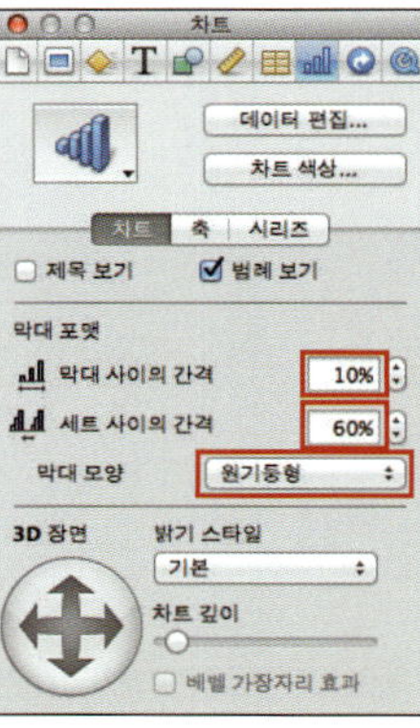

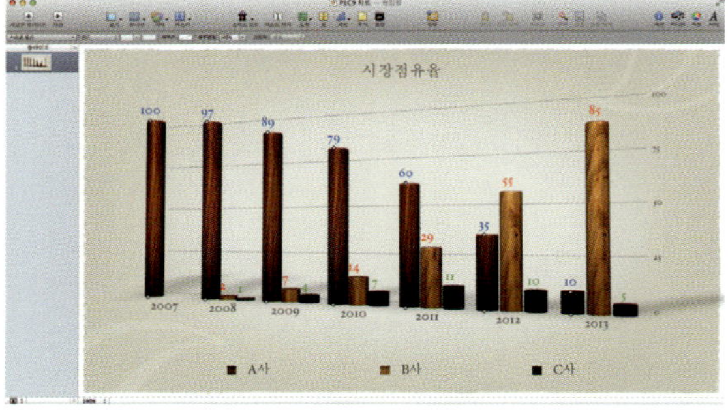

17 원기둥형 막대인 경우, 속성에서 [밝기 스타일]을 [광택]으로 바꿔주면 훨씬 입체감이 느껴지는 차트를 만들 수 있습니다. (참고로 많은 내용이 담긴 복잡한 그래프일수록 원색에 가까운 색상을 적용시켜 구분하기 쉽게 해주는 것이 좋습니다.)
이번에는 파란색, 주황색, 녹색을 사용하였습니다.

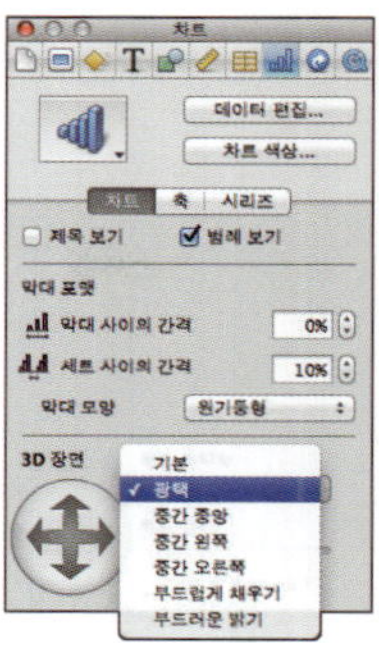
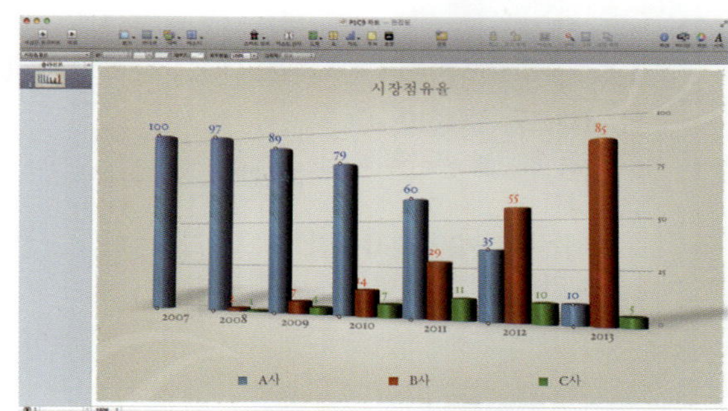

18 3D 차트는 입체적으로 표현되기 때문에 Y축의 값이 그래프와 딱 맞지 않아 무의미한 경우가 있습니다. 이런 경우 속성에서 [축 옵션 선택] 〉 [축 가리기]를 통해 숫자를 감출 수 있습니다.

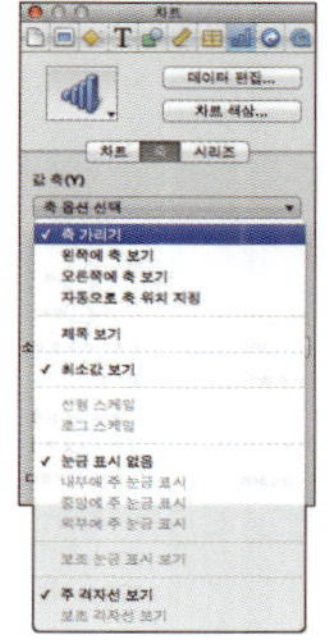
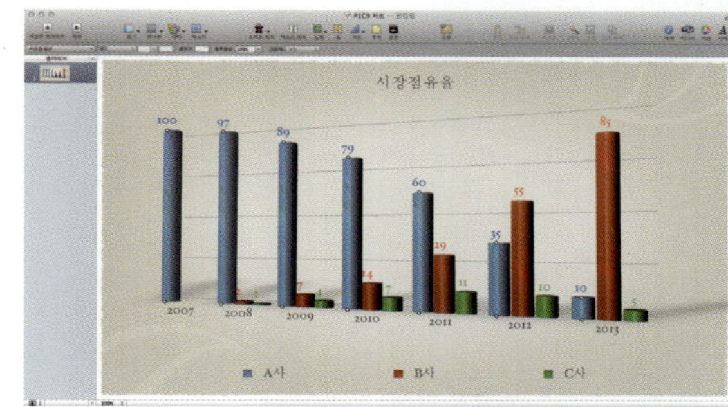

19 꺾은 선 그래프는 변하는 값의 흐름을 좀 더 분명하게 보여줍니다. 속성에서 다시 차트의 유형을 바꿔봅시다.

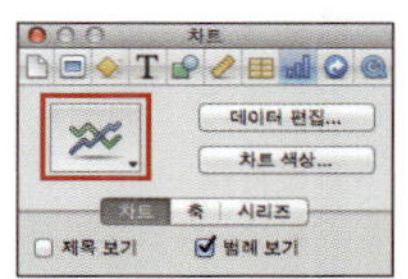
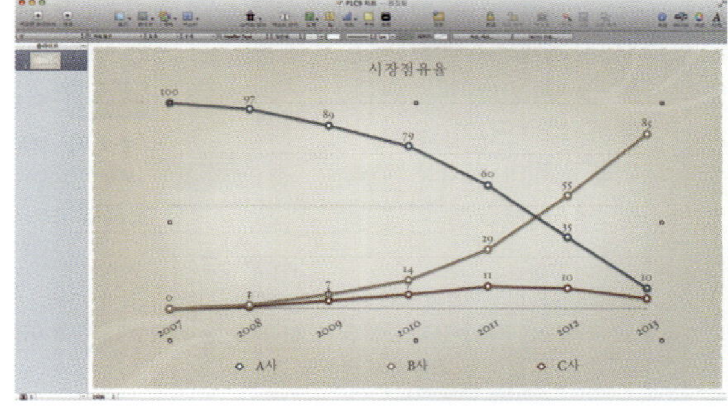

20 2D 꺾은 선 그래프는 선을 좀 더 부드러운 곡선으로 바꿀 수 있습니다. 속성에서 [포인트 연결]의 값을 [곡선]으로 선택해 봅시다.

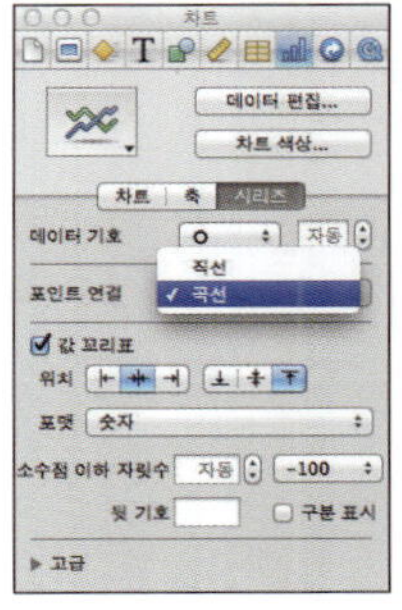
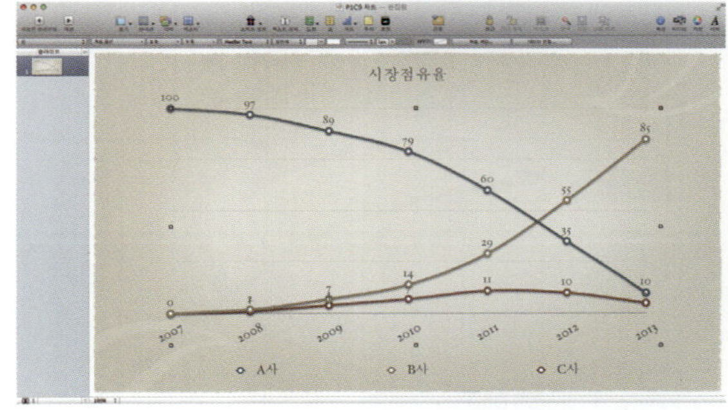

21 만약 값 꼬리표의 숫자가 겹쳐서 알아보기 어렵다면 해당 그래프만 선택하여 [값 꼬리표]의 위치를 변경할 수 있습니다.
이번에는 세 번째 그래프의 [값 꼬리표] 위치를 [아래]로 표시하였습니다.

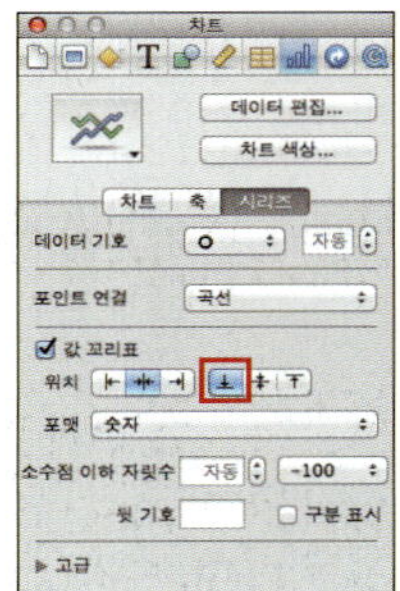

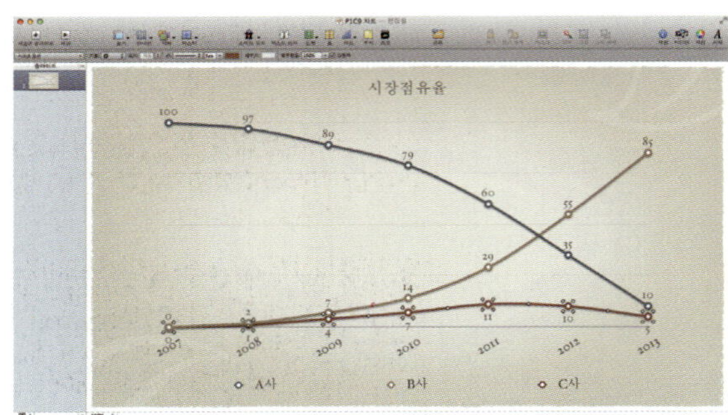

22 다양한 차트를 연습하기 위해 이번에는 3D 꺾은 선 그래프로 바꾸었습니다.

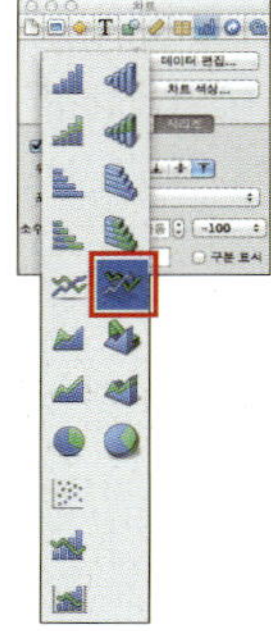

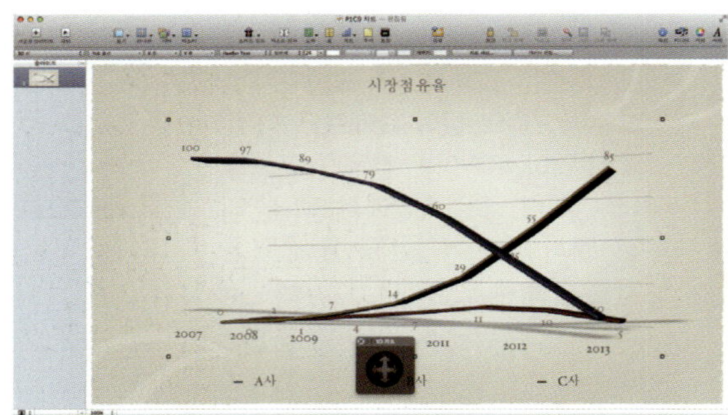

23 3D 꺾은선 그래프는 다른 차트와 달리 속성에서 차트의 깊이의 변화를 줄 수 있습니다. 속성에서 [차트 깊이] 슬라이더를 움직여 봅시다.

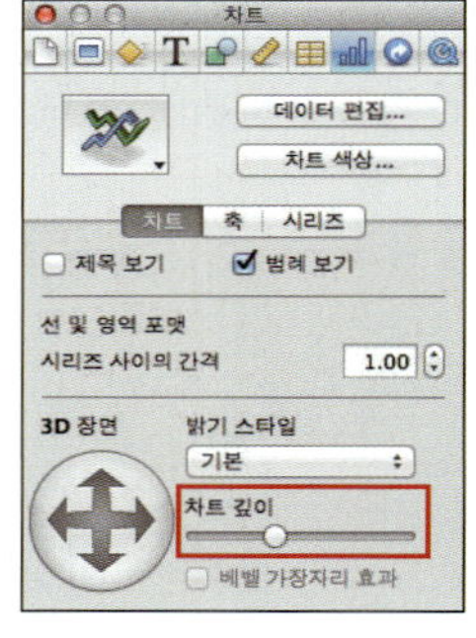

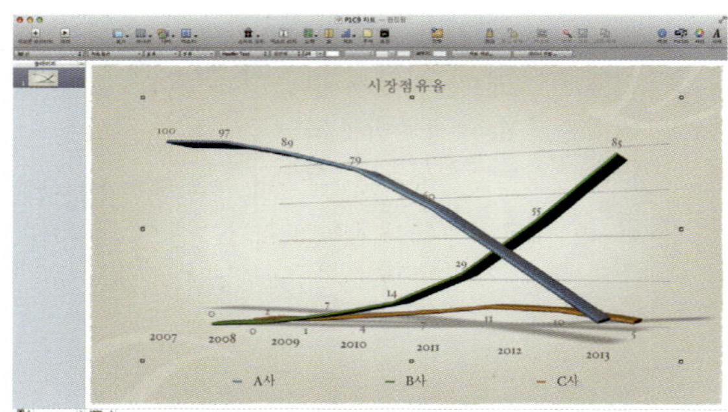

24 다른 차트에 비해 3D 꺾은선 그래프는 범례의 크기가 작아 구분이 어려운 경우가 있습니다. 이런 경우에는 직접 그래프에 범례를 표시해주면 알아보기 쉽습니다. 회사의 로고(21G.png, 가상A.png, 가상B.png)를 넣어도 좋습니다.

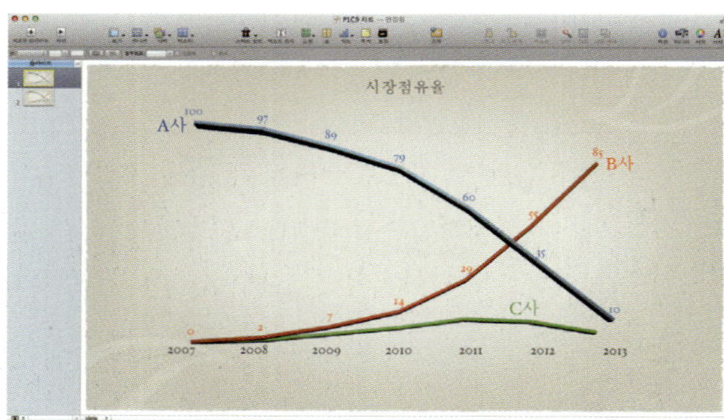

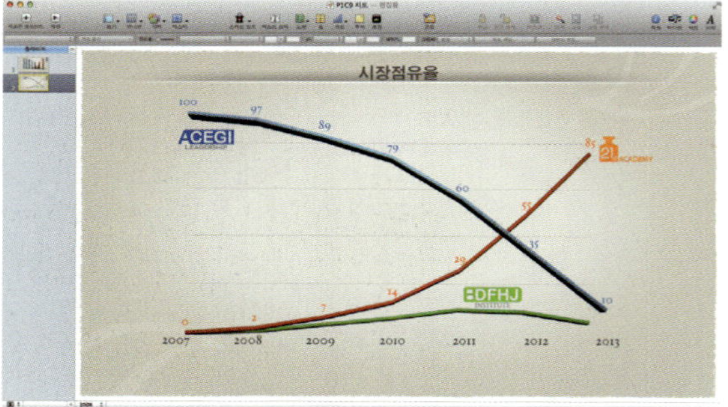

25 새로운 슬라이드(⌘Command⌘+Ⓝ)에 원형 파이 차트를 생성합니다.

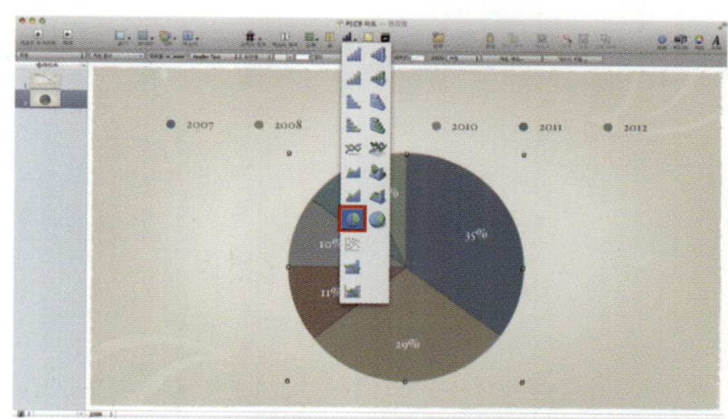

26 앞에서 배운 방법대로 차트의 색상과 수치를 입력해봅니다.
색상변환은 [모두 적용]을 클릭하면 편리합니다.
차트 데이터 편집기 [행 대 열 구성]의 첫 번째 아이콘을 선택합니다.

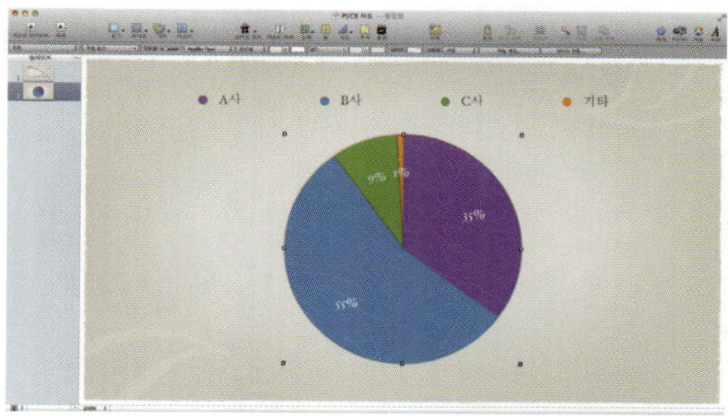

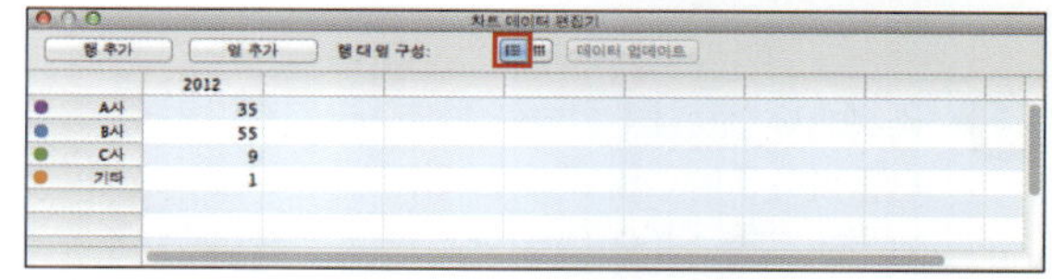

27 파이 차트는 강조하기 원하는 차트의 일부분을 떨어뜨릴 수 있습니다. 마우스로 클릭하고 드래그하거나 속성에서 웨지 분할 값을 조절하면 됩니다. 필자는 [웨지]의 [분할] 값을 '15%' 정도로 조절하였습니다.

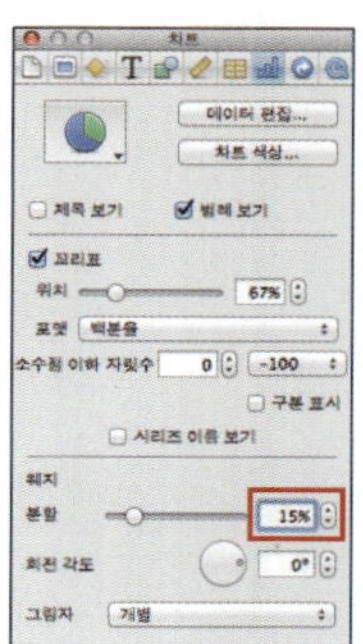

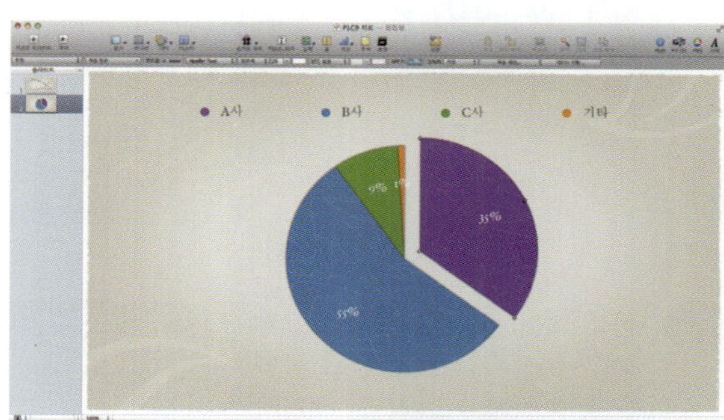

28 속성에서 3D 파이 차트로 변환한 후, 원하는 색상으로 교체합니다. 이번에는 [2D 이미지 채우기] [얼룩진 종이] 색상을 사용하였습니다.

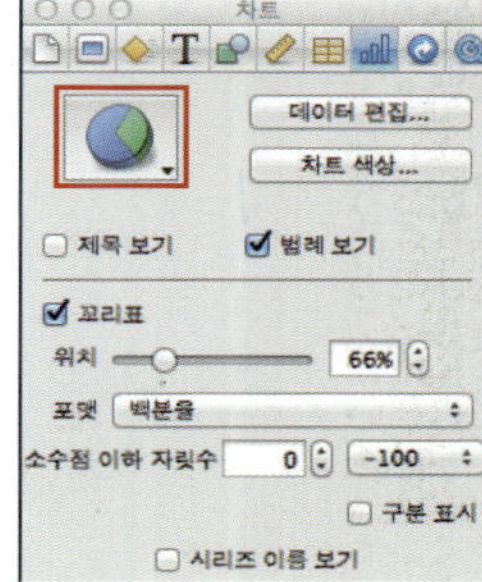

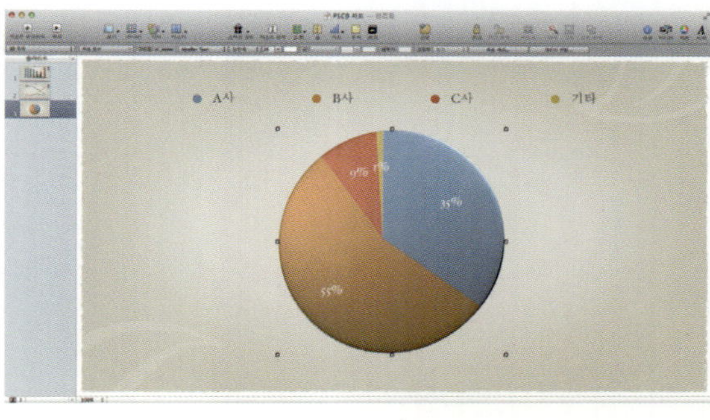

29 각 영역의 구분을 분명하게 하기 위해 속성에서 [베벨 가장자리 효과]를 체크합니다.

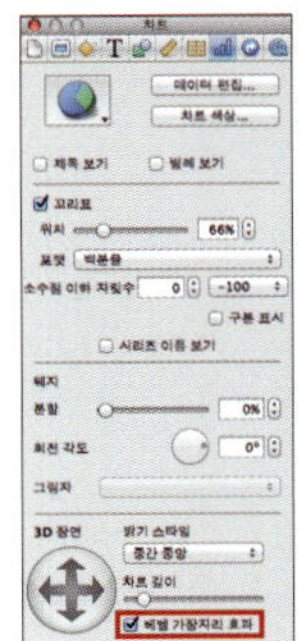
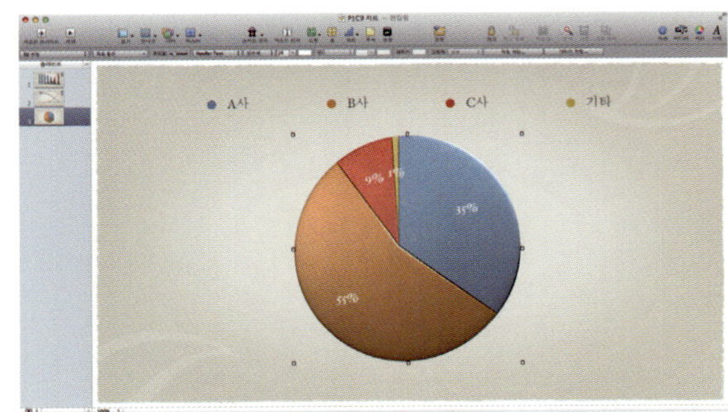

30 범례를 지우고 [꼬리표] 값의 색상을 그래프의 색상과 유사하게 각각 바꿔줍니다. 이번에는 파란색, 황토색, 빨간색, 연두색을 사용하였습니다.

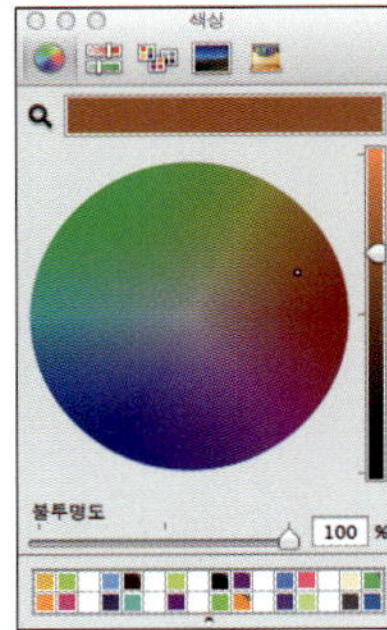
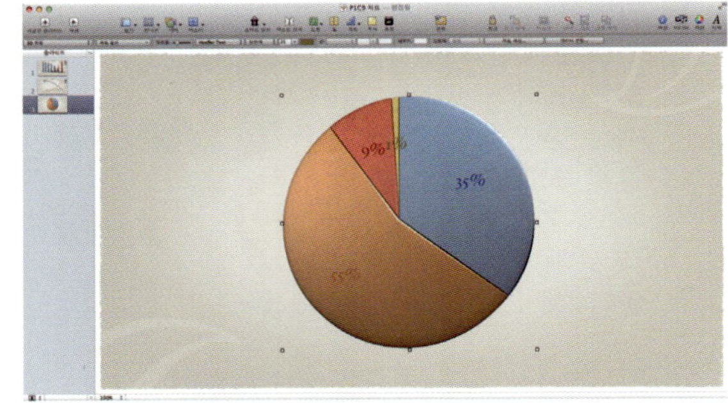

31 속성에서 [꼬리표] 위치의 값을 높여줍니다. 파이 바깥으로 위치가 바뀌는 것을 알 수 있습니다. 하나씩 선택하면 각 파이 별로 [꼬리표]의 위치를 다르게 할 수도 있습니다.

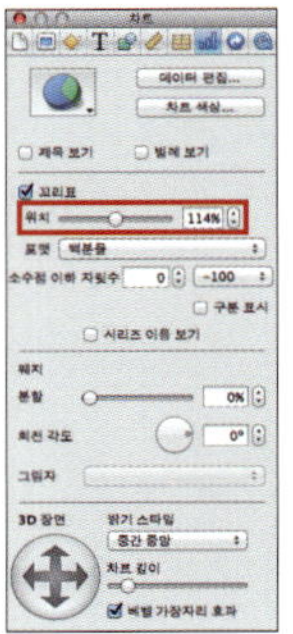
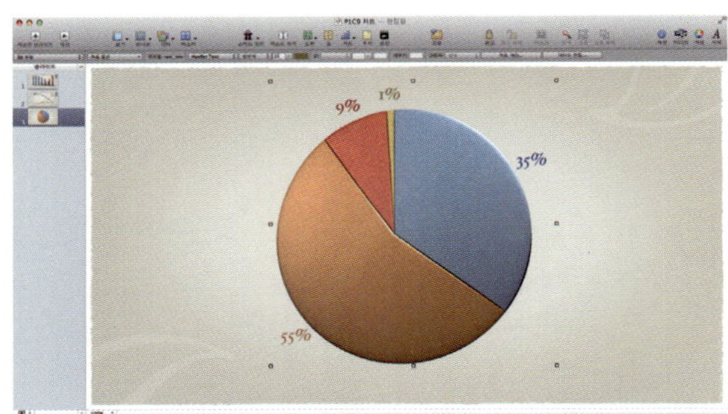

32 범례 대신 로고 '21G2.png', '가상A2.png', '가상B2.png'를 불러오고, 속성에서 그림자를 적용시켜줍니다. [오프셋]은 '3px', [흐림]은 '5px', [불투명도]는 '80%'으로 맞춰줍니다.

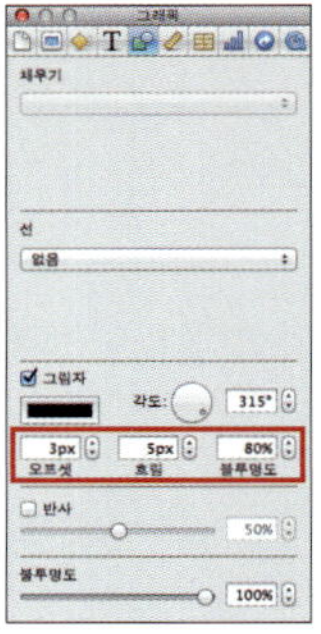
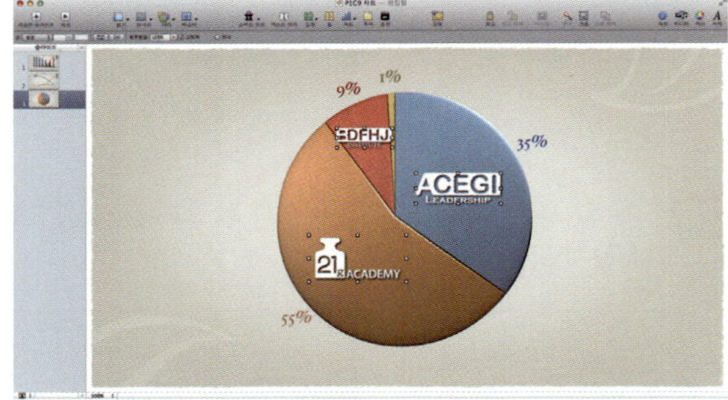

33 차트의 제목을 입력하고, 이미지(종이겹침.png)를 삽
입하면 차트가 완성됩니다.

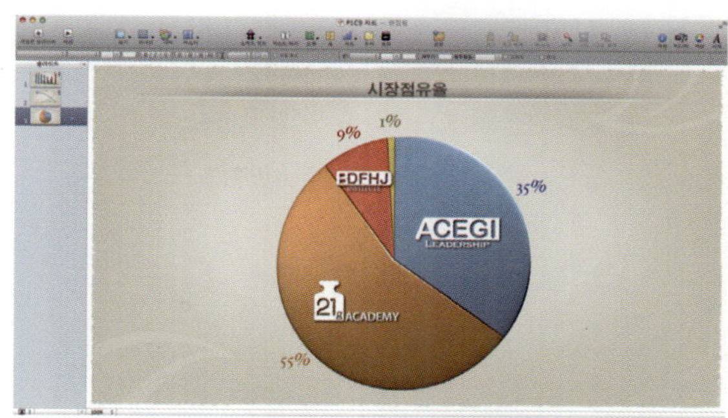

Lesson 03 차트 애니메이션

2D 차트와는 다르게 3D 차트에는 독특한 빌드인 효과를 적용할 수 있습니다.

01 앞에서 만들었던 막대 차트에
빌드인 중에서 [증가/감소] 효
과를 적용시켰습니다.

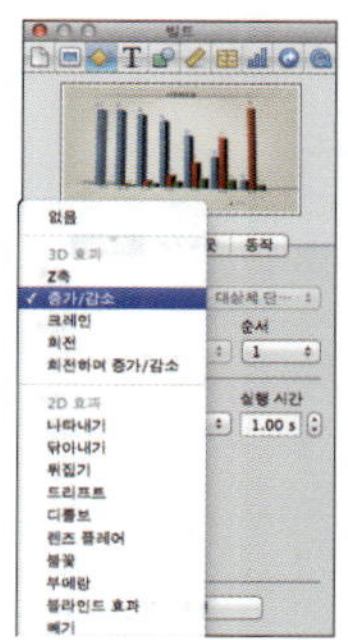

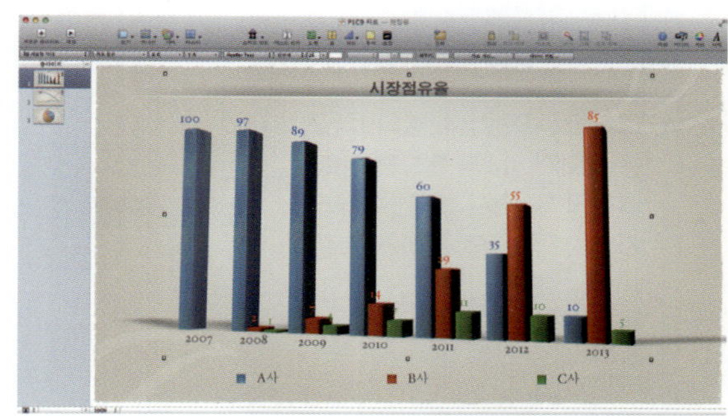

02 속성의 실행에서 [시리즈 단
위로]를 선택하면 다음과 같
이 차트가 차례대로 나타나
는 빌드가 진행됩니다. A사
의 막대그래프가 나타나고,
B사의 막대그래프가 나타나
고, C사의 막대그래프가 나
타나는 순서입니다.

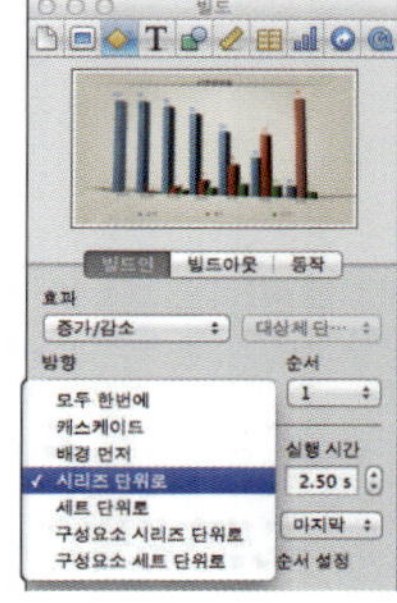

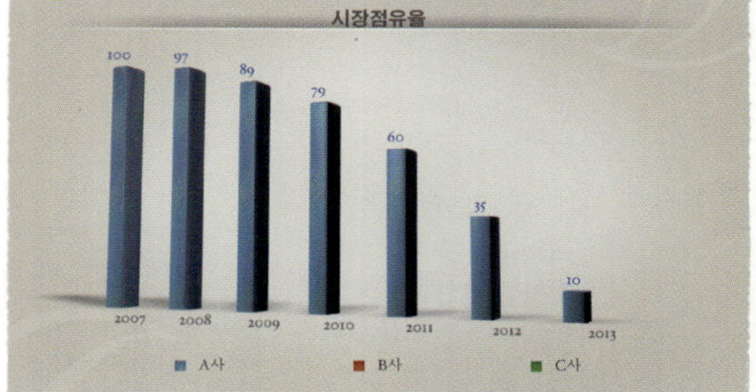

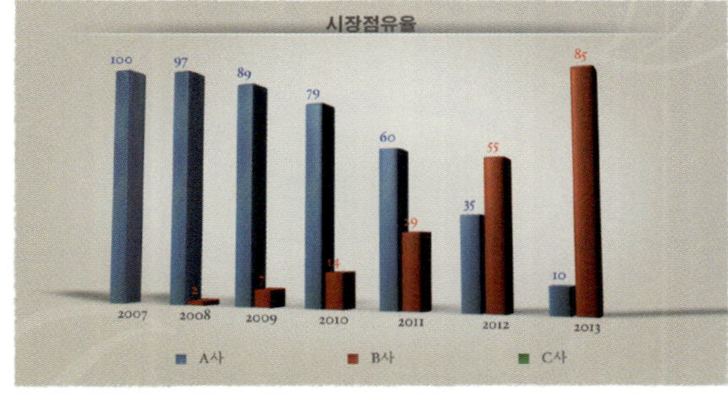

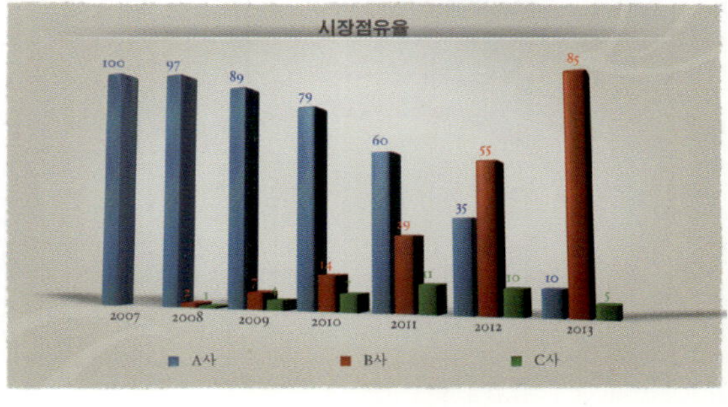

03 꺾인 선 차트에도 [증가 / 감소] 빌드인에 [시리즈 단위로] 실행을 적용시켰습니다.

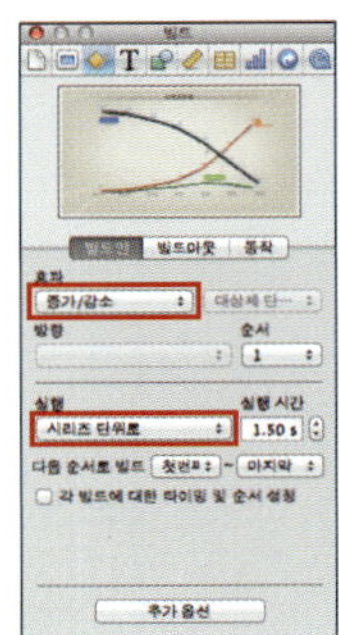
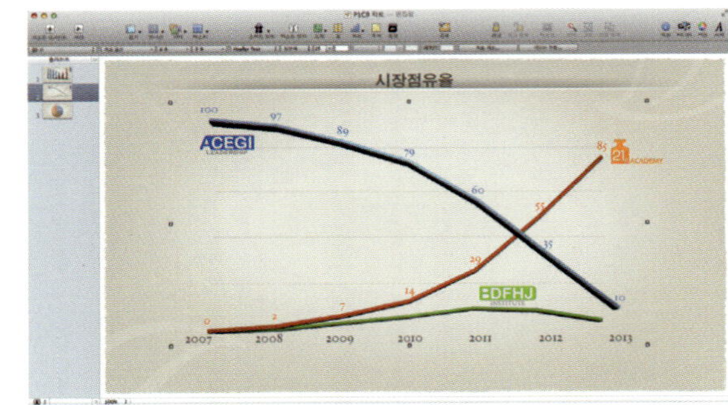

04 3개의 로고에 [디졸브] 빌드인을 적용시켜줍니다. 실행시켜보면 차트가 전부 나타난 뒤에 로고가 나오는 것을 알 수 있습니다. 속성에서 [추가 옵션]을 클릭하면 빌드 순서가 나타납니다.

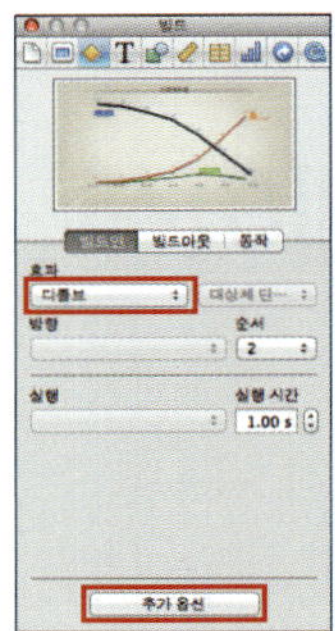
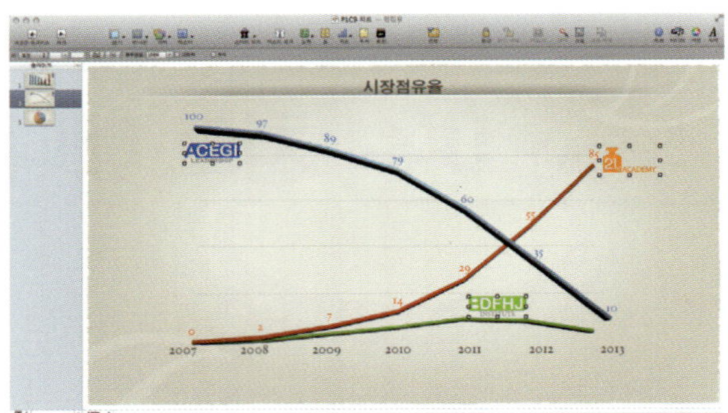

05 그리고 차트가 선택되어 있는 상태에서 [각 빌드에 대한 타이밍 및 순서 설정]을 체크하면 각 차트의 시리즈가 분리되는 것을 알 수 있습니다.

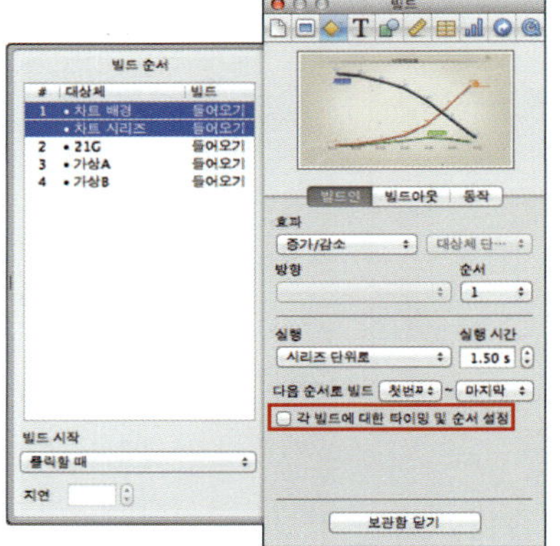
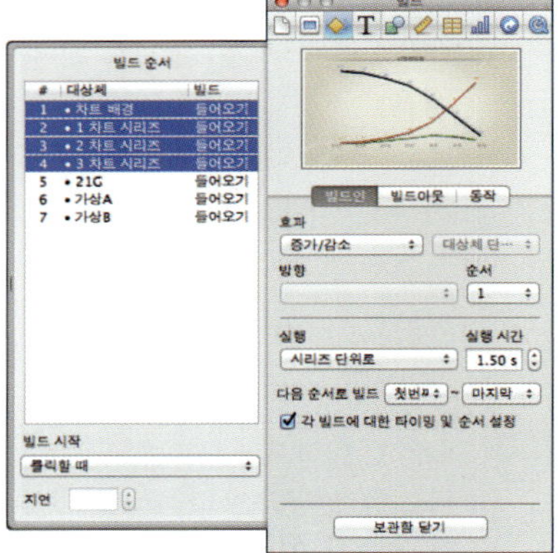

06 1, 2, 3차 시리즈 밑에 각 로고의 빌드 순서를 위치시킵니다. 그리고 빌드 시작을 [이전 빌드와 함께 자동으로]를 선택합니다.

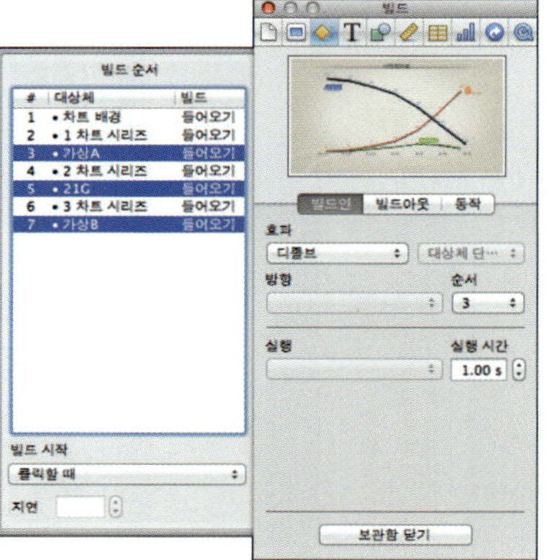
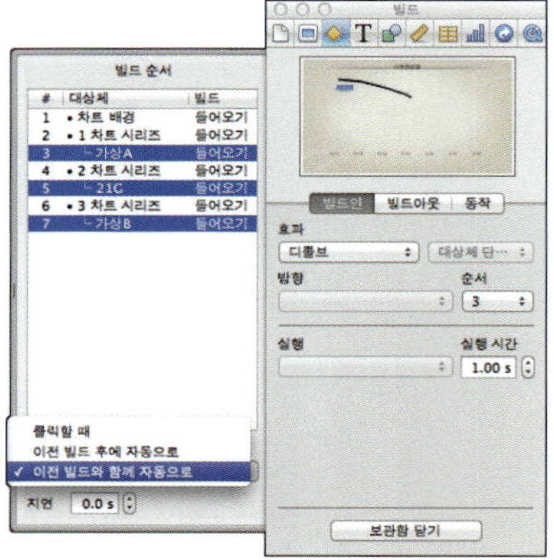

07 재생시켜보면 클릭할 때마다 다음과 같은 화면이 진행됩니다.

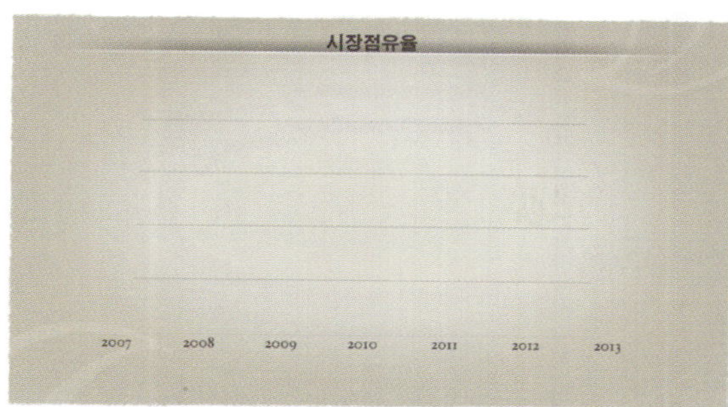

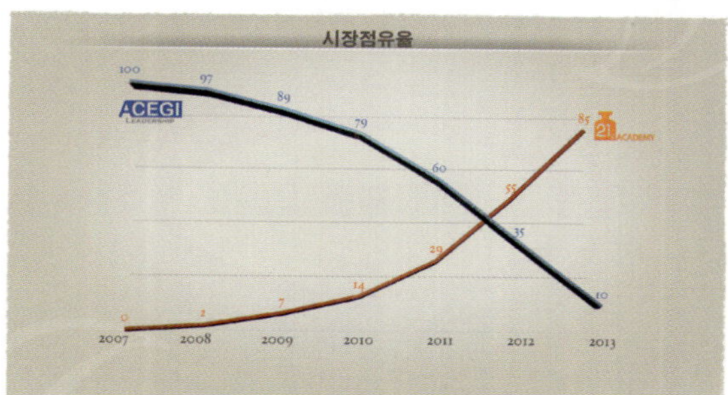
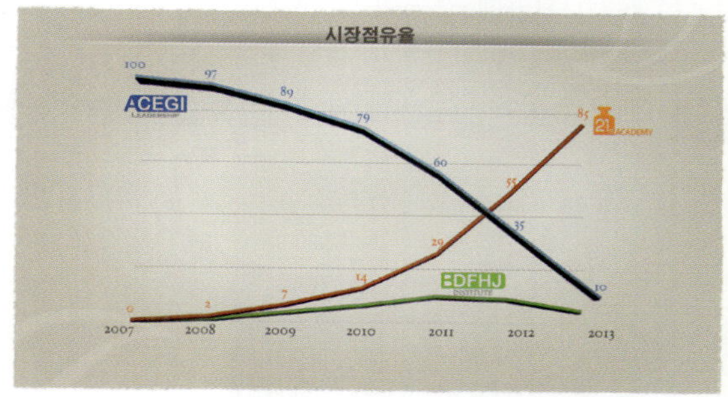

08 파이 차트를 선택하고, 빌드인 중에서 [증가/감소] 효과를 적용시킨 후, [웨지 단위로] 실행되도록 설정하였습니다.

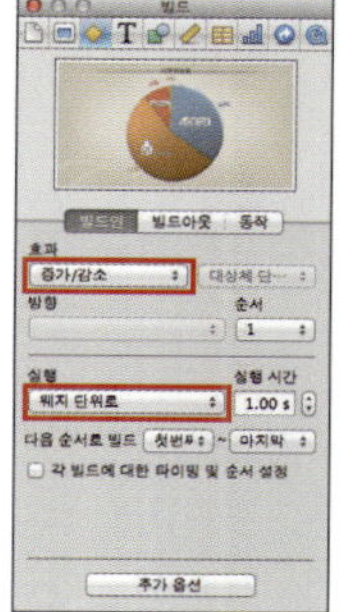
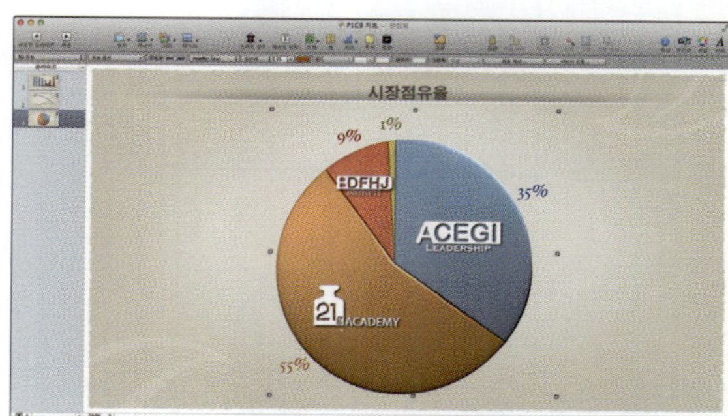

09 3개의 로고에 빌드인 중에서 [뒤집기] 효과를 적용시켰습니다.

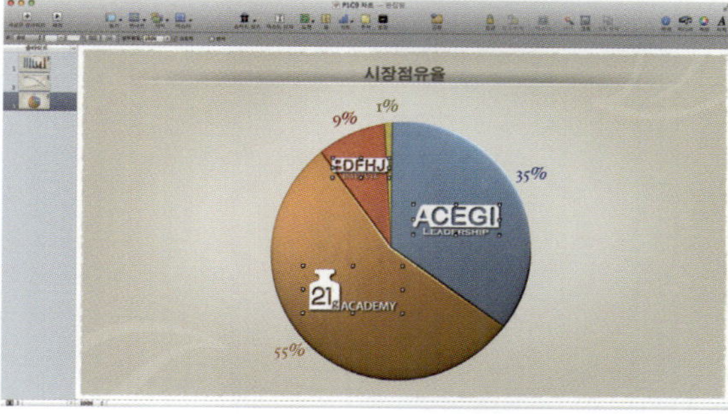

10 다시 차트를 선택하고 속성에서 [각 빌드에 대한 타이밍 및 순서 설정]을 체크한 후, 추가 옵션에서 로고의 빌드 순서를 각 원형 웨지 사이에 위치시킵니다.
그리고 이번에는 [이전 빌드와 함께 자동으로]를 선택하고, '0.2초'의 지연시간을 입력하였습니다.

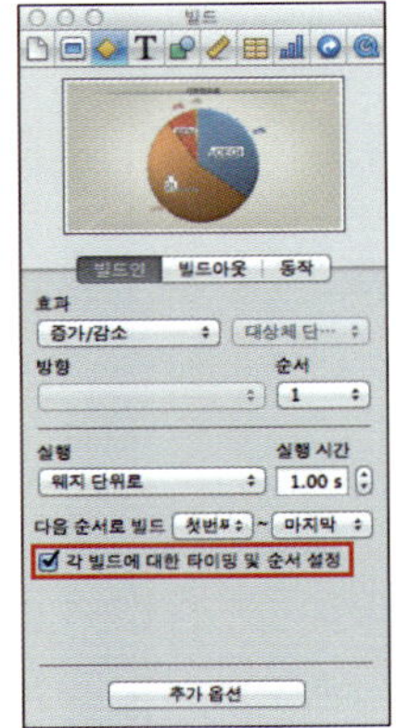
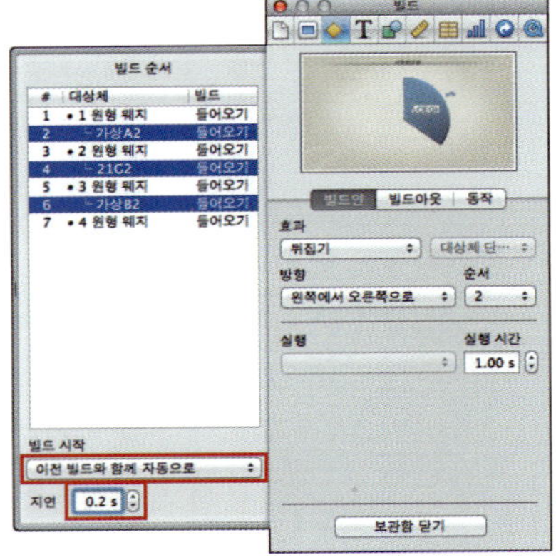

11 재생시켜보면 클릭할 때 마다 다음과 같은 화면이 진행됩니다.

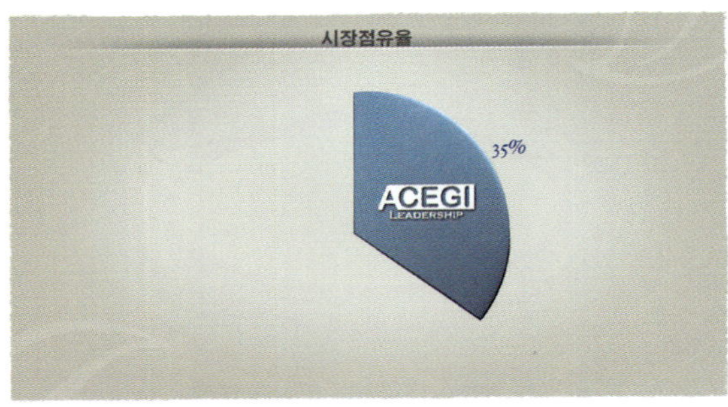

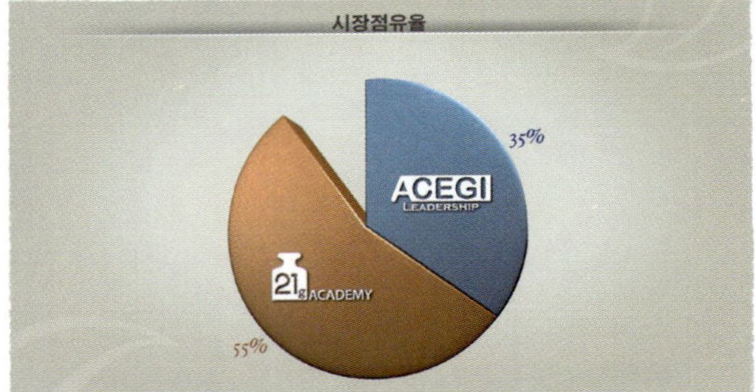

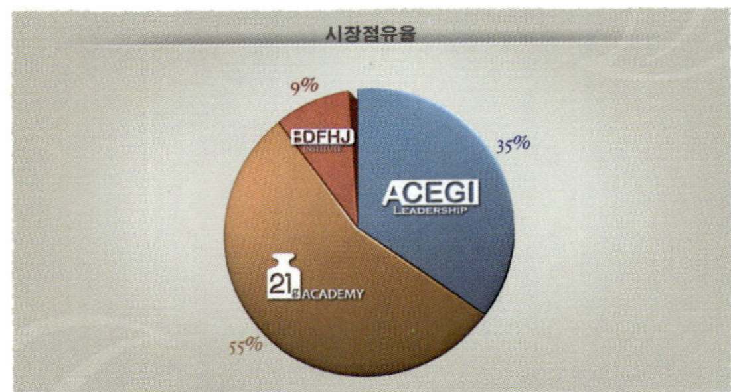

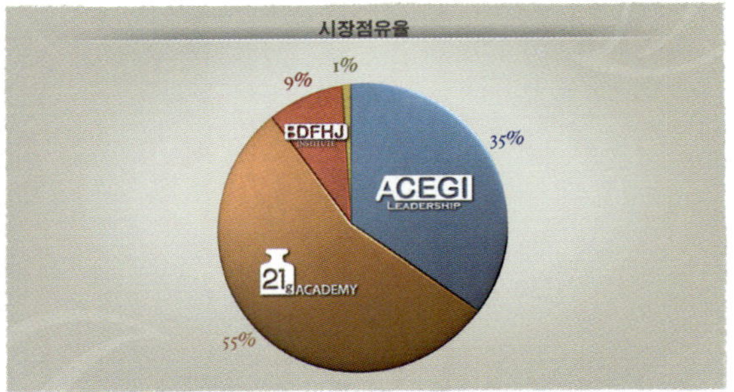

MEMO

Chapter **10**

동영상과 오디오

mov, mp4, avi 등 다양한 형식의 동영상 파일과 mp3, wav, wma 같은 다양한 음원 파일을 키노트에 삽입하고 발표에 활용할 수 있습니다.

|학·습·목·표|
1. 동영상 파일을 슬라이드에 삽입하고 필요한 부분만 재생하는 방법 익히기
2. 음원 소스를 발표 전체 혹은 일부 슬라이드에서만 재생하는 방법 익히기

• 사용된 영상 소스 : display.mov

• 완성 키노트 : P1C10_동영상&오디오.key

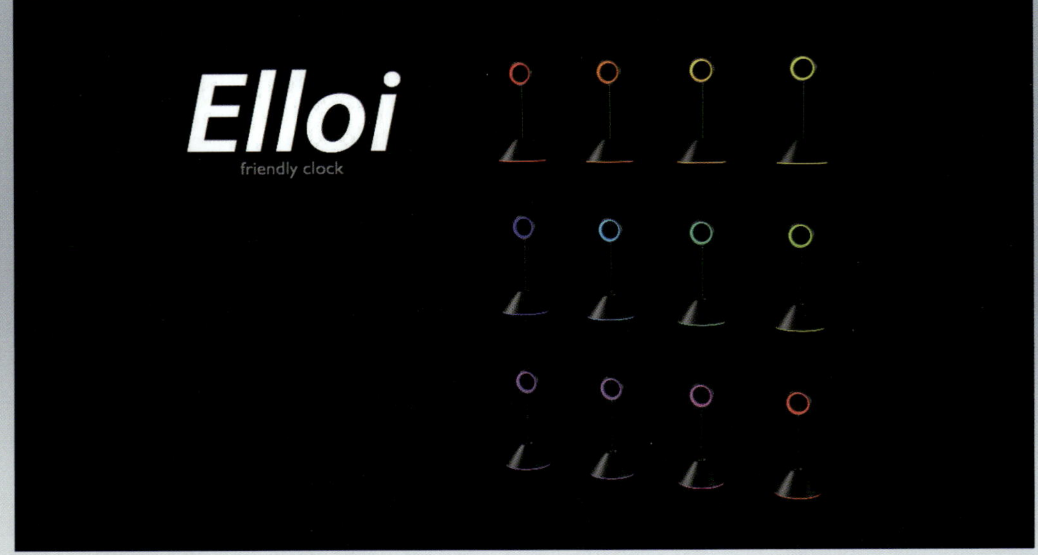

Lesson **01** 동영상

01 사진과 마찬가지로 동영상도 Finder에서 키노트 슬라이드로 드래그하면 간단히 삽입됩니다. [Finder]에서 'display.mov' 동영상 파일을 키노트 슬라이드로 드래그하여 삽입합니다.

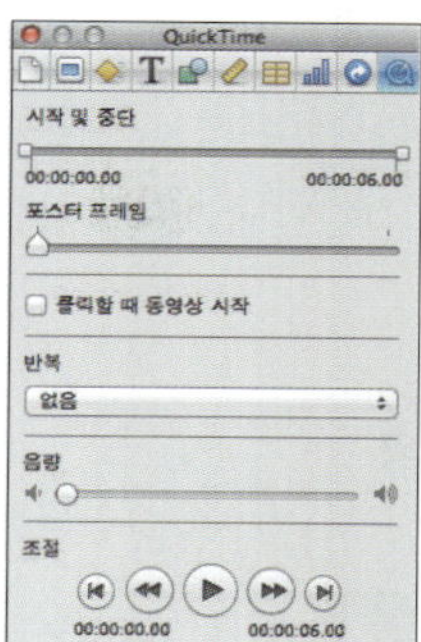

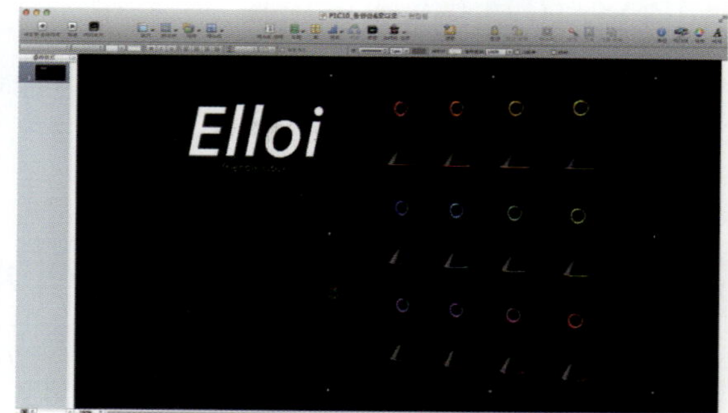

02 동영상의 일부만 재생하고 싶다면 속성에서 [시작 및 중단]의 구간을 조절하면 됩니다.

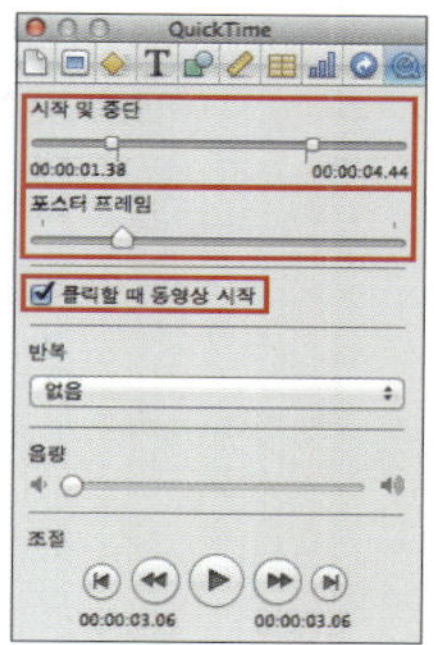

Tip [포스터 프레임]은 동영상의 첫 화면을 영상의 중간 장면 중 하나로 바꿀 수 있는 기능입니다. [클릭할 때 동영상 시작]을 체크하고 [포스터 프레임] 기능을 활용하면 동영상이 재생되기 전에 동영상에 대해 설명한 후 동영상이 재생되도록 할 수 있습니다.

03 짧은 동영상을 반복하려면 속성에서 [반복]을 선택하면 됩니다.
[앞뒤로 반복]은 영상이 끝나면 필름이 되감기듯 다시 거꾸로 재생되고, 처음으로 되돌아오면 다시 재생되는 반복 방법입니다.

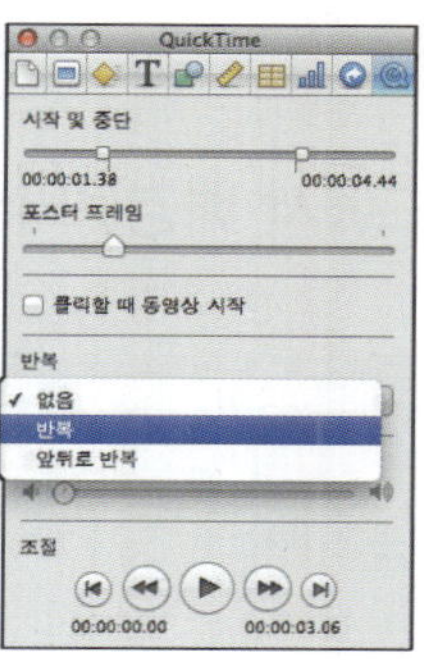

04 발표를 할 경우, 클릭했을 때 동영상이 재생되게 하려면 빌드인 속성에서 [동영상 시작] 효과를 선택하면 됩니다.

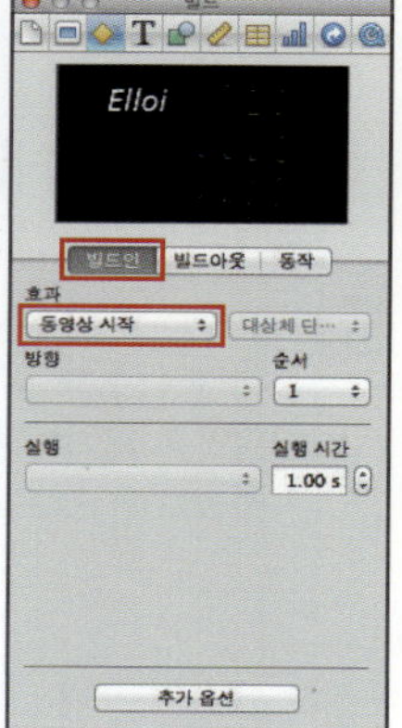

Lesson 02 오디오

키노트에서 음악이 재생되는 방식은 두 가지가 있습니다. 첫 번째는 효과음처럼 하나의 슬라이드에서 음악이 재생되고, 음악이 끝나기 전에 다음 슬라이드로 넘어가면 음악도 멈추는 방식입니다. 두 번째는 발표의 시작부터 음악이 재생되며 슬라이드가 넘어가도 음악의 길이만큼 계속해서 재생되는 방식입니다.

Section 01 하나의 슬라이드에서 음악 재생

01 [Finder]에서 키노트의 작업 슬라이드로 음악 파일을 드래그 하면 간단히 삽입됩니다. 음악 아이콘은 작업하는 동안에는 보이지만 발표하는 화면에서는 보이지 않습니다.

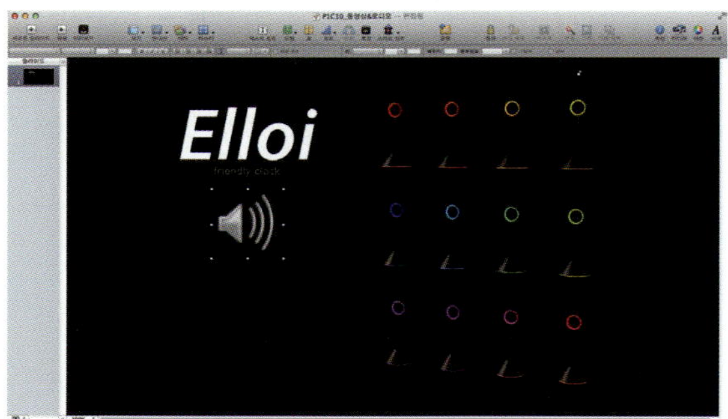

02 발표하는 중에 키보드를 누르거나 마우스를 클릭하여 음악이 재생되게 하려면 빌드인에서 [오디오 시작] 효과를 적용하면 됩니다.

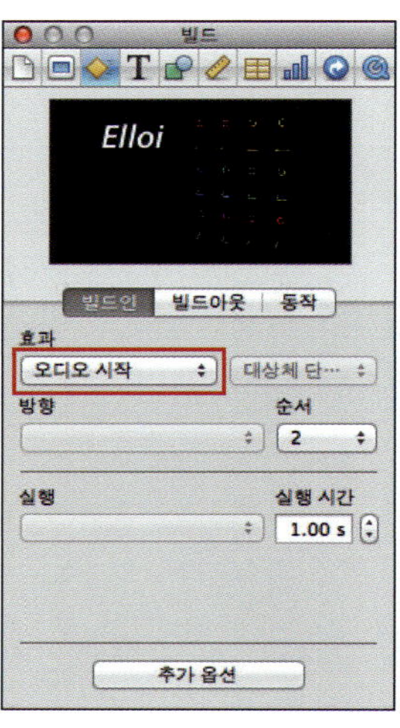

Section 02 발표가 진행되는 모든 슬라이드에서 배경음악 재생

01 [Finder]에서 음악 파일을 선택하고, 속성의 사운드트랙 영역으로 드래그하면 배경음악이 삽입됩니다. 이 음악을 제거하려면 사운드트랙 영역에서 음악 파일을 바깥으로 드래그하면 사라집니다.

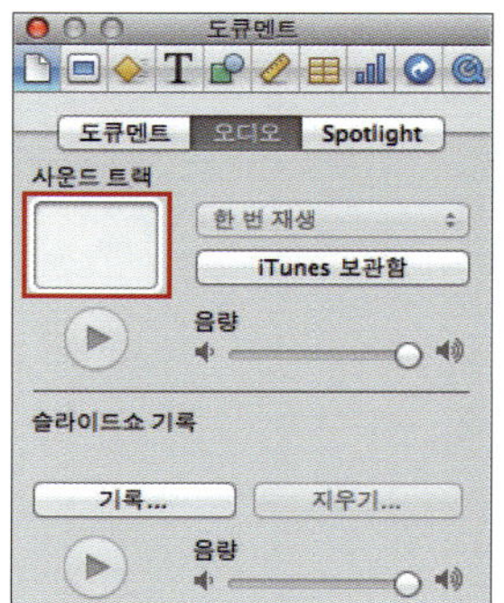

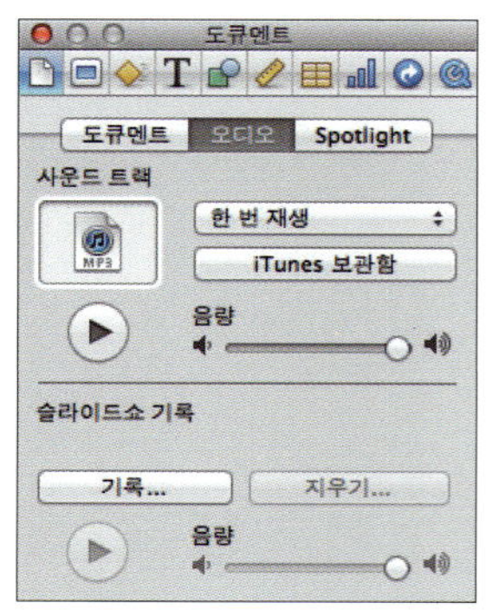

Tip 숨어있는 음악 파일

매킨토시 컴퓨터에는 기본적으로 iLife 소프트웨어 패키지가 설치되어 있습니다. 따라서 이 소프트웨어의 음원 소스를 키노트에 활용할 수 있습니다. 만약 라이브러리 폴더를 찾을 수 없다면 [Finder 환경설정]에서 하드디스크를 활성화 시키세요.

파일 경로
/Library/Audio/Apple Loops/Apple/iLife Sound Effects
/Library/Audio/Apple Loops/Apple/Apple Loops for GarageBand

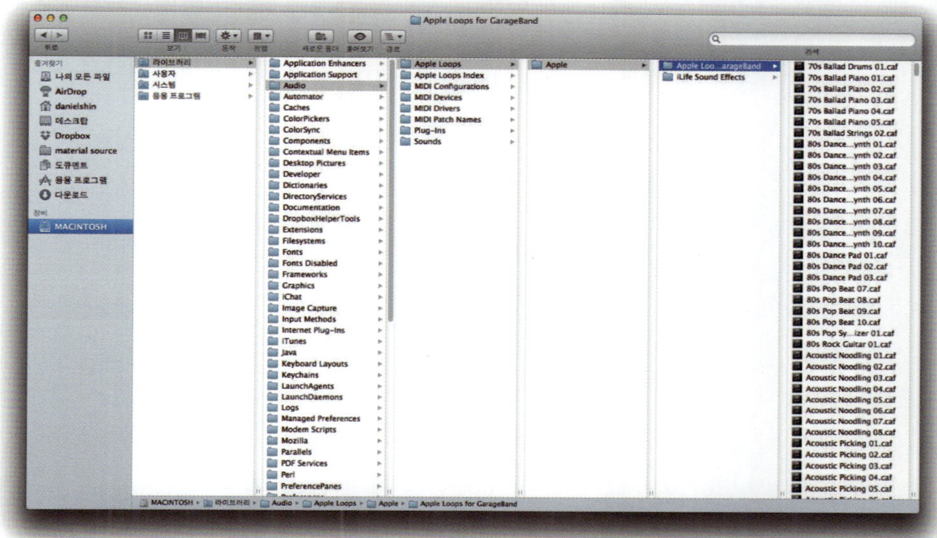

Tip 스페이스바로 미리보기

음원의 소리를 듣기 위해 더블클릭하면 아이튠스 같은 음악 재생 프로그램이 자동으로 실행됩니다. 이러한 방법 이 외에 Mac OS의 미리보기 기능을 활용하면 간단하게 음악을 재생할 수 있습니다. 음원 파일을 선택하고 키보드의 스페이스바를 누르면 미리보기 창이 뜨면서 곧바로 음악이 재생됩니다. 사진이나 문서들 또한 빠르게 미리 볼 수 있습니다.

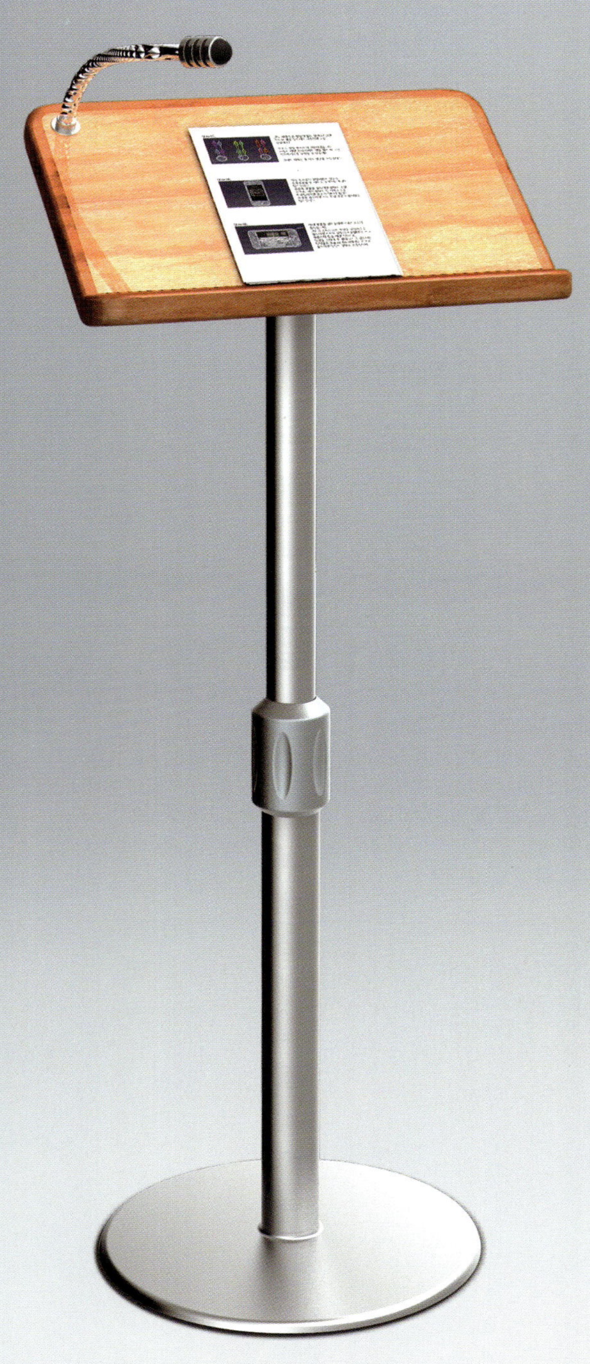

Part 02

슬라이드 디자인

Reality

발표에 있어서 디자인이란 얼마나 중요한 부분을 차지할까요?

근사한 디자인으로 구성된 발표자료는 청중의 시선을 사로잡는데 상당히 중요한 역할을 합니다. 하지만 그보다 더 중요한 것은 단연 전달하려는 내용일 것입니다. 따라서 슬라이드 디자인이란 단순히 멋있어 보이기 위함이 아니라 최대한 분명하게 내용을 전달하기 위한 도구입니다. 더불어 이해하기 쉽게 짜여진 발표 내용에 신뢰감이 느껴지는 디자인이 더해진다면 최상의 발표가 되겠죠.

그렇다면 신뢰감이 느껴지는 디자인이란 무엇일까요?

간단히 한마디로 요약하면 가장 자연스러운 디자인입니다. 예를 들어 만약 오래 전 바위에 누군가 새겨놓은 글귀를 사진으로 찍어 청중에게 보여주는 것과 똑같은 내용을 하얀색 바탕에 검은 글자로 된 슬라이드로 보여주는 것은 느낌이 다르게 전달됩니다. 그러나 모든 내용을 실제 존재하는 것을 찍은 사진으로 만들 수는 없으므로 최대한 진짜처럼 느껴지도록 디자인 하는 것이 신뢰감을 높이는 방법입니다.

Chapter 01

배경 디자인

발표를 준비하며 디자인을 시작할 때 가장 먼저 고려해야할 배경 디자인에 대해서 알아보겠습니다. 배경 디자인은 크게 2D 배경, 3D 배경, 밝은 배경, 어두운 배경 이렇게 네 가지로 분류해볼 수 있습니다.

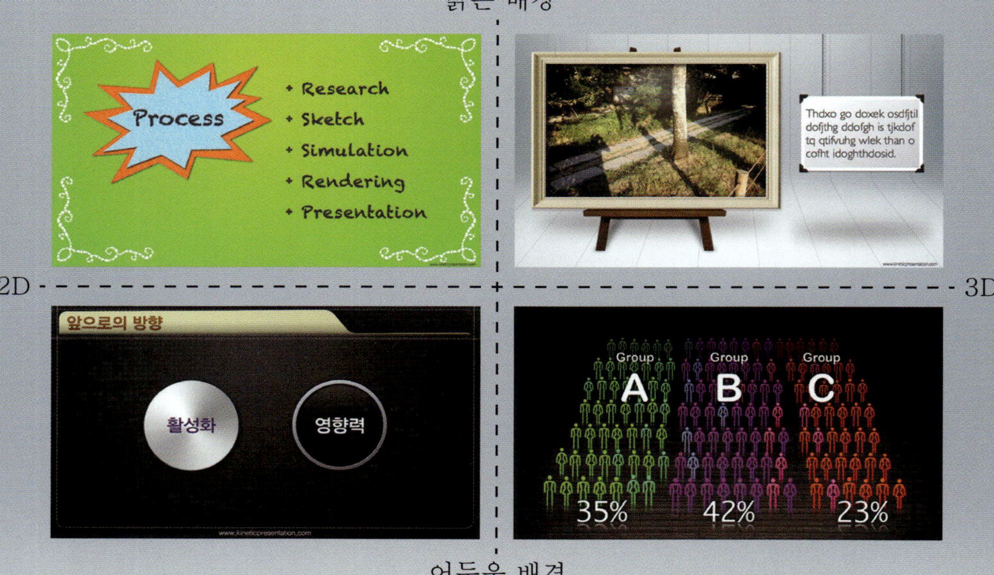

Unit 01 2D vs 3D

2D 배경은 책상 위에 사진과 글자들을 펼쳐놓고 위에서 본 듯한 느낌의 평면적 디자인이고, 3D 배경은 우주 같은 공간에 도형과 글자들이 두둥실 떠있는 듯한 입체적 디자인입니다. 이 두 가지의 디자인은 근본적으로 조형원리가 다르므로 특별한 경우가 아니면 혼용해서 쓰지 않는 것이 좋습니다.

Unit 02 밝은 배경 vs 어두운 배경

일반적으로는 빛을 사용하는 빔프로젝터로 발표하는 용도라면 어두운 배경에 밝은 글자를 사용하는 것이 가독성이 높고, 종이에 인쇄하는 용도라면 밝은 배경에 어두운 글자를 사용하는 것이 효과적입니다. 하지만 발표 내용, 대상, 빔프로젝터의 성능, 발표장의 크기와 조도를 고려하면 이러한 규칙이 바뀌기도 합니다. 발표장이 밝고 프로젝터의 밝기 성능이 나쁘다면 검은 배경에 하얀색 글자여야만 합니다. 하지만 이는 내용은 보이지만 풍부한 색감을 연출하지는 못합니다. 빔프로젝터의 밝기 성능이 좋고 발표장이 밝다면 밝은 배경에 검은 글자도 선명히 잘 보입니다. 반대로 빔프로젝터의 밝기 성능이 좋은데 어두운 곳에서 발표를 한다면 비교적 어두운 배경이 눈을 덜 피로하게 만듭니다.

필자는 주로 어두운 배경에 밝은 색 글자를 사용합니다. 여러 상황에서 가장 무난히 사용할 수 있기 때문입니다. 인쇄자료를 반드시 배포해야 하는 경우에는 번거롭더라도 하얀색 배경의 자료를 추가로 만들거나 키노트의 프린트 속성에서 [슬라이드 배경 또는 대상체 채우기 프린트 안함]을 선택합니다.

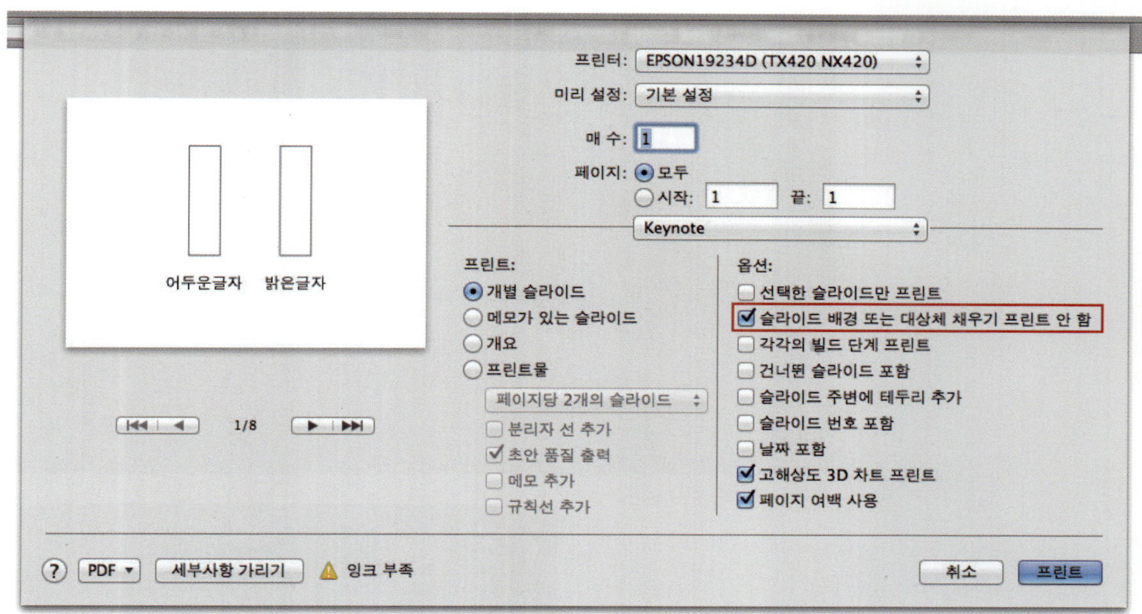

Lesson **01**   나만의 배경 만들기

평소에 촬영해 두었던 사진이나 스캔한 자료를 가지고 자신만의 특별한 배경 디자인을 만들 수 있습니다.

|학·습·목·표|
1. 사진위에 반투명한 그라디언트 도형을 겹쳐서 배경 이미지로 만드는 방법 익히기
2. 만들어진 배경 이미지를 16 : 9 혹은 4 : 3 비율에 맞게 사용하는 방법 익히기

● **소스 이미지 : 나무바닥.jpg**

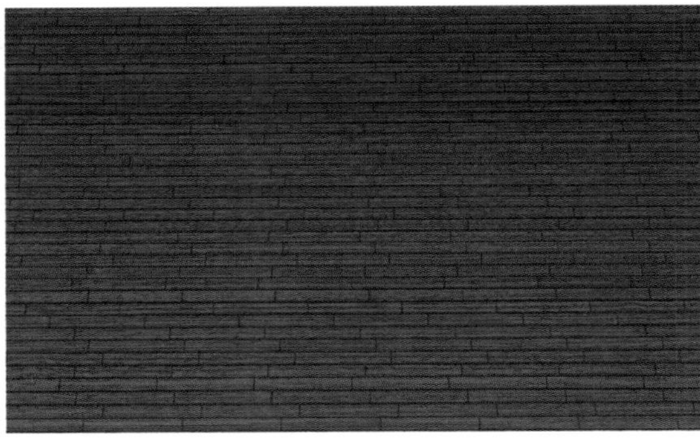

● **완성 키노트 : P2C1L1_나무배경.key**

▲ 16 : 9 비율(1280×720)

▲ 4 : 3 비율(1024×768)

 ## Section 01 배경 이미지 소스 만들기

01 1280×720의 그라디언트 테마를 생성하고, 마스터 슬라이드에서 [빈 페이지]를 선택합니다.

02 [Finder]에서 나무 바닥 이미지를 드래그하여 삽입합니다.

03 도구막대의 [이미지 조절] 기능을 활용하여 이미지를 약간 어둡게 하고 채도를 낮춥니다.
필자는 [밝기 : −21], [채도 : 39], [선명도 : −15], [노출 : −7] 정도를 설정하였습니다.
(※ 참고 p.60 Part 01. Chapter 07.)

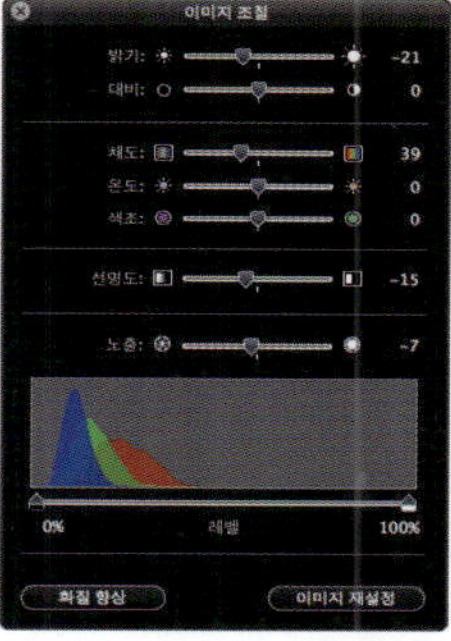

04 도구막대에서 사각형 도형을 생성합니다. 속성을 확인해보면 자동으로 [그라디언트 채우기]가 적용되어 있음을 알 수 있습니다.

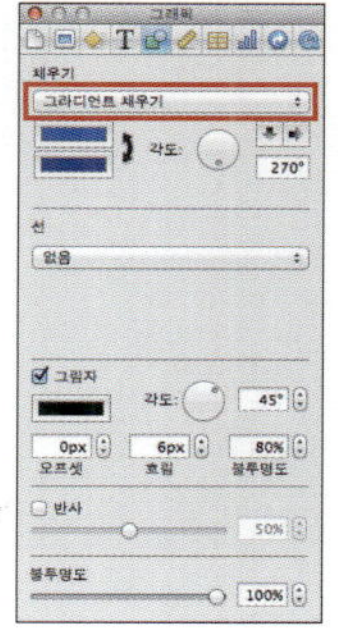

05 도형의 크기를 화면에 가득 차도록 키웁니다. 그리고 속성에서 두 가지 그라디언트 색상을 전부 검은색으로 바꿉니다.

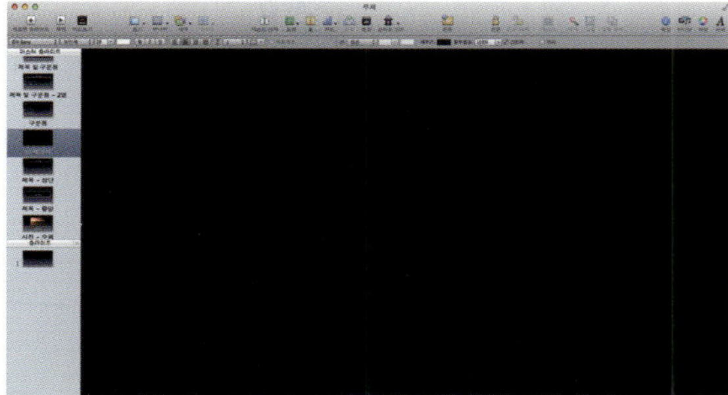

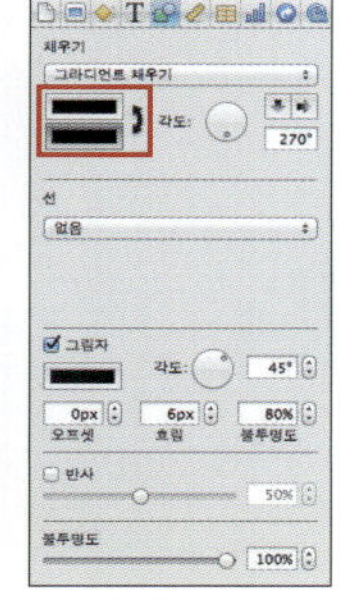

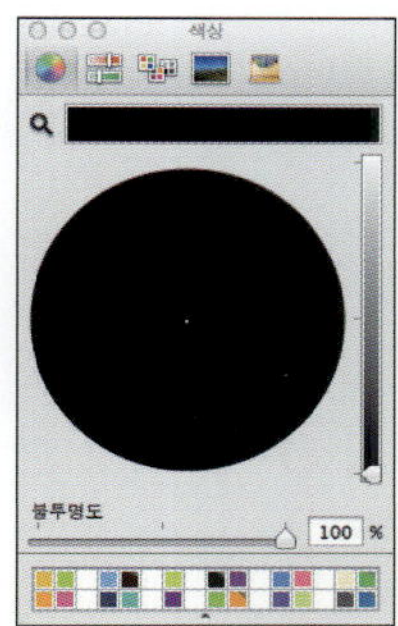

06 첫 번째 그라디언트 색상은 불투명도를 '60%'로 낮추고, 두 번째 그라디언트 색상은 불투명도를 '0%'로 낮춥니다.

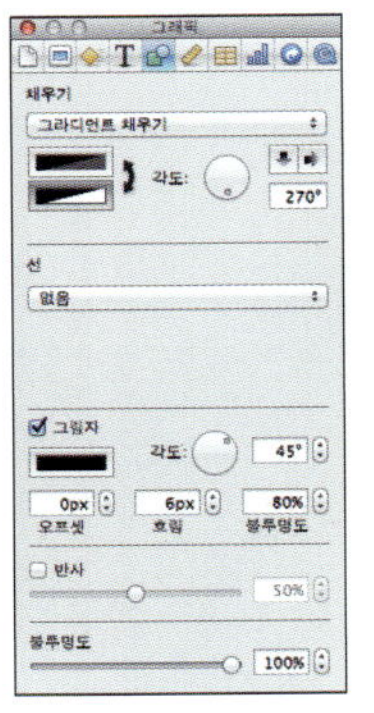

07 작업 슬라이드로 돌아와서 [빈 페이지] 마스터 슬라이드를 선택합니다.

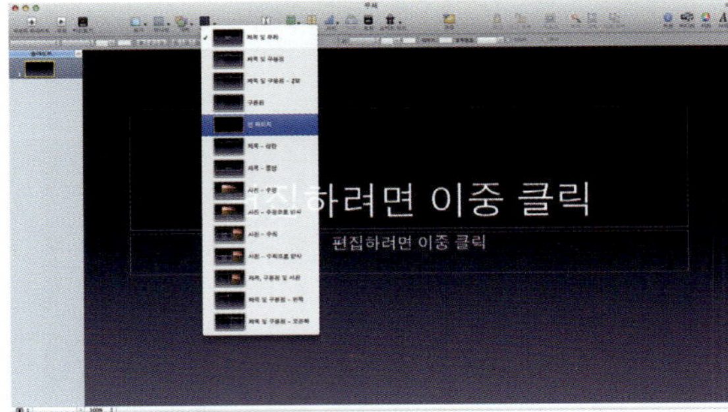

08 메뉴막대에서 [공유] 〉 [보내기]를 선택하고 이미지로 변환합니다.

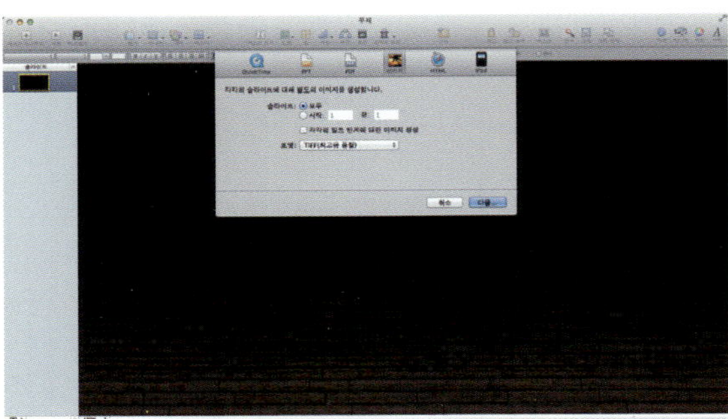

09 1280×720 해상도의 배경 이미지 소스가 완성되었습니다.

Section 02 1024×768 화면 크기에 적용하기

10 새로운 키노트 파일(Command+N)을 생성합니다. 이 때 슬라이드 크기를 1024×768로 맞춥니다.

12 방금 만든 배경 이미지를 선택합니다.

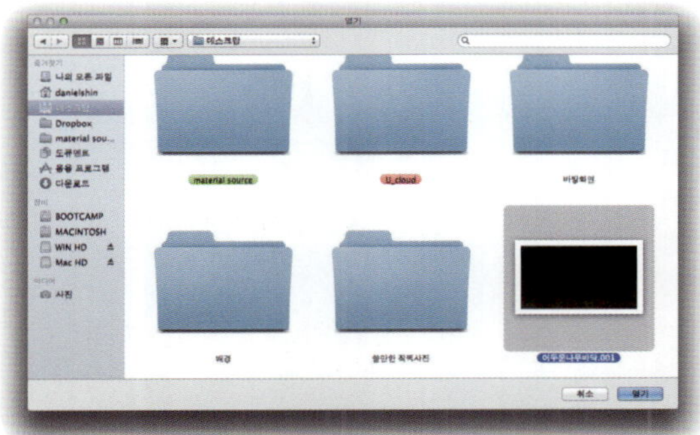

14 소스 이미지의 양쪽이 잘리고 위아래 폭에 맞춰졌습니다.

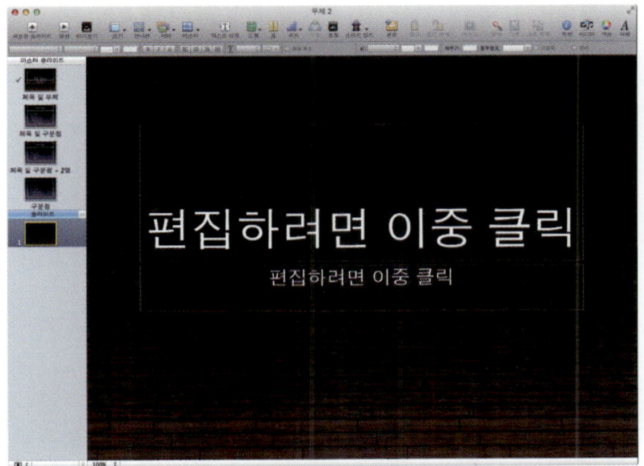

11 이전과는 다르게 4 : 3 비율의 슬라이드가 생성되었습니다. 속성에서 모양새를 보면 배경에 이미지 채우기가 선택되어 있습니다. 아래 [선택] 버튼을 누릅니다.

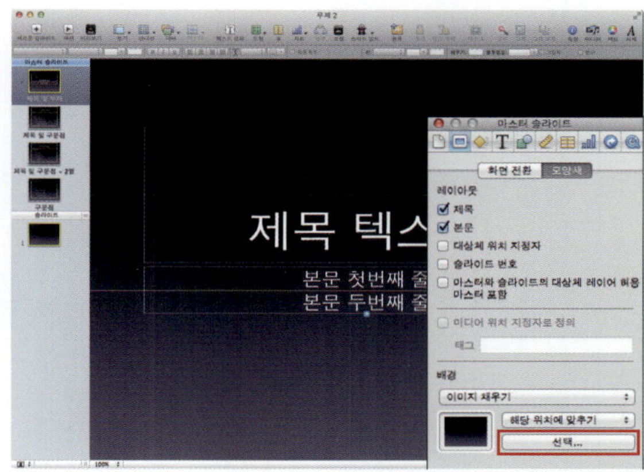

13 비례가 다르므로 위아래 불필요한 여백이 보입니다. 속성에서 [해당 위치에 맞추기]를 [해당 위치에 채우기]로 바꿉니다.

- **해당 위치에 맞추기** : 슬라이드 크기와 배경으로 사용하는 이미지가 동일할 때 사용합니다.
- **해당 위치에 채우기** : 슬라이드의 가로세로 비례가 배경으로 사용하는 이미지와 다를 때 사용합니다.
- **늘리기** : 무조건 이미지의 모든 부분을 슬라이드의 비례에 맞추어 나타내므로 상하나 좌우가 늘어나거나 축소될 수 있습니다.
- **원래크기** : 배경으로 사용하는 이미지의 원래크기로 나타내므로 이미지의 가로세로 비례가 유지됩니다.
- **타일형 배치** : 이미지의 크기가 작은 경우 타일처럼 반복하여 배경으로 사용할 수 있습니다.

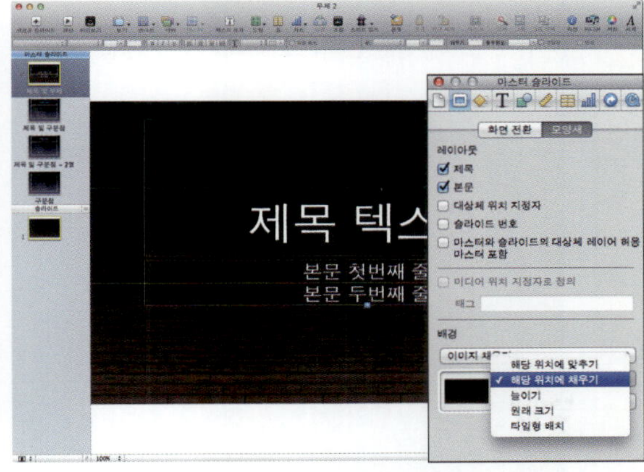

Section 03 4 : 3 화면에 16 : 9 화면 비율 구현하기

프레젠테이션을 하다보면 종종 발표 환경이 협소하여 스크린의 아랫부분이 앞사람의 머리에 가려져 안 보이는 경우가 있습니다. 처음부터 이러한 상황을 고려하여 슬라이드의 밑부분을 검은색으로 만들어 사용하지 않는 배경 디자인을 만들어 봅시다.

15 새로운 슬라이드(Shift+Command+N)를 만들고 속성에서 배경을 검은색으로 조정합니다.

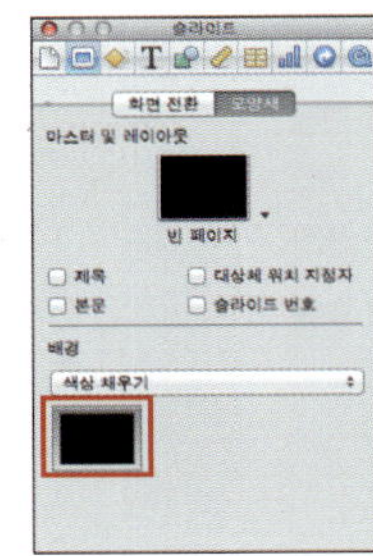

16 [Finder]에서 이전에 만들어 놓은 1280×720 해상도를 가진 배경 이미지 소스를 드래그하여 삽입합니다.
그리고 화면의 윗부분에 배치합니다. 이 때 속성에서 너비를 1024로 맞추고, 위치를 0, 0에 맞추면 편리합니다.

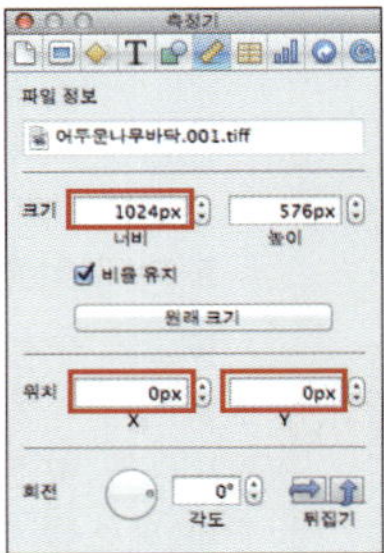

17 [공유] 〉 [보내기]를 선택하고 이미지로 변환합니다.

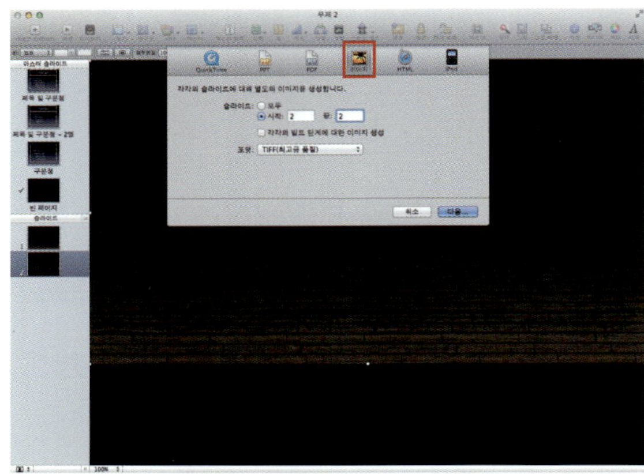

18 배경 이미지 소스가 완성되었습니다.

Lesson **02** 소스 이미지를 활용한 키노트 테마 만들기

마스터 슬라이드에 사용할 5가지 배경을 만들어 봅시다. 몇 가지의 키노트 테마를 미리 만들어 놓으면 실제 발표를 준비하는 시간을 단축할 수 있는 이점이 있습니다.

|학·습·목·표|
1. 다양한 마스터 슬라이드를 적절하게 활용하는 방법 익히기
2. DVD에 포함된 이미지 소스를 활용하는 방법 익히기
3. 배경에 알맞은 텍스트 포맷 정의하기

• **소스 이미지** : 선반.png / [괄호]_grey1.png / [괄호]_grey2.png / 종이켭침.png / F_green.png / 스팟라이트.png

• **완성 키노트** : P2C1L2_키노트테마1.key

Section 01 마스터 슬라이드 만들기

01 새로운 키노트 파일을 만들 때 테마에서 첫 번째 보이는 [흰색]을 선택합니다.

02 [제목 및 부제], [제목 – 중앙], [제목 – 상단], [빈 페이지] 이렇게 4가지만 남기고 이외에 나머지 마스터 슬라이드는 전부 지웁니다.

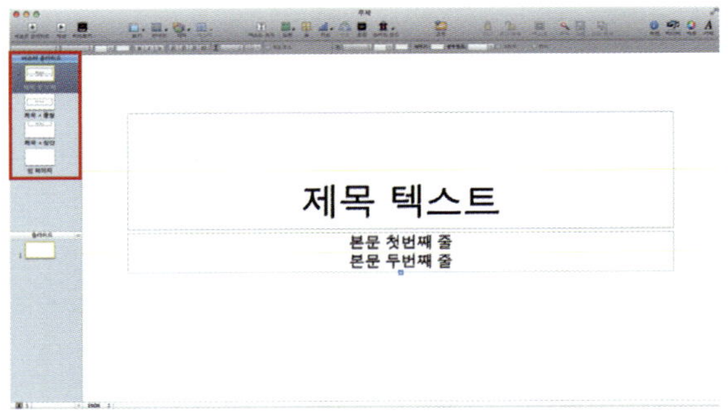

03 [제목 및 부제] 마스터 슬라이드를 선택하고, 속성의 배경에서 [그라디언트 채우기]를 선택합니다.

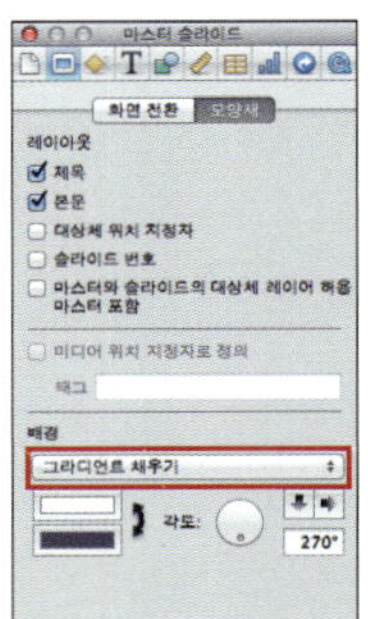

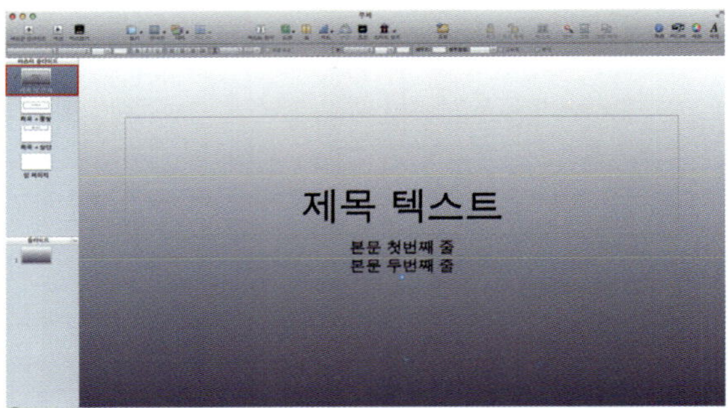

04 속성에서 첫 번째 그라디언트 색상을 '빨간색 : 190', '초록색 : 35', '파란색 : 90'으로 맞추고, 두 번째 그라디언트 색상을 '빨간색 : 170', '초록색 : 20', '파란색 : 70'으로 맞춥니다. 거의 차이가 나지 않는 듯 보이지만 빔프로젝터를 사용하면 약간의 차이 때문에 더욱 세련되게 보입니다.

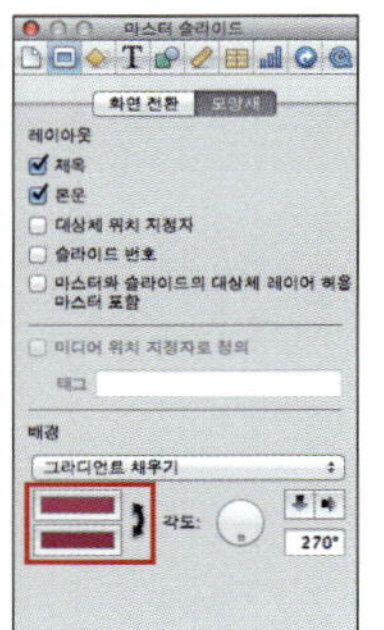

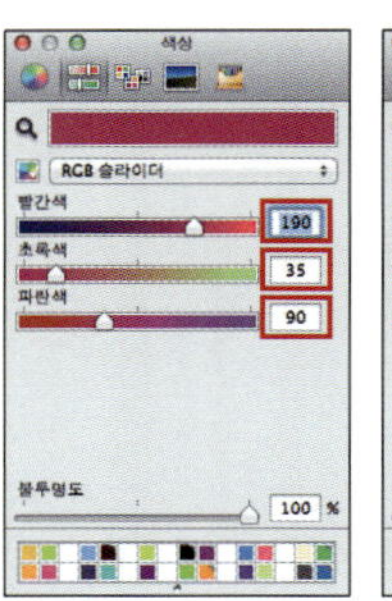

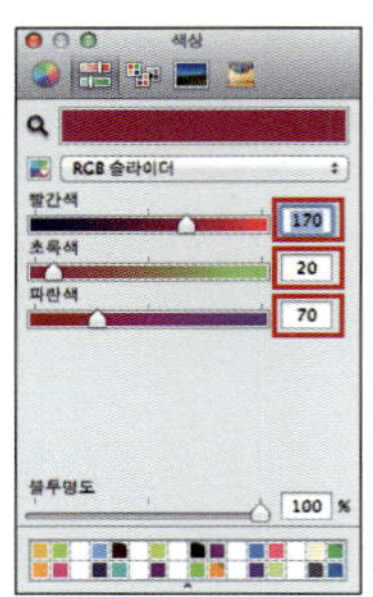

05 [Finder]에서 '선반.png' 이미지 소스를 슬라이드에 삽입합니다. 그리고 제목 텍스트 바로 밑에 위치시킵니다.

06 도구막대에서 선을 생성합니다.

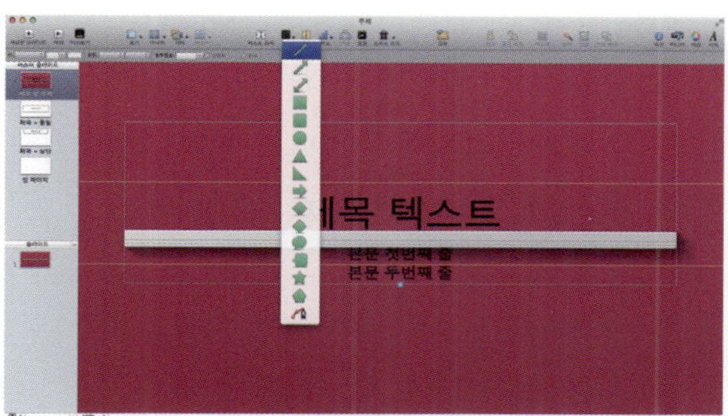

07 선을 복사하여 슬라이드의 위와 아래에 배치시킵니다.

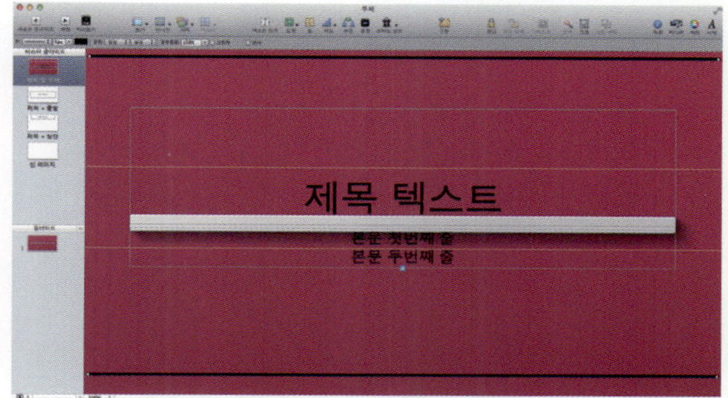

08 포맷막대를 사용하여 점선으로 바꿔줍니다.

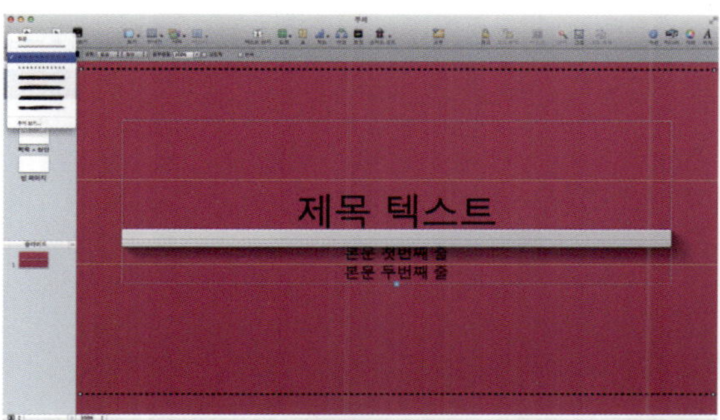

09 포맷막대를 사용하여 색상을 '연두색'으로 바꿔줍니다. 첫 번째 표지로 사용될 마스터 슬라이드를 완성하였습니다.

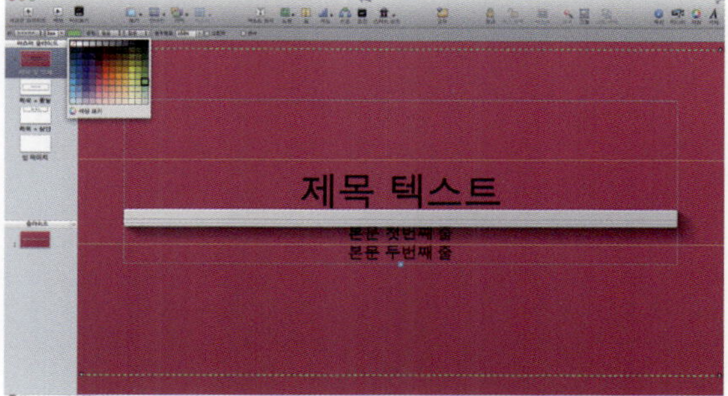

10 네비게이터에서 두 번째 [제목 – 중앙] 마스터 슬라이드를 선택합니다. 배경을 이전과 동일한 그라디언트로 채워줍니다. (※ 색상 팔레트에 색상을 등록해두면 편리하게 동일한 색상을 반복해서 사용할 수 있습니다. 자세한 사용법은 Chapter 02. 도형 p.114 부분을 참고하세요.)

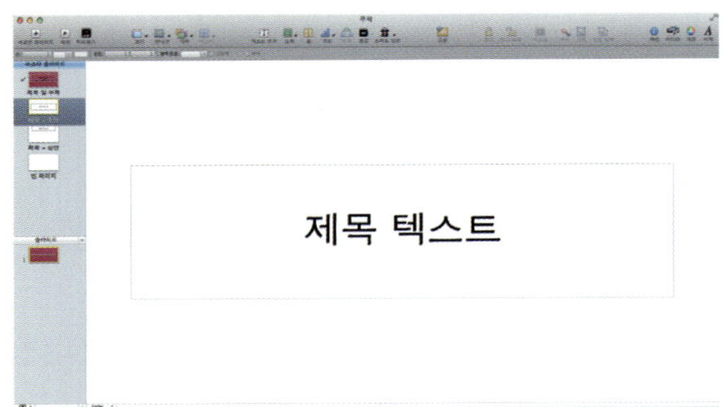
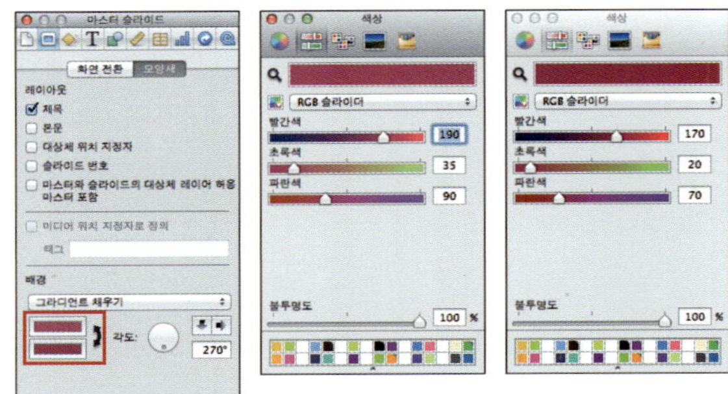

11 [Finder]에서 '[괄호]_grey1.png', '[괄호]_grey2.png' 이미지 소스를 불러옵니다.
2개의 이미지 크기를 동일하게 줄이기 위해 도구막대에서 [그룹]을 적용하고, 크기를 줄여줍니다.
크기 조절이 마무리되면 [그룹 해제]를 해줍니다.

12 [제목 및 부제] 마스터 슬라이드에서 연두색 점선을 복사한 후 붙여넣기를 하면 완성됩니다.

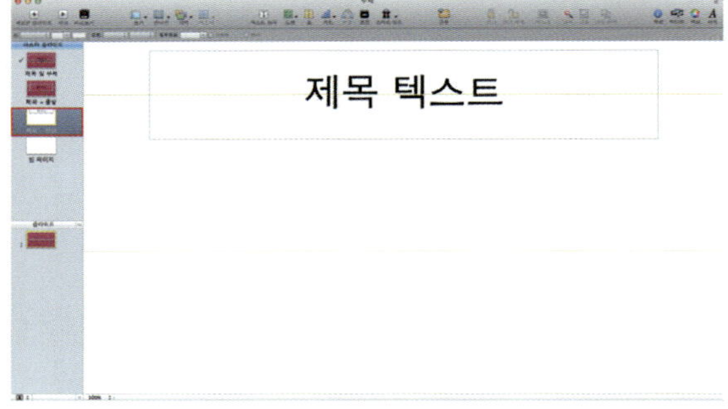

13 세 번째 [제목 – 상단] 마스터 슬라이드를 선택합니다.

14 속성에서 이전과 동일한 배경 색상을 지정해 줍니다.

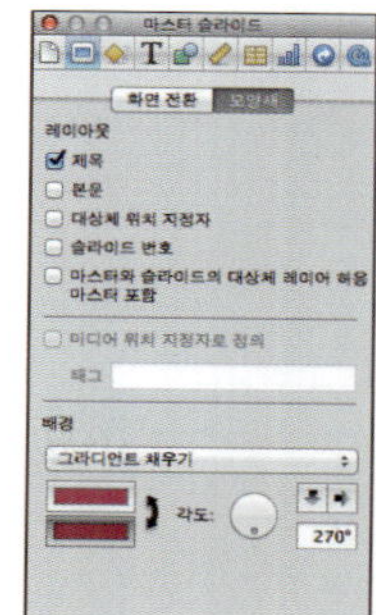 

15 [Finder]에서 'F_green.png' 이 미지 소스를 드래그하여 삽입합 니다. 그리고 마우스 오른쪽 버 튼을 클릭하여 [맨 뒤로 보내기] 를 선택합니다.

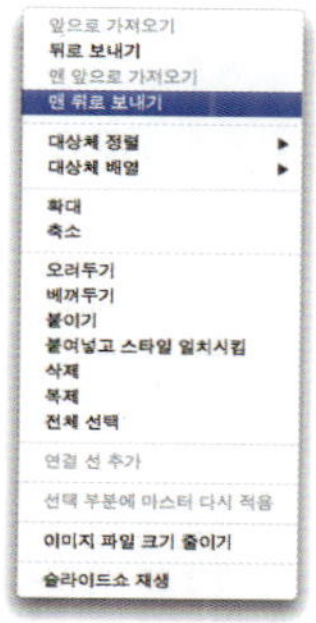 

16 도구막대에서 [도형]을 선택하여 새로운 도형(사각형) 을 생성합니다.

17 속성에서 [그라디언트 채우기]를 선택하여 배경과 비슷한 색상으 로 맞춰줍니다.

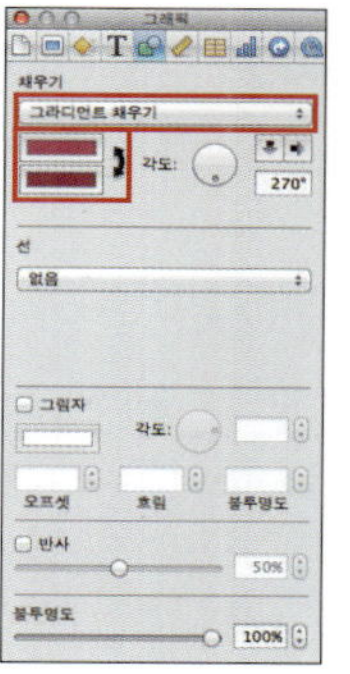 

18 이미지 소스의 윗부분만 보이도록 도형의 크기를 키워주고, 포맷막대에서 그림자를 체크하여 그림자를 적용합니다. 도형에 적용된 그림자가 잘 보이도록 속성에서 [각도]를 '90"로 맞춥니다.

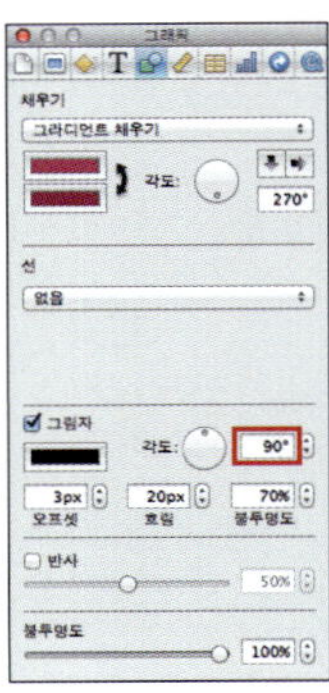

19 제목 텍스트 영역을 [맨 앞으로 가져오기] 하고 포맷막대에서 왼쪽 정렬을 선택합니다.

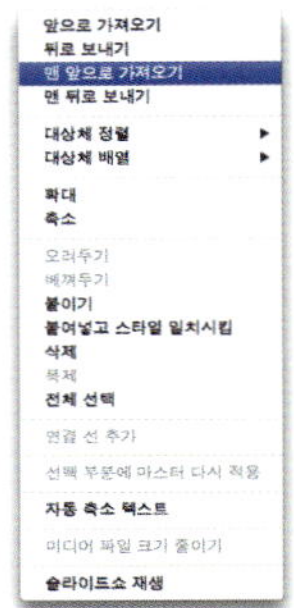

20 [Finder]에서 '종이겹침.png' 이미지 소스를 가져옵니다. (※ 주의할 점은 방금 만든 도형 위로 드래그하면 [마스크]가 적용되기 때문에 화면의 빈 곳으로 드래그하여 위치를 이동합니다. 마스크 부분은 p.122 Section 04 도형의 실제 질감 채우기 참조)

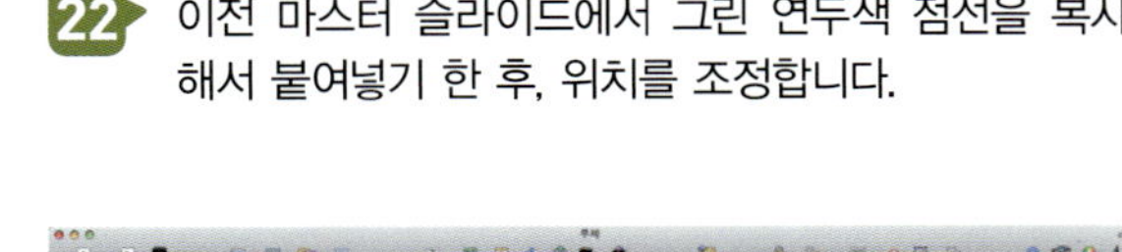

21 이미지 소스를 도형의 상단으로 정렬시킵니다. 2장의 종이 사이에 폴더가 끼워져 있는 것과 같은 모습이 되었습니다.

22 이전 마스터 슬라이드에서 그린 연두색 점선을 복사해서 붙여넣기 한 후, 위치를 조정합니다.

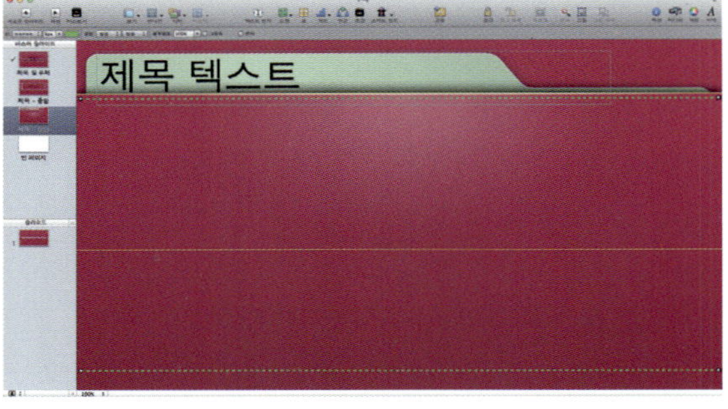

23 [빈 페이지] 마스터 슬라이드를 선택하고, 배경을 동일하게 [그라디언트 채우기]를 선택합니다.

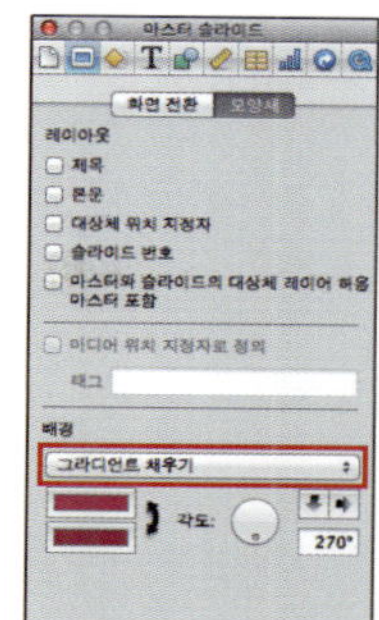

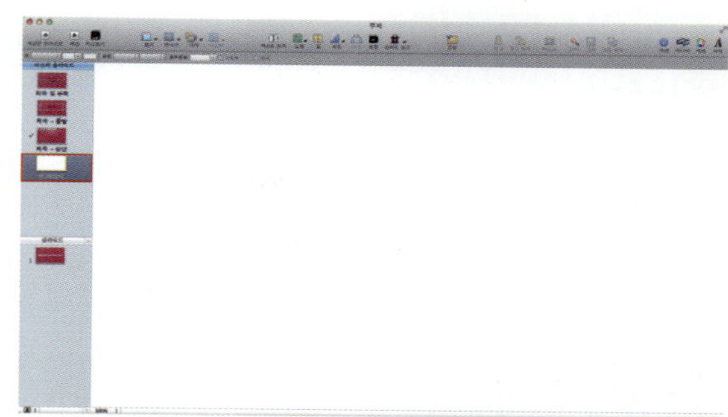

24 이전 마스터 슬라이드에서 연두색 점선을 복사해서 붙여넣기 합니다.

25 네비게이터에서 [빈 페이지] 마스터 슬라이드를 선택하고, Command+D 키를 통해 [빈 페이지 복사] 마스터 슬라이드를 생성합니다. 혹은 도구막대에서 [새로운 슬라이드] 버튼을 클릭합니다.

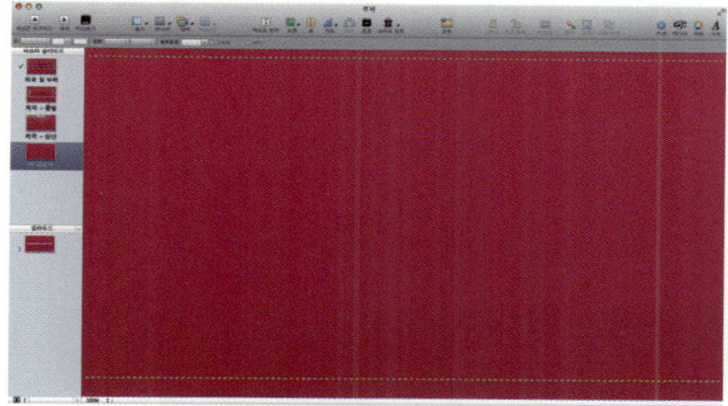

26 [Finder]에서 '스팟라이트.png' 이미지 소스를 드래그하여 슬라이드에 삽입합니다. 공간감이 느껴지는 배경이 필요한 경우 사용하면 됩니다. 속성에서 [비율 유지]를 해제하고, 적당한 크기로 줄여줍니다.

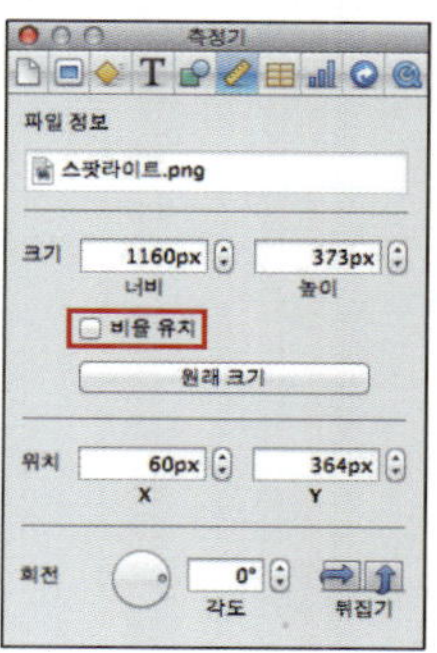

27 작업 슬라이드로 돌아와서 새로운 슬라이드를 여러 개 만들고, 5가지 마스터 슬라이드를 각각 적용해 봅시다.

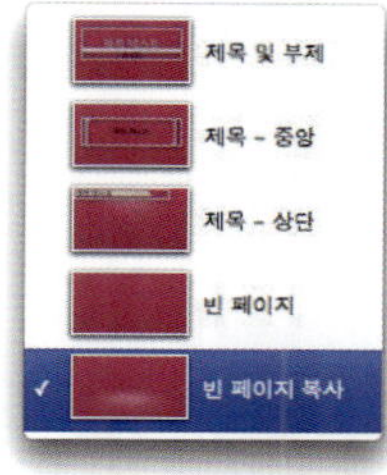

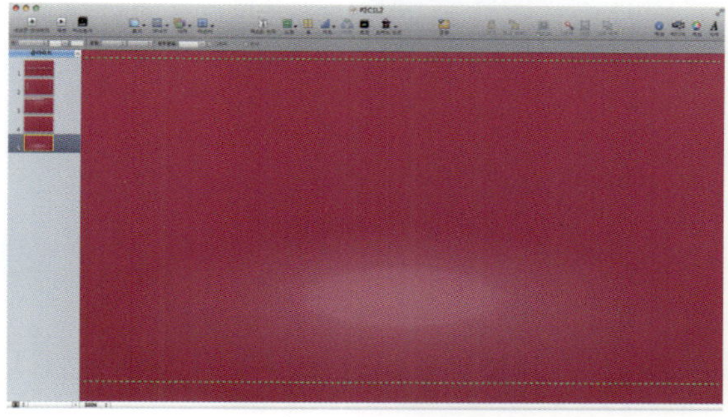

Section 02 배경과 어울리는 텍스트 포맷 정의하기

|학·습·목·표|
1. 대상체의 스타일을 복사하고 붙여넣는 방법 익히기
2. [모든 마스터에 대한 텍스트 정의]를 사용하는 방법 익히기

• 완성 키노트 : P2C1L2−키노트테마 활용예.key

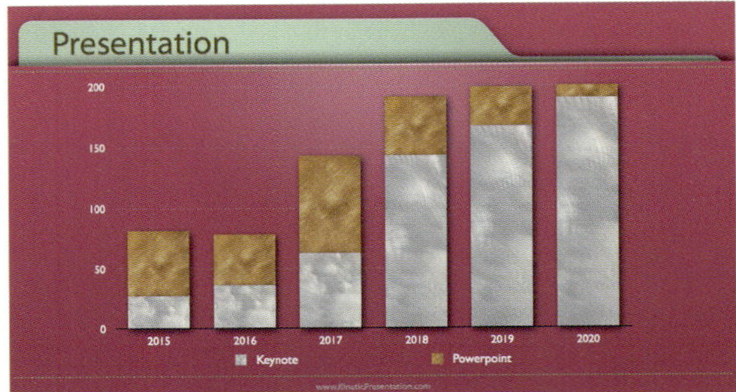

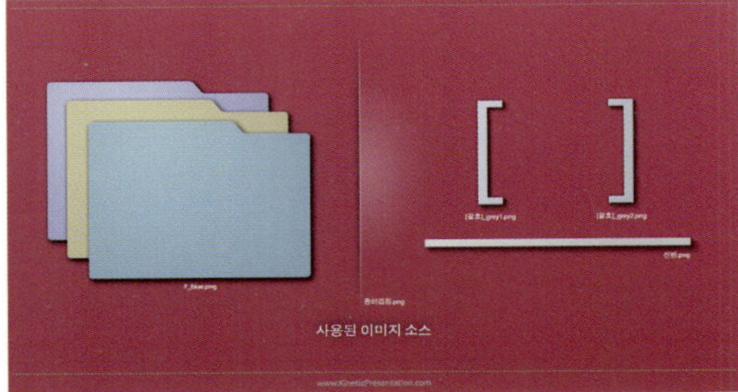

28 첫 번째 슬라이드에 내용을 입력하면 검은색 글자가 쓰여집니다. 왜냐하면 처음에 [흰색] 키노트 테마를 선택했기 때문입니다.

29 다시 [제목 및 부제] 마스터 슬라이드로 돌아가서 [제목 텍스트]를 선택하고, 서체와 글자 크기, 색상을 바꿔줍니다. 이번에는 [Myriad Pro], [120pt], [하얀색]으로 맞추었습니다. 그리고 포맷막대에서 그림자도 적용시켜줍니다.

30 선반 이미지 소스를 선택하고 속성에서 [마스터와 슬라이드의 대상체 레이어 허용 마스터 포함]을 체크합니다.

보통 마스터 슬라이드에 삽입한 사진은 항상 맨 밑에 있고, 작업 슬라이드에서 작업한 글자나 사진은 마스터 이미지 위에 놓이게 됩니다. 하지만 이 항목을 체크하면 선반 이미지 소스를 맨 앞에 보이게 할 수도 있습니다. 뒷부분을 계속 따라하면 어떤 의미인지 쉽게 알 수 있을 것입니다.

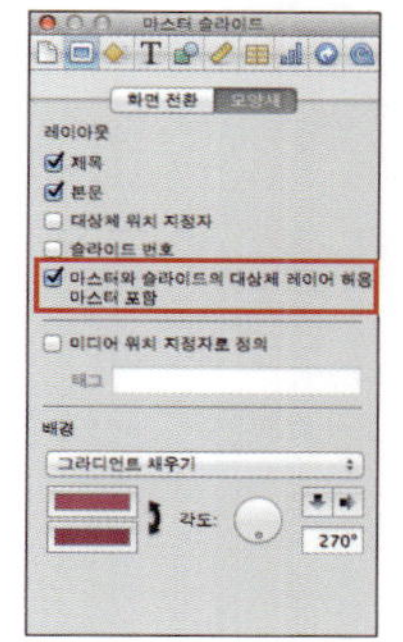

31 작업 슬라이드로 돌아오면 제목글자의 그림자가 이미지 소스 위에 보입니다. 제목을 선택하고 [맨 뒤로 보내기]를 적용해봅시다.

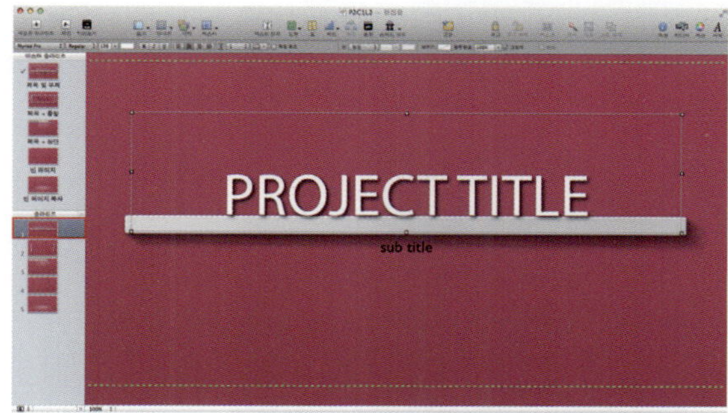

32 그림자가 선반 이미지 뒤로 가려져 보입니다. 작은 차이지만 좀 더 현실감이 느껴지게 되었습니다.

33 마스터 슬라이드에서 부제목이 들어갈 영역의 색상도 하얀색으로 바꾸고, 포맷막대에서 [불투명도]를 '40%'로 낮추었습니다.

34 제목 텍스트를 선택하고, 메뉴막대에서 [포맷] 〉 [스타일 복사](Option+Command+C)를 적용합니다.

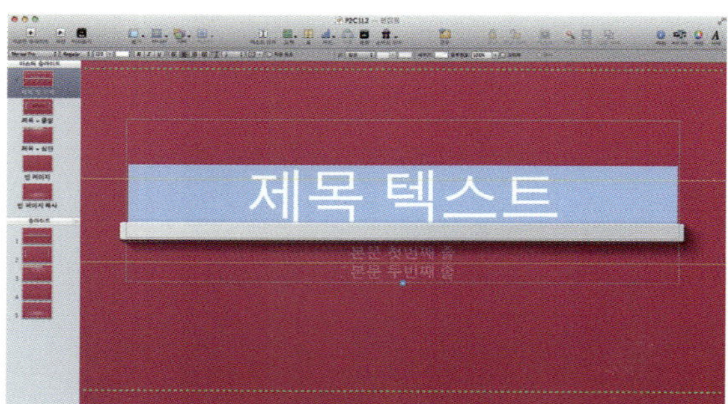

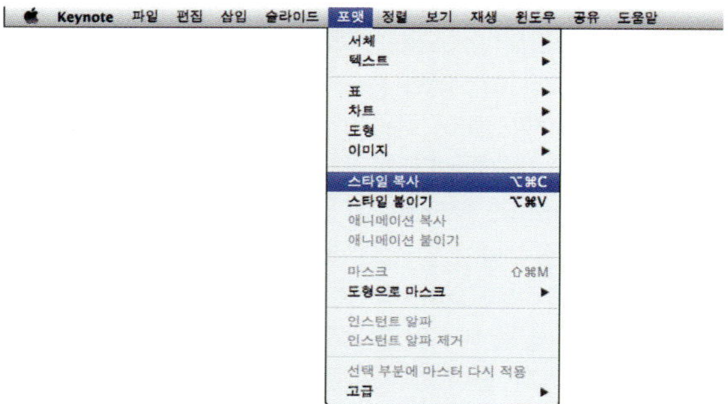

35 두 번째 [제목 – 중앙] 마스터 슬라이드에 가서 제목 텍스트를 선택하고, 메뉴막대에서 [포맷] 〉 [스타일 붙이기](Option+Command+V)를 적용합니다. 서체와 색상이 동일하게 적용되었습니다.

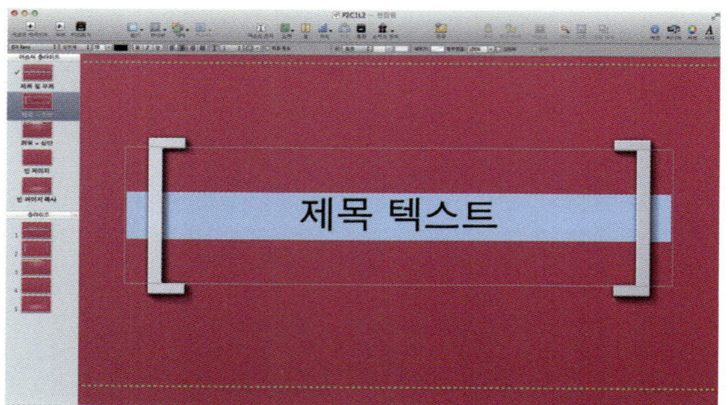

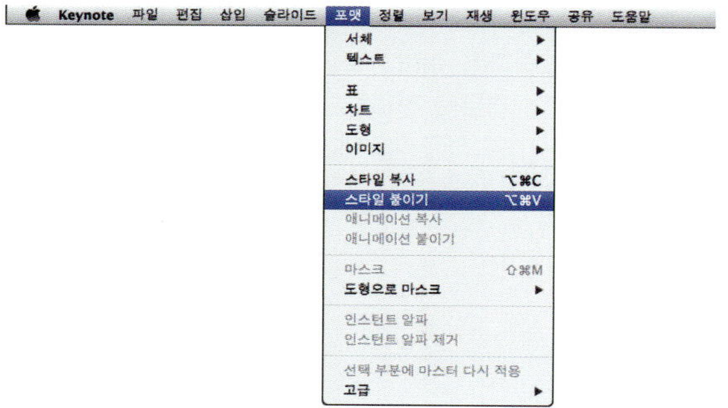

36 포맷막대에서 글자 크기를 '96pt'로 줄이고, 그림자도 적용시킵니다.

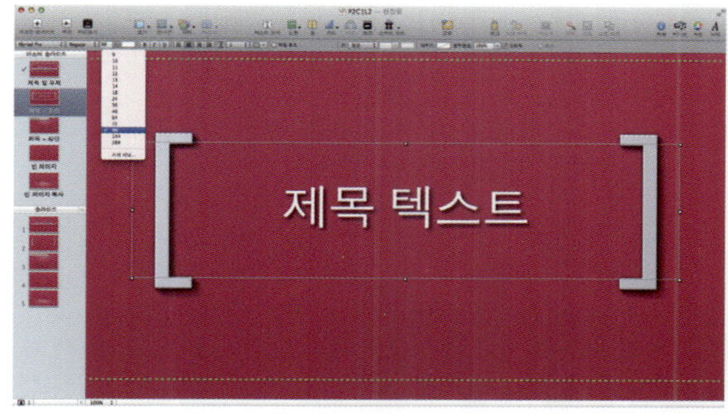

37 세 번째 [제목 – 상단] 마스터 슬라이드의 제목 텍스트의 서체(Myriad pro)를 이전 마스터 슬라이드와 통일시켜주고, 색상을 포맷막대에서 짙은 녹색으로 수정합니다.

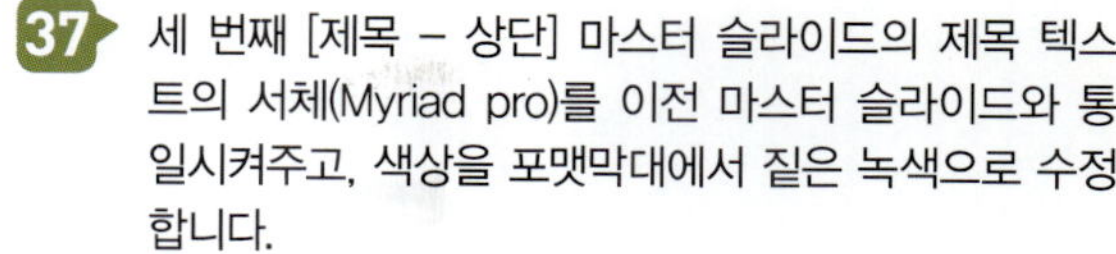
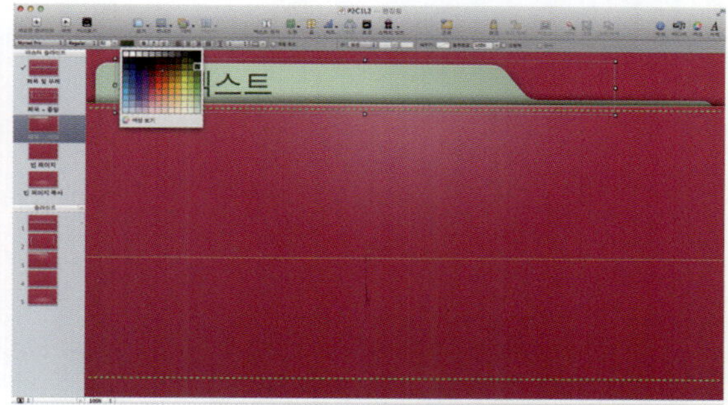

38 작업 슬라이드로 돌아가서 도구막대의 텍스트 상자를 클릭합니다. 그러면 검은색 글자가 생성됩니다.

39 포맷막대에서 생성된 텍스트의 색상을 흰색으로 수정합니다. 그리고 메뉴막대에서 [포맷] 〉 [고급] 〉 [모든 마스터에 대한 텍스트 정의]를 선택합니다.

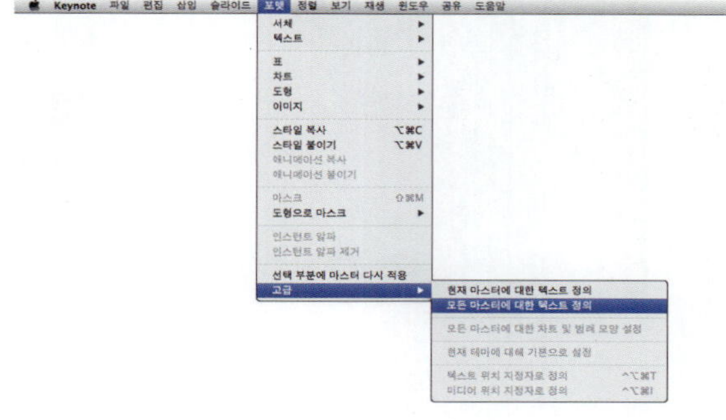

40 다른 작업 슬라이드를 선택하고, 텍스트 상자를 클릭하면 방금 정의한 포맷이 적용된 하얀 글자가 생성되는 것을 알 수 있습니다.

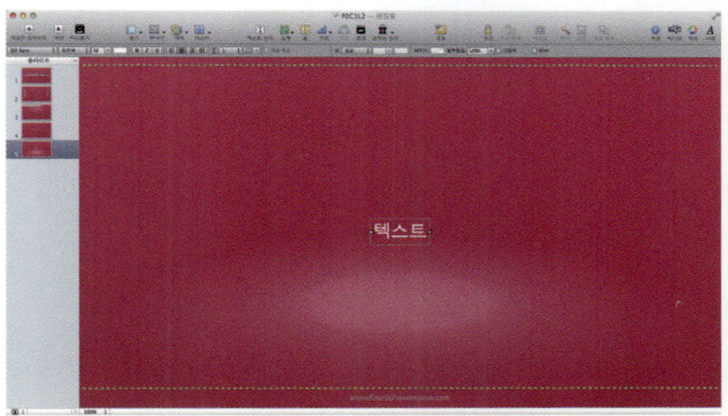

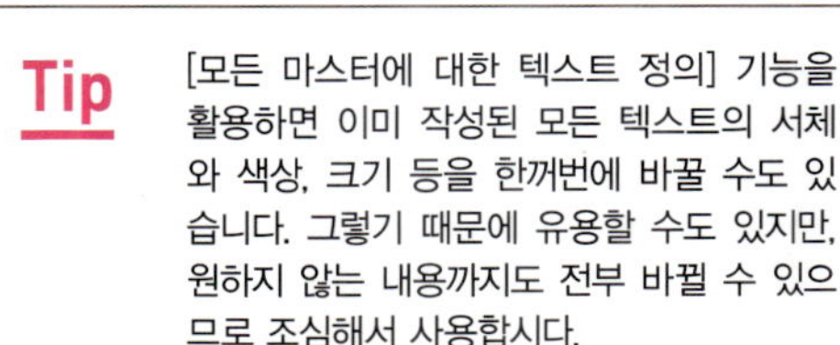

Tip [모든 마스터에 대한 텍스트 정의] 기능을 활용하면 이미 작성된 모든 텍스트의 서체와 색상, 크기 등을 한꺼번에 바꿀 수도 있습니다. 그렇기 때문에 유용할 수도 있지만, 원하지 않는 내용까지도 전부 바뀔 수 있으므로 조심해서 사용합시다.

Chapter 02

도형 디자인

도형을 슬라이드에서 사용하는 목적은 글자를 강조하기 위해서 이거나 내용을 형상으로 표현하기 위해서 입니다. 도형이 잘 보이기 위해서는 배경의 색상과 어울리는 색상을 잘 선택하여야 합니다. 키노트의 각 테마에는 도형의 기본색상이 지정되어 있습니다. 대부분 그대로 사용하여도 무방할 정도로 배경과 잘 어울리는 배색의 도형이 생성됩니다.

각 테마별 생성된 도형 예시

▲ 세도나

▲ 베니션

▲ 그라디언트

▲ 검정

Unit 01 명도대비

슬라이드 디자인에서 색상을 정하는 기준의 기본은 밝고 어두움을 선택하는 것에서부터 시작됩니다. 아무리 채도가 높은 화려한 색상의 도형이라도 명도를 잘못 조절하면 슬라이드 상에서 잘 보이지 않습니다.

▲ 색상은 다르지만 명도가 비슷한 사례

▲ 글자와 도형의 명도대비가 잘 이루어진 사례

Unit 02 보색대비

색상은 보색으로 확연히 다르게 선택할 수도 있고, 유사한 색으로 은은한 차이로 만들 수도 있습니다. 화면에서 도형이 차지하는 중요도가 높다면 눈에 확연히 들어나는 색상을 선택하고, 반대로 중요도가 낮다면 오히려 눈에 띄지 않게 배경과 비슷한 색상을 선택하는 것이 좋습니다.

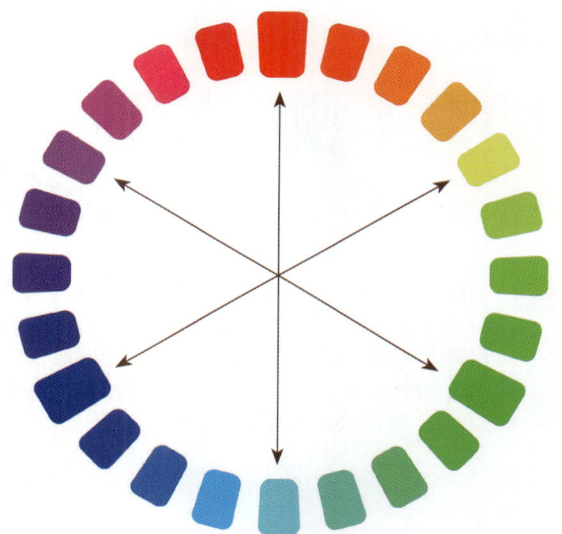
▲ 색상환에서 서로 마주보는 색상이 보색입니다.

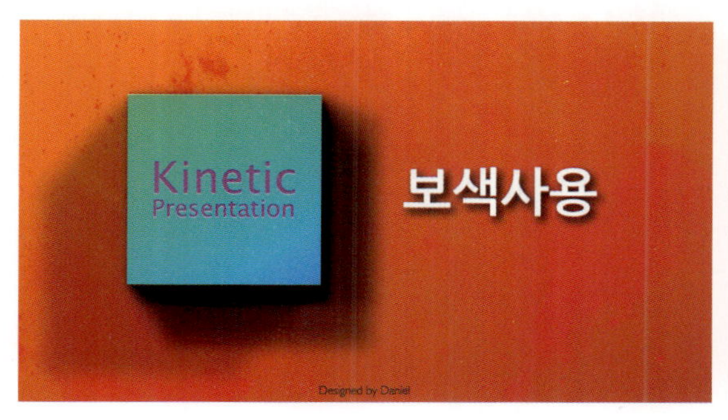

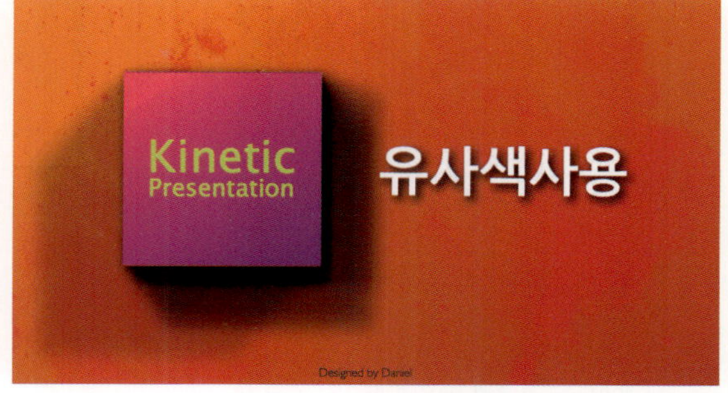

Unit 03 색상 팔레트 활용하기

발표 자료를 만들다 보면 평소 좋아하는 색상을 반복해서 사용하는 경우가 많습니다. 이럴 경우에는 자신만의 색상 팔레트를 만들어 놓으면 유용합니다.

한 번의 발표에는 4가지 미만의 색상만을 절제해서 사용하는 것이 전체적인 분위기를 통일시키는 데 유리합니다. 왼쪽에 보이는 배색 샘플들은 발표 자료를 만드는데 주로 사용되는 색상을 4가지씩 미리 선택해놓은 색상표입니다. 이것들 중 원하는 배색을 선택하여 팔레트에 옮겨 놓으면 발표 자료를 만드는 동안 유용하게 사용할 수 있습니다.

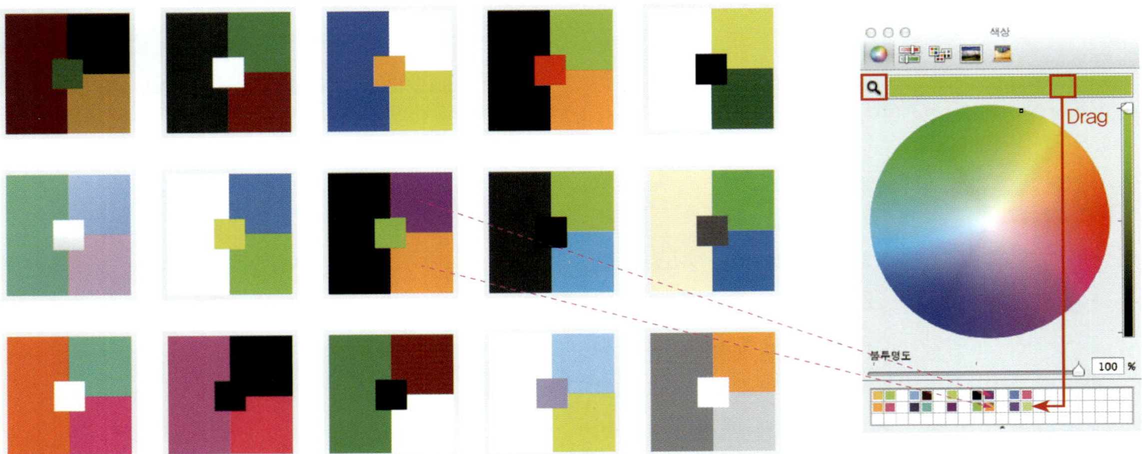

01 샘플 키노트 'P2C2L1–색상팔렛트활용'를 열어서 색상이 적용된 도형을 확인합니다. 색상창에서 돋보기 아이콘을 누르면 마우스 포인터가 돋보기 모양으로 바뀝니다. 화면의 색상 중 어느 곳이나 원하는 위치에 돋보기 로 클릭하면 색상이 복사됩니다.

02 복사된 색상 영역에서 아래 팔레트 영역으로 드래그하면 색상이 등록됩니다. 불필요한 색상을 지우고 싶다면 옆에 빈 영역을 드래그 해서 덮으면 지워집니다. 등록된 색상은 도형이나 글자 대상체로 드래그하면 반영됩니다.

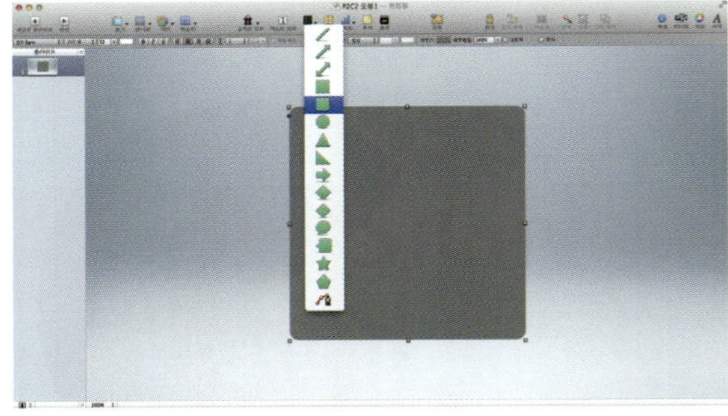

Unit 04 빛에 대해 이해하기

디자인을 공부하기에 앞서 가장 먼저 배우는 것은 빛에 대한 이해입니다. 어떤 물체든지 빛에 의해 생기는 밝고 어두움을 인간의 눈이 인식하여 형태를 파악하게 됩니다. 슬라이드 디자인에서도 마찬가지입니다. 멋있는 배경에 자연스러운 도형을 그려 넣으려면 최소한 빛으로 인해 생기는 그라디언트, 그림자와 반사에 대해 알아야합니다. 깊은

지식은 필요 없습니다. 빛의 방향을 통일시키는 것 정도만 이해하면 충분합니다.

Unit 05 빛의 방향 일치시키기

배경은 왼쪽 위에서 빛이 비춰지는 사진입니다. 이러한 배경 위에 포스트잇을 붙인 것과 같은 슬라이드를 만드는 경우에 그림자의 방향을 배경의 빛 방향과 일치시켜주는 것이 중요합니다.

참고 키노트 : P2C2L1-자연스러운그림자.key

포스트잇의 그림자가 왼쪽 방향으로
배경과 어울리지 않습니다. ▶

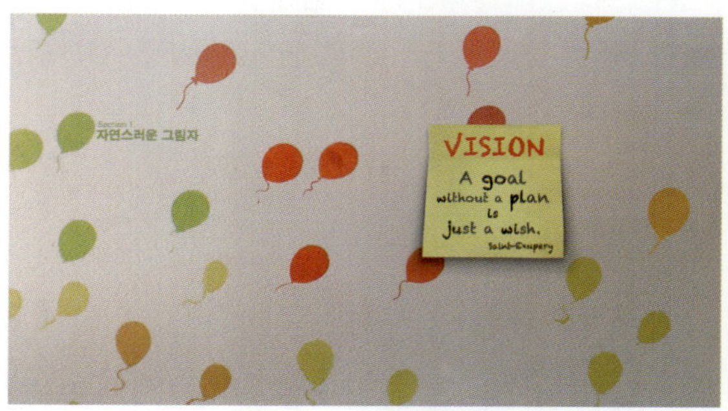

포스트잇의 그림자가
무난한 아래 방향입니다. ▶

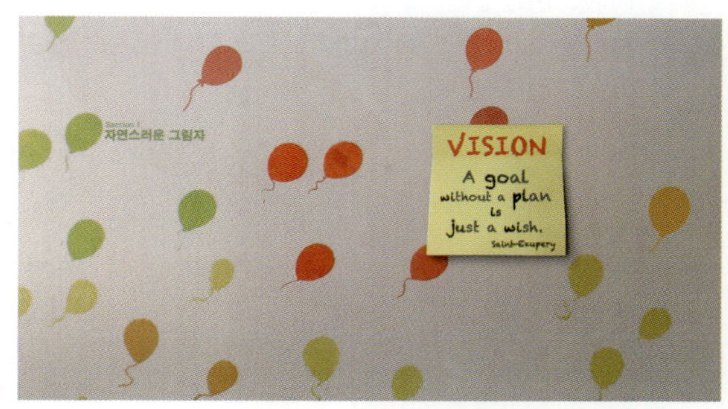

포스트잇의 그림자가 배경과
가장 자연스럽게 어울리는
오른쪽 방향입니다. ▶

Lesson 01 조화로운 도형 만들기

다양한 방법을 이용하여 내용이 부각되고 세련된 도형을 만드는 방법을 배워봅시다.

|학·습·목·표|
1. 배경과 어울리는 빛 방향으로 그라디언트 사용하는 방법 익히기
2. 고급 그라디언트로 광택 질감이 느껴지는 도형 만드는 방법 익히기
3. 원형 그라디언트로 분위기 있는 배경 만드는 방법 익히기
4. 도형에 질감이 느껴지는 이미지 채우는 방법 익히기

• 소스 이미지 : shadows3.png / 금속.jpg / 연두색부직포.jpg

• 완성 키노트 : P2C2L1– 도형1.key

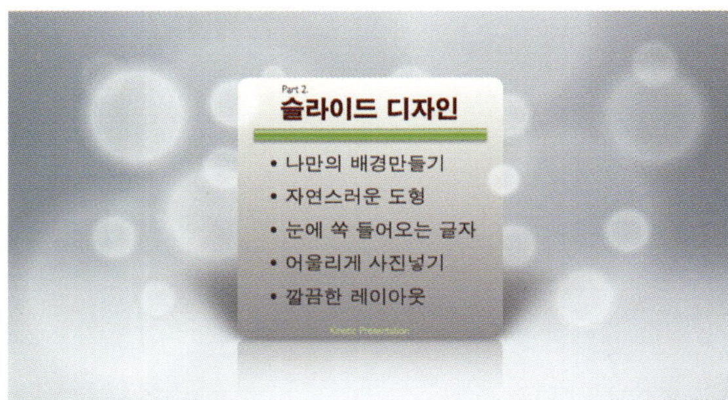

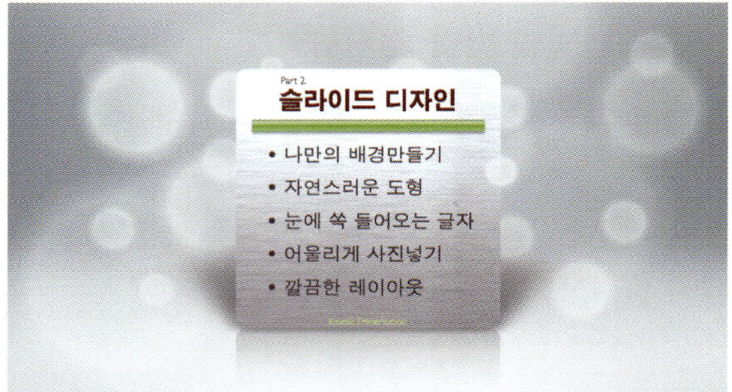

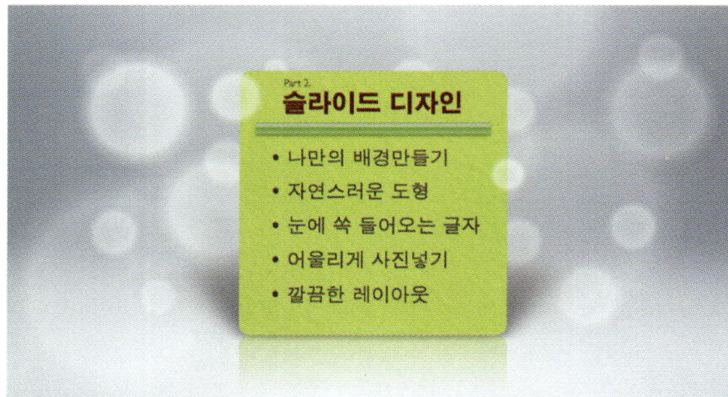

Section 01 빛이 느껴지는 그림자와 반사

01 전시실 테마에서 [빈 페이지] 〉 [어둡게] 마스터 슬라이드를 선택합니다.

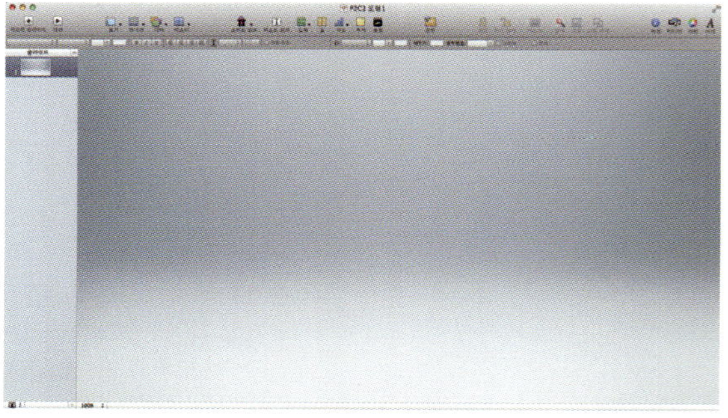

02 도구막대의 도형을 클릭하여 모서리가 둥근 사각형을 생성한 후, 적당히 크기를 키워줍니다.

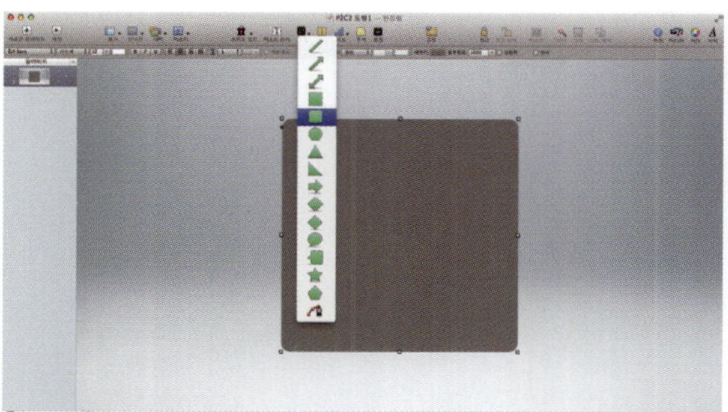

03 공간감이 느껴지는 배경과 도형이 어울리도록 포맷막대에서 [반사]를 적용합니다.

04 빛이 느껴지도록 그림자를 적용합니다. 키노트의 그림자 기능보다 소스 이미지 'shadow3.png'를 사용하는 것이 더 자연스럽습니다. 도형의 뒤로 보내기 위해 마우스 오른쪽 버튼을 누르고 [맨 뒤로 보내기]를 선택합니다.

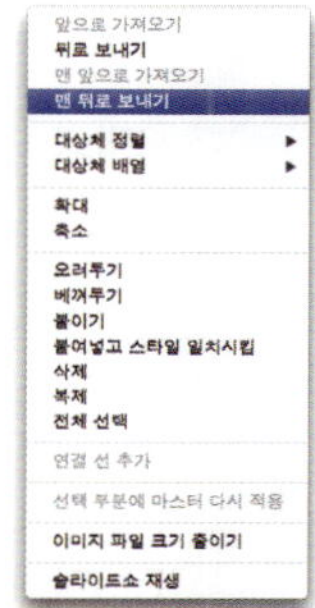

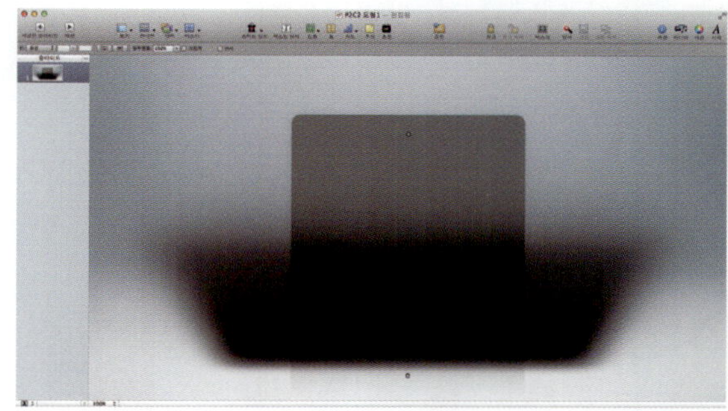

05 속성에서 [비율 유지]를 해제하고 도형과 어울리는 크기로 맞춥니다.

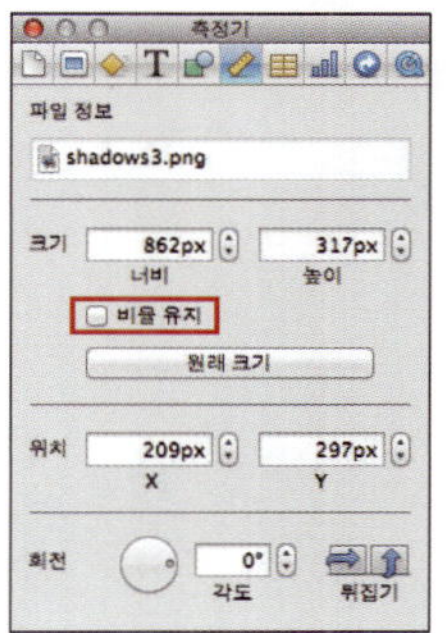

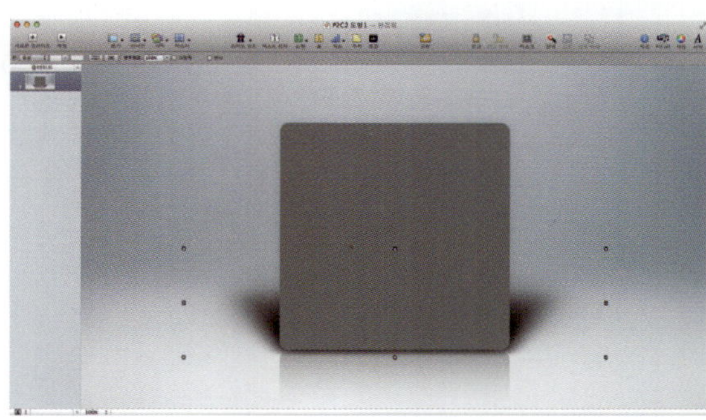

06 그림자의 진하기를 줄이기 위해 포맷막대에서 [불투명도]를 '50%'로 낮춰줍니다.

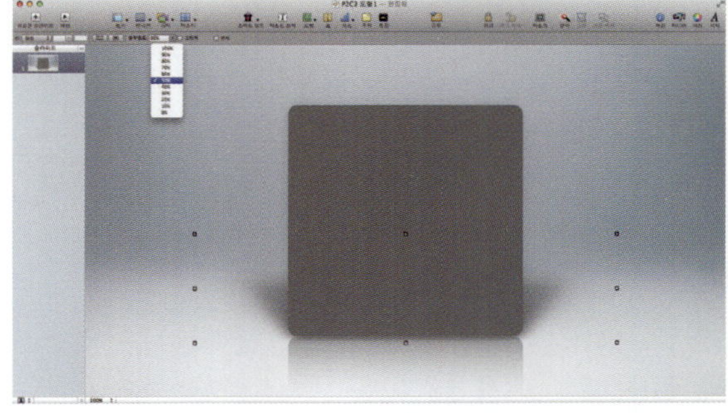

Section 02 자연스러운 그라디언트

07 도형에 그라디언트를 적용하면 배경과 더욱 자연스럽게 어울립니다. 속성에서 [그라디언트 채우기]를 선택하면 자동으로 색상이 적용됩니다.

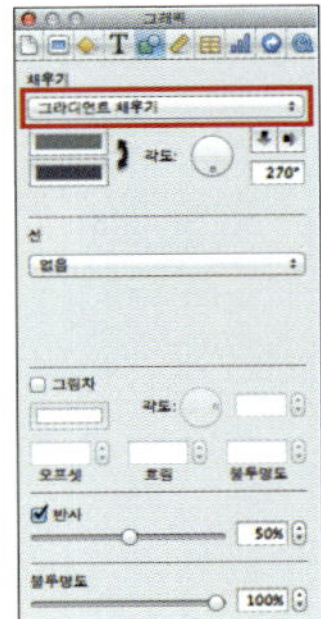

08 첫 번째 그라디언트 색상을 약간 노란빛이 도는 하얀색으로 맞추고, 두 번째 색상은 회색으로 맞춥니다.

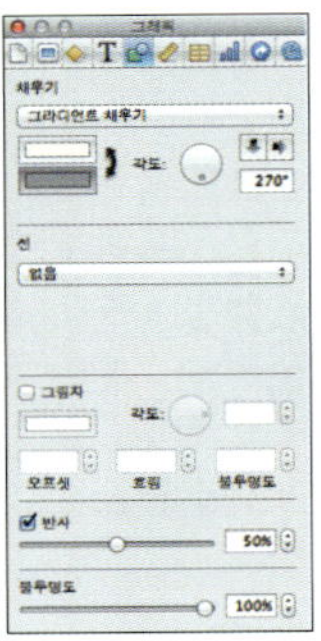
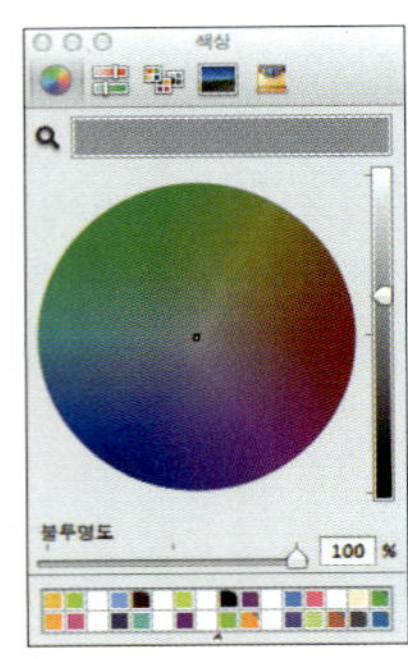

Tip 그라디언트 각도는 배경의 빛 방향과 일치시켜 주는 것이 자연스럽습니다. 그러므로 이번 배경에는 그라디언트 각도를 기본 값인 '270°'를 그대로 사용하도록 하겠습니다.

09 새로운 사각 도형을 생성하고 속성에서 [고급 그라디언트 채우기]를 선택합니다.

Tip 속성의 고급 그라디언트 영역을 클릭하면 색상 포인트가 추가됩니다. 최대 8개까지 추가할 수 있습니다. 또한 포인트를 지우고 싶다면 밖으로 드래그하면 사라집니다.

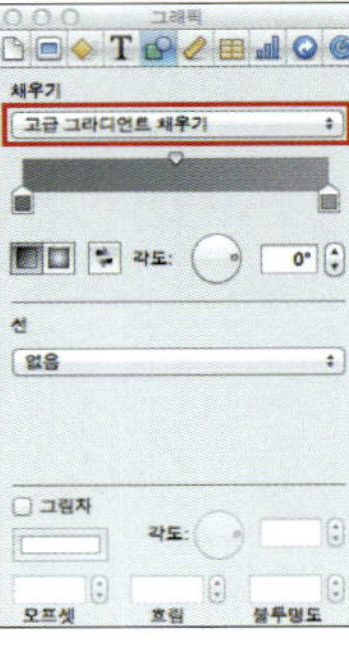
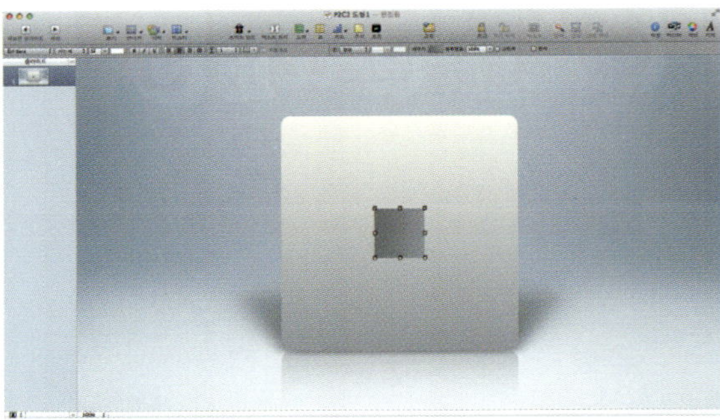

10 그라디언트 되는 색상을 추가하여 총 5개의 색상 포인트를 만듭니다. 그리고 [각도]를 '270°'로 조절합니다.

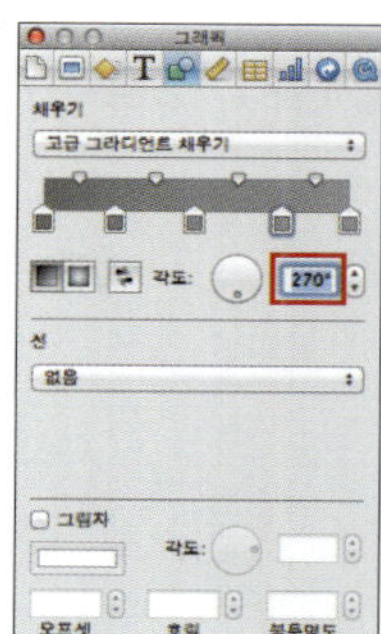

11 좀 더 정확한 색상 조절을 위해 색상 팔레트에서 [RGB 슬라이더]를 선택합니다. 그리고 다섯 개의 포인트 색상을 차례대로 다음과 같이 조절합니다.

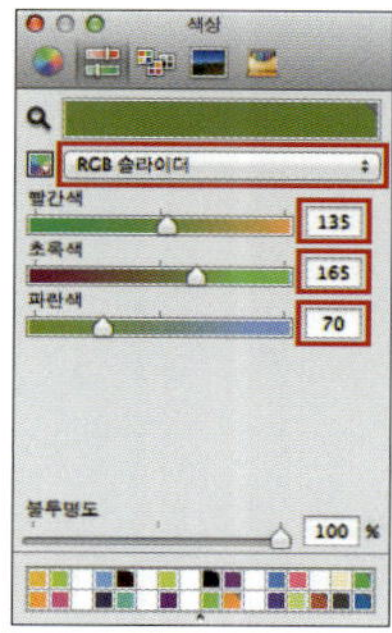

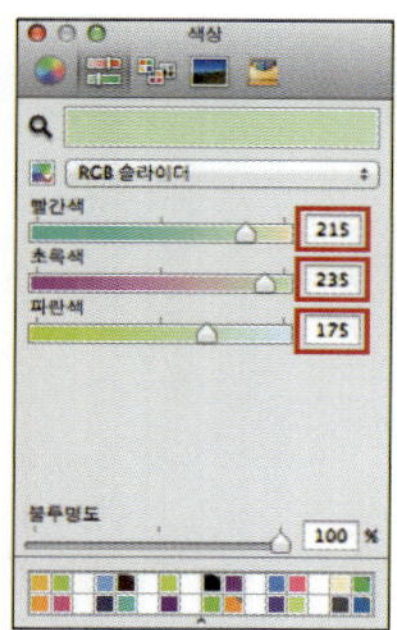

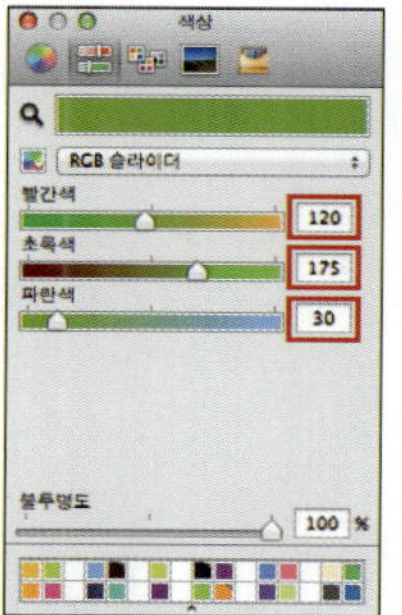

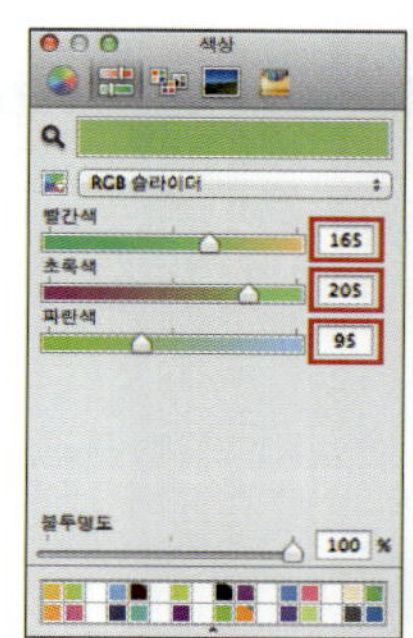

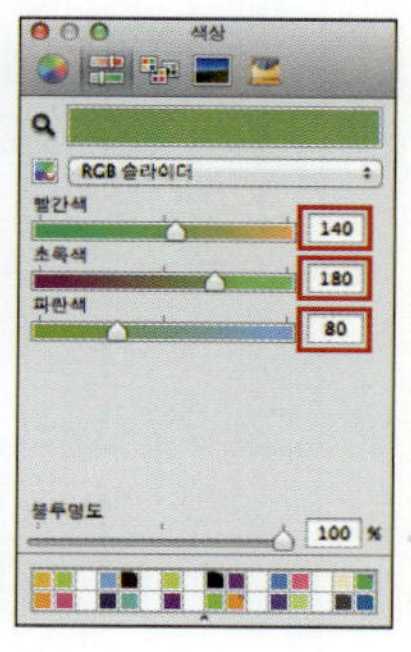

12 광택이 느껴지는 도형이 완성되었습니다. 길이를 좌우로 늘려줍니다.

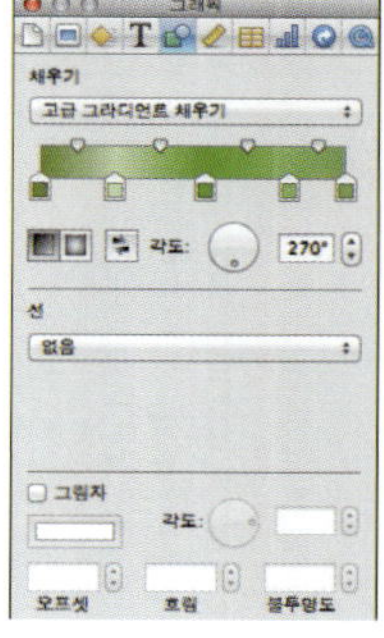

13 도형의 크기와 위치를 조절하고 내용을 입력합니다.

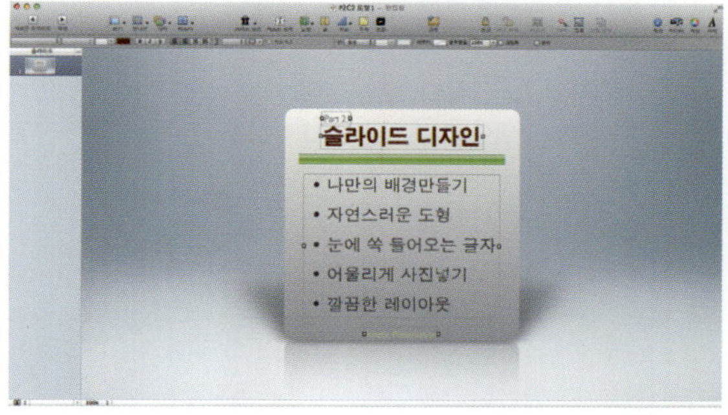

Section 03 원형 그라디언트로 뭉게뭉게 분위기 연출하기

14 새로운 슬라이드([Shift]+[Command]+[N])를 만들고 원을 생성합니다.

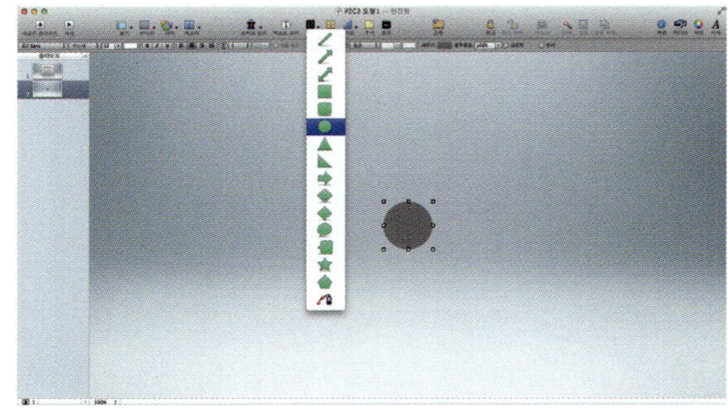

15 속성에서 원에 [고급 그라디언트 채우기]를 적용합니다. 자동으로 방금 조절했던 값이 적용됩니다.

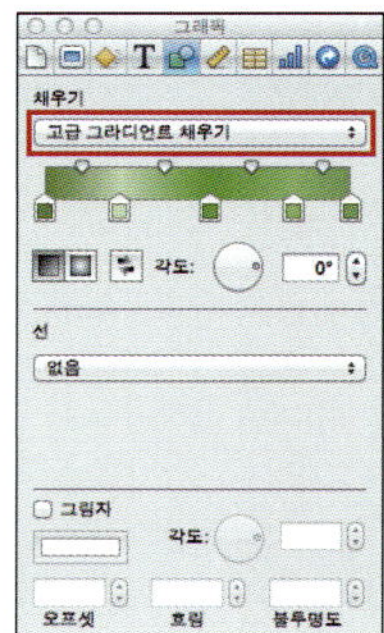
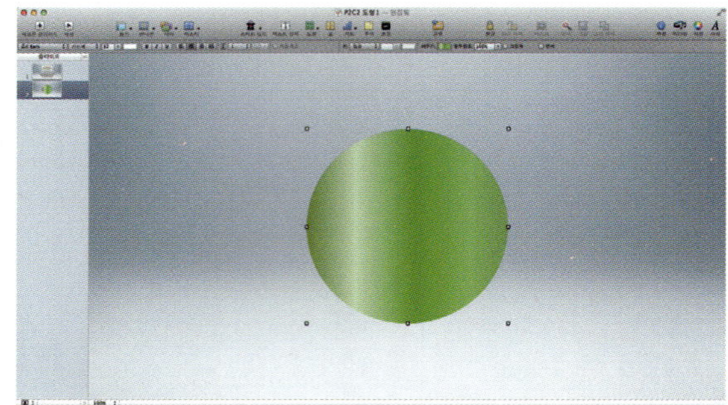

16 속성에서 원형 그라디언트를 선택합니다.

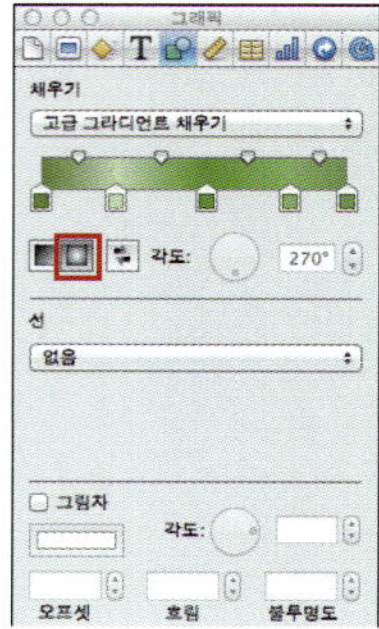
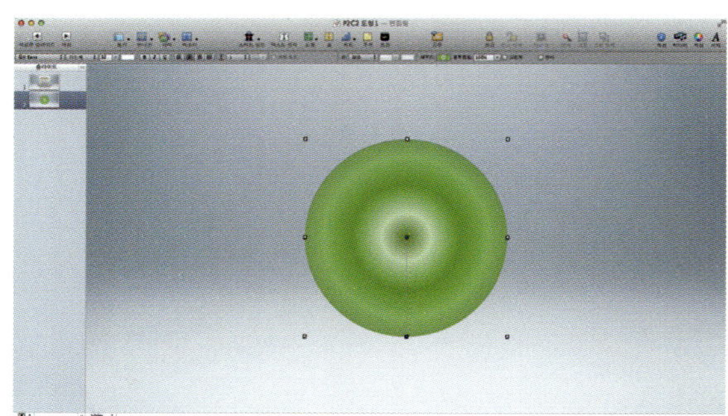

17 그라디언트 색상 포인트를 2개 지우고, 3개의 포인트를 전부 하얀색으로 조절합니다. 포인트를 삭제하려면 밖으로 드래그하면 사라집니다.

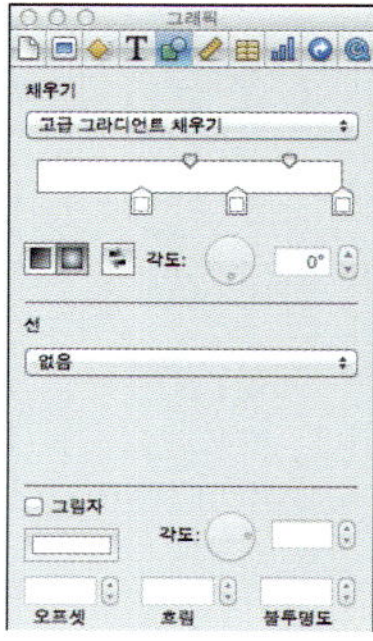
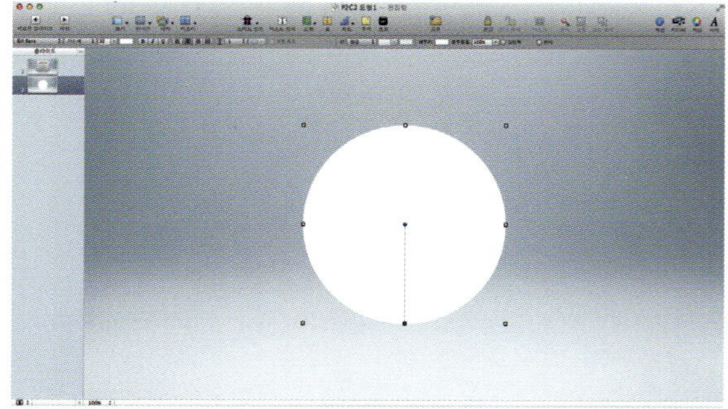

18 색상에서 3개의 그라디언트 포인트의 하얀색
은 유지한 채 다음과 같이 불투명도만 '60%',
'80%', '0%'로 조절합니다.

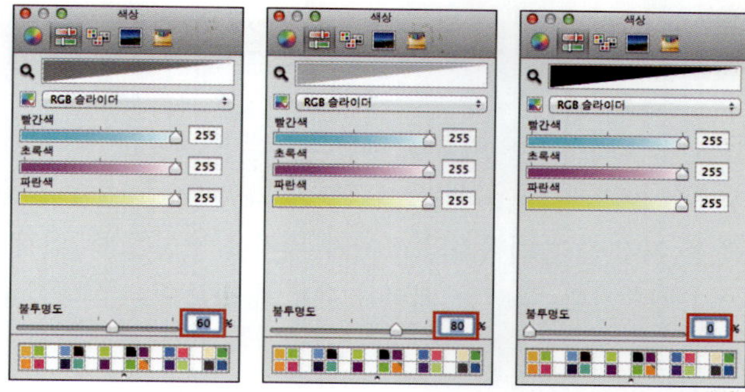

19 원을 복사한 후, 복사된 두 개의 원은 포맷막대에서
불투명도를 '70%'와 '40%'로 각각 낮춰줍니다. 그리고
3개의 원을 전부 복사합니다.(단축키 : Command + C)

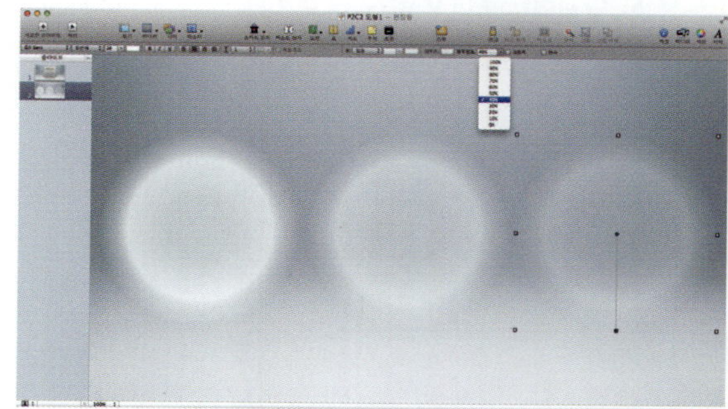

20 마스터 슬라이드에서 [빈 페이지 – 어둡게]를 선택한
후, 복사했던 원을 붙여넣기 합니다. 여러 개로 복사하
여 다양한 크기로 배치합니다.

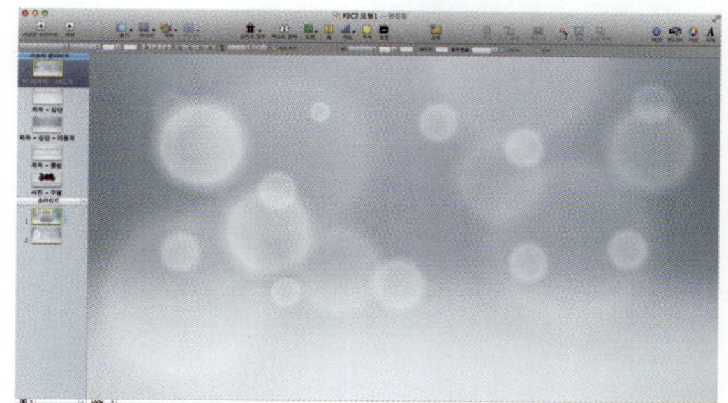

21 첫 번째 작업 슬라이드로 돌아와서 2개의 원을 더 붙
여넣기 하면 더욱 자연스러워 집니다.

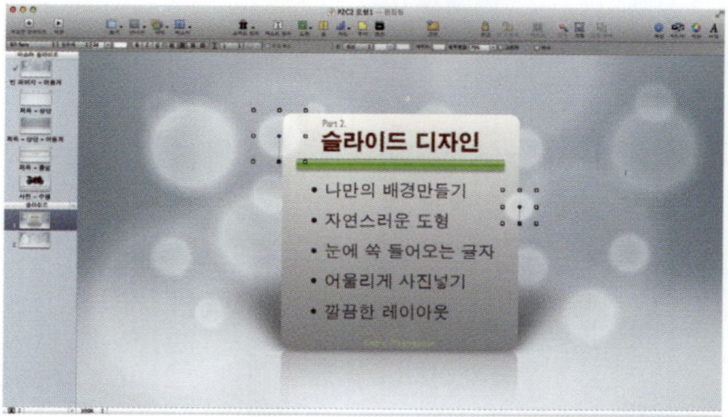

Section 04 도형에 실제 질감 채우기

질감이 느껴지는 이미지를 도형으로 드래그하는 방법은 [마스크]를 응용한 것입니다. 그런데 이미지를 속성에서 [이미지 채우기]를 선택한 방법과 [마스크]를 적용하는 방법에는 약간의 차이점이 있습니다. [마스크]는 자유롭게 이미지의 크기와 위치를 조절할 수 있지만 [이미지 채우기]는 그렇지 못합니다. 따라서 [이미지 채우기]는 동일한 패턴이 고르게 반복되는 이미지에 적합한 방법입니다.

22 [Finder]에서 금속 질감을 키노트 도형으로 드래그 합니다. 이미지를 슬라이드에 삽입하는 것이 아니라 도형에 마스크로 삽입하는 경우에는 해당 도형에 파란색 테두리가 보입니다. (※ p.156에는 [마스크]의 또 다른 사용법이 설명되어 있습니다.)

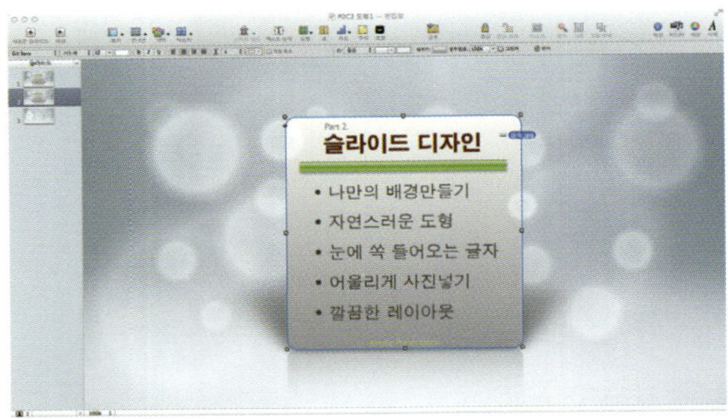

23 도형을 더블클릭하여 금속 이미지의 위치와 크기를 조절합니다.

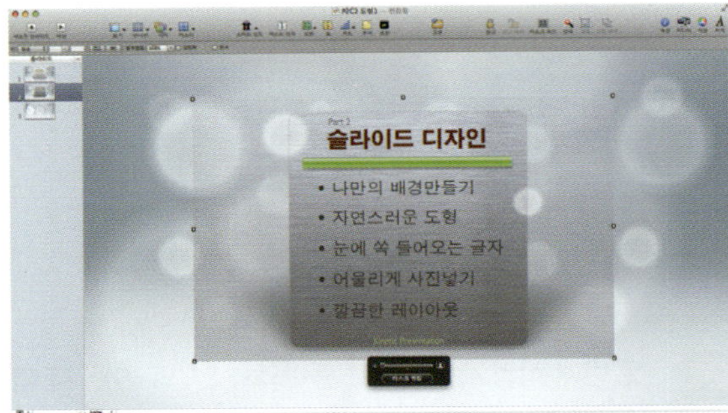

24 금속 이미지의 밝기와 레벨 값을 조절해 밝게 맞춥니다. 도형이 선택된 상태에서 도구막대의 [조절]을 누르고, 밝기를 '33'정도로 조절해 이미지를 밝게 보정합니다.

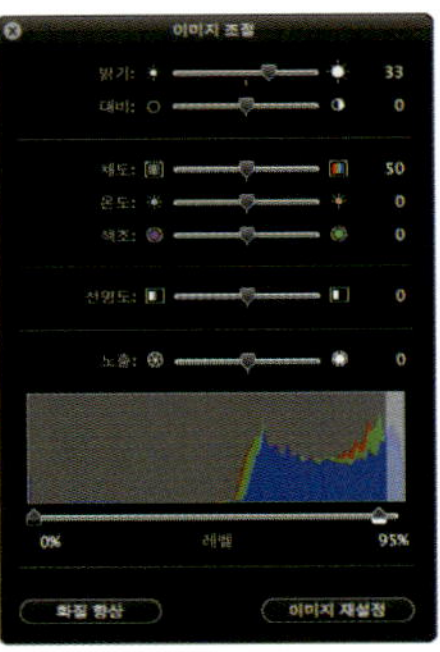
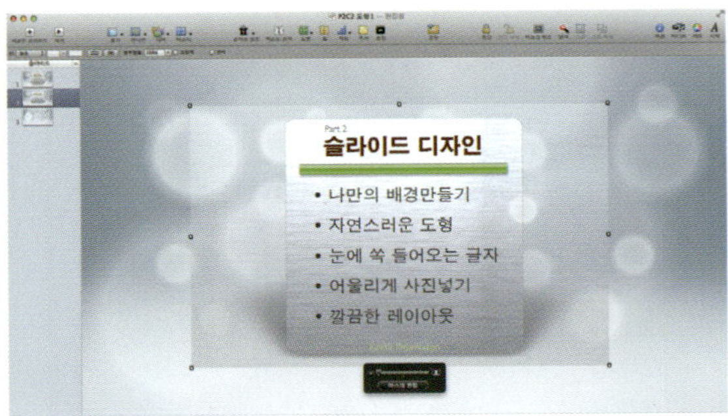

25 금속 질감이 적용된 도형이 완성되었습니다.

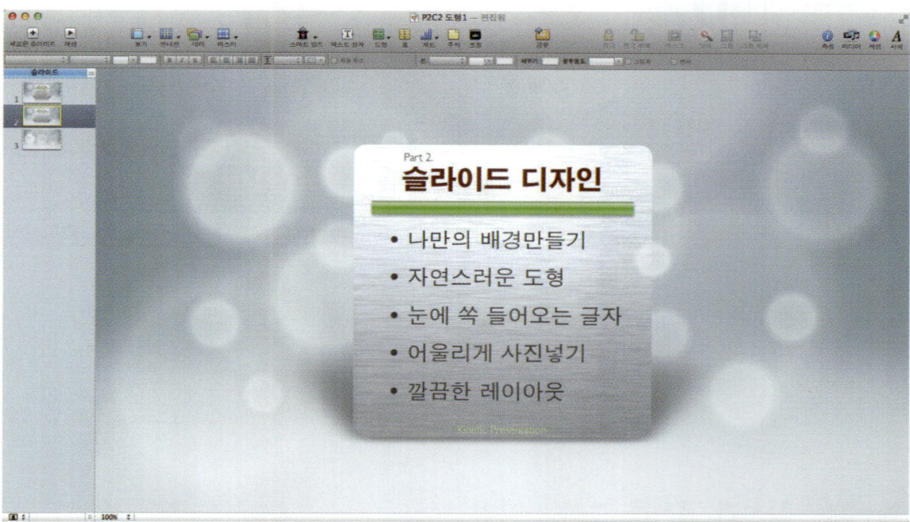

26 도형으로 드래그하여 질감을 적용하는 방법 이외에 속성에서 [이미지 채우기]를 활용하는 방법이 있습니다. [해당 위치에 채우기]를 선택하고, [선택]을 클릭한 후, 원하는 이미지(연두색부직포.jpg)를 선택하면 적용됩니다.

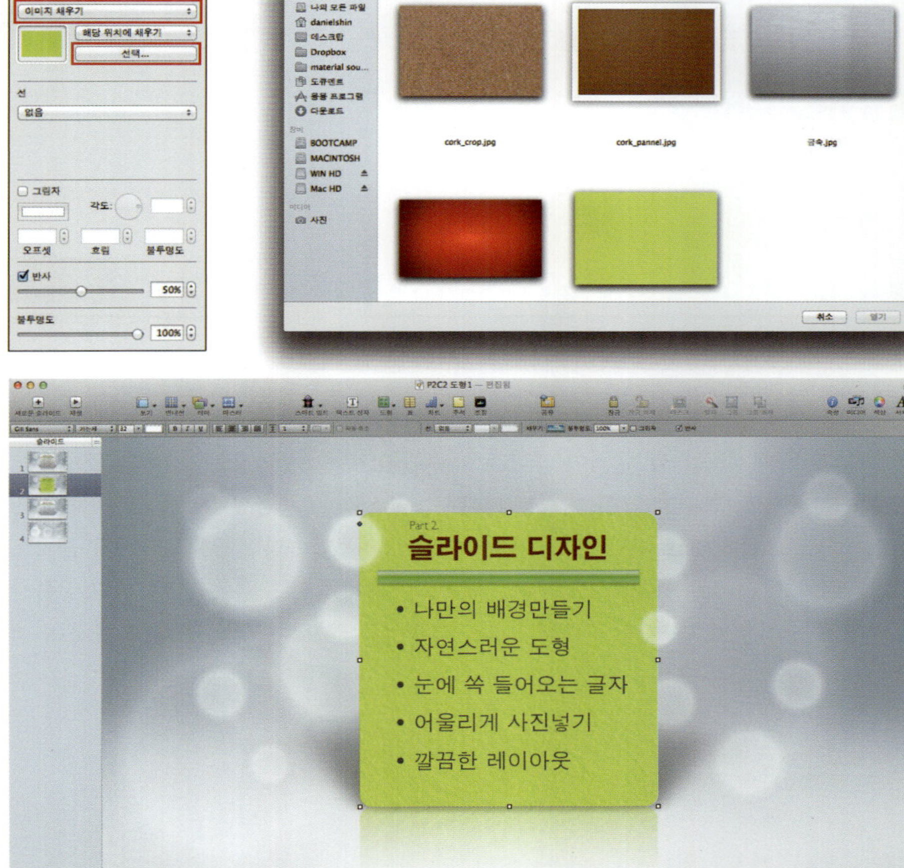

Lesson 02 펜으로 그리기

꼭 필요한데 인터넷에서 찾을 수 없을 땐 직접 그려봅시다.
[도형]의 맨 밑의 펜 모양 아이콘을 선택하면 원하는 도형을 그릴 수 있습니다.

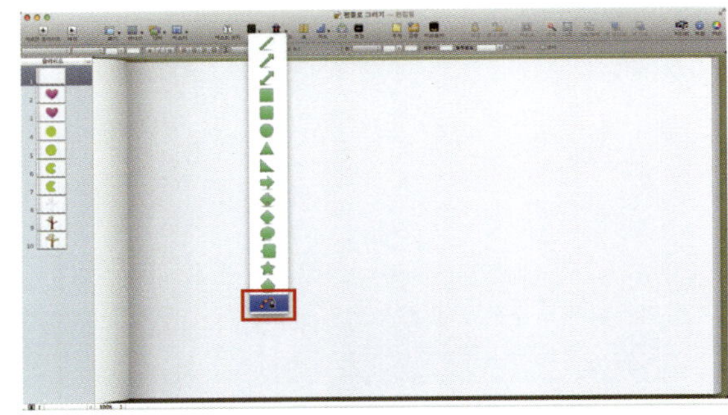

Unit 01 직선과 곡선을 그리는 방법

[도구막대] 〉 [도형] 〉 [펜툴]을 선택하고, 마우스로 클릭하면 직선이 생성됩니다. 클릭 후, 버튼을 누른 상태에서 드래그하면 곡선이 생성됩니다. 곡선 지점에는 직선 지점과 다르게 지점 양편에 핸들이 생기는데 이 핸들을 움직이면 곡선의 곡률이 변합니다. 수정할 때, 곡선 지점을 더블클릭하면 핸들이 사라지면서 직선 지점으로 변합니다.

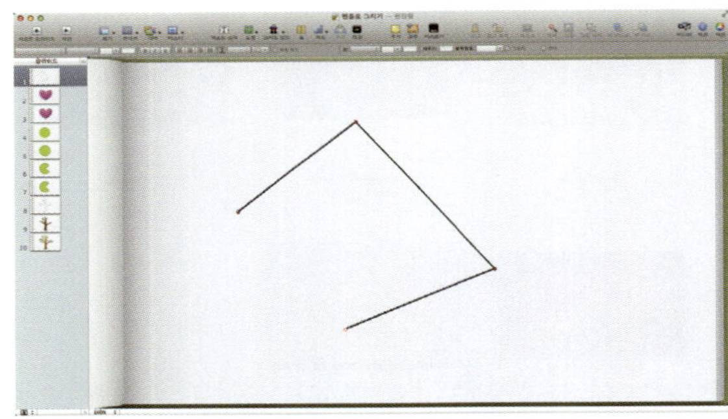

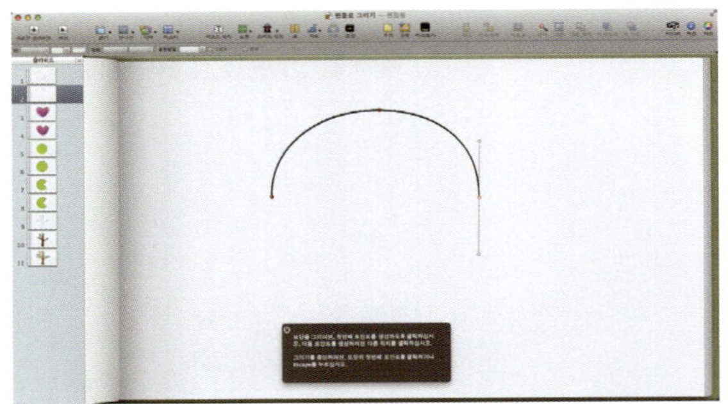

Unit 02 선과 면의 차이점 설명

펜툴로 그릴 때 시작점과 끝점이 만나게 되면 선이 면으로 바뀌게 됩니다. 열린 패스가 닫힌 패스가 되었다고 표현하기도 합니다. 닫힌 패스는 [채우기]로 색상을 채울 수 있습니다.
이러한 방법으로 키노트에서 나무 모양 그림을 그려보았습니다. 물론 단번에 잘 그릴 수는 없습니다. 하지만 몇 번만 연습하면 충분히 그릴 수 있습니다. 왜냐하면 도형을 그린 후 지점을 추가하거나 움직이면서 조금씩 수정해 나아가면 되기 때문입니다. 나무 잎은 하나를 여러 개로 복사하여 만들었습니다.

Section 01 하트 모양 따라 그리기

곡선과 꺾인 선이 함께 있는 기본적인 하트 모양을 그려보며 펜툴의 사용법을 차근차근 배워봅시다.

|학·습·목·표|

기본적인 도형을 그리고 수정하여 원하는 모양으로 완성하는 방법 익히기

• **소스 이미지** : P2C2L5_하트.png

• **연습 키노트** : P2C2L5 펜툴 하트0.key

• **완성 키노트** : P2C2L5 펜툴 하트1.key

01 ‘P2C2L5_하트.png’ 하트 이미지를 불러오고 도구막대에서 [잠금]을 클릭합니다. [잠금]이 적용되면 이미지 주변에 크기를 조절하는 포인트가 ×표로 바뀌면서 움직이지 않게 됩니다.

02 도구막대에서 [도형] 〉 [펜툴]을 선택합니다.

03 첫 번째 지점은 꺾인 곳이므로 클릭을 하고 두 번째 지점은 드래그를 하여 곡선을 만들어 줍니다.

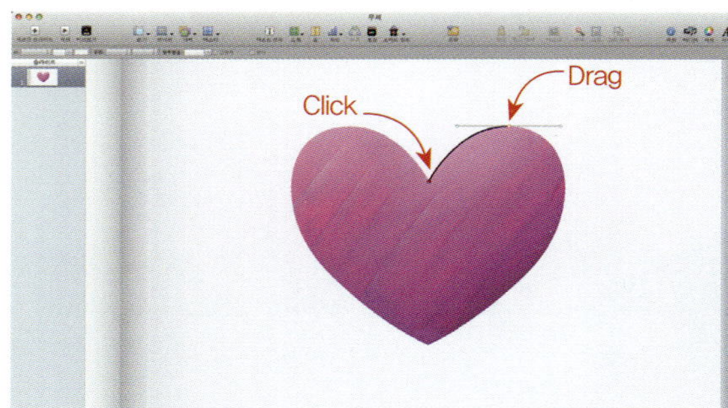

04 세 번째 지점도 곡선이므로 드래그하여 핸들을 길게 만들어 줍니다.

05 네 번째 지점은 꺾인 선이므로 클릭합니다. 혹시 하트 모양과 정확히 일치하지 않더라도 나중에 수정할 수 있으므로 계속 진행합니다.

06 다섯 번째 지점은 곡선이므로 드래그합니다.

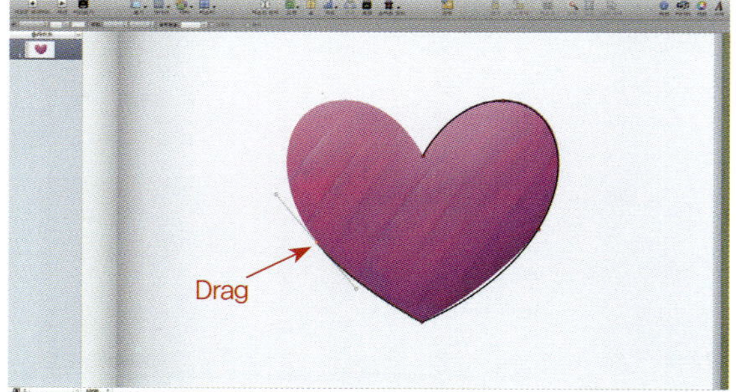

07 여섯 번째 지점은 곡선이므로 드래그합니다.

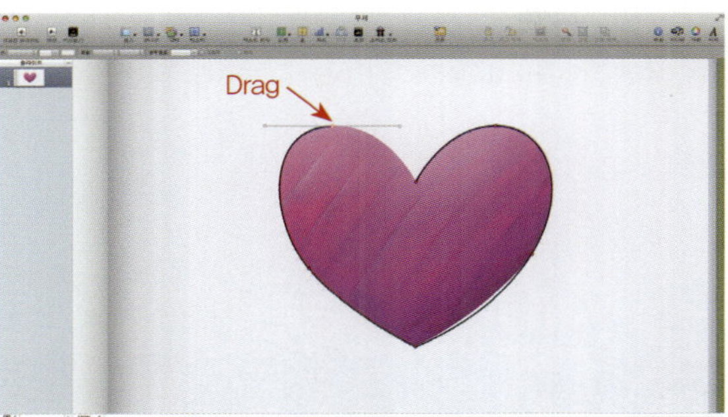

08 마지막 지점과 첫 번째 지점이 만나면 마우스커서의 펜 모양에 작은 동그라미가 보입니다. 이때 클릭합니다. 도형이 완성되었습니다.

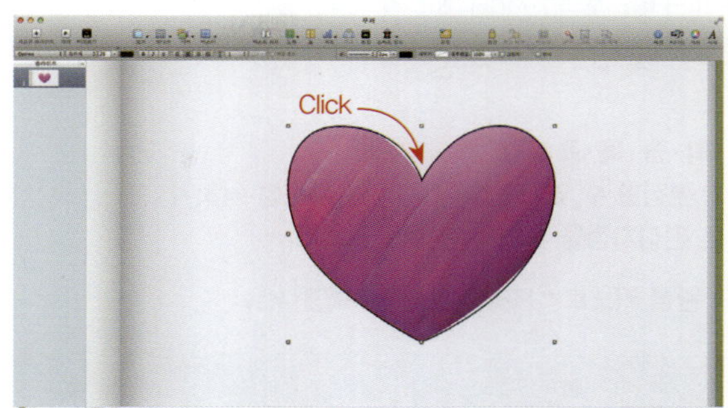

09 선이 잘 보이도록 포맷막대에서 두께를 두껍게 바꾸었습니다.

10 펜툴로 그린 도형이 선택된 상태에서 한번 더 선을 클릭하면 포인트를 수정할 수 있는 상태로 바뀝니다. 자칫 더블클릭이 되면 글자를 입력하는 상태가 되므로 천천히 한번만 클릭합니다.

11 세 번째 지점의 핸들의 길이를 조절하여 하트 모양에 맞게 수정합니다.

12 여섯 번째 포인트의 핸들을 조절하여 하트 모양에 딱 맞게 수정합니다.

Section 02 원을 변형하여 팩맨 모양 그리기

사각형, 둥근 사각형, 화살표 등 기본 도형도 펜툴로 그린 것처럼 포인트를 추가하거나 삭제하여 원하는 모양을 만들 수 있습니다.

|학·습·목·표|
1. 편집할 수 있게 만들기 기능의 사용법 익히기
2. 편집지점을 추가하는 방법 익히기

• 완성 키노트 : P2C2L5-펜툴 팩맨1.key

01 도구막대에서 [도형]을 누르고, 그 중에서 원을 생성합니다.

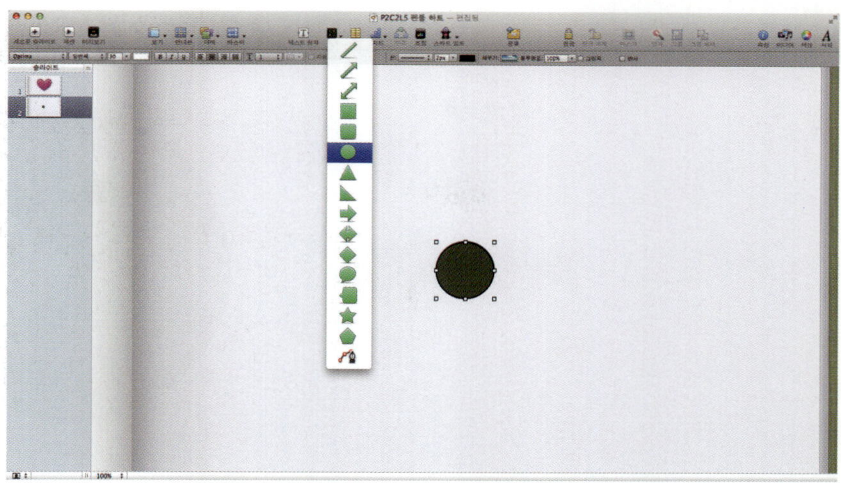

02 원의 크기를 키우고, 메뉴막대의 [포맷] 〉 [도형] 〉 [편집할 수 있게 만들기]를 누릅니다.

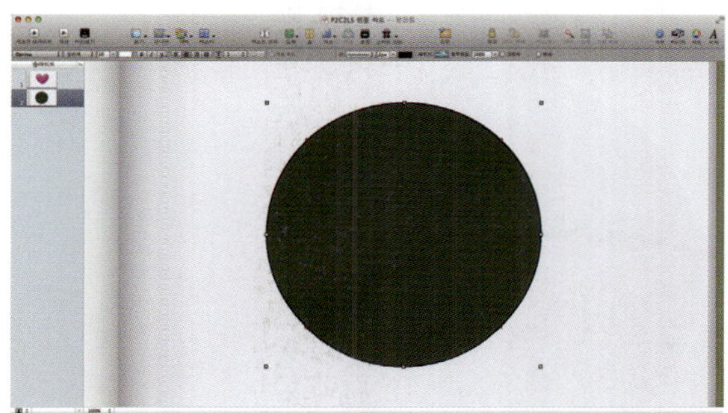

03 빨간 포인트가 생성되면서 도형의 모양을 수정할 수 있는 상태가 되었습니다. 안으로 집어넣을 포인트를 추가로 생성하기 위해 Option 키를 누른 상태에서 원하는 지점을 클릭합니다.

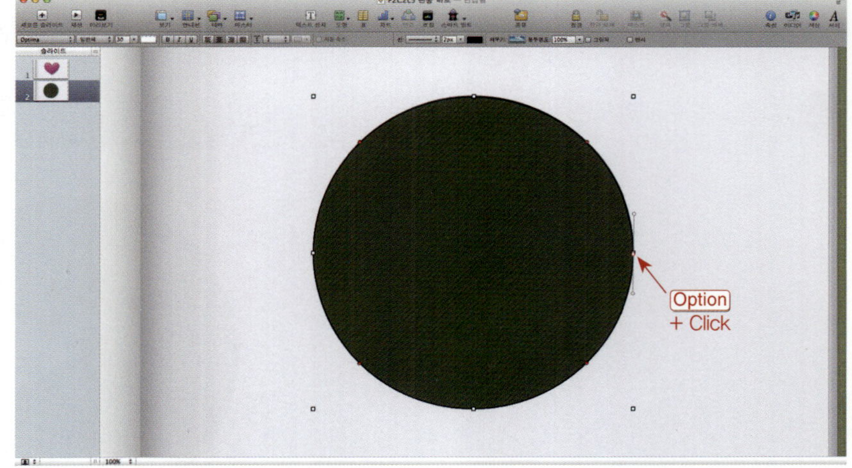

Tip 추가로 포인트를 만들 때 도형의 크기 조절 포인트 때문에 정확한 지점을 클릭할 수 없습니다. 그러므로 약간 빗겨나가 아래 지점에 추가 포인트를 만들도록 합시다.

04 추가로 생성된 포인트의 위치를 움직입니다.

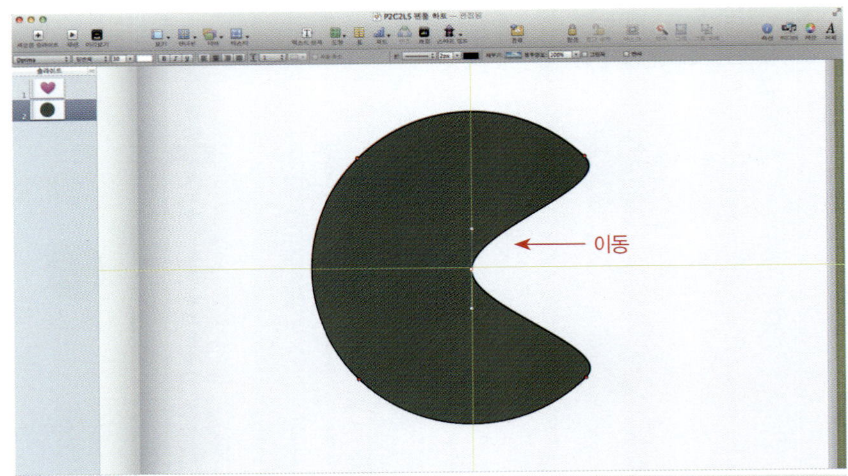

05 움직인 포인트를 더블 클릭하면 핸들이 사라지면서 꺾인 선으로 바뀝니다.

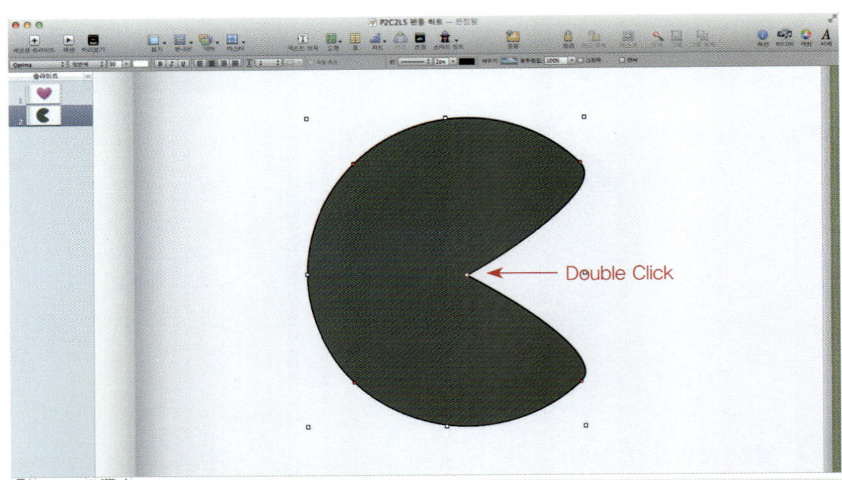

06 다음으로 수정할 포인트를 클릭합니다.

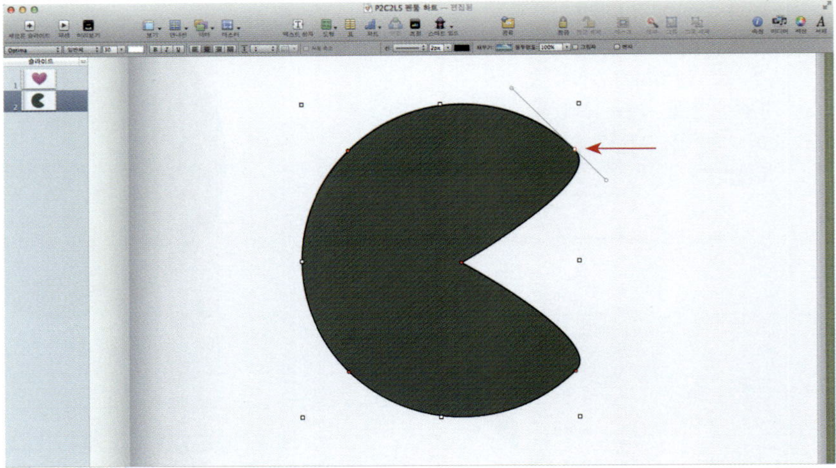

07 포인트의 핸들은 기본적으로 양쪽이 함께 움직이지만 Command 키를 누른 상태에서 움직이면 각각 조절이 가능합니다. 이런 방법으로 한쪽 핸들을 아래로 움직여줍니다.

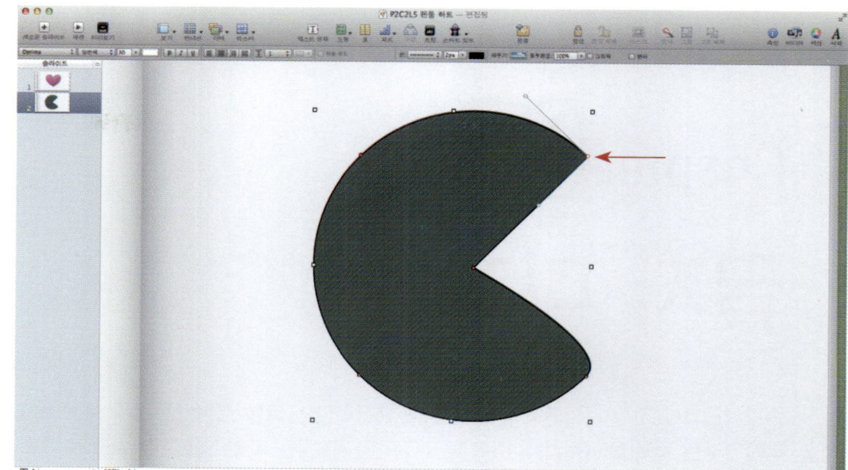

08 나머지 포인트도 동일한 방법으로 수정합니다. 포인트를 기준으로 한쪽은 직선이지만 반대편은 곡선인 포인트가 되었습니다.

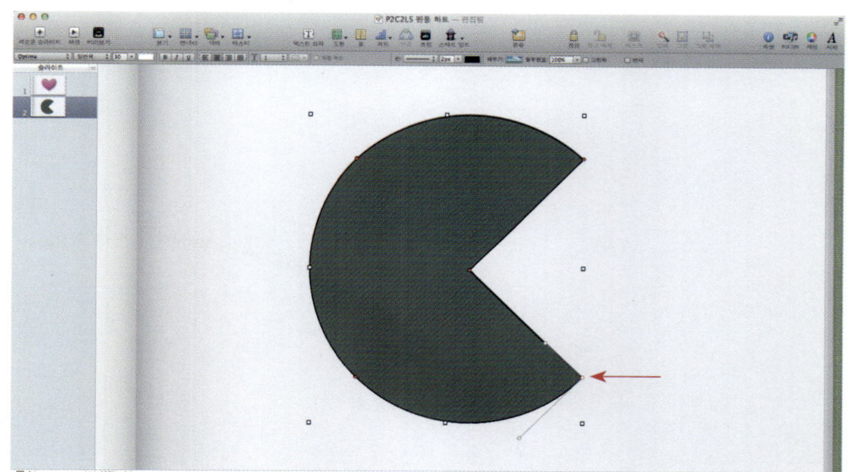

09 하얀 원을 추가하면 완성됩니다.

Chapter 03

글자 디자인

슬라이드의 표지를 만들거나 발표내용 중 핵심적인 단어를 표현하는 경우에 사용되는 글자들은 좀더 세련되게 디자인하는 것이 효과적입니다. 이 때 가장 중요한 것은 자연스럽고 잘 읽을 수 있도록 디자인해야 한다는 것입니다. 배경으로 삽입한 그림이나 사진과 어울리게 디자인하거나 글자의 명도와 채도를 고려하여 시인성을 높여주는 것이 좋습니다.

Lesson 01 그림처럼 보이는 글자 만들기

서체 선택을 잘하면 특별히 그림을 그리지 않아도 충분히 멋있는 슬라이드를 디자인할 수 있습니다. 크기와 각도의 변화가 있는 슬라이드를 구성해봅시다.

|학·습·목·표|
여러 개의 텍스트 상자를 만들어 다양한 크기의 텍스트로 화면을 구성하는 방법 익히기

• 소스 이미지 : chessboard_c.jpg / label.png / snowF1~3.png

• 연습 키노트 : P2C3L1-성탄절0.key

• 완성 키노트 : P2C3L1-성탄절1.key

01 배경이 삽입된 연습용 키노트 파일 'P2C3L1-성탄절0.key'을 엽니다.

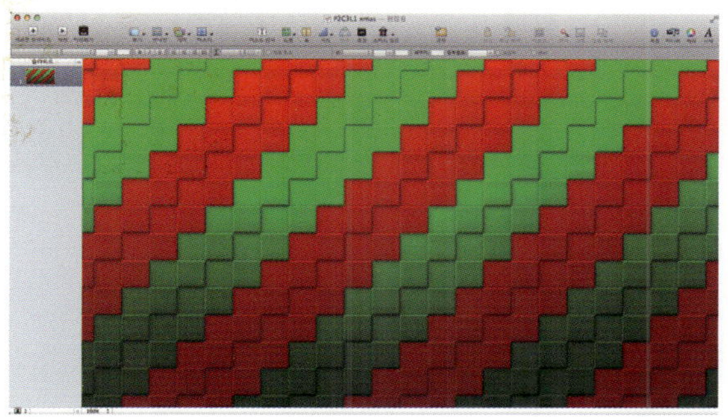

02 도구막대에서 내용을 입력할 [텍스트상자]를 만듭니다.

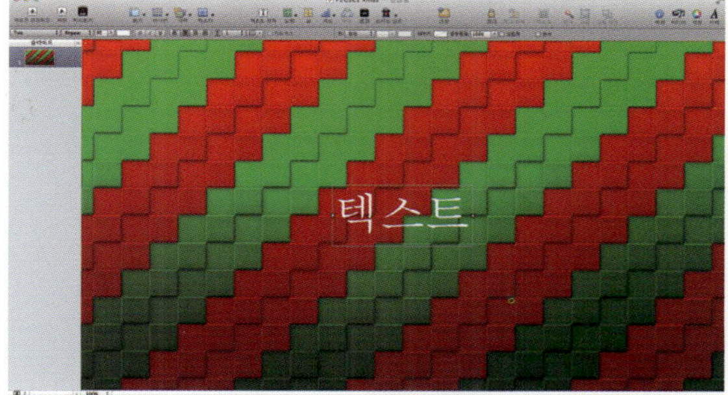

03 글자를 입력하고 독특한 서체를 선택합니다. 참고로 필자는 예제에서 'Rosewood STD'를 선택하였습니다.

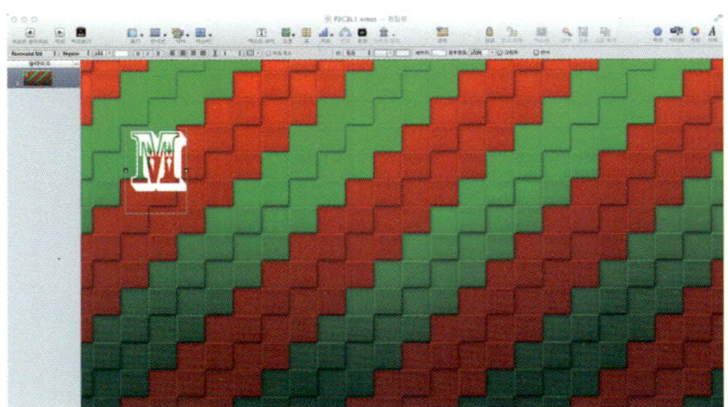

04 옵션을 누르고 개체를 움직여 텍스트 상자를 여러 개 복사합니다. 대상체를 여러 번 복사할 수 있는 또 다른 방법이 있습니다. 복사하길 원하는 개체를 선택하고 Command+D 키를 누릅니다.

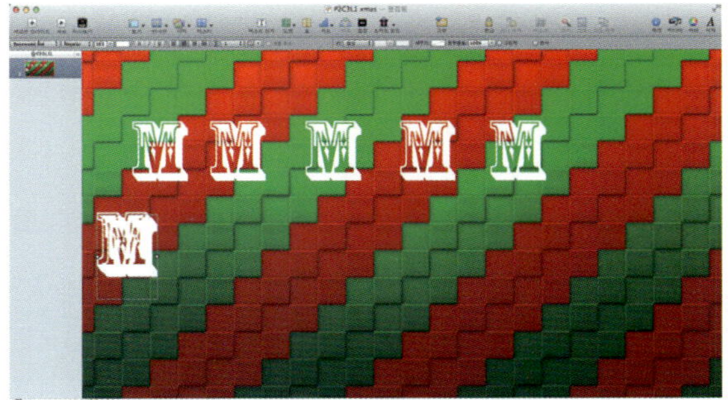

05 추가로 복사된 개체를 원하는 만큼 움직입니다. (※ 개체를 움직이는 각도와 거리가 자동으로 키노트에 저장됩니다.)

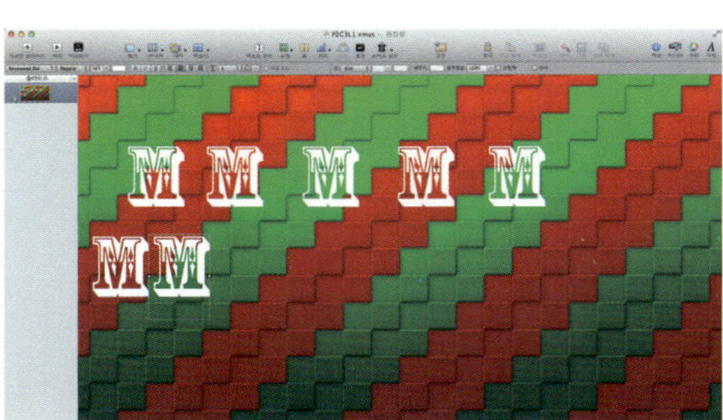

06 복사된 개체가 선택되어 있는 상태에서 다시 Command+D 키를 누르면 방금 움직인 간격과 동일한 간격으로 계속해서 복사됩니다.

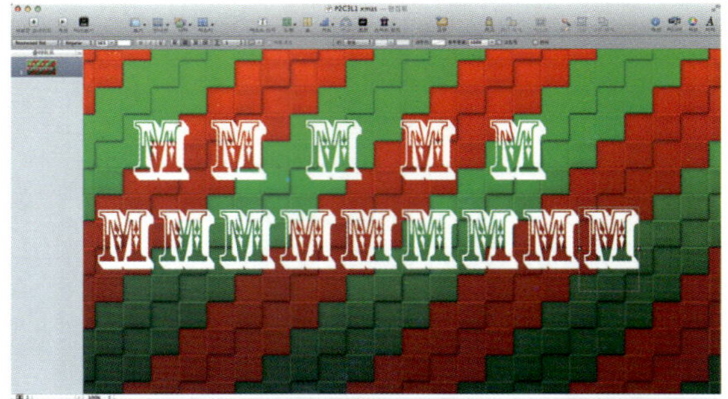

07 텍스트 상자의 내용을 각각 'MERRY CHRISTMAS'로 바꾸었습니다.

08 글자의 크기와 위치를 다양하게 바꿔줍니다.

09 각 글자를 회전시킵니다. Command 키를 누른 상태에서 크기 조절 포인트를 움직이면 간편하게 각도를 바꿀 수 있습니다.

10 [흐림] 값을 비교적 높게(15px) 하여 그림자 효과를 적용시킵니다.

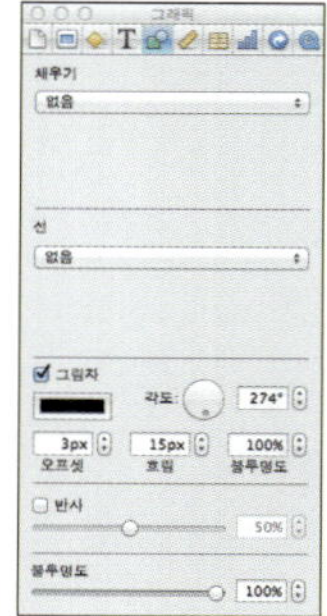

11 'snowF1~3.png' 눈꽃 이미지를 삽입하고 여러 개로 복사하여 위치시킵니다. 다양한 크기로 변화를 주면 더욱 좋습니다.

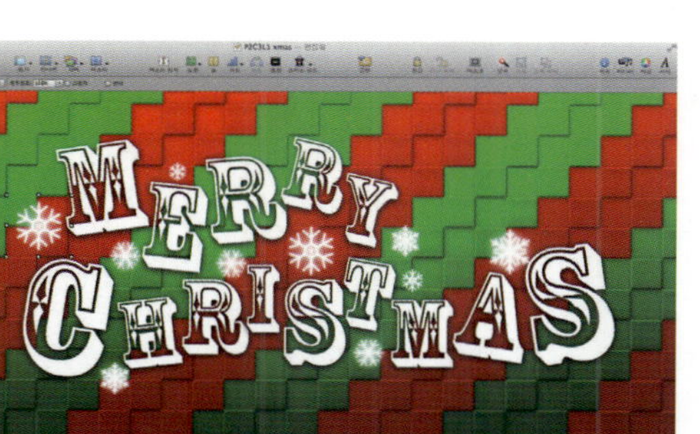

12 'label.png' 포스트잇 이미지를 삽입합니다. 텍스트 상자를 만들어 '축성탄'이라고 입력하면 완성됩니다.

Lesson **02** 리얼한 음각 글자

슬라이드에 삽입되는 개체들은 최대한 실제와 가깝게 디자인하는 것이 신뢰감을 높이는데 도움이 됩니다. 따라서 음각으로 새겨진 글자를 표현하여 현실감이 들도록 하는 방법을 배워봅시다.

|학·습·목·표|
그림자 효과를 응용하여 음각으로 조각된 글자를 만드는 방법 익히기

• **소스 이미지** : keyb2B.png

• **연습 키노트** : P2C3L2–음각글자0.key

• **완성 키노트** : P2C3L2–음각글자1.key

01 빈 슬라이드를 준비합니다. 혹은 연습용 키노트 파일 'P2C3L2–음각글자0.key'을 불러옵니다.

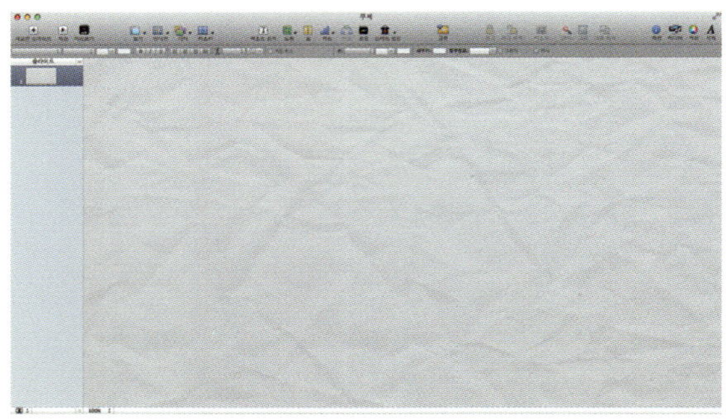

02 도구막대에서 텍스트 상자를 여러 개 만들고, 다음과 같이 글자를 입력합니다.

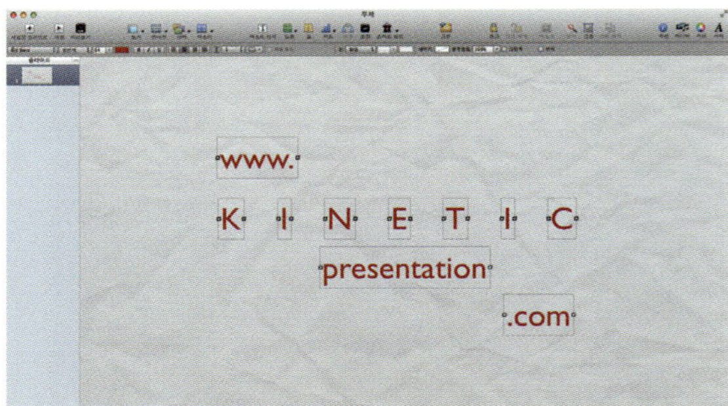

03 K 텍스트를 선택하고, 포맷막대에서 글자색을 하얀색으로 바꾼 뒤, 그림자를 적용시킵니다.

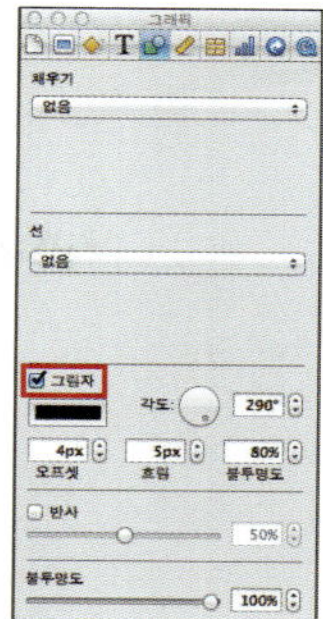

04 속성에서 그림자의 [각도]를 '130°'로 맞춥니다. [오프셋]과 [흐림]의 값을 '2~3'으로 맞추고, [불투명도]를 '70%'로 조절합니다. 글자가 살짝 안으로 들어간 느낌이 듭니다.

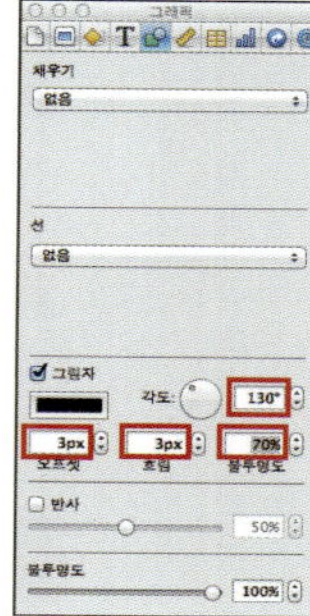

05 K 텍스트를 더블클릭하고 속성을 확인하면 그림자가 꺼져 있는 것을 알 수 있습니다. 그림자를 체크하고, 색상을 하얀색으로 바꾼 뒤 [각도]를 '300°'로 조절합니다.

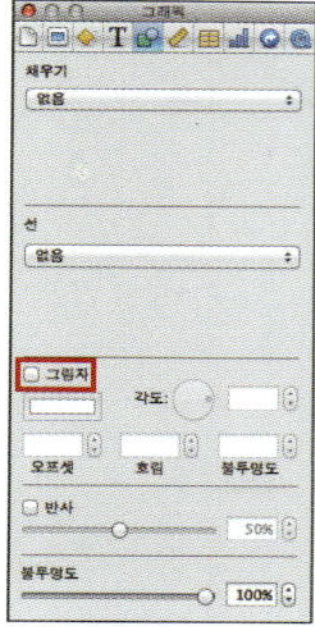

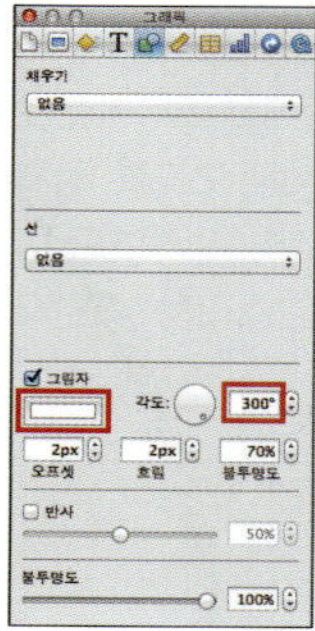

06 음각 글자를 선택하고, 메뉴막대에서 [포맷] 〉 [스타일 복사](Option + Command+C)를 선택합니다.

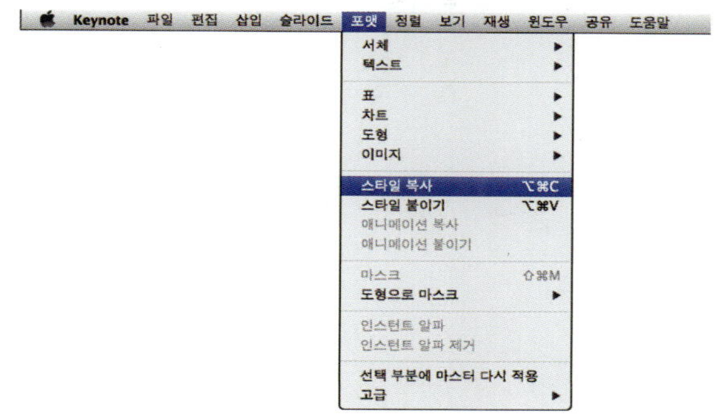

07 나머지 글자를 선택하고, [스타일 붙이기]를 합니다. 그러면 글자색과 그림자 스타일이 전부 동일해집니다. 단축키는 Option + Command + V 키입니다.

08 키보드 이미지 소스 'keyb2B.png'를 삽입하고, 크기를 적당히 줄여줍니다.

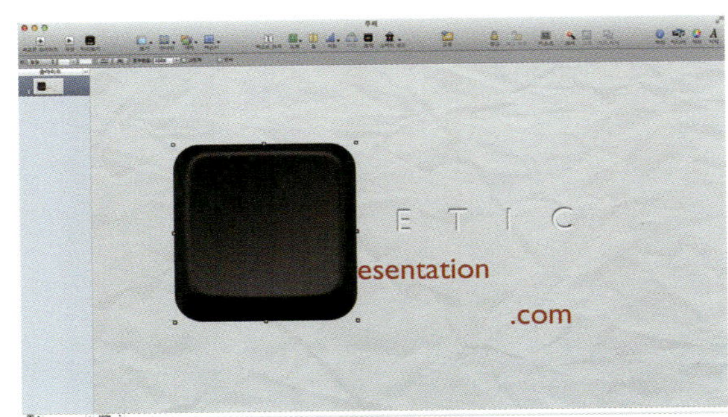

09 추가로 6개를 복사한 후, 마우스 오른쪽 버튼을 누른 다음 [맨 뒤로 보내기]를 선택합니다.

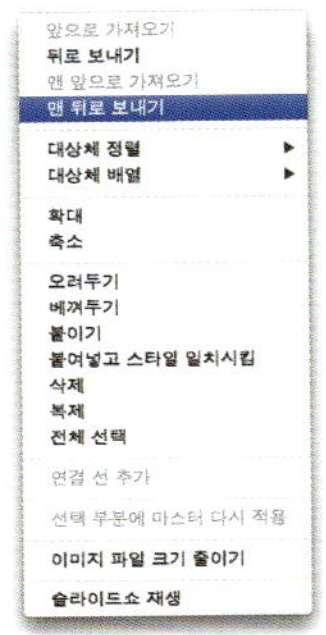

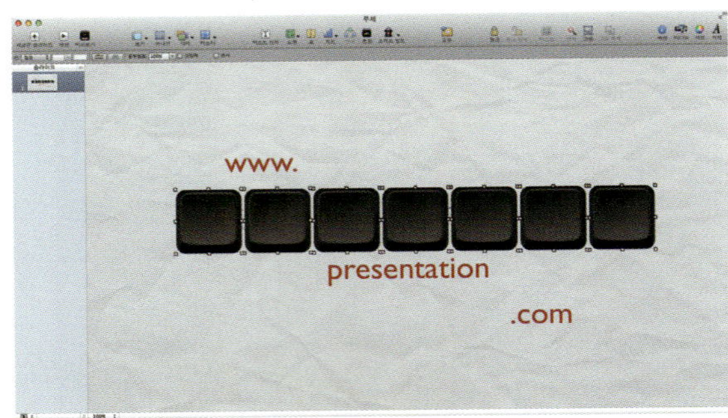

10 KINETIC이란 각 글자를 키보드 이미지 소스 중앙에 오도록 위치를 조정합니다. 그리고 키보드 이미지 소스에 자연스러운 그림자를 적용합니다.

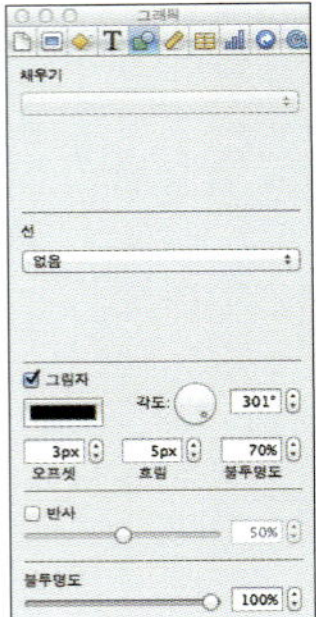

11 나머지 글자의 위치와 크기를 조절하면 완성됩니다.

Tip 하나의 도형에는 두 가지 그림자를 적용시킬 수 있습니다. 첫 번째는 그림자는 도형 안에 입력된 글자에 그림자를 적용시키는 것이고, 두 번째는 도형 자체에 그림자를 적용시키는 것입니다. 따라서 채우기 색상이 투명인 텍스트 상자는 이번 사례와 같이 글자에 두 번 그림자를 적용하는 것과 같은 효과가 나타납니다.

참고 키노트 : 두번그림자원리.key

01 하나의 도형을 생성하고 더블클릭하여 내용을 입력합니다.

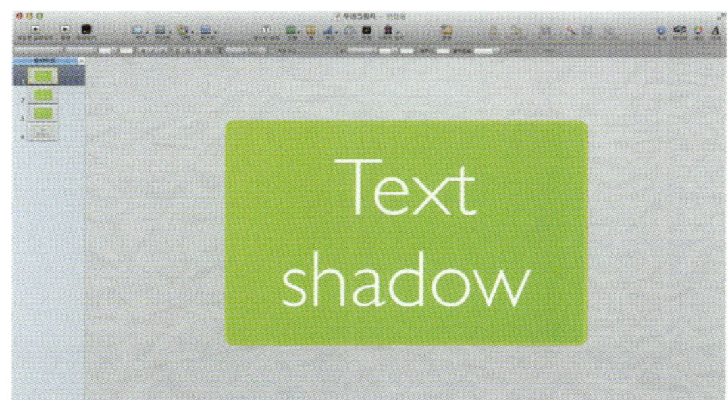

02 속성이나 포맷막대를 사용하여 글자에 그림자를 적용합니다.

03 도형에 그림자를 적용합니다.

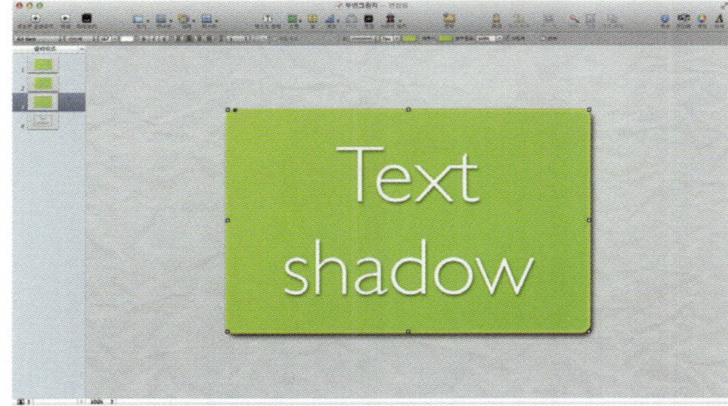

04 채우기 색상을 투명으로 바꾸면 글자에 두 가지 그림자가 겹쳐서 진하게 표현됩니다.

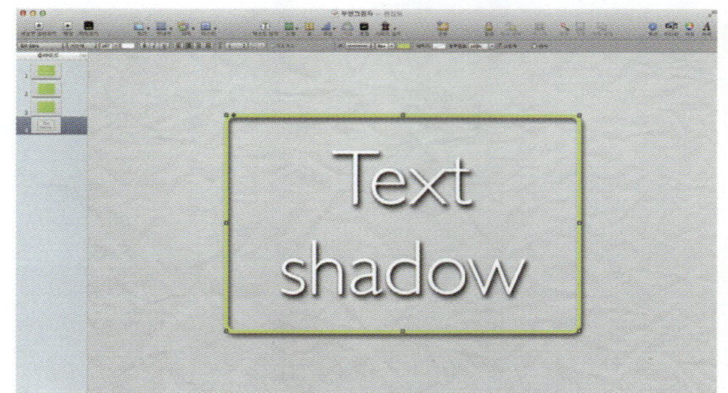

Lesson 03 야경과 어울리는 빛나는 글자

슬라이드의 표지를 만들 때 사진을 사용하는 경우가 많이 있습니다. 배경으로 어두운 사진을 사용하는 경우 어울리도록 밝게 빛나는 글자를 사용하면 인상적인 표지를 만들 수 있습니다.

|학·습·목·표|
그림자 효과를 응용하여 빛나는 글자를 만드는 방법 익히기

- **소스 이미지** : P2C3_2655.jpg

- **연습 키노트** : P2C3L3-네온사인0.key

- **완성 키노트** : P2C3L3-네온사인1.key

01 검은색 테마의 [빈 페이지] 슬라이드를 준비합니다.

02 야간에 촬영한 이미지를 삽입하고 화면에 가득 차게 합니다. 혹은 마스터 슬라이드에 넣으면 작업에 방해되지 않아 더욱 편리합니다.

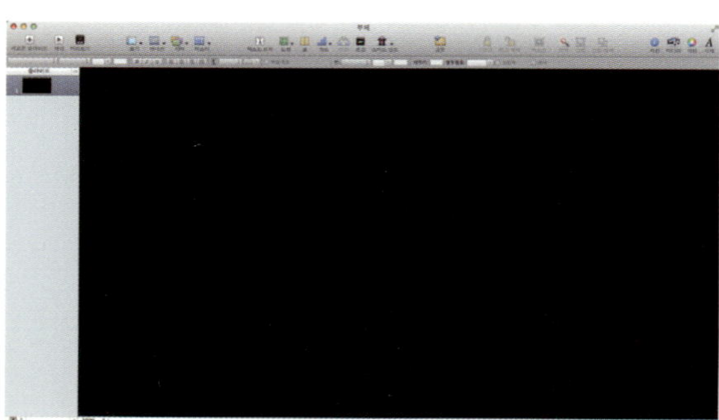

03 원색 느낌의 글자를 입력합니다. 정확한 색상을 위해 색상 팔레트에서 '빨간색 : 75', '초록색 : 255', '파란색 : 120' 값을 입력하여 연두색 글자를 설정하였고, '빨간색 : 0', '초록색 : 255', '파란색 : 255' 값을 입력하여 하늘색 글자를 설정하였습니다.

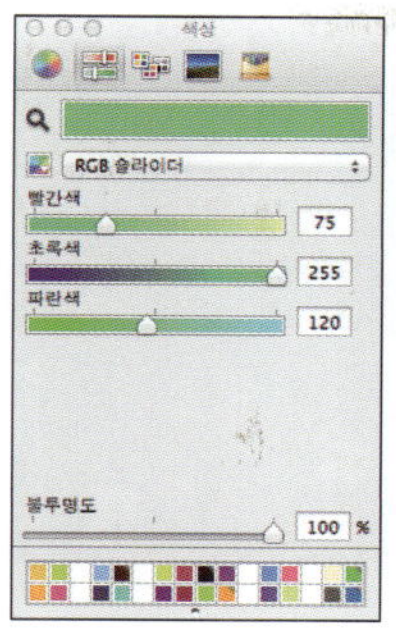
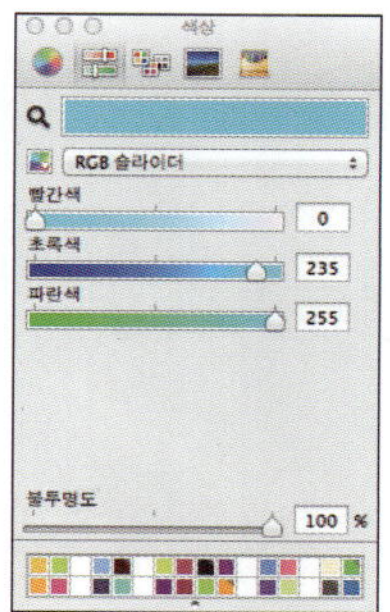

04 연두색 글자를 선택하고, 속성에서 그림자를 적용합니다. 그리고 [오프셋] : '0px', [흐림] : '30px', [불투명도] : '100%'로 조절합니다. 그리고 그림자의 색상을 글자색과 비슷한 색상(빨간색 : 75, 초록색 : 255, 파란색 : 120)으로 맞춥니다.

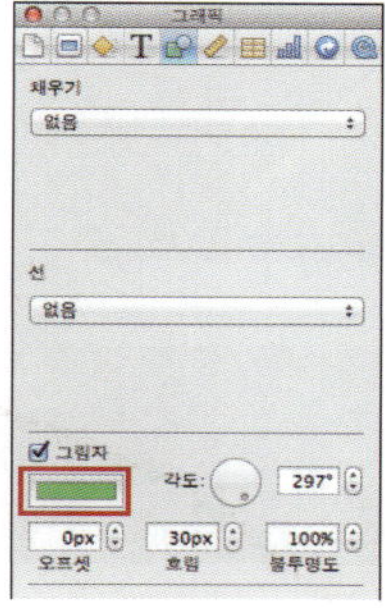
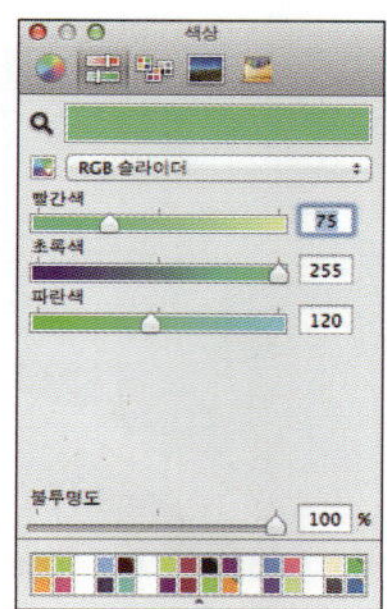

05 하늘색 글자를 선택하고 속성에서 그림자를 동일하게 적용합니다. 그림자의 색상을 글자의 색상보다 약간 짙은 색상(빨간색 : 0, 초록색 : 170, 파란색 : 255)으로 맞춥니다.

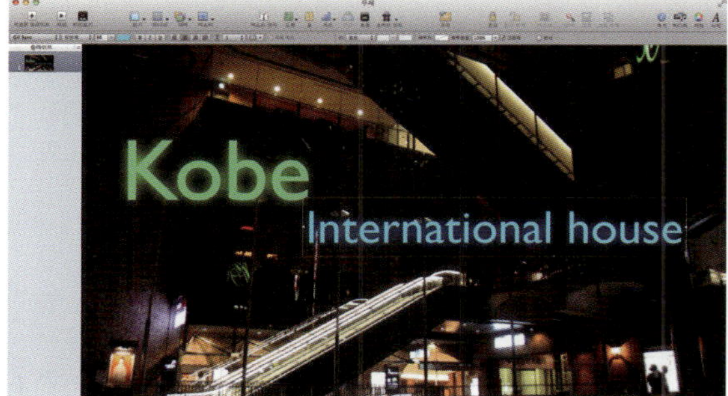

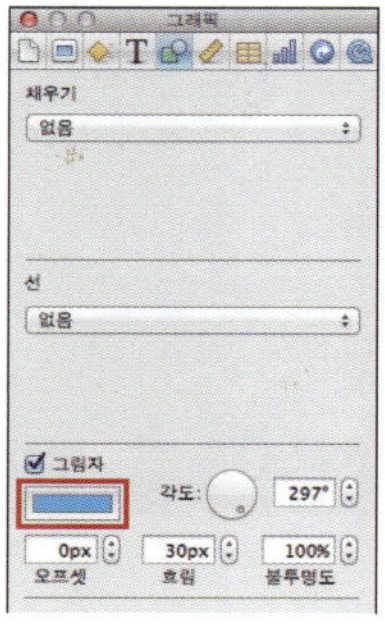
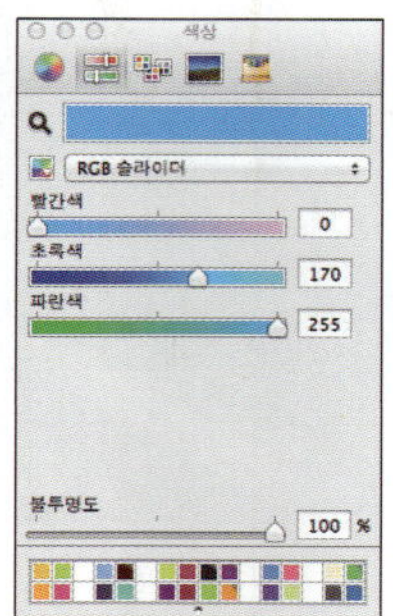

06 연두색 글자를 더블클릭하거나 드래그하여 전체를 선택합니다. 그리고 속성에서 다시 그림자를 적용합니다. 그림자 색상을 이전보다 약간 밝은 색(빨간색 : 185, 초록색 : 255, 파란색 : 0)으로 조절합니다. [흐림] 값은 '10px'로 조절합니다.

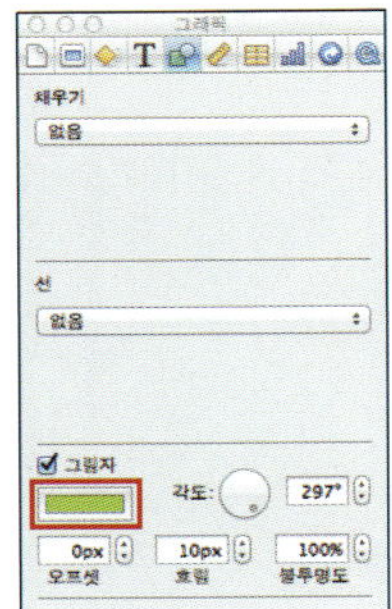
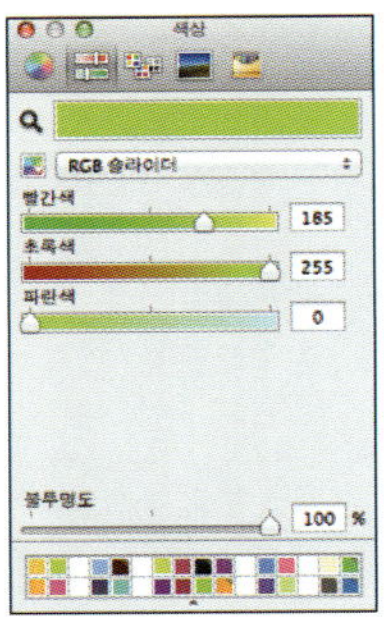

07 하늘색 글자도 드래그하여 전체를 선택합니다. 속성에서 약간 밝은 그림자 색상(빨간색 : 105, 초록색 : 255, 파란색 : 255)을 적용시켜줍니다. [흐림] 값은 '10px'로 조절합니다.

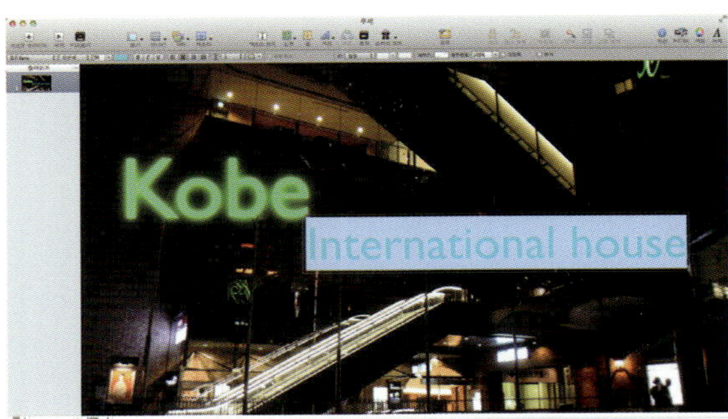
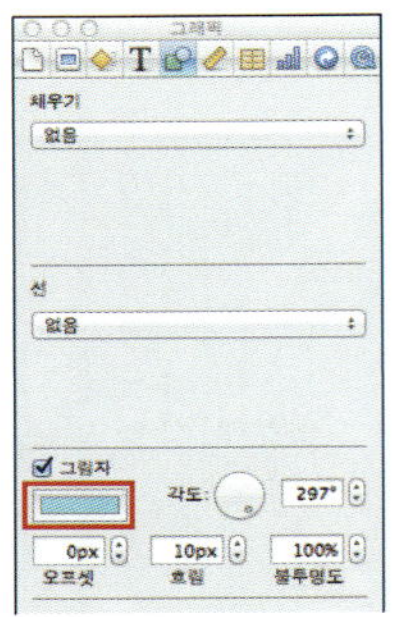
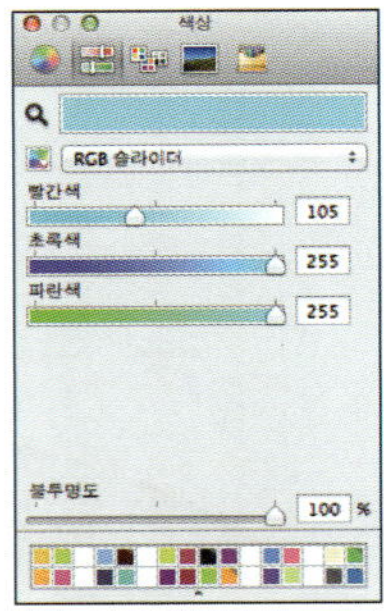

08 야경사진 위에 밝게 빛나는 글자가 완성되었습니다.

> ### Tip · 흐림 값과 색상의 변화에 대하여
>
> 그림자의 흐림 값과 색상에 대하여 이번 사례는 그래픽 프로그램의 Glow 기능과 비슷한 효과입니다.
>
> 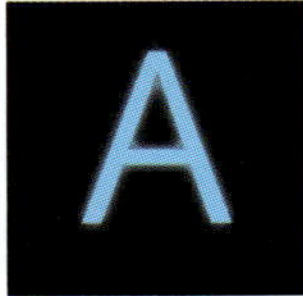
>
> 키노트 속성에서 그림자의 흐림 값을 낮춰주면 발광체 주변의 밝은 빛을 표현할 수 있습니다. 대상체와 비슷하게 채도와 밝기가 높은 색상이 자연스럽습니다.
>
> 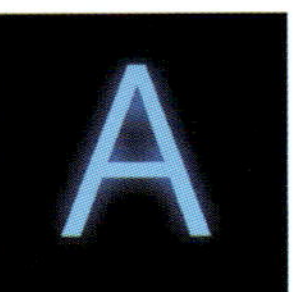
>
> 키노트 속성에서 그림자의 흐림 값을 높여주면 넓게 퍼진 빛을 표현할 수 있습니다. 대상체 보다 약간 어둡고 채도가 낮은 색상이 자연스럽습니다.
>
> 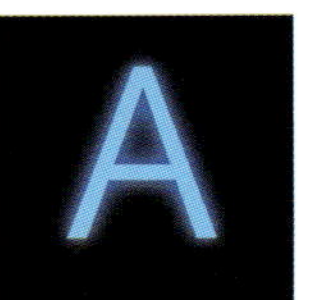
>
> 위의 두 가지 효과를 함께 사용하면 좀 더 자연스럽게 빛나는 효과를 얻을 수 있습니다.

Lesson **04** 광택 있는 글자 만들기

WWDC 발표 때 종종 광택 있는 글자가 사용됩니다. 그래픽 프로그램을 사용하지 않고 글자에 광택이 느껴지도록 하는 방법을 배워봅시다.

|학·습·목·표|
투명한 그라데이션과 알파 기능을 응용하는 방법 익히기

- **소스 이미지 :** chessboard.png / 선반.png
- **연습 키노트 :** P2C3L4-광택글자0.key
- **완성 키노트 :** P2C3L4-광택글자1key

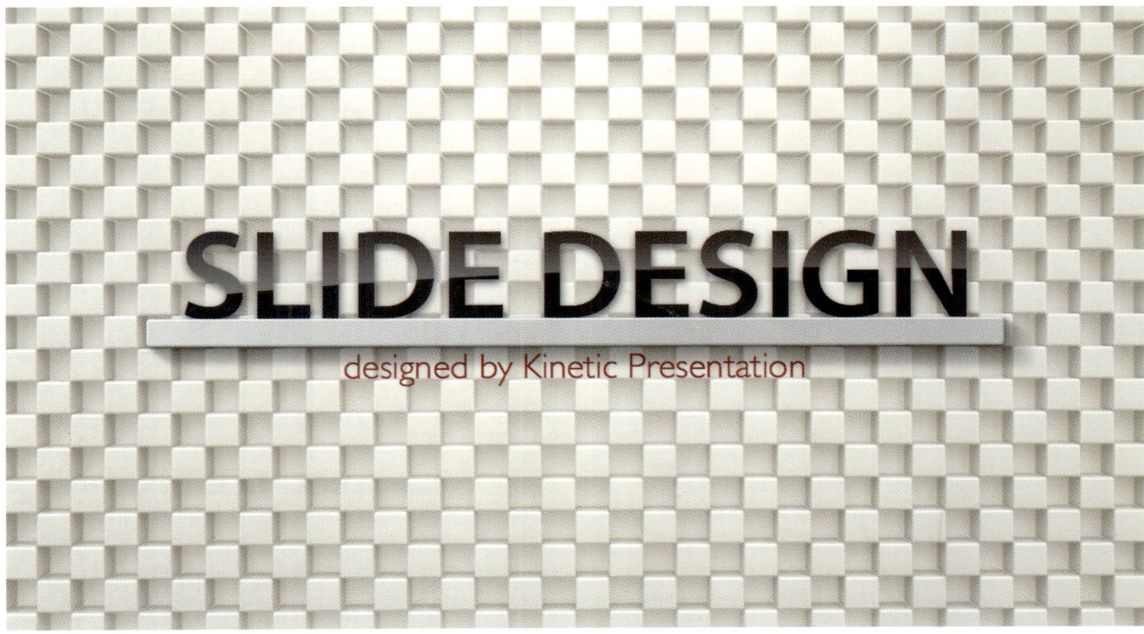

01 배경이 삽입된 연습 키노트 'P2C3L4-광택글자0.key'를 불러옵니다.

02 검은색에 가까운 짙은 회색 글자를 입력합니다. 되도록 얇은 서체보다는 두꺼운 서체를 선택합니다. 필자는 'Myriad Pro-Semibold'를 사용하였습니다.

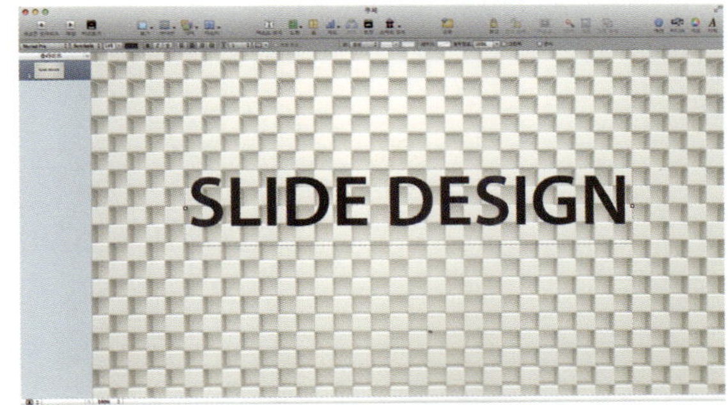

03 도구막대에서 [도형] 〉 [펜툴]을 선택합니다.

04 펜툴을 사용하여 다음과 같은 모양을 그립니다.
(※ p.124 펜으로 그리기 참조)

05 속성에서 [그라디언트 채우기]를 선택합니다.

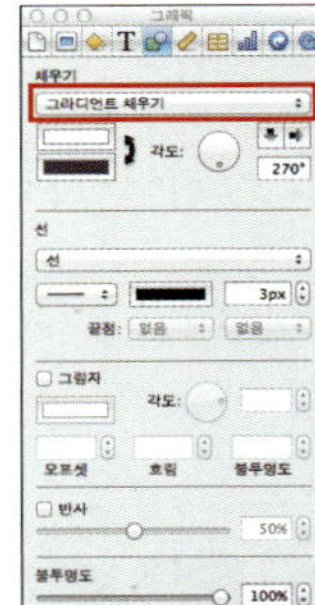

06 2가지 그라이언트 색상을 모두 하얀색으로 맞춥니다.

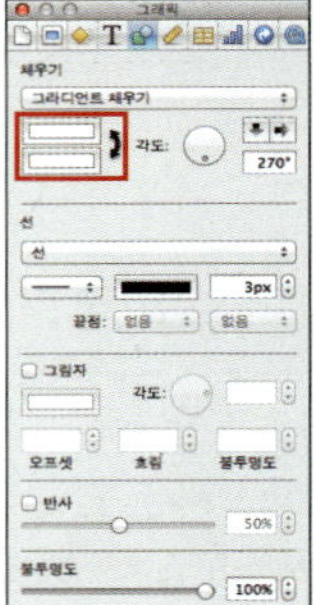

07 첫 번째 색상은 불투명도를 '10%'로 낮추고,(※ p.120 참고) 두 번째 색상은 '80%'로 낮춥니다. 그리고 테두리 선은 없애줍니다.

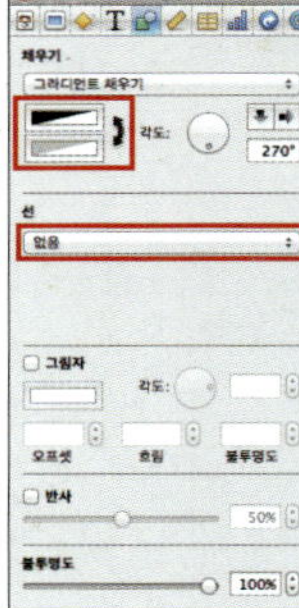

08 새로운 슬라이드(Shift + Command + N)의 배경을 하얀색([속성] 〉 [모양새] 〉 [배경])으로 바꾸고, 펜툴로 그린 도형과 글자를 복사해 옵니다.

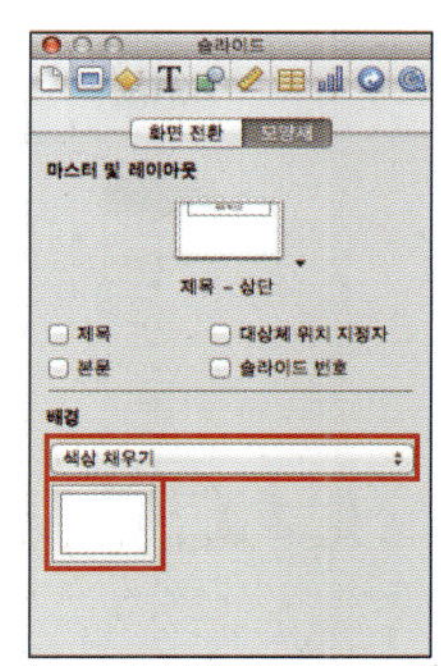

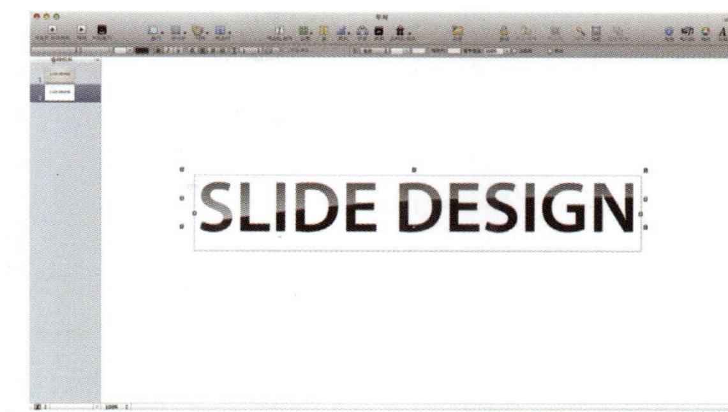

09 메뉴막대에서 [공유] 〉 [보내기]를 선택하고, 현재 슬라이드만 이미지로 변환시킵니다. 그러면 지정한 위치에 현재 슬라이드가 그림으로 생성되어 있습니다.

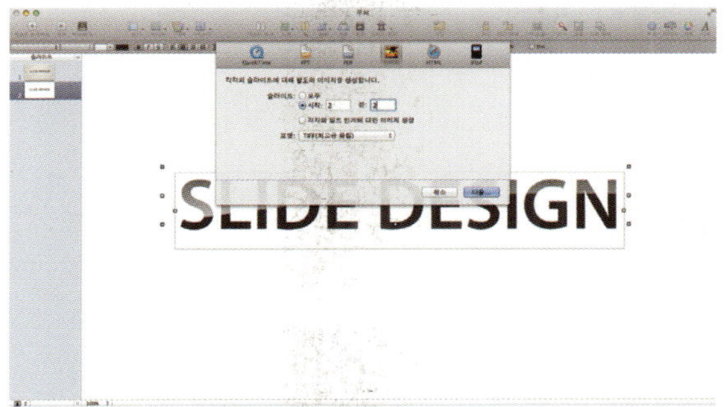

▲ 생성된 이미지

10 첫 번째 슬라이드의 글자는 지우고, 방금 변환한 그림을 드래그하여 삽입합니다.

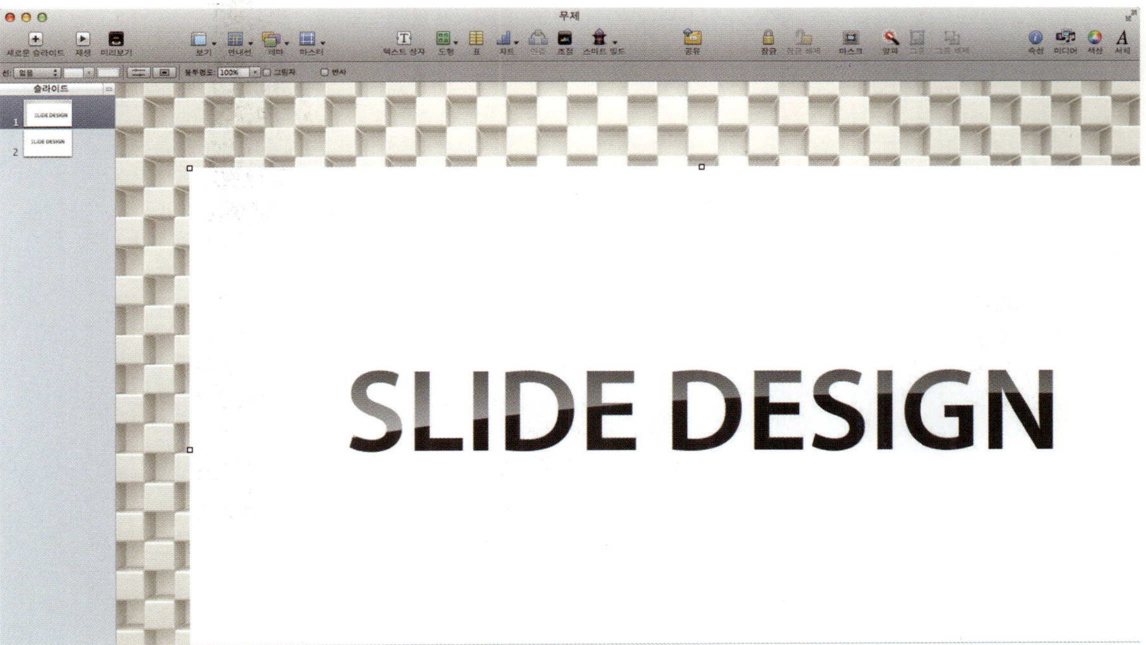

11 알파 기능으로 하얀색 배경을 지웁니다. 알파벳 D와 같이 배경과 독립된 글자 안쪽 하얀 부분도 추가로 드래그하여 지웁니다.

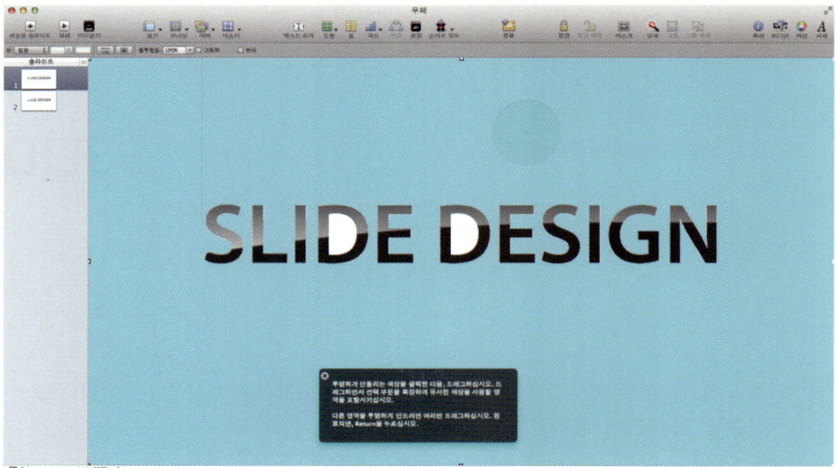

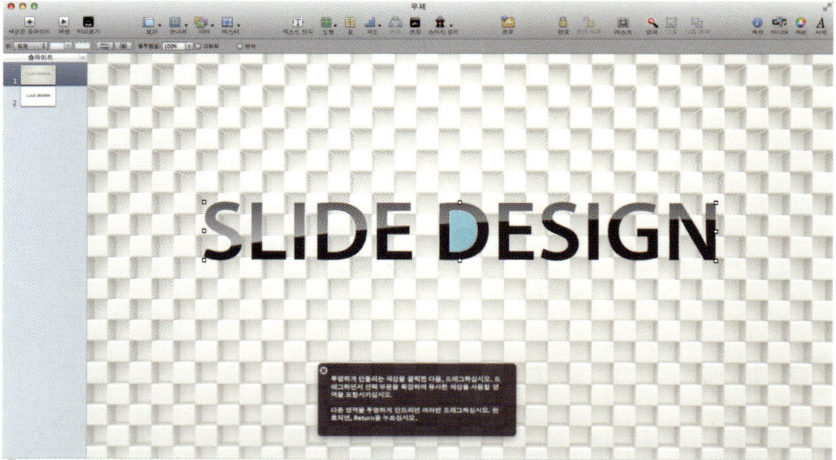

12 '선반.png' 이미지 소스를 추가하면 슬라이드가 완성됩니다.

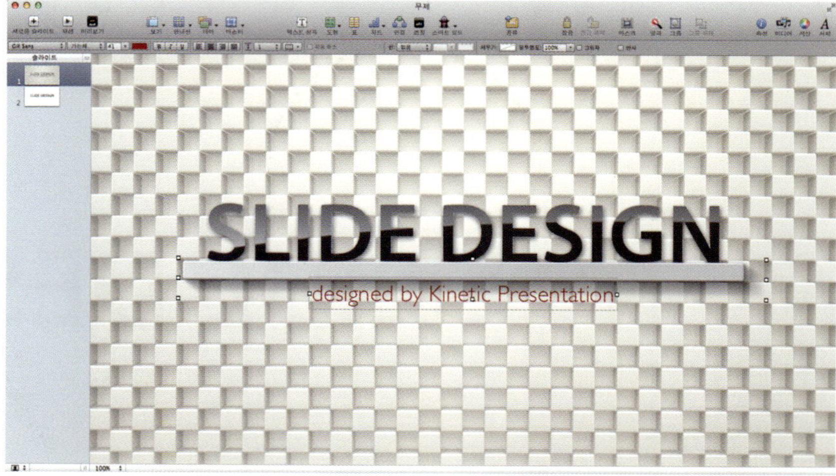

Lesson 05 분위기 있게 사진과 겹치는 글자

사진 위에 글자가 겹쳐지는 경우 가독성이 떨어지는 경우가 있습니다. 이때 은은한 배경을 사용하여 사진과 글자가 모두 잘 보이도록 만드는 방법을 배워봅시다.

|학·습·목·표|
사진에 겹쳐지도록 투명한 그라데이션을 응용하는 방법 익히기

- **소스 이미지** : P2C3L5_6663.jpg

- **연습 키노트** : P2C3L5-사진위에글자0.key

- **완성 키노트** : P2C3L5-사진위에글자1.key

01 배경이 삽입되어 있는 연습 키노트 파일 'P2C3L5-사진위에글자0.key'를 불러옵니다.

02 텍스트 상자를 이용하여 내용을 입력하고, 크기와 색상을 조절합니다.

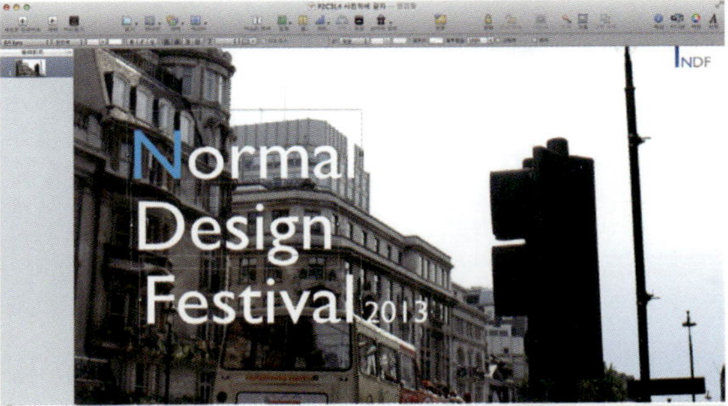

03 포맷막대에서 글자에 그림자를 적용합니다.

04 도구막대에서 사각 도형을 선택합니다.

05 검은색 도형을 만들고, 마우스 오른쪽 버튼을 누른 후, 글자 뒤로 보내줍니다.

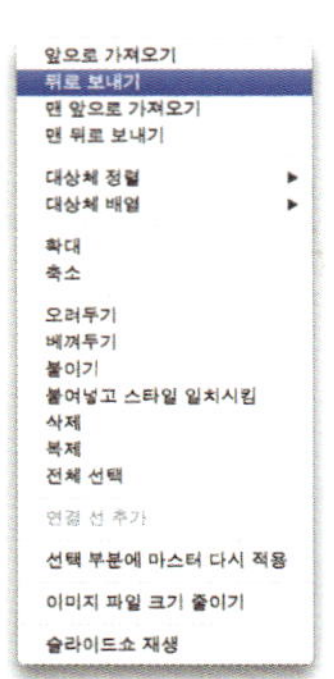

06 [그라디언트 채우기]를 선택하고, 첫 번째 검은색은 [불투명도]를 '50%'로 낮추고, 두 번째 검은색은 [불투명도]를 '0%'로 낮춥니다. 그리고 그라디언트 각도를 가로로 바꿉니다. 가독성도 높고, 배경사진도 잘 보이는 슬라이드가 완성되었습니다.

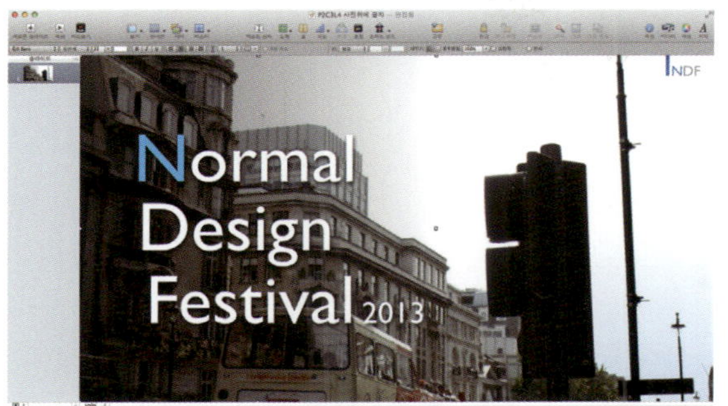

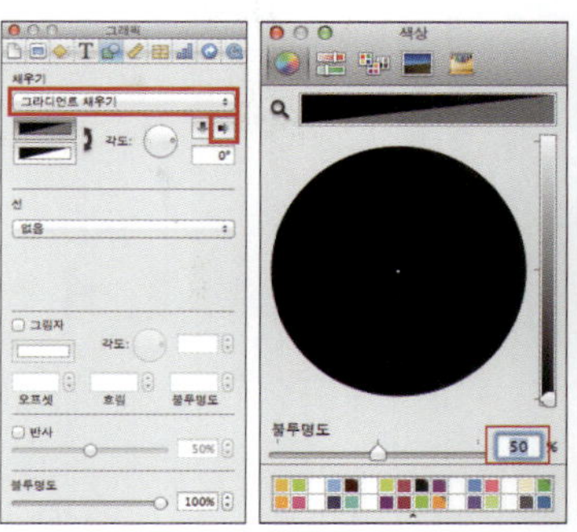

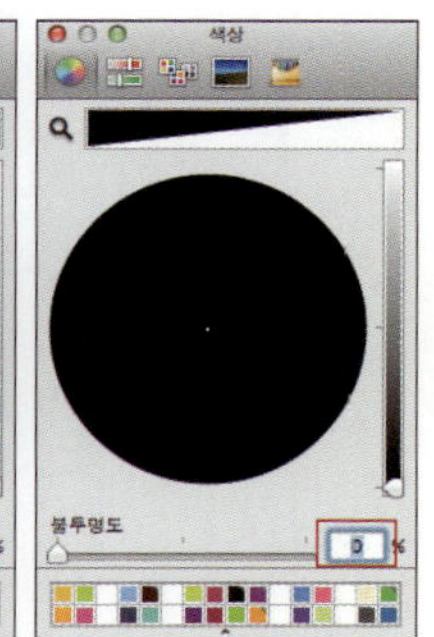

Tip **손글씨 어플리케이션 활용**

스마트 기기의 어플리케이션을 활용하면 좀 더 편하게 멋진 글자 디자인을 할 수 있습니다.
다음의 사이트를 방문하면 해당 어플리케이션을 다운로드 할 수 있습니다.
http://itunes.apple.com/kr/app/zen-brush/id382200873?mt=8

01 Zen Brush라는 어플리케이션을 활용하여 글자를 쓰고 이미지로 저장하였습니다.

02 어플리케이션으로 쓴 글자 이미지를 불러와서 알파로 배경을 지우면 감쪽같은 디자인을 얻을 수 있습니다.

Chapter 04

사진 자료 넣기

발표할 때 구체적인 사례를 들어 설명하려면 빠지지 않는 것이 사진 자료입니다. 이 때 사진을 슬라이드에 꽉 채울 수도 있지만 배경 디자인과 자연스럽게 어울리도록 만드는 방법이 몇 가지 있습니다.

예를 들면 3D 공간에 사진이 세워져 있는 것처럼 보이게 하는 방법이 있습니다. 또는 그림자를 사용하여 2D 배경 바닥에 놓여있는 것처럼 보이게 만들어 주면 사진과 슬라이드의 배경이 연관성 있게 보입니다.

가로세로 황금비율

일반적으로 디지털카메라로 촬영한 사진의 비례는 3 : 2 혹은 4 : 3의 비율을 가지고 있습니다. 이러한 사진 자료는 그대로 슬라이드에 사용해도 무방합니다. 그러나 불필요한 부분을 잘라내고 필요한 부분만을 슬라이드에서 사용하길 원한다면 황금비율을 응용하여 사진을 잘라내는 것이 좋습니다. 왜냐하면 황금비율이라는 것이 A4용지나 와이드TV 화면과 같이 우리가 흔히 일상에서 많이 볼 수 있는 익숙한 가로세로 비율이기 때문입니다.

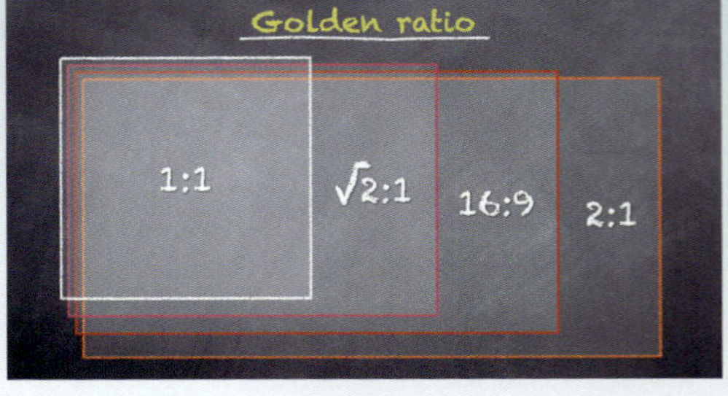

Lesson **01** 알파로 배경 지우는 것이 어울리는 사진

입체적인 공간에 사물이 있는 것처럼 보이도록 하기 위해서는 사진의 배경을 지워주고, 반사를 적용시켜 주는 것이 좋습니다.

|학·습·목·표|
1. 알파 기능을 사용하여 사진의 배경을 투명하게 만드는 방법 익히기
2. 글자의 자간을 조절하는 방법 익히기

• **소스 이미지** : P2C4L1_저울21g.jpg / 분동1.png / 분동10.png / 3D_shadow.png

• **완성 키노트** : P2C4L1-21g저울1.key

01 전시실 테마의 [빈 페이지]를 준비합니다.

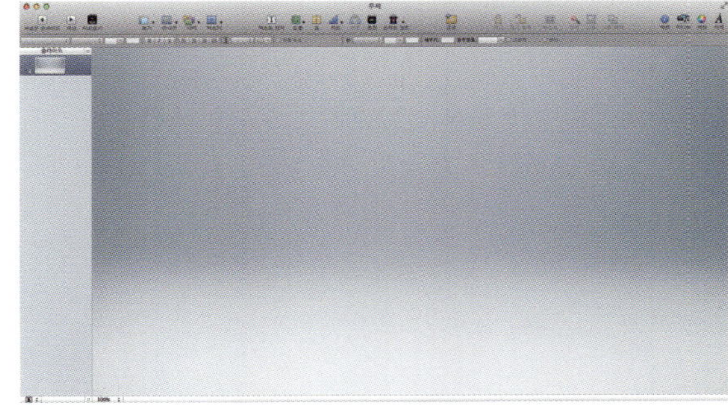

02 [Finder]에서 'P2C4L1_저울21g.jpg' 저울 이미지를 슬라이드로 드래그하여 삽입합니다.

03 이미지가 선택된 상태에서 도구막대의 [알파]를 클릭하고, 저울 이미지의 하얀 배경을 드래그합니다.
이때 나타나는 원의 크기가 클수록 배경으로 투명해지는 색상 범위가 늘어납니다.
완료되었으면 [Return] 키([Enter])를 누릅니다.

04 크기와 위치를 조절하고, 포맷막대에서 반사를 적용시킵니다. 공간에 저울이 놓여 있는 것처럼 보이게 되었습니다.

05 [Finder]에서 '분동1.png', '분동10.png' 분동 이미지를 불러옵니다.

06 2가지 이미지의 크기를 동시에 줄이기 위해 그룹을 하고, 크기를 줄여줍니다. 도구막대에서 그룹을 누르거나 Option + Command + G 키를 누릅니다. 그리고 마우스 오른쪽 버튼을 누른 후, [맨 뒤로 보내기]를 적용합니다.

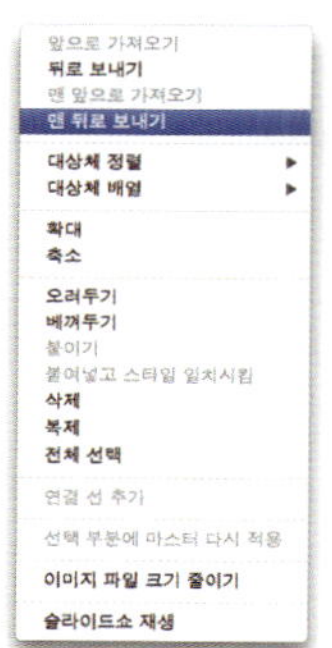

07 분동을 추가로 복사하여 3개로 만들고, 슬라이드 오른쪽에 '21g'이란 글자를 입력합니다. 글자 크기는 '288pt'로 키워줍니다.

08 단위를 나타내는 g의 크기는 '144pt'로 조절 합니다.

09 속성에서 자간을 '–10%' 로 줄여줍니다.

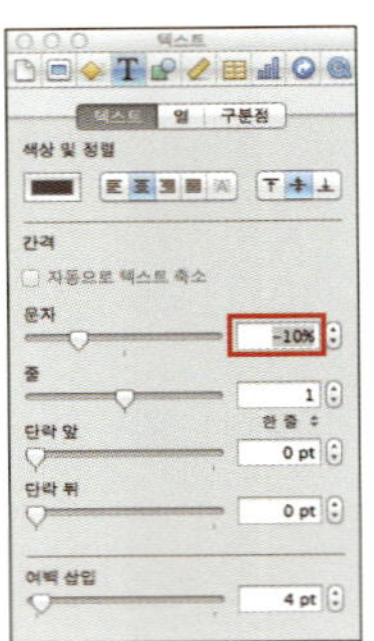

10 추가로 내용을 입력 하고, 그림자(3D_ shadow.png)를 삽입 하면 완성됩니다.

Lesson **02** 사진 프레임을 넣는 것이 어울리는 사진

사진이 어떠한 상황을 포착한 장면이나 자연 풍경을 담고 있는 경우라면 사물을 찍은 사진처럼 주변을 깔끔히 지우는 것 보다는 액자나 인화한 사진의 하얀 테두리 같은 프레임을 적용시키는 것이 자연스럽습니다.

|학·습·목·표|
평면적인 배경에 어울리는 사진 프레임을 사용하는 방법 익히기

• **소스 이미지** : P2C4L2_9657.jpg / impasto.png

• **연습 키노트** : P2C4L2-cafe0.key

• **완성 키노트** : P2C4L2-cafe1.key

01 배경이 포함된 연습용 키노트 'P2C4L2-cafe0.key'를 불러옵니다.

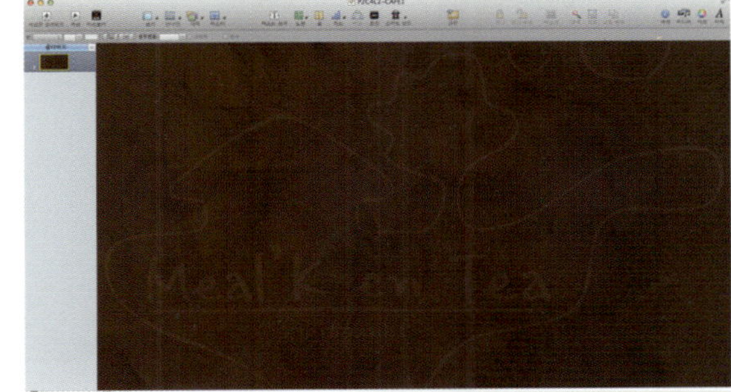

02 [Finder]에서 드래그하여 사진 'P2C4L2_9657.jpg'을 삽입합니다. 사진의 좌우에 불필요한 배경이 보입니다.

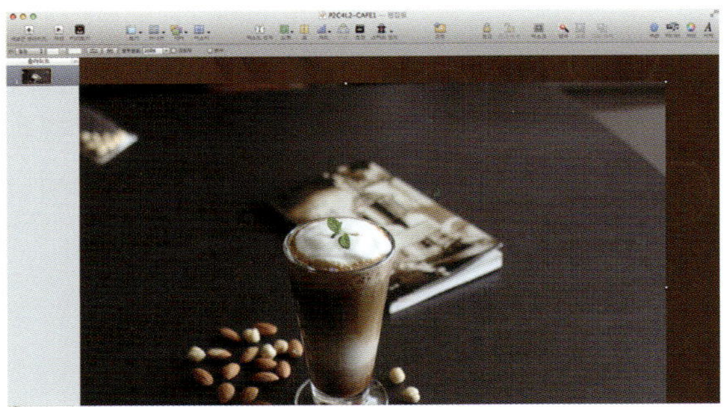

03 도구막대에서 마스크를 씌우기 위한 도형을 생성합니다.

04 속성에서 도형의 크기를 '너비 500px', '높이 707px'로 맞추고, [비율 유지]를 체크합니다. A4용지와 같은 비율입니다. 그리고 사진과 도형의 위치를 맞추기 쉽도록 포맷막대에서 도형의 [불투명도]를 '70%'로 약간 낮춰줍니다.

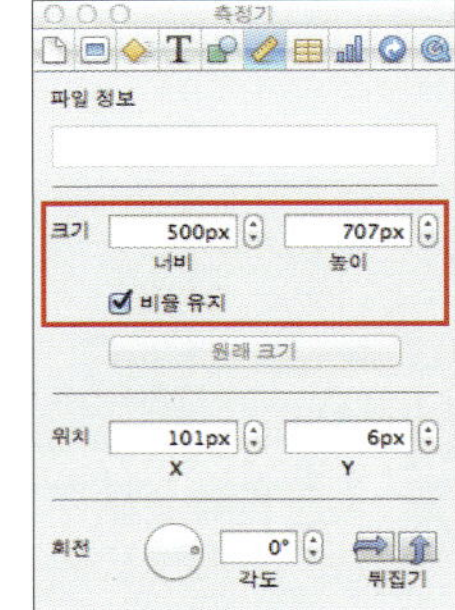

05 사진의 원하는 부분과 도형이 겹쳐지도록 조절합니다. 도형의 크기를 줄여도 비율은 유지됩니다.

06 사진과 도형을 둘 다 선택한 상태에서 도구막대의 [마스크]를 클릭합니다. 슬라이드의 빈 곳을 클릭하거나 Return 키를 누르면 마스크가 완료됩니다.

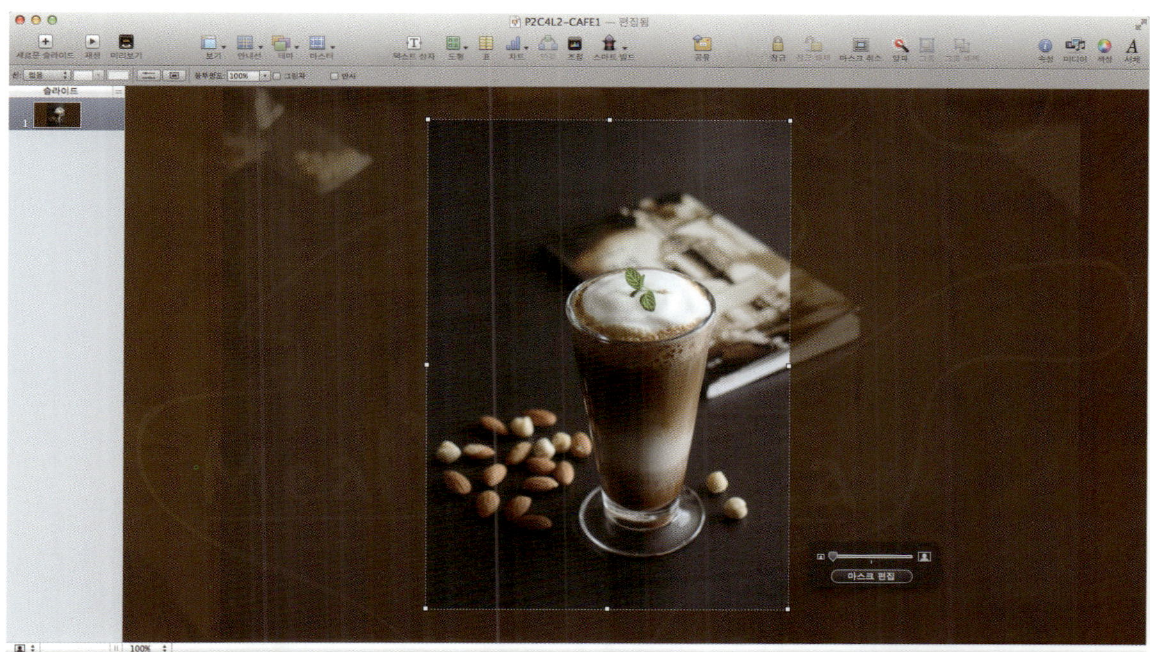

07 속성에서 테두리 선의 모양을 그림 프레임으로 선택하고, 그림 프레임의 종류 중 마음에 드는 것을 고릅니다.

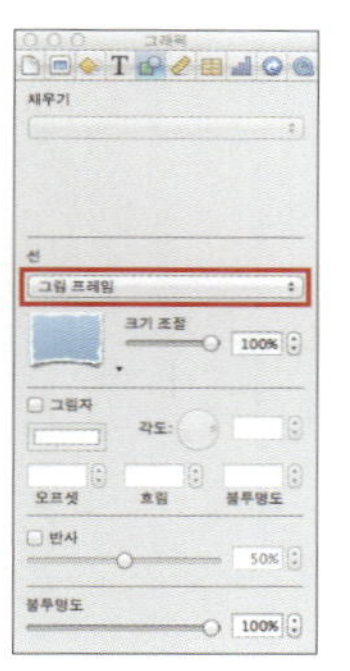
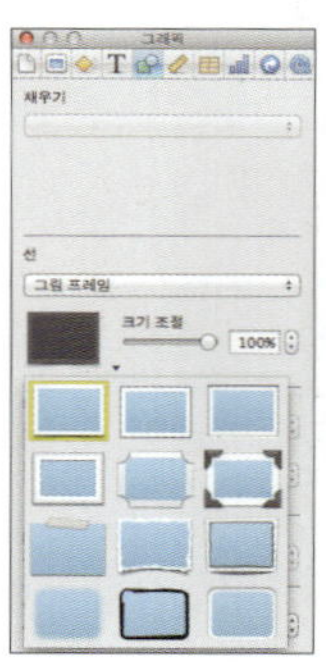

08 오른쪽에 내용을 입력하고, 어울리는 서체로 바꿔주면 완성됩니다. 예제에 사용된 서체는 'Chalkduster'입니다.

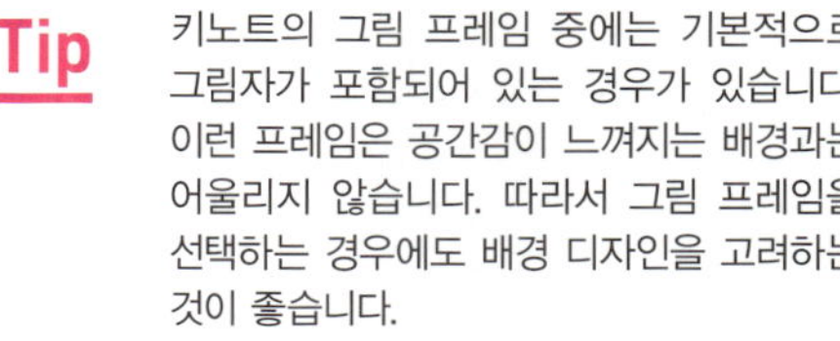

Tip 키노트의 그림 프레임 중에는 기본적으로 그림자가 포함되어 있는 경우가 있습니다. 이런 프레임은 공간감이 느껴지는 배경과는 어울리지 않습니다. 따라서 그림 프레임을 선택하는 경우에도 배경 디자인을 고려하는 것이 좋습니다.

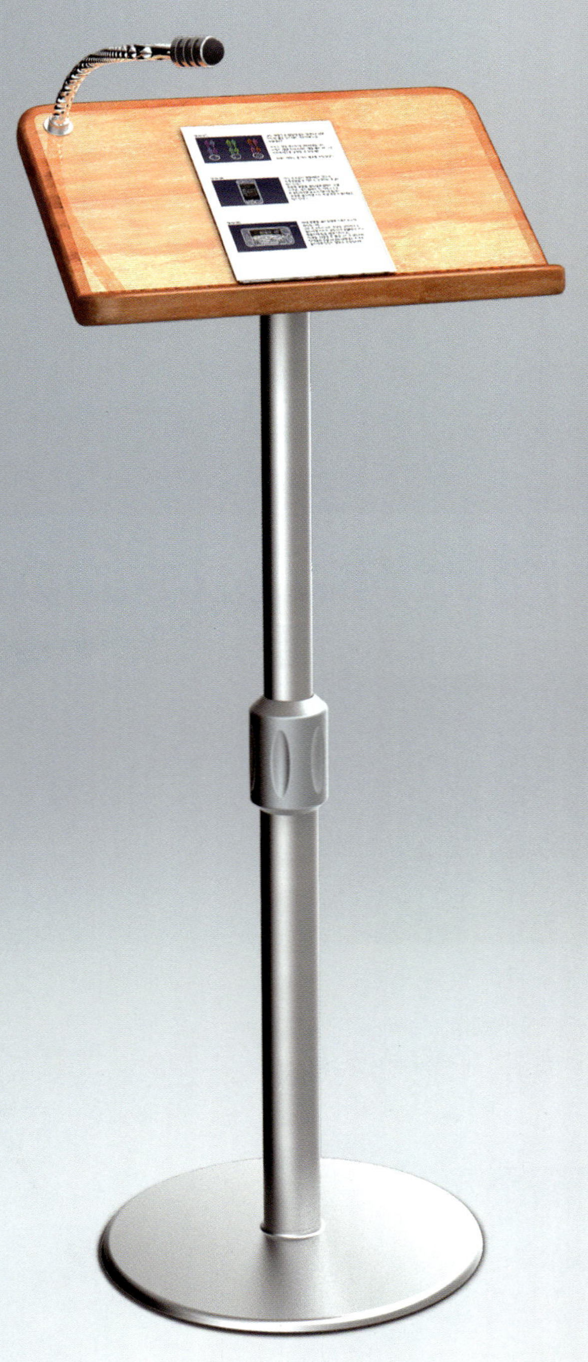

Part 03

움직이는 프레젠테이션

Communication

애니메이션 효과를 슬라이드에 적용하는 목적은 무엇일까요?

화려한 움직임으로 청중의 눈을 혼란스럽게 하여 발표자가 하는 말을 무조건 신뢰하도록 하기 위해서는 아닐 것입니다. 보통은 발표가 멋있어 보이기 위해 움직이는 효과를 적용하는 것도 필요하지만 궁극적으로는 발표 내용을 청중이 쉽게 이해할 수 있도록 하기 위해서 입니다. 움직이는 효과는 꾸밈이 아니고 열심히 준비했다는 생색도 아닙니다. 불필요한 사용은 오히려 발표 시간만 늘이는 방해요소가 됩니다.

그렇다면 적절하게 움직이는 효과를 사용하려면 어떻게 해야 할까요?

청중의 입장에서 발표를 들을 때를 고려하는 것입니다. 지금 발표자가 어느 부분을 설명하고 있는지 쉽게 바라볼 수 있도록 유도하는 움직임. 그리고 방금 전 설명한 내용과 지금 설명하는 내용이 어떤 상관관계인지 머릿속에서 그려지도록 구분해주는 화면 전환 효과라면 청중의 눈높이에 맞춰진 애니메이션 효과라고 할 수 있습니다.

Chapter 01

화면 전환

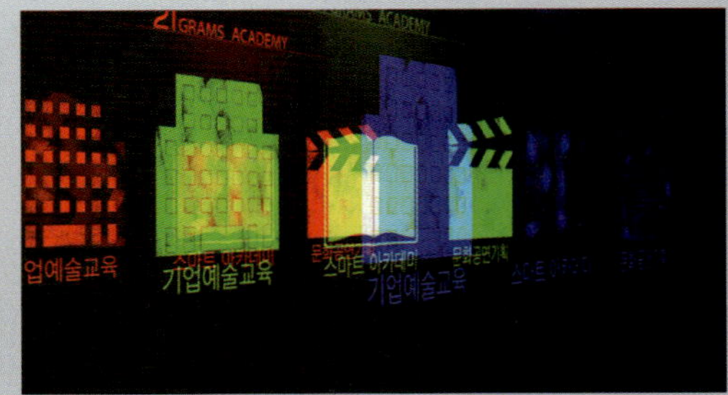

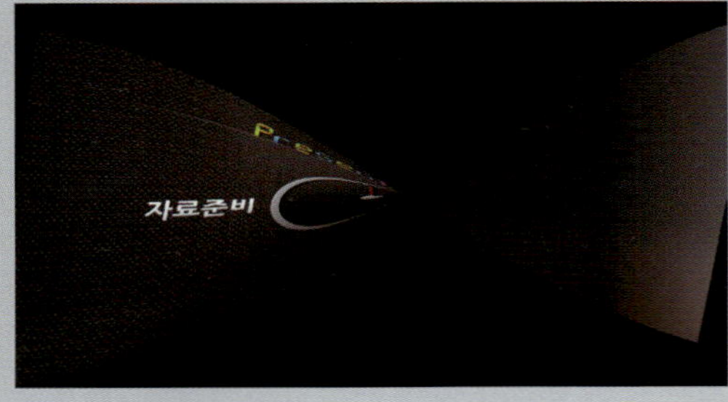

화면 전환만 잘 선택해도 멋있으면서도 이해하기 쉬운 발표를 할 수 있습니다. 그렇게 하려면 어떻게 해야 할까요?

청중은 이전 슬라이드를 잠깐 동안 기억합니다. 그리고 현재 슬라이드의 어떤 부분과 연관성이 있는지를 무의식적으로 찾고 싶어 합니다. 슬라이드가 다음 장으로 넘어가는 움직임이 정확한 의미를 표현한다면 청중은 내용을 더 잘 이해하게 됩니다.

1. 이어지는 내용을 계속해서 설명하는 경우
2. 새로운 내용을 넘어가는 경우
3. 두 가지 사례를 비교하는 설명하는 경우
4. 일관된 흐름 도중에 참고가 되는 다른 내용을 끼워 넣는 경우
5. 감춰두었던 내용을 공개하는 경우
6. 앞부분에 언급했던 내용을 다시 한 번 반복하는 경우

이러한 6가지 경우에 주로 사용되는 화면 전환 효과에 대해서 배워봅시다.

Lesson **01** 이어지는 화면 전환

예를 들어 어떤 제품의 여러 가지 기능을 설명한다거나 음식점의 다양한 메뉴를 소개하는 경우와 같이 비슷한 내용을 연속적으로 이야기해야 하는 경우가 있습니다. 이럴 때 과거에는 대게 한 장의 슬라이드로 한꺼번에 표현하였습니다. 하지만 내용을 좀 더 청중이 쉽게 이해하도록 하려면 각각의 내용을 분리하여 한 장의 슬라이드가 한 장의 내용만을 담도록 하는 것이 유리합니다. 그리고 각각의 내용을 청중의 머릿속에 한 가지 내용으로 연결시키려면 움직임이 적은 화면 전환을 선택해야 합니다. 더불어 슬라이드에 설명의 주체가 되는 사진이 슬라이드에 지속적으로 등장하는 것이 좋습니다.

이번 사례는 어플리케이션의 세 가지 특징을 나열하여 설명하는 슬라이드를 구성해 보도록 하겠습니다.

|학·습·목·표|

연결되는 느낌의 화면 전환 효과 익히기

- **소스 이미지** : A–keyboard.png

- **연습 키노트** : P3C1L1–이어지는0.key

- **완성 키노트** : P3C1L1–이어지는1.key

01 배경과 내용이 삽입되어 있는 연습 키노트 'P3C1L1–이어지는0.key'를 불러옵니다.

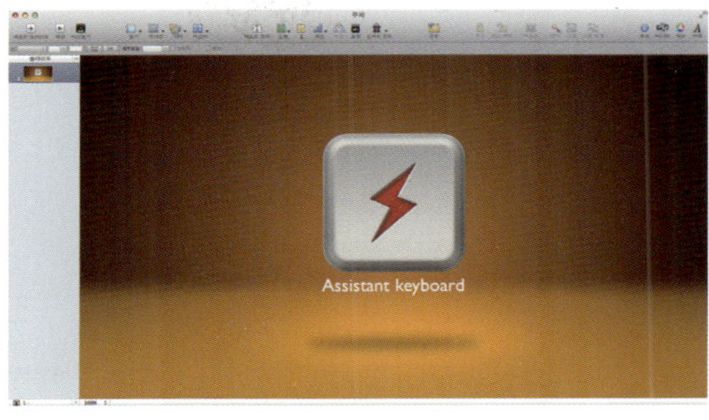

02 왼쪽 네비게이터에서 슬라이드를 복사합니다. 그리고 두 번째 슬라이드에서 개체의 위치를 왼쪽으로 움직입니다.

03 오른쪽에 내용을 입력하고, 그림자를 복사하여 크기를 좌우로 늘려줍니다.

04 두 번째 슬라이드를 복사하고, 오른쪽에 다음 내용을 입력합니다.

05 슬라이드를 다시 복사하고 오른쪽에 마지막 내용을 입력합니다.

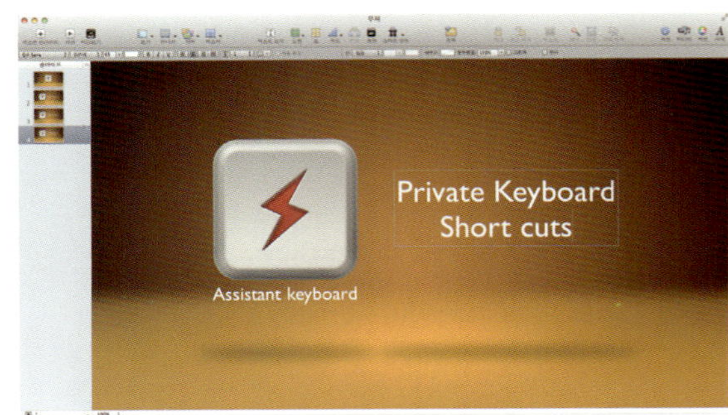

06 첫 번째 슬라이드에 [이동 마법사] 효과를 적용시킵니다.

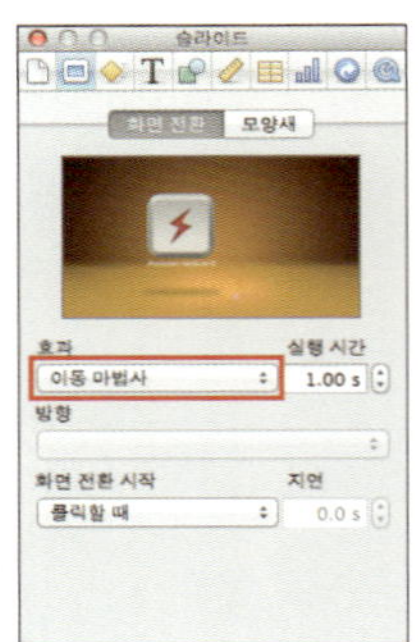

07 두 번째, 세 번째 슬라이드를 모두 선택하고, [매달리기] 효과를 적용시킵니다.

08 화면을 재생해보면 [매달리기]는 텍스트 효과이므로 왼쪽 Assistant Keyboard와 오른쪽 Easy installation 글자에 모두 효과가 적용되었습니다.

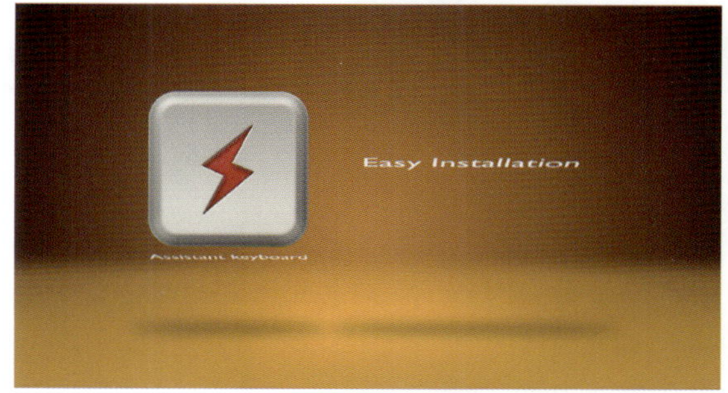

09 Assistant Keyboard 개체에 [매달리기] 효과를 적용하지 않으려면 아이콘 이미지와 텍스트를 그룹시켜주면 됩니다. 4장의 슬라이드에 있는 두 개체를 그룹(Option + Command + G)시켜줍니다. 그룹된 개체는 파란색 테두리가 표시됩니다.

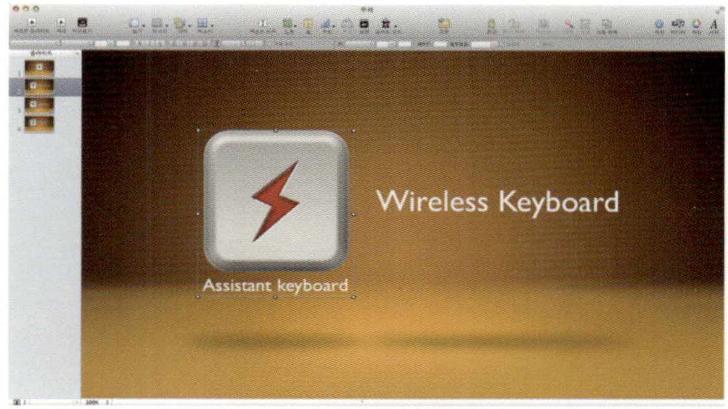

10 재생시켜보면 오른쪽 텍스트 대상체만 [매달리기] 효과가 적용되었음을 알 수 있습니다.

11 [매달리기] 효과 이 외에 [디졸브], [철자 바꾸기] 등 화려하지 않고 움직임이 적은 화면 전환 효과를 적용시켜봅니다.

▲ 디졸브

▲ 철자 바꾸기

Lesson 02 다음 장으로 넘어가는 화면 전환

발표가 진행되면서 내용이 다음으로 넘어가는 경우가 있습니다. 예를 들어 역사수업을 할 때 고려시대에 관련 내용을 설명한 후, 다음으로 조선시대에 관한 내용을 전환되는 경우가 있을 수 있습니다. 이런 경우에는 내용이 확연히 구분되어야 하므로 투시도, 반사, 격자와 같이 움직임의 변화가 크거나 화려한 화면 전환을 추천합니다.

|학·습·목·표|
새로운 시작을 알리는 화면 전환 효과 익히기

• **연습 키노트 :** P3C1L2-화면 전환0.key

• **완성 키노트 :** P3C1L2-화면 전환1.key

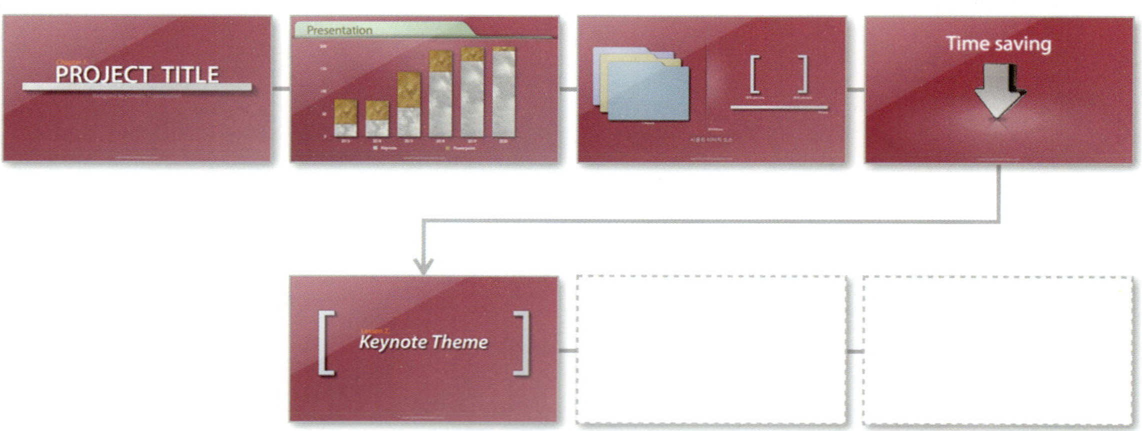

01 Part 02에서 사용하였던 키노트 예제 파일 'P3C1L2-화면 전환0.key'을 불러옵니다.

02 본 학습을 위해 새로운 내용의 시작을 알리는 두 번째 슬라이드를 네비게이터에서 맨 뒤로 옮깁니다.

03 네 번째 슬라이드에 화면 전환 중 [반사] 효과를 선택합니다.

04 재생시켜보면 움직임이 큰 [반사] 효과를 확인할 수 있습니다.

05 [격자], [넘기기]와 같은 움직임이 큰 화면 전환을 선택해봅니다.

▲ 격자

▲ 넘기기

Lesson 03 비교, 대조하는 경우

예를 들어 파워포인트와 키노트를 비교하거나 형광등의 성능과 LED조명의 성능을 비교하는 경우와 같이 두 가지를 번갈아가며 설명해야 하는 경우가 있습니다.

일반적으로는 하나의 화면을 양분하여 왼편과 오른편에 각각 비교 대상을 위치시킵니다.

이런 방법도 좋지만 내용이 많은 경우에는 화면을 각각 나누어 두 장의 슬라이드로 구성하면 발표자가 설명하는 부분과 청중이 이해하는 부분을 일치시키기에 좋습니다.

이런 경우 화면 전환은 밀어내기나 뒤집기, 비틀기와 같은 효과를 추천합니다.

|학·습·목·표|
상반되는 느낌의 화면 전환 효과 익히기

- **소스 이미지 :** featurePhone-line.png / smartPhone-line.png

- **연습 키노트 :** P3C1L3-비교대조0.key

- **완성 키노트 :** P3C1L3-비교대조1.key

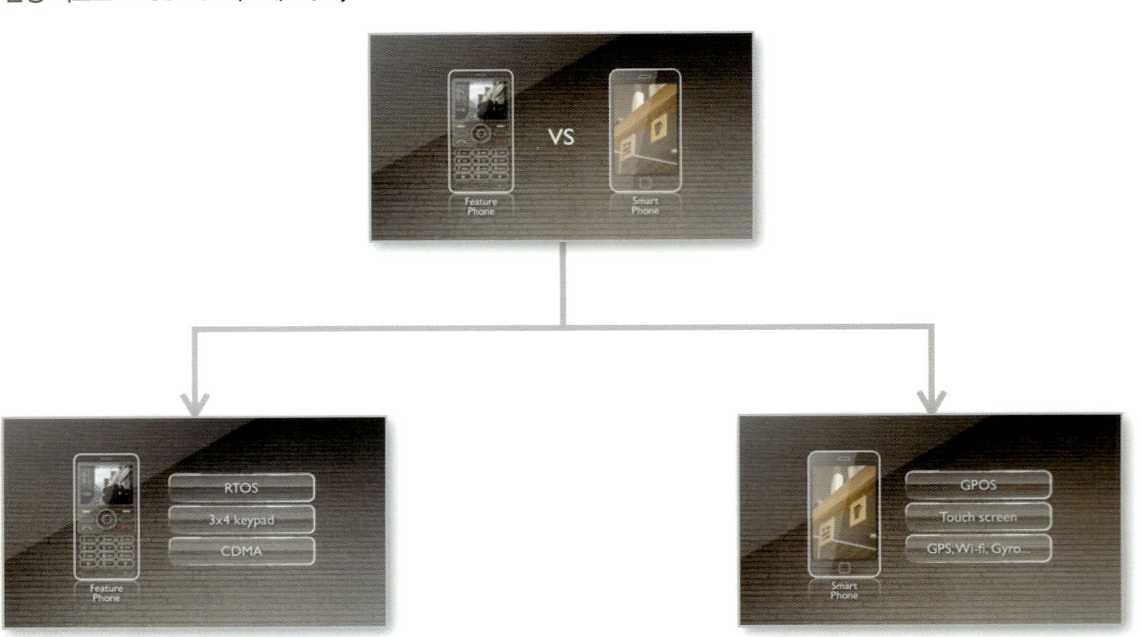

01 배경과 내용이 삽입되어 있는 연습 키노트 'P3C1L3-비교대조0.key'를 불러옵니다.

02 네비게이터에서 슬라이드를 복사(Command+D)하고, 복사된 슬라이드에서 오른쪽 전화기와 불필요한 글자를 지웁니다.

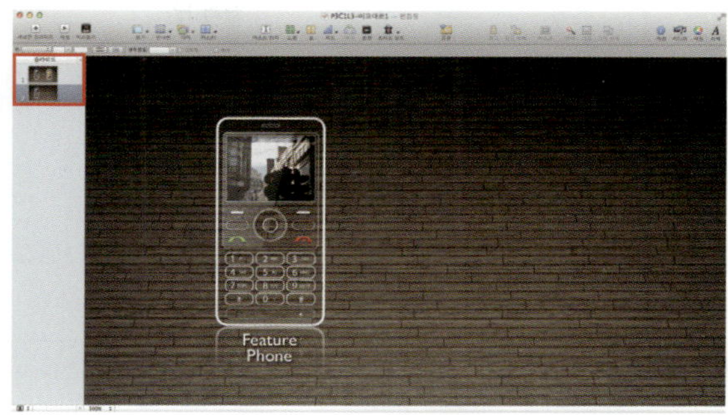

03 오른쪽에 세 가지 특징을 입력합니다.

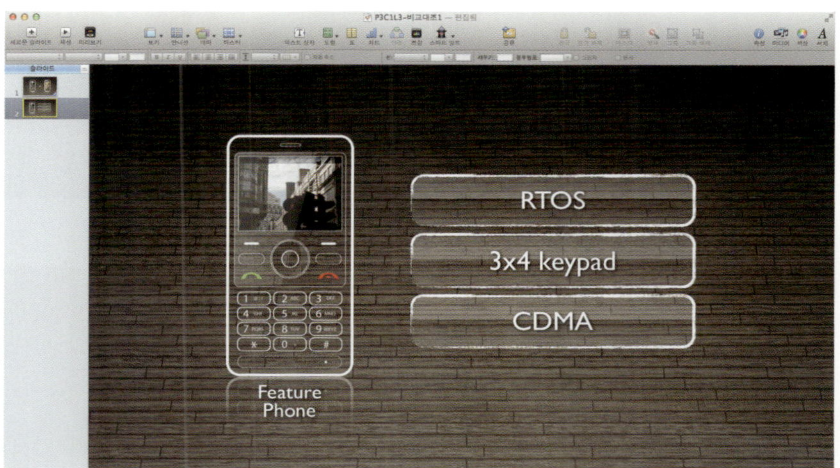

04 새로운 슬라이드를 만든 후, 첫 번째 슬라이드에 삽입했던 스마트폰 이미지를 복사해옵니다. 그리고 오른쪽에 내용을 입력합니다.

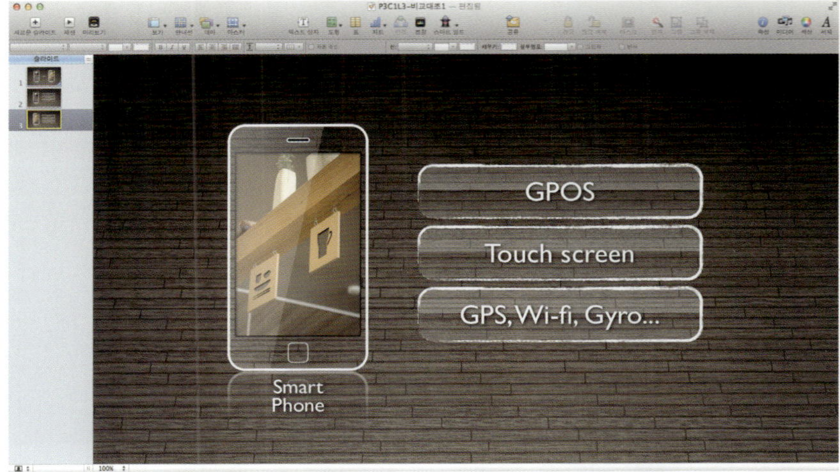

05 첫 번째 슬라이드에 [이동 마법사]를 적용합니다.

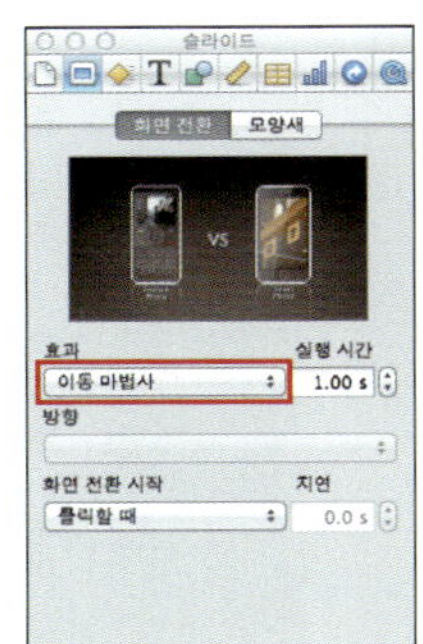

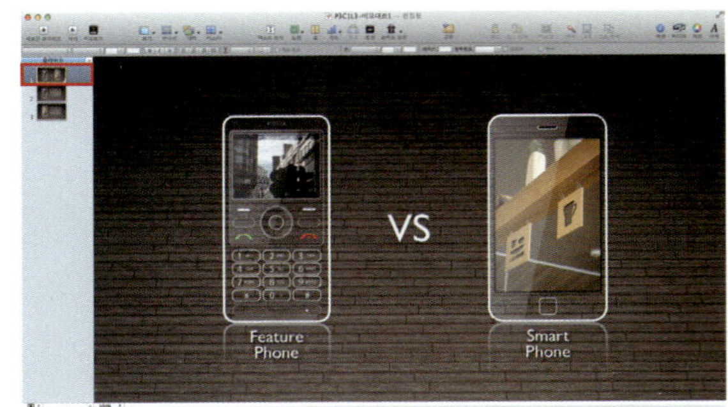

06 두 번째 슬라이드에 [비틀기] 효과를 적용합니다.

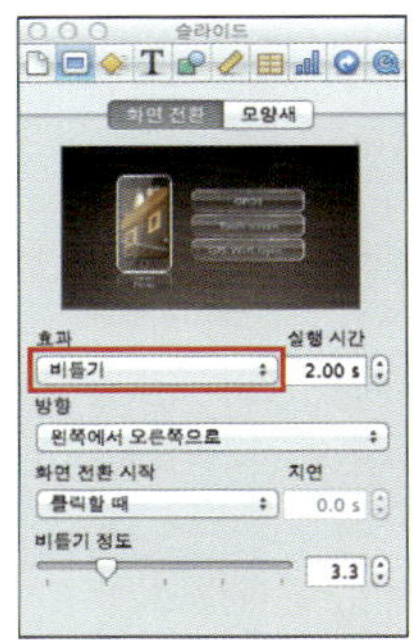

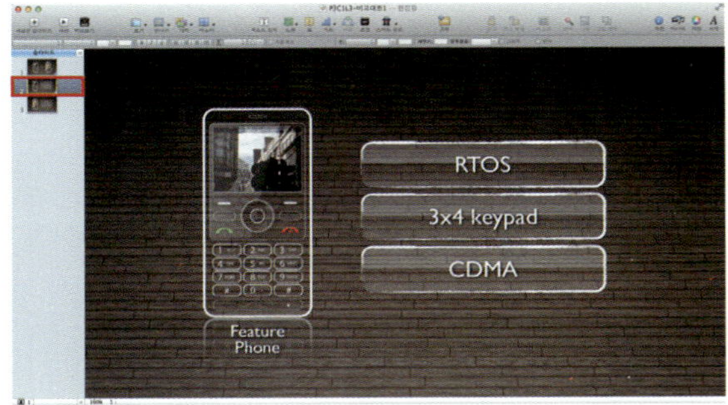

07 재생시켜보면 두 개의 화면이 비틀리는 효과를 확인할 수 있습니다.

08 그 외에 [뒤집기] 혹은 [블라인드]와 같은 화면 전환을 선택해 봅니다.

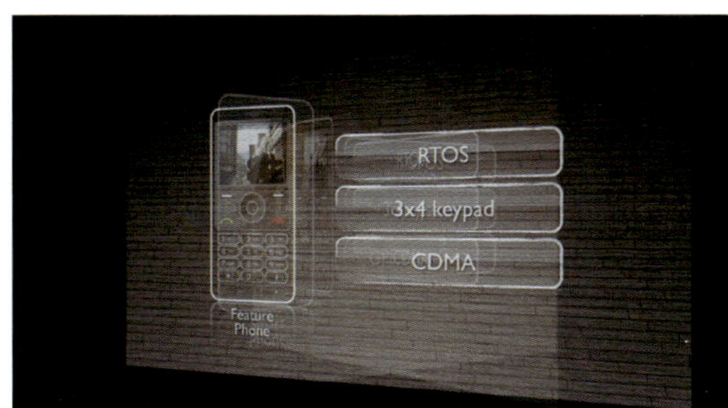

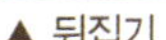

▲ 뒤집기

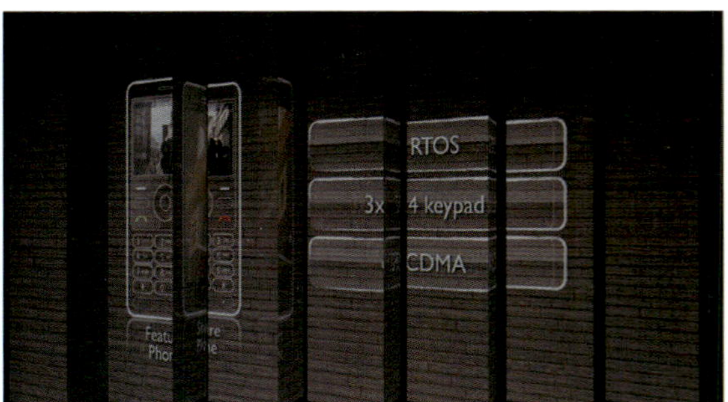

▲ 블라인드

Lesson **04** 참고 내용을 끼워 넣는 내용

예를 들어 발표 중간에 내용의 흐름과는 무관하게 추가로 참고 설명을 해야 하는 경우가 있습니다. 듣는 사람들의 배경지식이 모두 똑같지 않기 때문에 일부 청중의 이해도를 높이기 위함입니다. 이런 경우 전체 이야기 흐름을 방해하지 않도록 유의해야 합니다.

더불어 참고 설명이 끝나면 반드시 참고 설명을 하기 전 슬라이드를 잠깐 보여주어 내용이 원래 흐름으로 돌아왔다는 것을 암시하고 다시 진행하도록 합니다.

|학·습·목·표|
잠시 부연 설명을 하고 다시 본래의 내용으로 돌아오는 느낌의 화면 전환 효과 익히기

• **소스 이미지** : 구부러진인도등.png / color ring.png

• **연습 키노트** : P3C1L4-끼워넣기0.key

• **완성 키노트** : P3C1L4-끼워넣기1.key

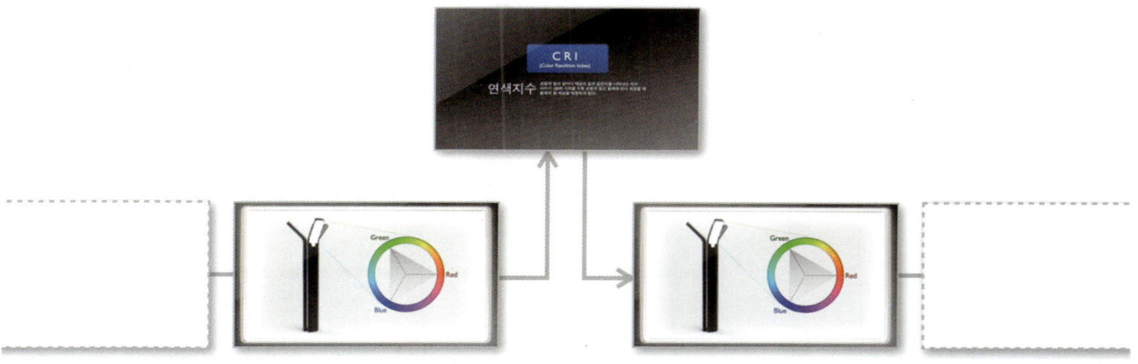

01 배경과 내용이 삽입되어 있는 연습 키노트 'P3C1L4-끼워넣기0.key'를 불러옵니다.
이 슬라이드는 조명 디자인 발표 내용의 일부입니다. 여기에 전문용어가 나오는 경우 청중의 일부는 그 단어에 대한 사전 지식이 부족할 수 있습니다. 이럴 때 다음 슬라이드에 부연 설명을 넣는 사례입니다.

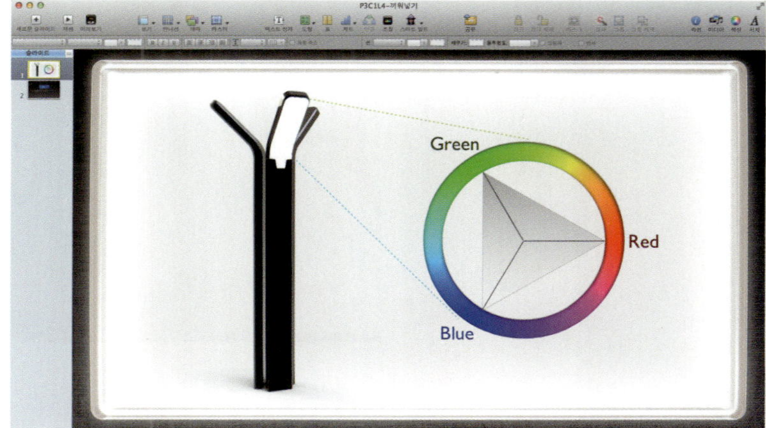

02 네비게이터에서 첫 번째 슬라이드를 복사([Command]+[D])하여 맨 뒤로 옮깁니다.

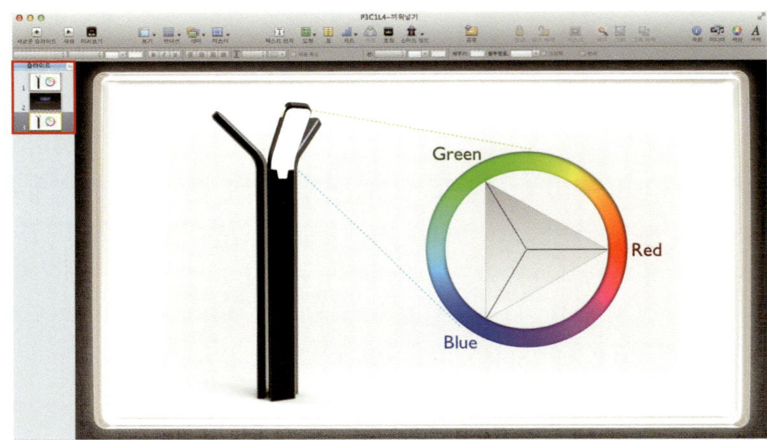

03 첫 번째 슬라이드에 [밀어내기] 효과를 적용합니다. 방향은 기본값인 [오른쪽에서 왼쪽으로]를 그대로 사용합니다.

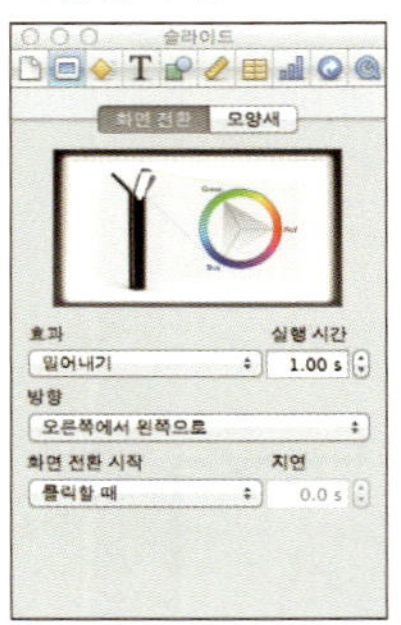

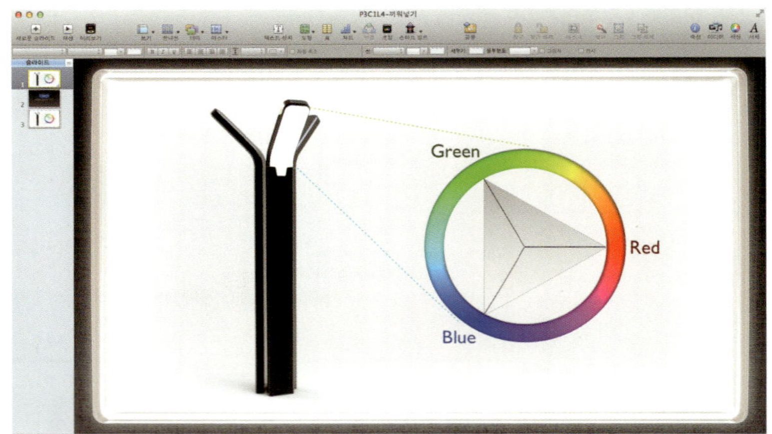

04 재생시켜보면 화면 전체가 왼쪽으로 밀리는 효과를 확인할 수 있습니다.

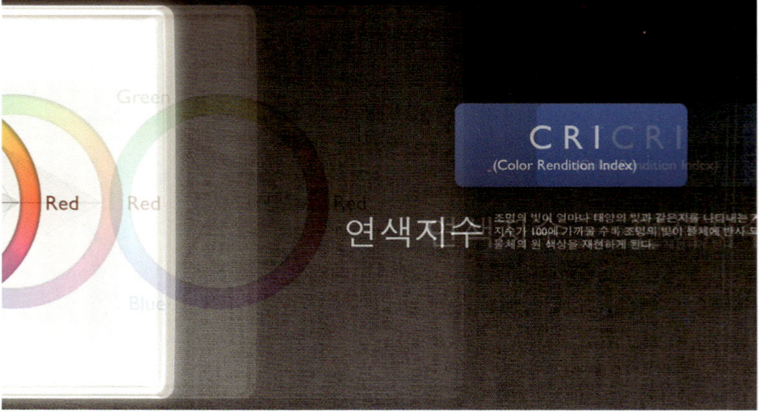

05 두 번째 슬라이드에 동일하게 [밀어내기] 효과를 적용하고, 방향을 [왼쪽에서 오른쪽으로]를 선택합니다.

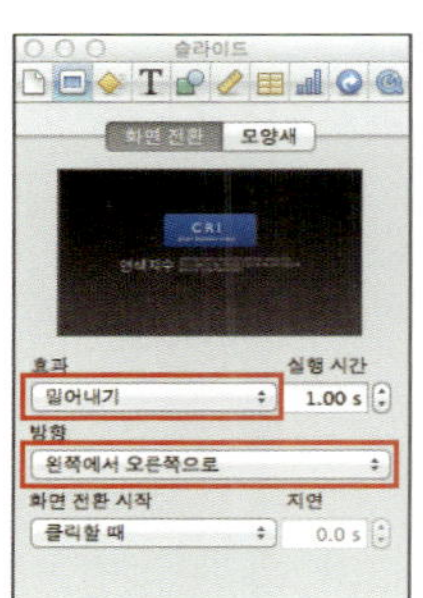

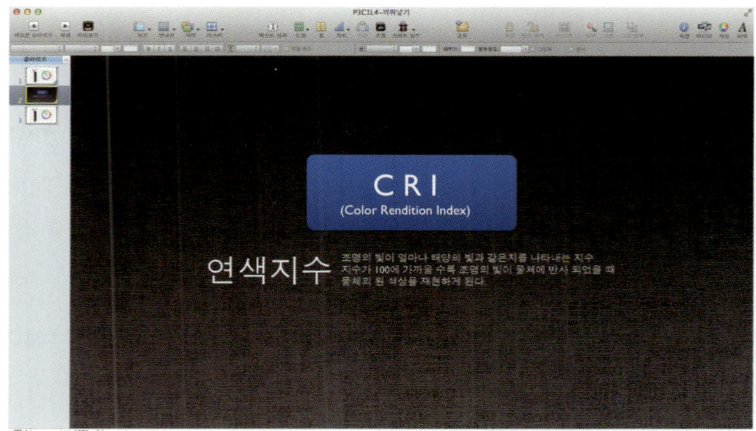

06 재생시켜보면 화면이 오른쪽으로 밀리는 효과를 확인할 수 있습니다.

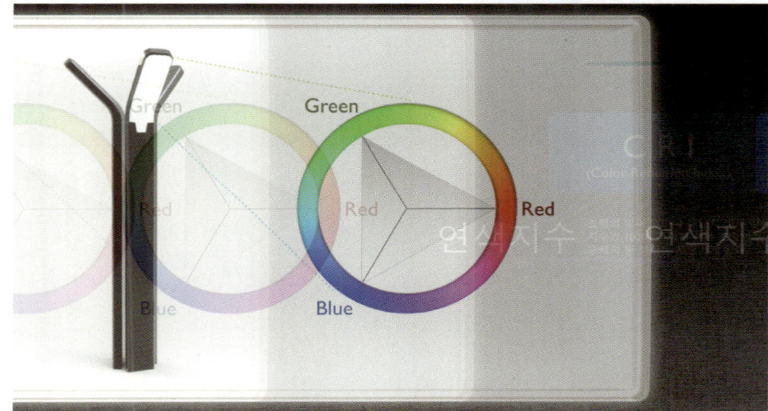

07 마지막 슬라이드는 [디졸브] 효과를 적용하고, 자동으로 넘어가도록 [화면 전환 시작]을 [자동으로]로 바꿔줍니다.

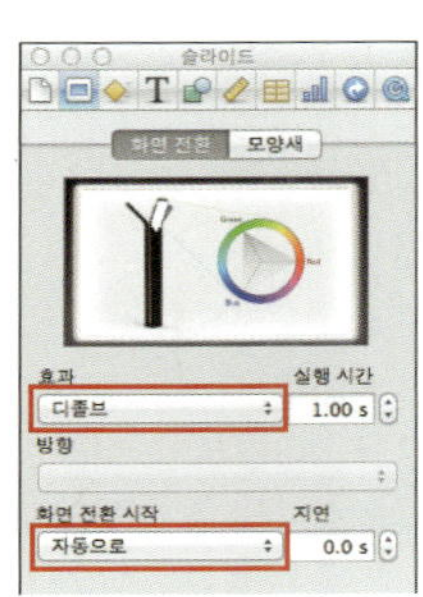

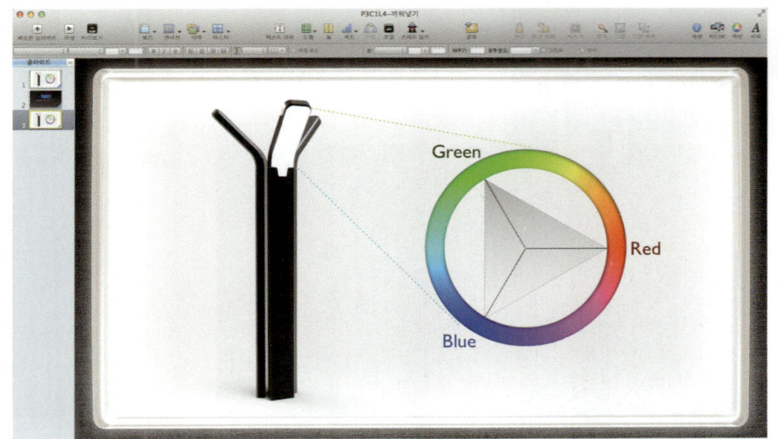

Tip | **클릭하지 않고 바로 넘어가기**

일반적으로 부연설명이 끝난 후 다시 원래의 발표흐름으로 되돌아오는 슬라이드는 곧장 다음 장으로 넘기곤 합니다. 이때 클릭하는 번거로움을 없애기 위해 자동으로 화면 전환이 되도록 설정하면 편리합니다.

Lesson 05 처음으로 공개

기발한 아이디어나 새로운 제품을 소개하는 것과 같이 이전에 공개되지 않았던 내용을 처음으로 공개하는 경우에는 최대한 화려하거나 신기한 효과를 선택하여 청중에게 감동을 선사하도록 합니다.

|학·습·목·표|
잠시 부연설명을 하고 다시 본래의 내용으로 돌아오는 느낌의 화면 전환 효과 익히기

• **연습 키노트 :** P3C1L5-짜잔0.key

• **완성 키노트 :** P3C1L5-짜잔1.key

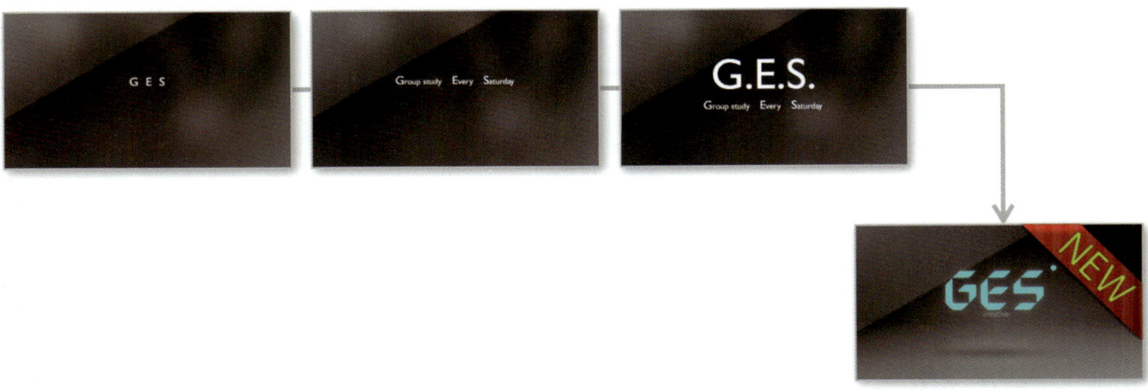

01 그룹의 이름을 발표하고 로고 디자인을 공개하는 사례입니다. 배경이 삽입되어 있는 샘플 키노트 파일 'P3C1L5-짜잔0.key'을 불러옵니다. 마스터 슬라이드를 확인해보면 2가지 배경이 있는 것을 알 수 있습니다.

02 텍스트 상자를 활용하여 'GES'라는 글자를 입력하고, 글자크기를 기억해둡니다. 예제에서는 '55pt'로 맞추었습니다.

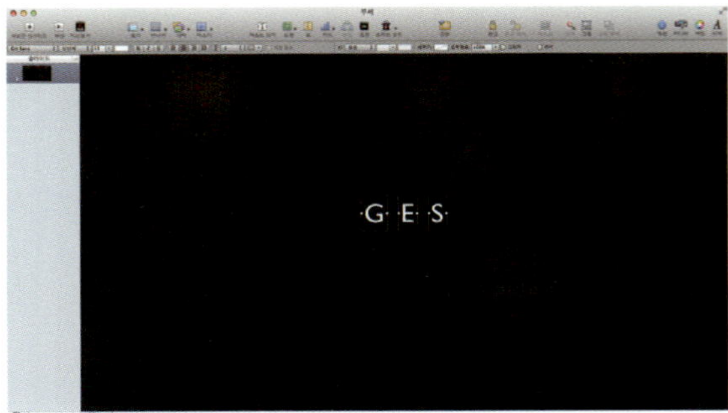

03 도구막대에서 새로운 슬라이드(Shift+Command+N)를 생성합니다. 그러면 자동으로 배경이 바뀌어 다른 마스터 슬라이드가 적용됩니다.
(키노트에서는 2가지 이상의 마스터 슬라이드가 존재하는 경우 첫 번째 마스터 슬라이드를 제목 마스터라고 인식하고, 두 번째 마스터 슬라이드를 내용 마스터라고 인식합니다. 때문에 제목 슬라이드 바로 다음 장에는 내용을 입력할 것이라 예측하여 자동으로 마스터 슬라이드를 교체하여 주는 것입니다.)

04 도구막대의 마스터 아이콘을 클릭하여 첫 번째 마스터 슬라이드를 다시 적용시키고, 텍스트 상자를 생성하여 'Group study Every Saturday'라고 내용을 입력합니다. 대문자 G, E, S의 글자 크기를 이전 슬라이드의 글자와 동일하게 '55pt'로 맞춥니다.

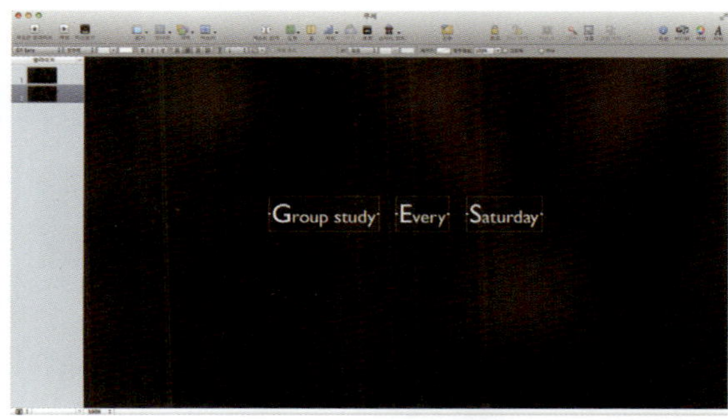

05 네비게이터에서 두 번째 슬라이드를 복사(Command+D)한 후, 큰 글자로 'G.E.S.'라고 입력합니다. 예제에서는 '200pt'로 맞추었습니다.

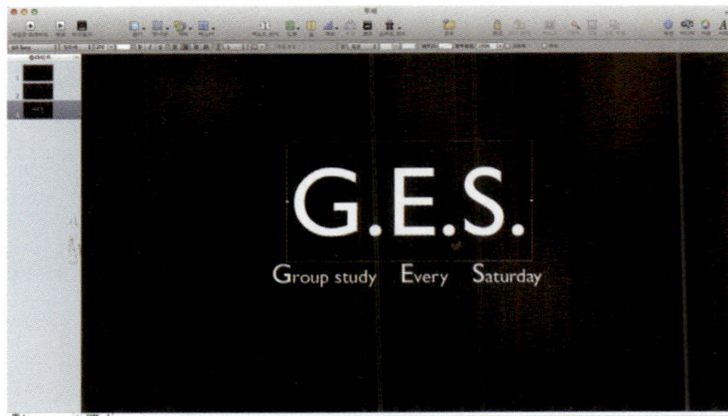

06 새로운 슬라이드(Shift+Command+N)를 생성하고, 완성 키노트 파일에서 'GES' 로고와 그림자 이미지를 복사(Command+C, Command+V)해 옵니다. 로고는 키노트의 펜툴을 활용하여 그린 것 입니다.

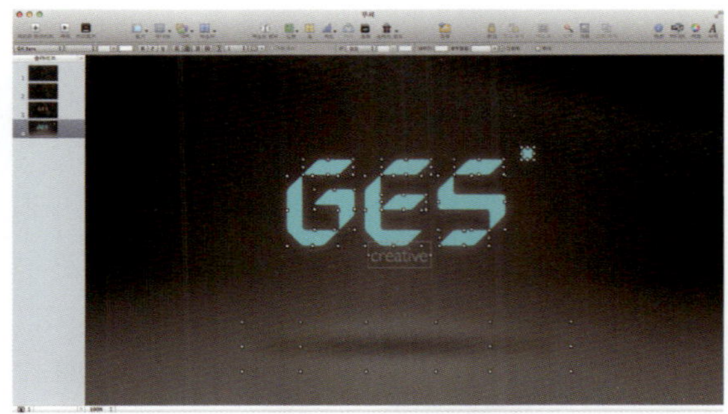

07 첫 번째 슬라이드에는 [철자 바꾸기] 효과를 적용시킵니다. 재생시켜보면 'GES'라는 글자가 자동으로 움직이며 다음 장으로 넘어갑니다.

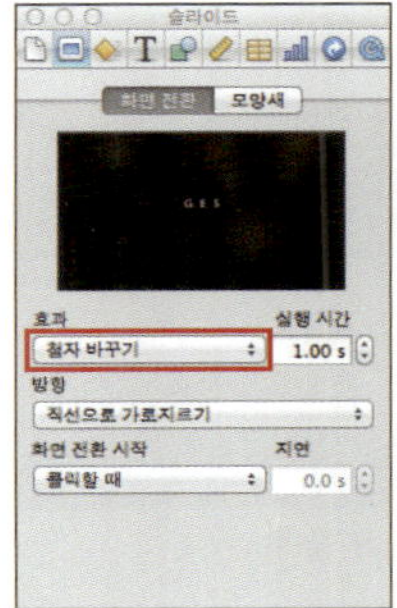

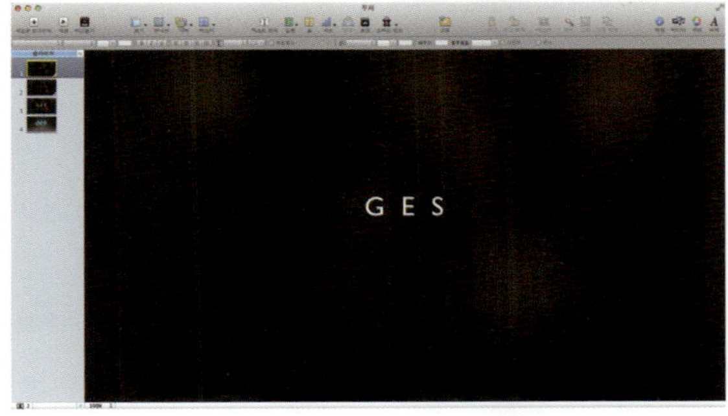

08 두 번째 슬라이드에는 [이동 마법사] 효과를 적용시킵니다. 재생시켜보면 자연스럽게 글자가 이동하며 새로운 글자가 나타납니다.

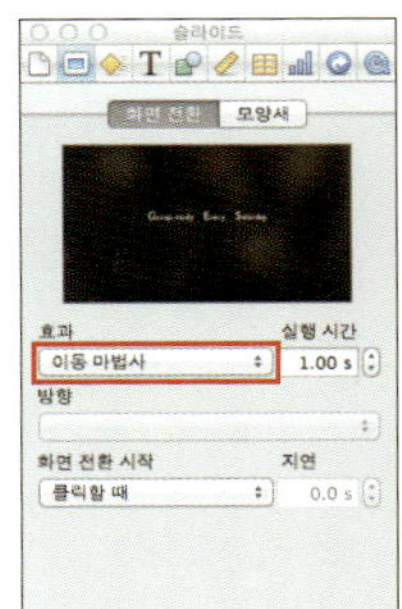

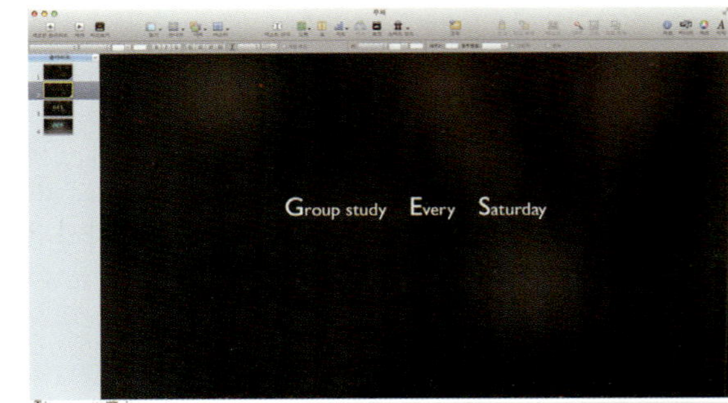

09 세 번째 슬라이드에는 [색상면] 효과를 적용시킵니다. 세상에 처음으로 알려지는 내용이므로 최대한 화려한 효과를 선택하는 것이 좋습니다.

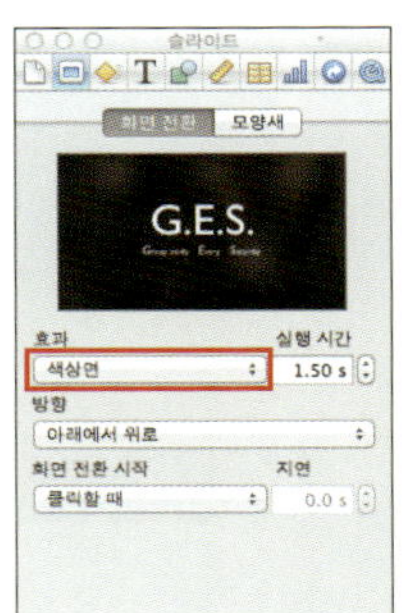

10 재생시켜보면 글자가 세 가지 색상면으로 분리되어 뒤집히는 효과를 확인할 수 있습니다.

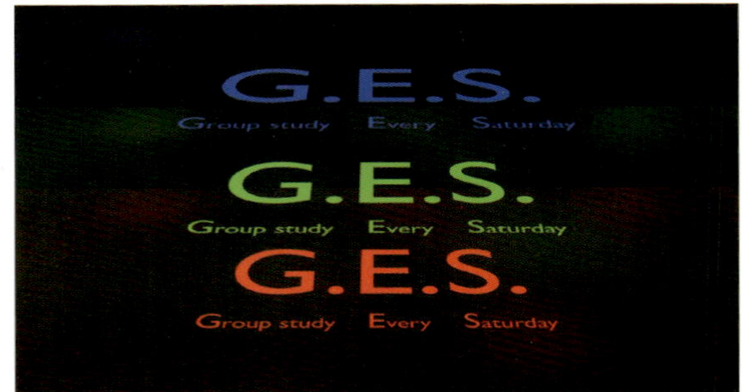

11 그 외에 [축하꽃종이] 혹은 [플래시]와 같은 화려한 효과를 선택해봅니다.

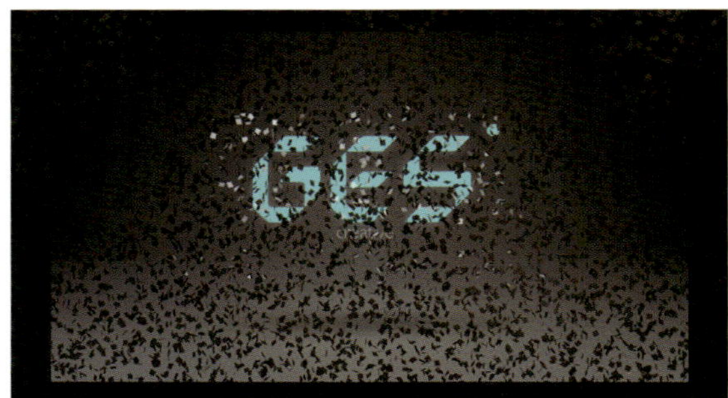

▲ 축하꽃종이

▲ 플래시

Lesson **06** 앞서 언급했던 부분을 다시 반복

발표 내용의 앞부분에 사용했던 슬라이드를 다시 사용하는 경우가 있습니다. 이런 경우 청중이 다시 그 내용을 받아들여 더욱 기억에 오래 남도록 할 수 있습니다.

|학·습·목·표|
반복하는 느낌의 화면 전환 효과 익히기

• **연습 키노트 :** P3C1L6-재언급0.key

• **완성 키노트 :** P3C1L6-재언급1.key

01 내용이 포함된 연습 키노트 파일 'P3C1L6-재언급0.key'을 불러옵니다. 첫 번째 슬라이드에 [이동 마법사]를 적용합니다.

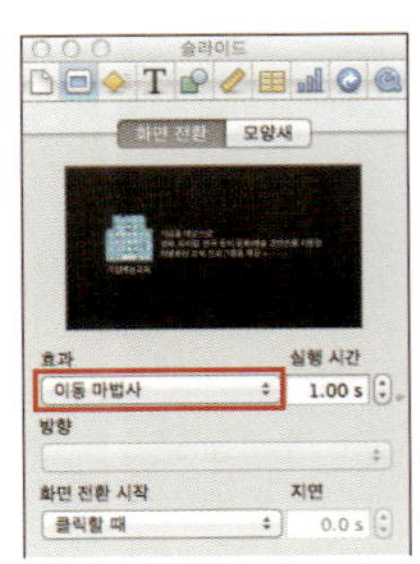

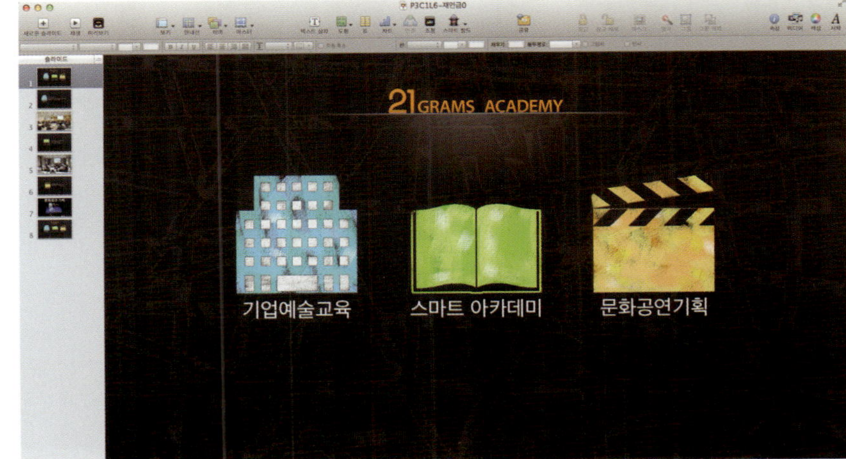

02 네비게이터에서 2, 4, 6번 슬라이드를 선택하고, [디졸브]를 적용합니다.

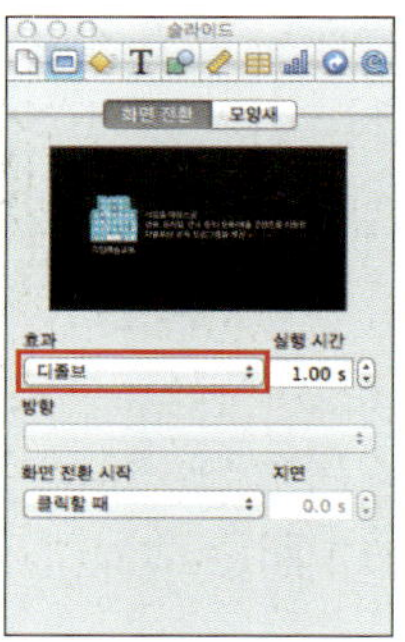

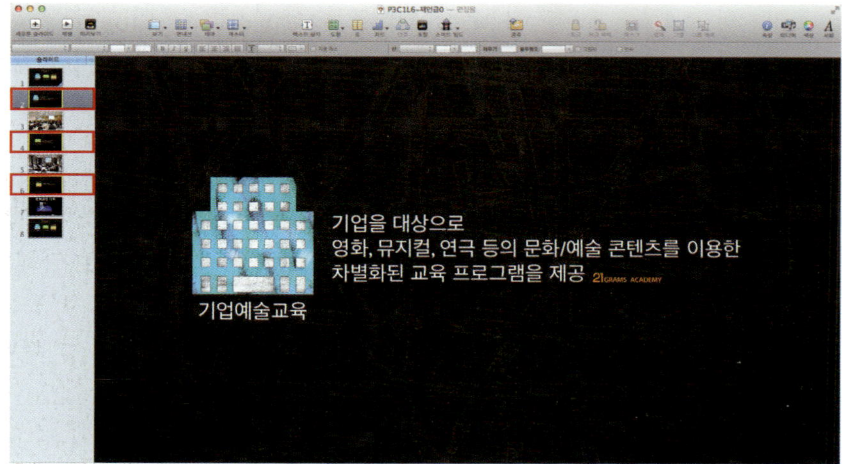

03 네비게이터에서 3, 5번 슬라이드를 선택하고, [밀어내기]를 적용합니다.

04 일곱 번째 슬라이드를 선택하고, [교체]를 적용합니다.

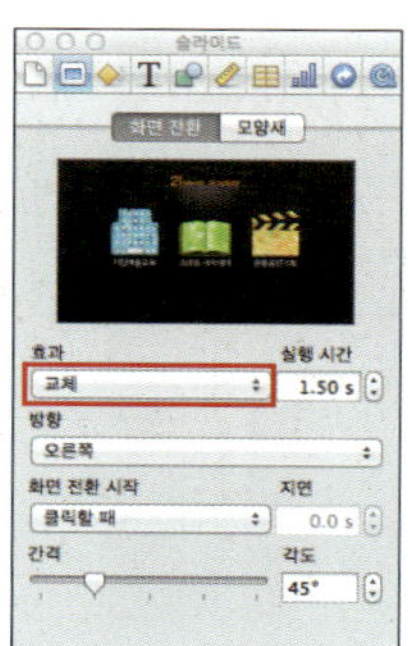

05 재생시켜보면 뒤에 있던 슬라이드를 다시 꺼내오는 느낌의 화면 전환 효과를 확인할 수 있습니다.

06 그 외에 [반사] 효과를 적용하고, 방향을 [오른쪽]으로 바꿔봅시다. 또는 [안으로 들어오기] 효과를 적용하고, 방향을 [왼쪽에서 오른쪽으로]를 선택합니다. 앞에서 진행되는 화면 전환 방향과 반대 방향을 적용하면 청중은 내용이 되돌아가 다시 반복되었다는 느낌을 받게 됩니다.

▲ 반사

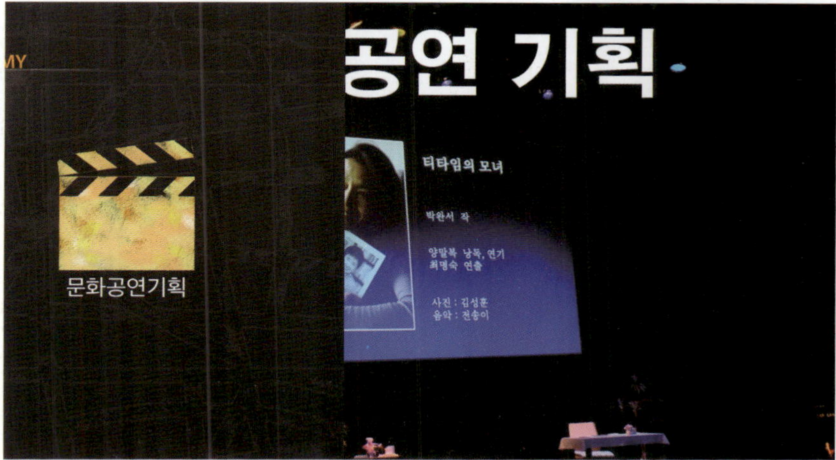

▲ 안으로 들어오기

Chapter 02

빌드

빌드의 기본 기능은 화면에서 개체가 나타나고 사라지거나 혹은 이동하는 것을 표현하는 것입니다. 그렇다면 왜 화면에 나타나고, 움직이고, 사라져야하는 것일까요? 그 이유는 청중의 시선이 슬라이드의 내용 중에서 발표자가 현재 설명하는 부분에 머무르도록 하기 위함입니다.

그렇다고 모든 도형이나 글자들이 번쩍거리며 하나씩 나타나도록 하는 것은 좋지 않습니다. 오히려 발표시간만 증가시킬 뿐입니다. 따라서 중요도에 따라 강약 조절을 해야 합니다. 중요도가 낮은 것은 디졸브로 부드럽게 나타나고, 상대적으로 중요한 것만 강조해서 번쩍이며 나타나는 것이 좋습니다.

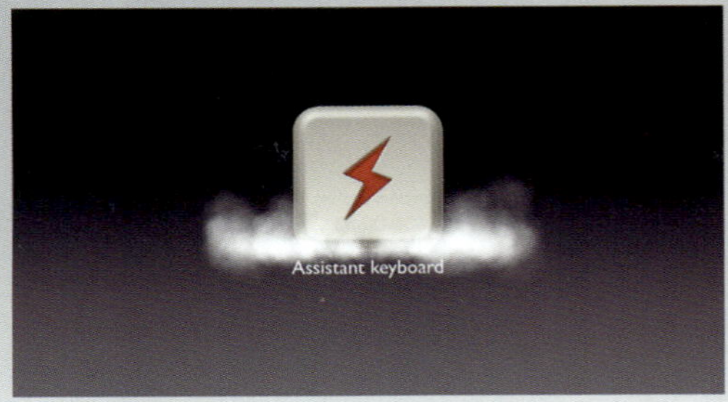

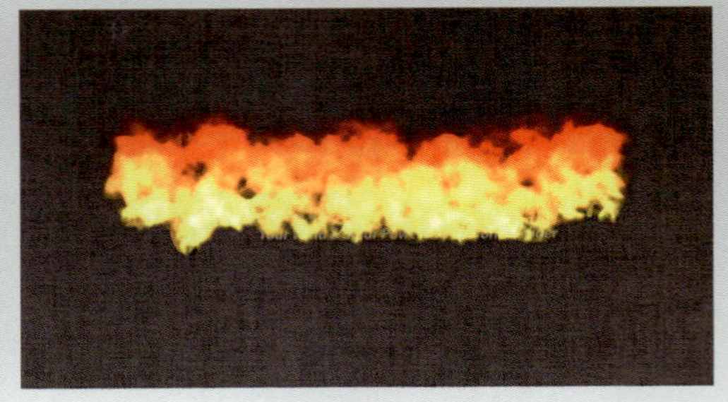

속성에서 빌드 순서 이해하기

대상체 이름 앞에 점은 [클릭]하면 시작을 의미합니다.
무표시는 [후에 자동으로] 시작을 의미합니다.
꺾인 선은 [함께 자동으로] 시작을 의미합니다.

빌드 순서		
#	대상체	빌드
1	• droppedImage	들어오기
2	droppedImage	들어오기
3	└ droppedIm...	들어오기
4	• droppedImage	들어오기
5	droppedImage	들어오기
6	└ droppedIm...	들어오기
7	• droppedImage	들어오기

Lesson **01** 차근차근 설명하기에 적합한 동작

청중은 복잡한 슬라이드 화면을 대하면 어디를 가장 먼저 쳐다봐야하는지 고민하게 됩니다. 따라서 이번에는 여러 가지 항목을 하나씩 차근차근 짚어가며 설명하기 위한 빌드에 대해서 설명해보겠습니다.

Section 01 설문조사 내용을 발표하는 사례

|학·습·목·표|
뒤집기 스마트빌드를 사용하는 방법 익히기

- **소스 이미지** : 물음표3D.png

- **연습 키노트** : P3C2L1S4-5순위0.key

- **완성 키노트** : P3C2L1S4-5순위1.key

01 배경이 삽입된 연습 키노트 파일 'P3C2L1S4-5순위0.key'을 불러옵니다.

02 도구막대를 활용하여 동일한 크기의 회색 도형과 검은 도형을 생성합니다. 검은 도형은 더블클릭하여 'iWork'라는 글자를 입력합니다.

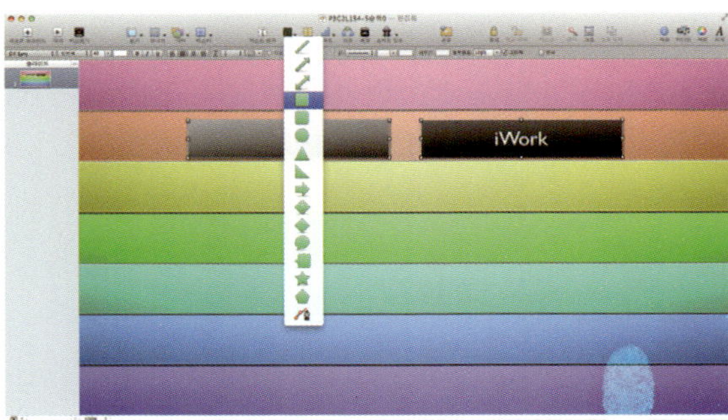

03 검은 도형은 추가로 4개를 복사하여 그림과 같이 각각의 내용을 입력합니다.

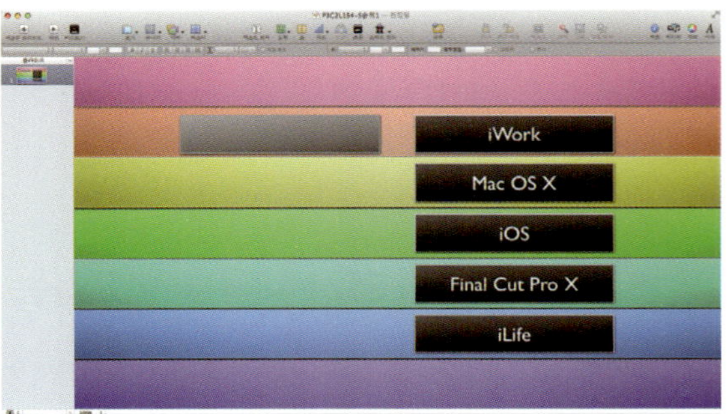

04 도구막대에서 [스마트빌드] 중 [뒤집기]를 선택하면 스마트빌드 영역이 생성됩니다. 왼쪽 회색 도형을 복사(Command+C)하여 [스마트빌드 편집기]의 첫 번째 영역을 클릭한 후 붙여넣기(Command+V) 합니다.

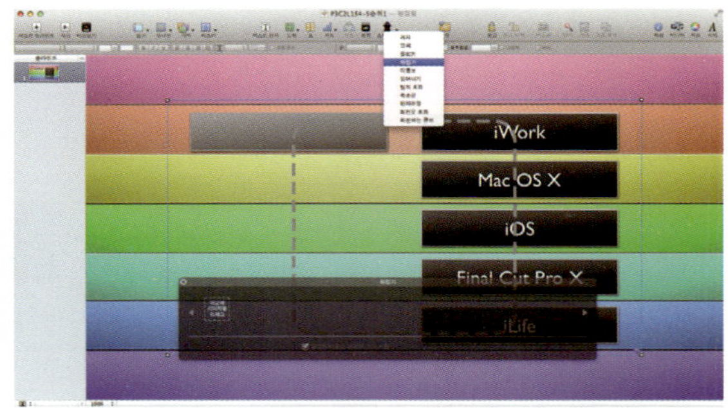

05 앞부분에서 만들었던 회색 도형은 삭제합니다. (혹은 추후 수정을 위해 다른 슬라이드에 옮겨 놓아도 됩니다.) 그리고 회색 도형이 삽입되어 있는 스마트빌드를 아래로 복사하여 총 5개를 만듭니다.

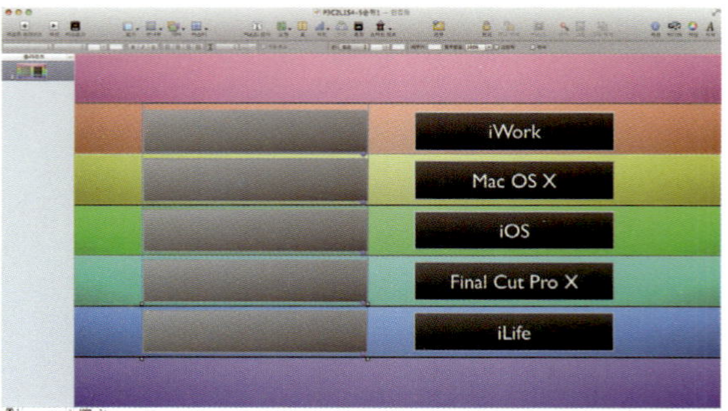

06 5개의 스마트빌드 개체의 두 번째 영역에 내용이 입력된 오른쪽 도형을 하나씩 각각 붙여넣기 합니다. 그리고 스마트빌드 편집기 밑에 [동일한 비율로 이미지 조절] 항목의 체크를 해제합니다. (이는 본래 스마트빌드로 묶이는 사진의 크기가 다를 경우에 비슷하게 맞춰주는 기능입니다.)

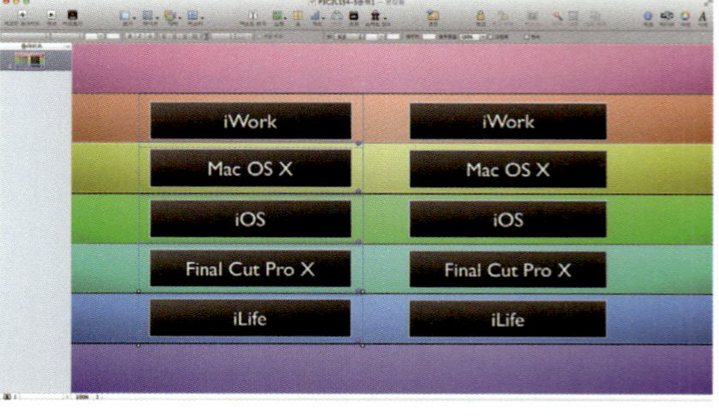

07 5개의 스마트빌드 개체만 남기고, 나머지 도형은 삭제합니다. 스마트빌드 개체를 선택한 후, [속성] 〉 [동작]을 선택하여 [뒤집기]의 방향을 [위에서 아래로]로 설정하고, [크기 조절] 값을 '100%'로 조정합니다.

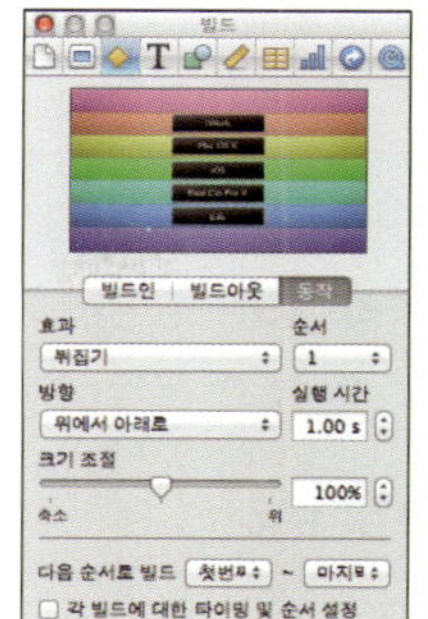

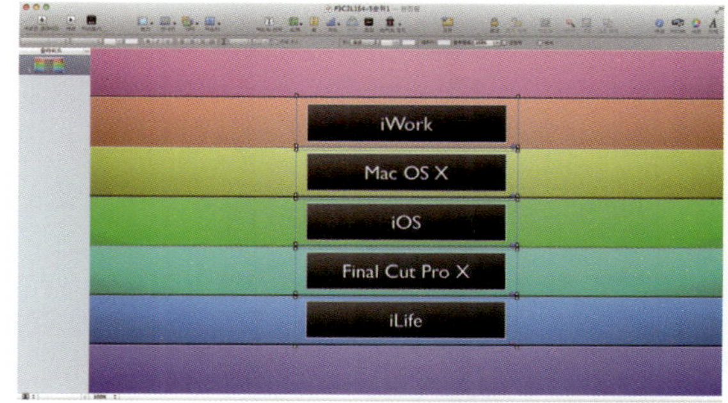

08 슬라이드 위에 질문 내용과 물음표 이미지 소스 '물음표3D.png' 등 나머지 내용을 입력합니다.

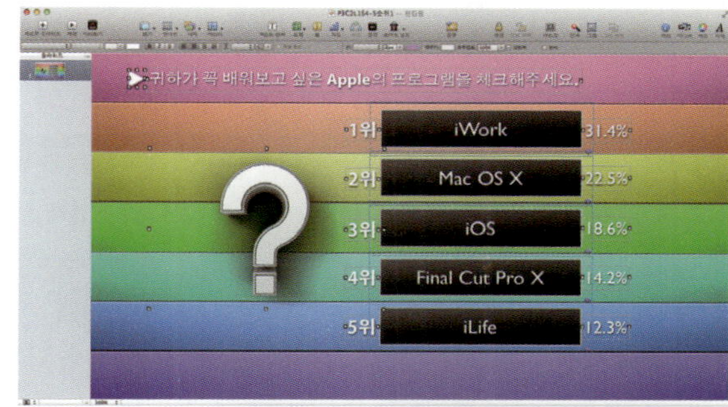

09 도형 오른쪽 퍼센트 값을 전부 선택하고, 속성에서 [디졸브] 효과를 적용합니다. 그리고 빌드 순서에서 스마트빌드 사이에 위치시키고, [이전 빌드와 함께 자동으로]를 선택합니다. 재생시켜보면 순서대로 회색 도형이 뒤집히며 순위를 나타내는 슬라이드를 확인할 수 있습니다.

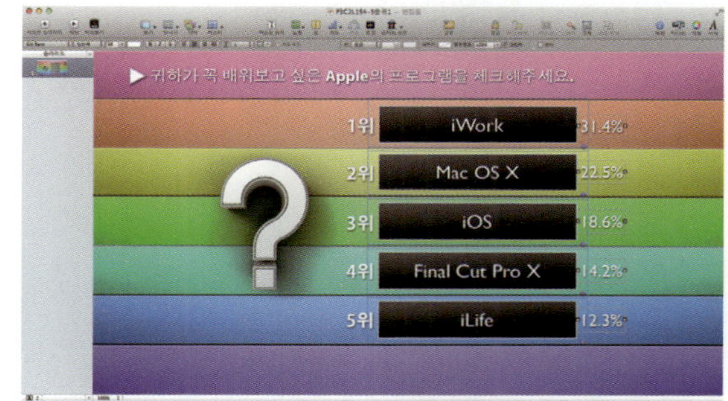

Tip [빌드 순서]에서 여러 개체를 동시에 선택하여 [빌드 시작]을 조정하려면 Command 키를 누른 상태에서 원하는 개체를 클릭하면 편리합니다.

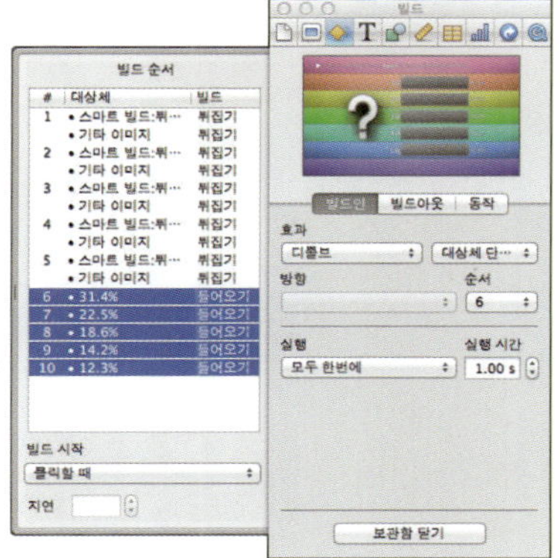

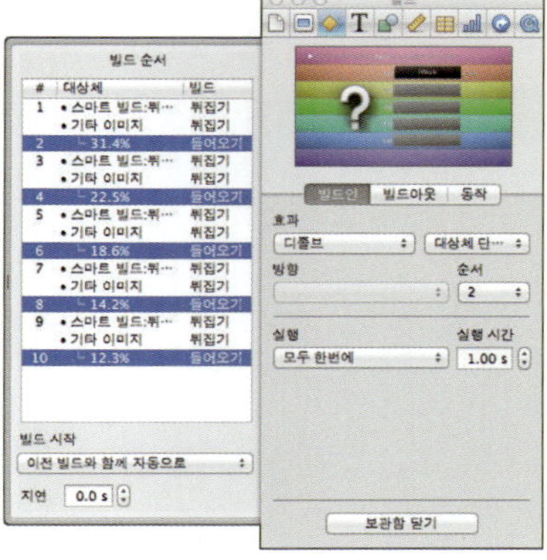

 **Section 02 턴테이블 스마트빌드 + 큐브 빌드**

이번에는 동물의 이름을 하나씩 영어로 설명하는데 적합한 빌드에 대해서 설명하겠습니다.
턴테이블 스마트빌드는 여러 장의 사진을 차례대로 설명하는데 적합합니다.

|학·습·목·표|
턴테이블 스마트빌드와 일반 빌드인, 빌드아웃을 함께 사용하는 방법 익히기

- **소스 이미지** : camel.png / deer.png / giraffee.png / sheep.png

- **연습 키노트** : P3C2L1S2−턴테이블0.key

- **완성 키노트** : P3C2L1S2−턴테이블1.key

01 배경이 삽입된 연습 키노트 'P3C2L1S2−턴테이블 0.key'를 불러옵니다. 그리고 도구막대에서 [스마트빌드] 중 [턴테이블]을 선택합니다.

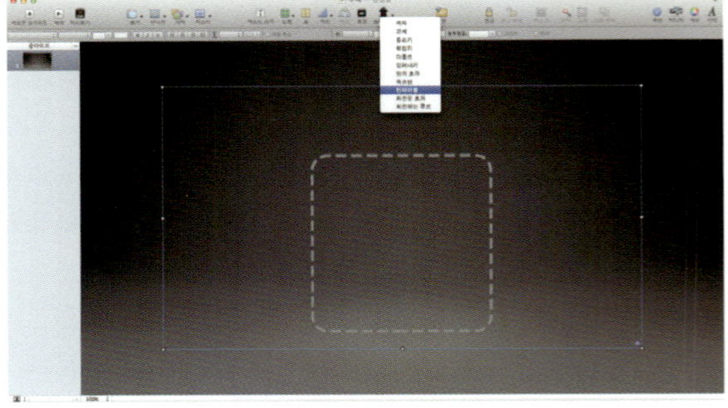

02 [Finder]에서 이미지 소스 'camel.png', 'deer.png', 'giraffee.png', 'rabbit.png', 'sheep.png' 등을 하나씩 드래그하여 삽입합니다.

이때 드래그 할 수 있는 파란색 테두리가 두 가지 보입니다. 안쪽의 작은 영역이 아닌 바깥의 큰 영역으로 드래그 하여야 합니다.

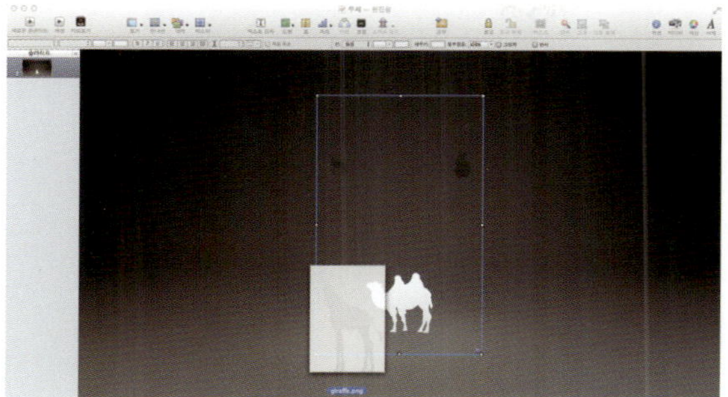

03 총 5개의 이미지를 전부 삽입하였음을 확인할 수 있습니다.

04 스마트빌드의 전체 크기를 좌우로 늘려줍니다.
추가로 나타나는 [스마트빌드 편집기]의 왼쪽 아래 보이는 크기 버튼 중 작은 사각형을 클릭하고, 오른쪽 슬라이더를 오른쪽으로 움직이면 뒤편에 있는 작은 이미지의 크기가 커집니다.

05 편리한 작업을 위해 새로운 슬라이드를 생성하고, 5가지 동물의 이름을 영어로 입력합니다. Rabit은 빌드아웃으로 [큐브]를 적용시킵니다. Sheep은 빌드인과 빌드아웃을 차례대로 [큐브] 효과를 적용시킵니다. Deer은 빌드인과 빌드아웃을 차례대로 [큐브] 효과를 적용시킵니다. Camel은 빌드인과 빌드아웃을 차례대로 [큐브] 효과를 적용시킵니다. Giraffe는 빌드인으로 [큐브] 효과를 적용시킵니다. 그리고 빌드 순서에서 모든 [들어오기]는 [이전 빌드와 함께 자동으로]를 선택합니다.

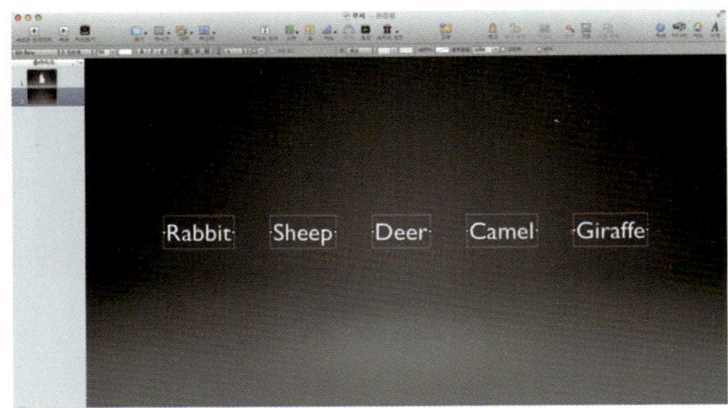
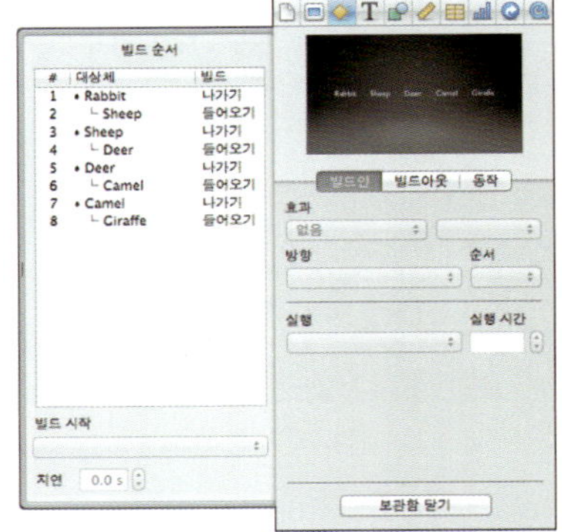

06 5개의 텍스트 대상체를 선택하고, 마우스 오른쪽 버튼을 클릭한 후, [대상체 정렬] > [중앙]을 하면 가운데로 정렬됩니다.

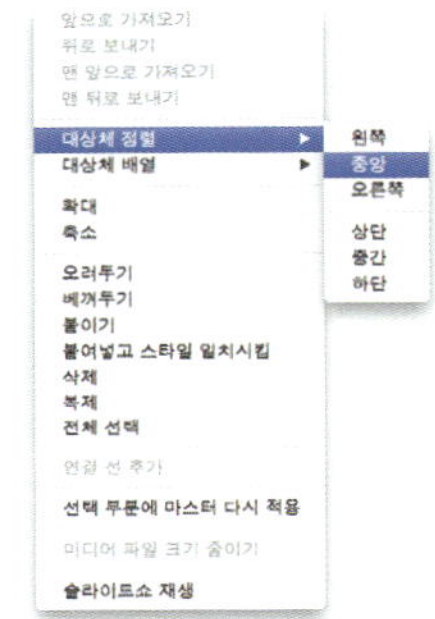
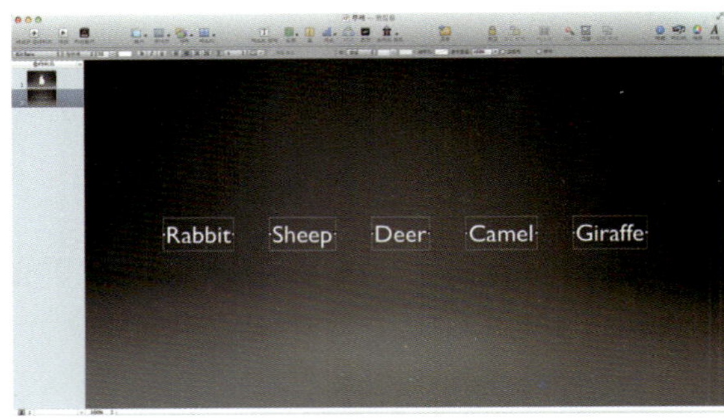

07 재생시켜 보면 육면체가 돌아가는 모습처럼 보입니다.

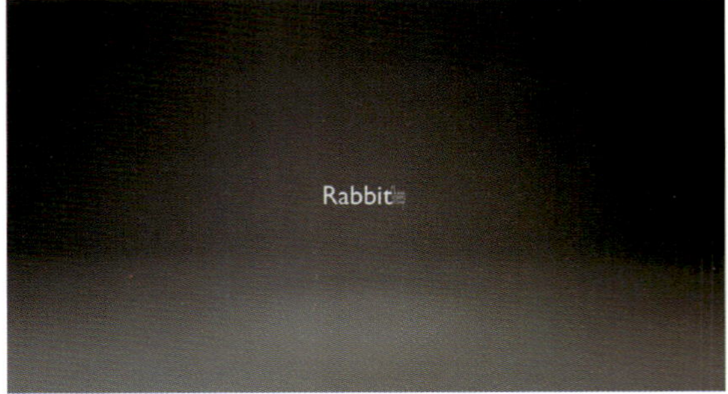

08 텍스트 대상체를 모두 복사하여 이전 슬라이드에 붙여넣기합니다. 빌드 순서를 보면 빌드 효과들도 모두 함께 복사된 것을 알 수 있습니다.

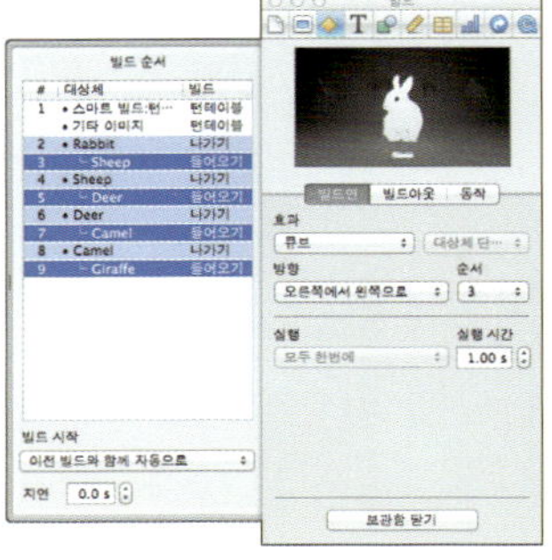

09 스마트빌드 개체를 선택하고, 속성에서 [각 빌드에 대한 타이밍 및 순서 설정]을 체크합니다. 그러면 빌드 순서에 변화가 있는 것을 알 수 있습니다. 하나로 묶여 있던 스마트빌드가 여러 개의 빌드로 나누어졌습니다.

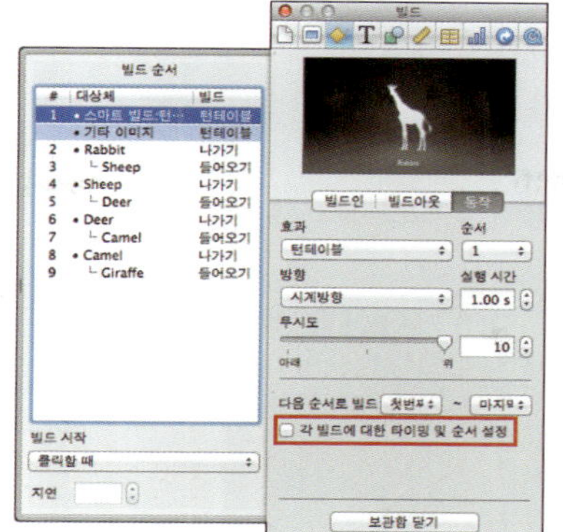
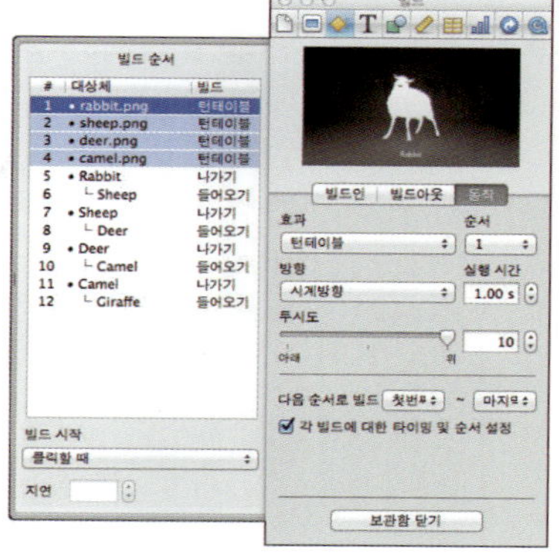

10 텍스트 대상체의 빌드 순서를 다음과 같이 턴테이블 사이로 이동시키고 빌드아웃(나가기)의 빌드 시작을 [이전 빌드와 함께 자동으로]를 선택합니다.

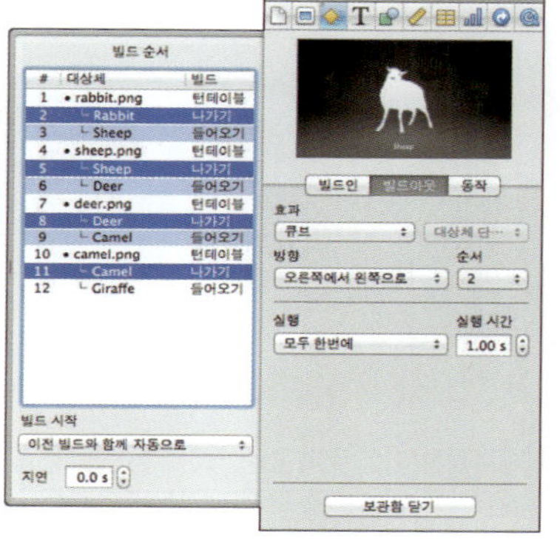

11 재생시켜 보면 스마트빌드와 빌드인-빌드아웃이 함께 진행되는 것을 알 수 있습니다.

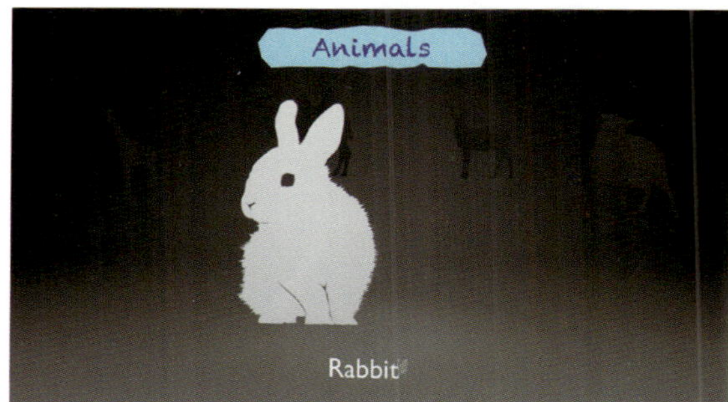

Tip [턴테이블] 스마트빌드는 되도록 어두운 배경에서 사용하는 것이 유리합니다. 왜냐하면 뒤편의 이미지들의 밝기를 어둡게 하기 때문에 밝은 배경에서는 앞에 부각되어야 할 이미지가 오히려 잘 안보일 수 있습니다.

Tip 턴테이블 스마트빌드 완전정복

턴테이블 스마트빌드에 사진을 삽입하는 방법에는 4가지가 있습니다.

• 첫 번째 방법
[Finder]에서 [스마트빌드 편집기] 영역으로 이미지를 하나씩 드래그 하는 방법

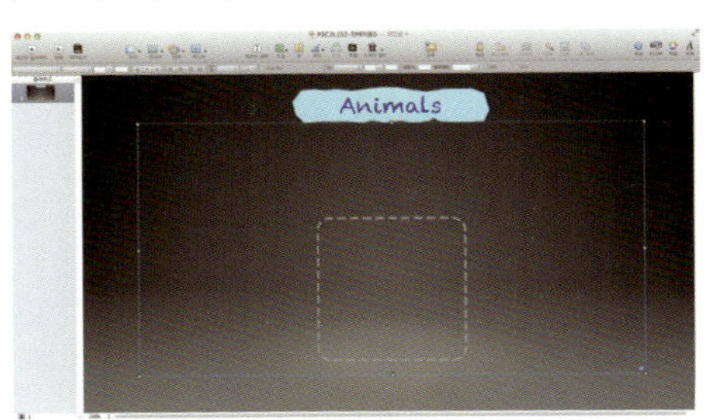

▲ 스마트빌드 편집기

• 두 번째 방법
[Finder]에서 스마트빌드 영역에 곧바로 드래그하는 방법

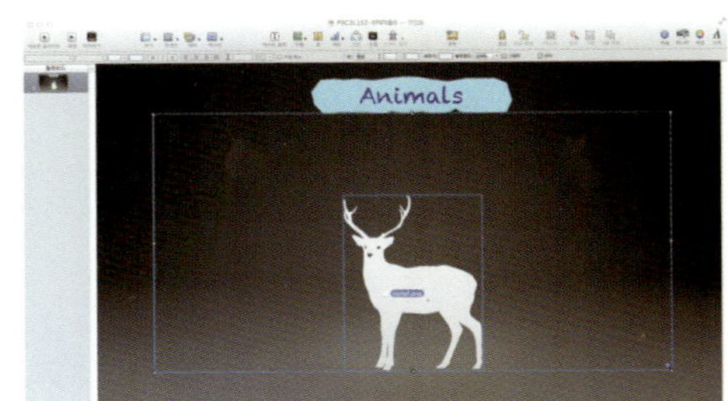

참고로 말하자면, 턴테이블 스마트빌드만 유일하게 이미지를 삽입하는 영역이 두 부분으로 나뉩니다. 이전에 사진이 삽입된 안쪽 영역으로 드래그하면 계속해서 사진이 교체되고 추가되지 않습니다. 그러므로 여러 장의 사진을 넣으려면 빈 바깥 영역으로 드래그해야 합니다.

• 세 번째 방법
슬라이드에 삽입된 사진이나 도형, 텍스트를 복사(Command+C)한 후, [스마트빌드 편집기] 영역 안에 붙여넣기(Command+V) 하는 방법이 있습니다.
이 방법을 활용하면 알파로 배경을 투명하게 바꾼 이미지를 스마트빌드에 삽입할 수 있습니다. 또한 여러 개의 도형이나 글자를 그룹하여 한꺼번에 붙여넣는 것도 가능합니다.

• 네 번째 방법
슬라이드에 있는 원하는 개체들을 선택한 후, 도구막대에서 스마트빌드 아이콘을 누릅니다.
이러한 방법은 간편할 수도 있지만 그림의 순서가 임의로 정해지므로 개체수가 많은 경우에는 오히려 순서를 정돈하느라 번거로울 수 있습니다.

이미지의 순서를 바꾸는 방법은 그림을 클릭한 후, 원하는 위치로 움직이면 됩니다. 이때 이미지의 순서는 차례대로 하나씩 뒤로 밀리는 것이 아니라 서로 교체되는 방식입니다.

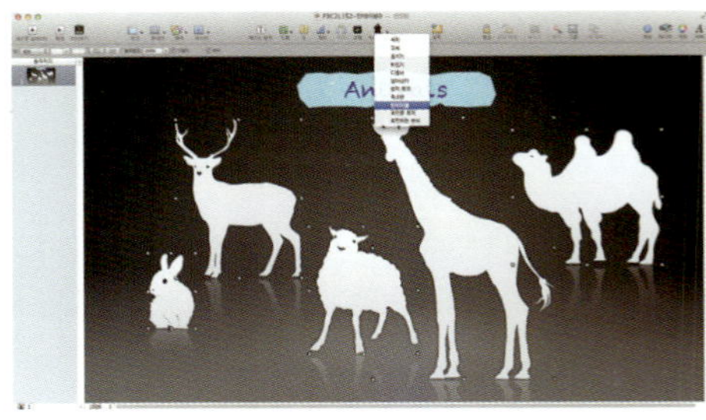

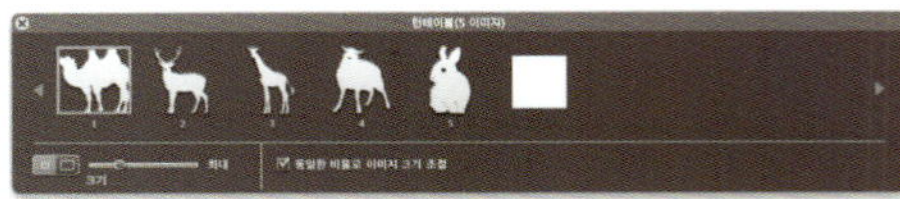

 Lesson **02** 시선 끌기

발표를 할 때 때로는 주위를 환기시키기 위하여 화려한 움직임을 사용해야 하는 경우도 있습니다.

Section 01 드리프트 오프닝

빌드인 중에서 유일하게 나타났다가 자동으로 사라지는 효과가 드리프트입니다. 아이패드 키노트에는 '밀어보냄'으로 번역되어 있습니다. 드리프트를 활용하면 빠른 속도감이 느껴지는 화면을 구성할 수 있습니다. 이번에는 이 효과를 사용하여 발표의 오프닝을 경쾌하게 시작하는 방법에 대해서 설명하겠습니다.

|학·습·목·표|
드리프트 효과를 응용하여 역동감이 느껴지는 슬라이드 만드는 방법 익히기

• **소스 이미지** : 동굴 효과.png

• **연습 키노트** : P3C2L2S1-드리프트0.key

• **완성 키노트** : P3C2L2S1-드리프트1.key

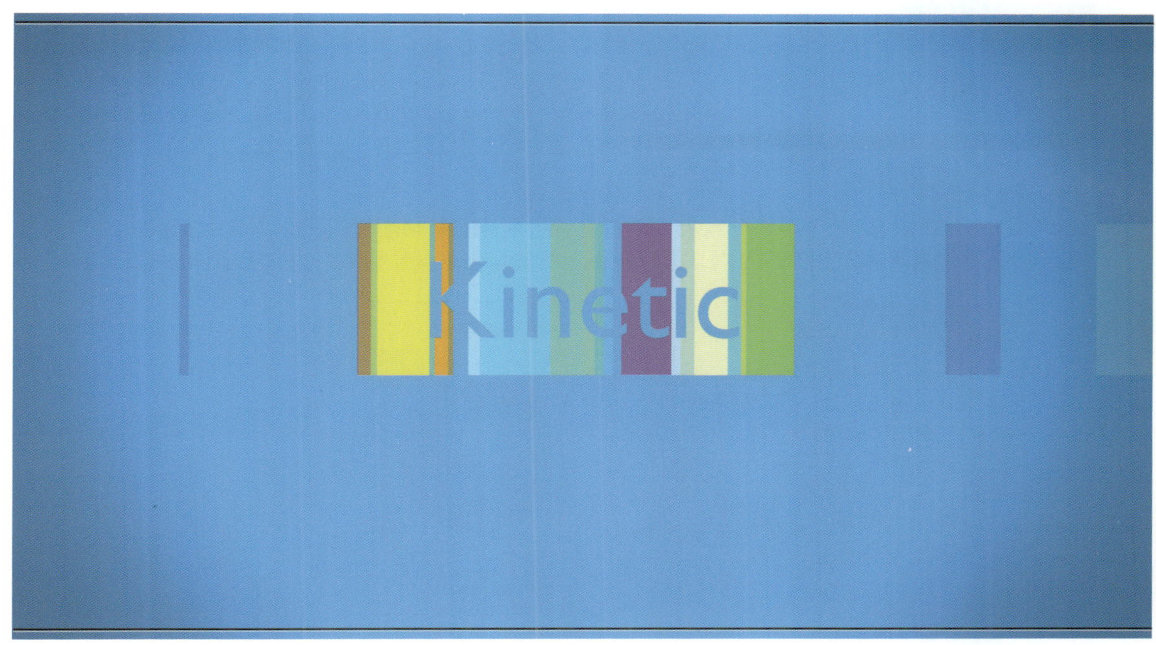

01 ▶ 새로운 슬라이드에 네모 도형을 생성한 후, Option 키를 누른 상태에서 여러 개로 도형을 복사합니다. 그리고 너비를 다양하게 변화시켜 줍니다.

02 도형의 색상을 빨강, 노랑, 파랑, 초록, 흰색 등 다양하게 각각 변화시켜줍니다.

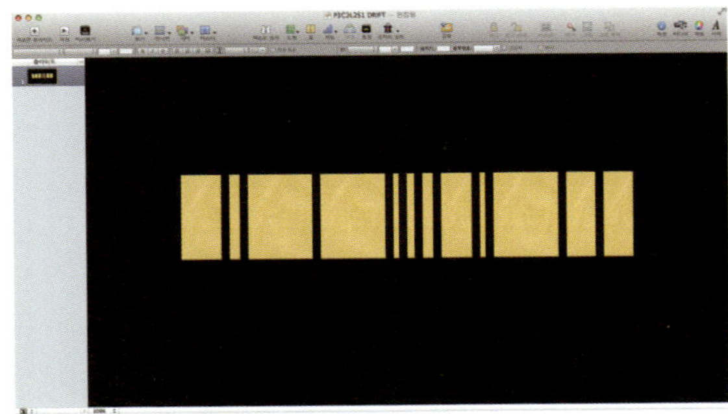

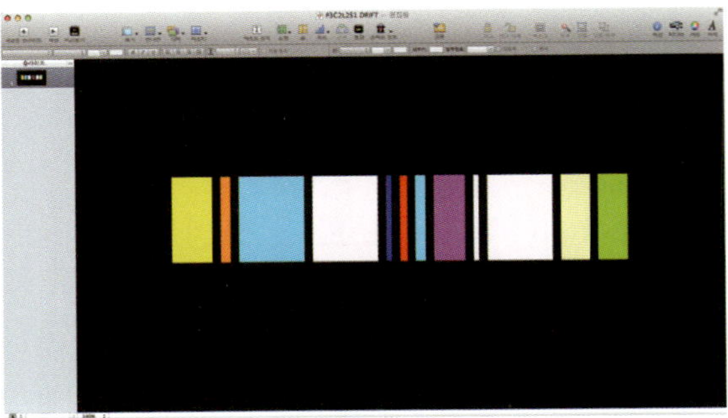

03 배경으로 사용할 큰 도형을 만들어 화면에 꽉 채운 후, 색상을 하늘색으로 바꿔줍니다. 그리고 마우스 오른쪽 버튼을 누른 후, [맨 뒤로 보내기]를 선택합니다.

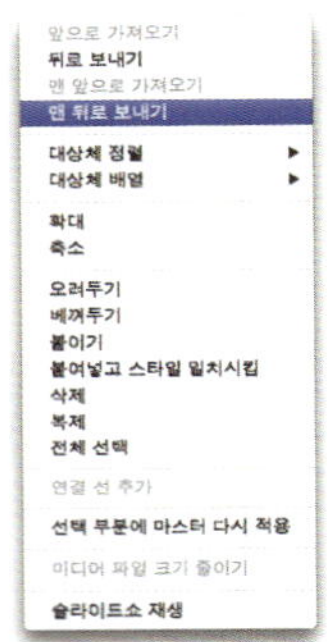

04 도구막대에서 텍스트 상자를 만들고, 'Kinetic' 글자를 입력한 후, 색상을 배경색과 동일한 색으로 조절합니다. 색상 팔레트에 색상을 등록해 놓으면 편리하게 색상을 통일시킬 수 있습니다. (※색상 팔렛트 활용법은 p.114를 참고하세요.)

05 네모 도형들을 전부 [드리프트] 빌드인을 적용시켜줍니다. 그리고 빌드 순서에서 첫 번째 도형의 빌드 시작을 [화면 전환 후에 자동으로]를 선택합니다. 참고로 슬라이드에 '동굴효과.png' 이미지 소스를 삽입하면 좀 더 영상미가 느껴집니다.

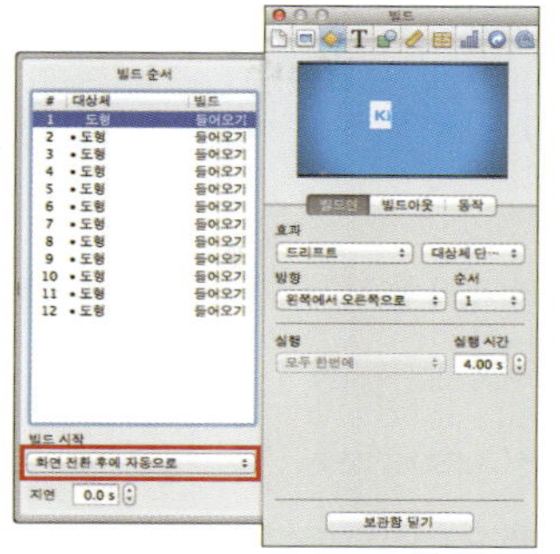

06 빌드 순서에서 두 번째 도형부터는 [이전 빌드와 함께 자동으로] 빌드인이 되도록 조절한 후, 지연시간을 '0.1초'로 맞추어 순차적으로 애니메이션이 진행되도록 합니다. 그리고 각 드리프트 효과의 [실행 시간]을 1초, 1.5초, 2초, 2.5초 등으로 조금씩 다르게 변화를 줍니다.

07 Command 키를 누른 상태에서 빌드 순서의 도형에서 짝수 순서를 선택하고, 드리프트 방향을 [오른쪽에서 왼쪽으로]로 바꿔줍니다.

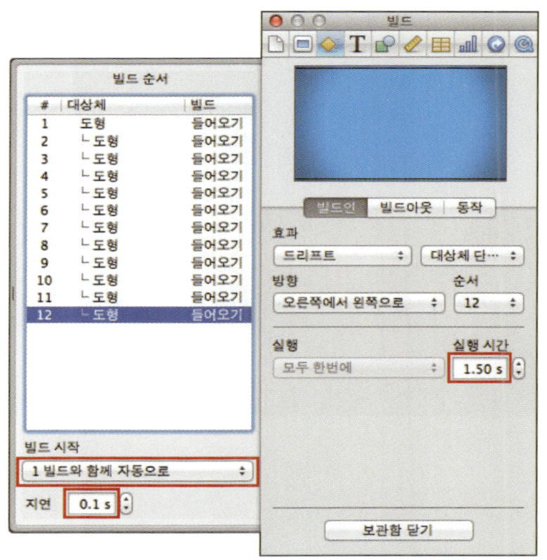

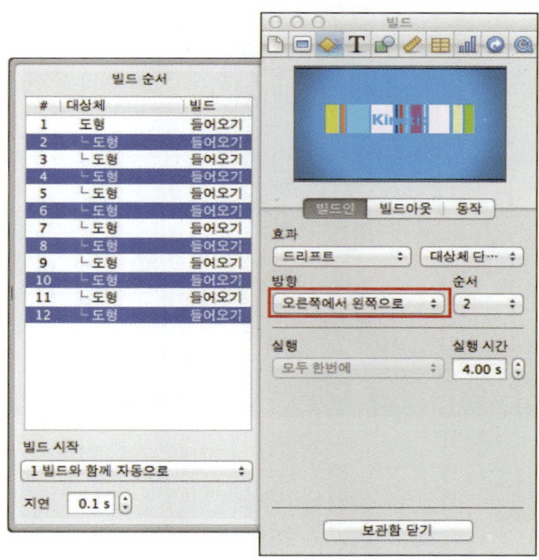

08 배경으로 사용된 하늘색 도형은 드리프트가 전부 끝나면 자동으로 빌드아웃 되도록 합니다. 효과는 [축하꽃종이]를 선택하였습니다. (추가로 음악을 사용하면 시각적인 효과를 더욱 돋보이게 할 수 있습니다.)
재생시켜보면 도형이 드리프트 되면서 조금씩 글자가 보이고 난 후, 배경이 사라지면서 글자가 분명하게 보이게 되는 효과를 확인할 수 있습니다.

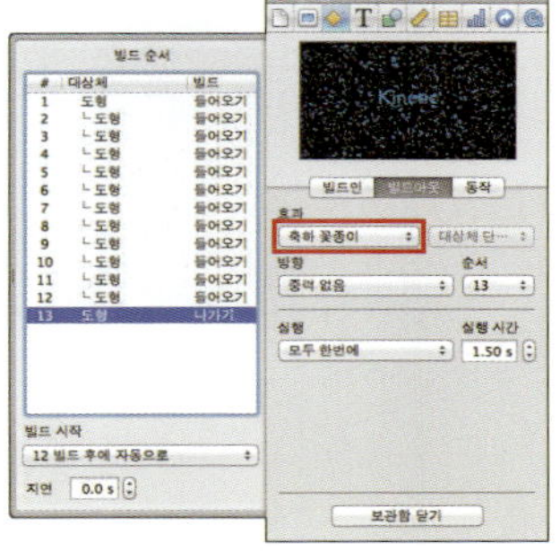

Section 02 커서 타이핑 효과

주로 발표 마지막에 '감사합니다'와 같은 표현으로 마무리하거나 회사의 이름을 적는 경우가 있습니다. 이런 경우에는 간단하면서도 심심하지 않는 움직임으로 발표를 마치는 것이 효과적입니다.

|학·습·목·표|
화면에 커서가 나타나고 그 커서가 움직이면서 글자가 타이핑 되듯이 나타나고 커서가 사라지는 애니메이션 방법 익히기

- **연습 키노트 :** P3C2L2S2–Cursor0.key

- **완성 키노트 :** P3C2L2S2–Cursor1.key

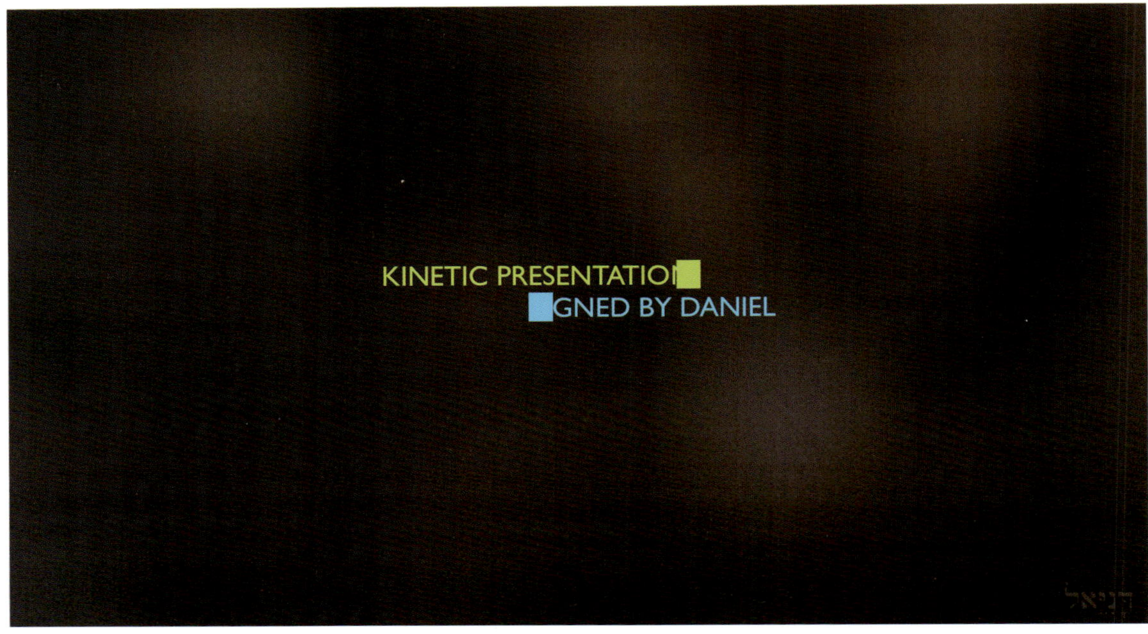

01 배경이 삽입된 연습 키노트 'P3C2L2S2–Cursor0.key'를 불러옵니다.

02 슬라이드에 사업명이나 회사의 이름을 적고, 연두색이나 하늘색으로 글자의 색상을 바꿔줍니다.

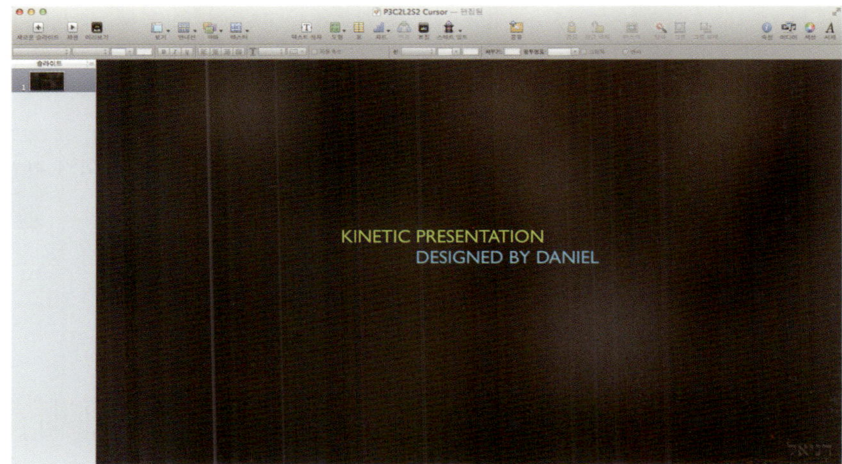

03 도구막대를 통해 사각도형을 생성합니다. 크기를 글자와 비슷하게 줄인 후 복사하여 2개로 만듭니다. 색상은 글자와 동일한 연두색과 하늘색으로 바꿔줍니다.

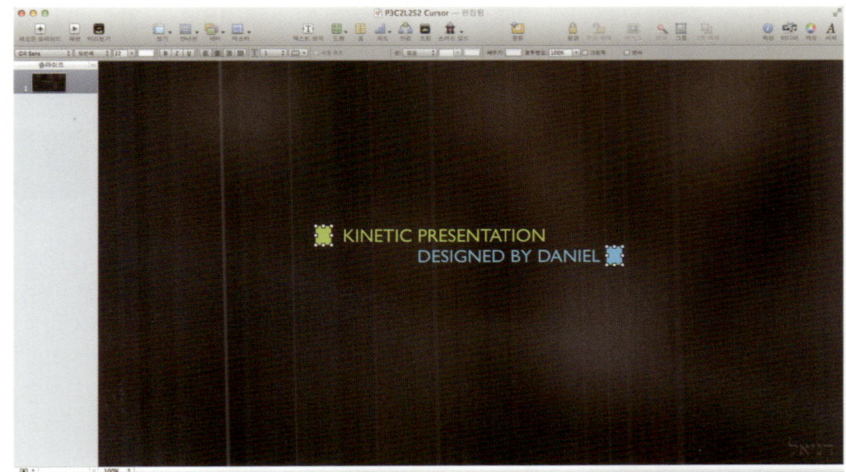

04 연두색 글자에 빌드인 효과로 [타자기 효과]를 선택하고 [실행 시간]을 '0.5초'로 줄여줍니다.

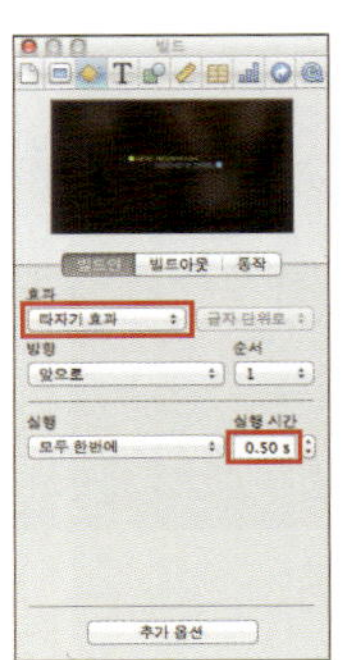

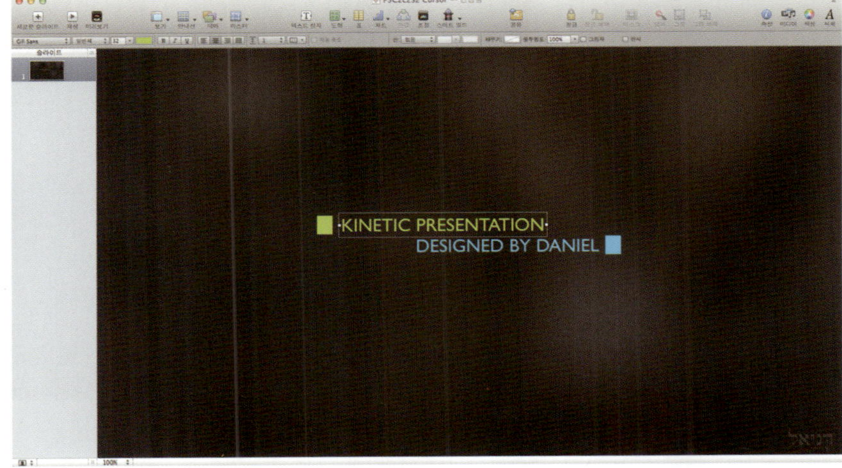

05 연두색 도형은 빌드인 효과로 [나타내기]를 적용하고, 동작에서 [이동]을 선택합니다. 그러면 화면에 추가로 반투명 도형이 나타나면서 이동하는 최종 지점을 표시하는데 이 도형을 글자의 끝부분으로 이동시켜줍니다. 그리고 이동시간을 '0.5초'로 조절합니다. 가속 값을 '없음'으로 바꿔줍니다.

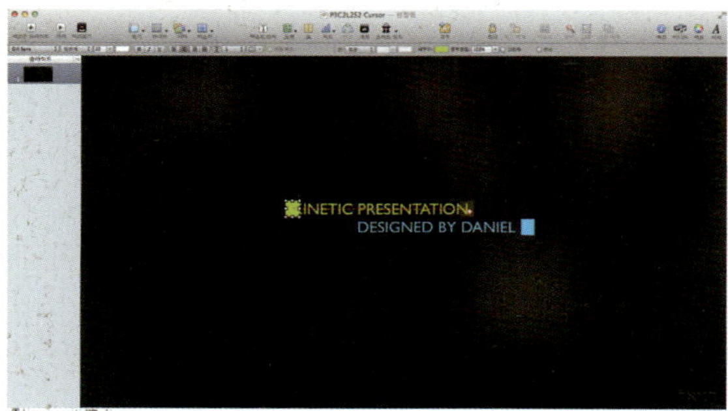
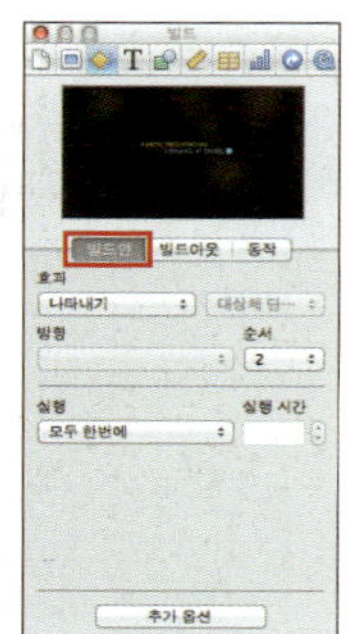
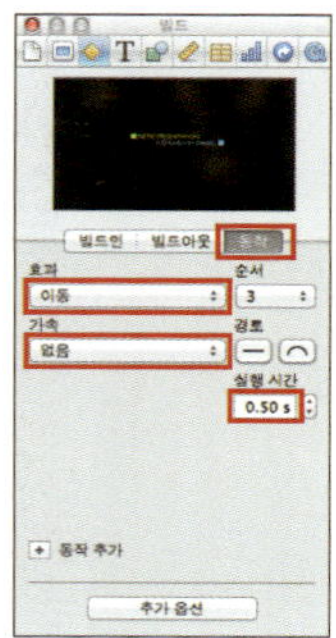

06 연두색 도형에 추가로 [사라짐] 빌드아웃을 적용한 후, [추가 옵션]을 클릭하여 빌드 순서가 보이도록 합니다. 두 번째 순서인 도형의 빌드인은 [1 빌드와 함께 자동으로]를 선택하고 나머지 3, 4 번째 순서인 도형의 동작과 빌드아웃은 [이전 빌드 후에 자동으로]를 선택합니다.

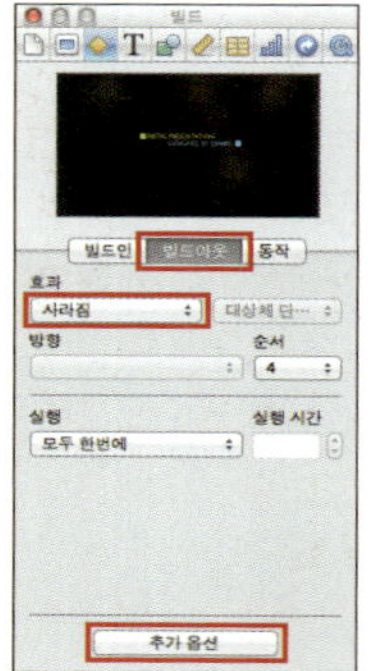
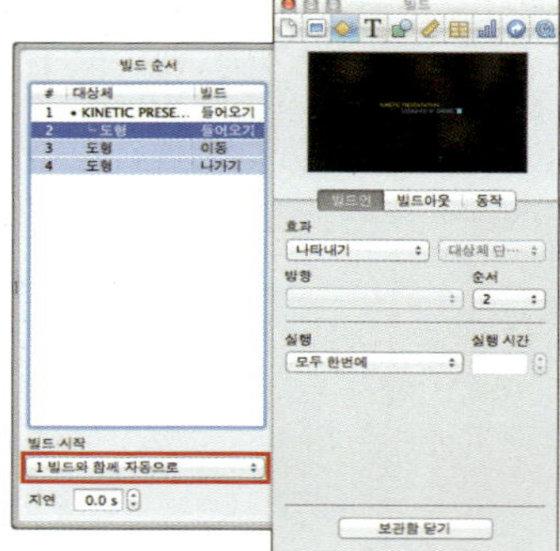
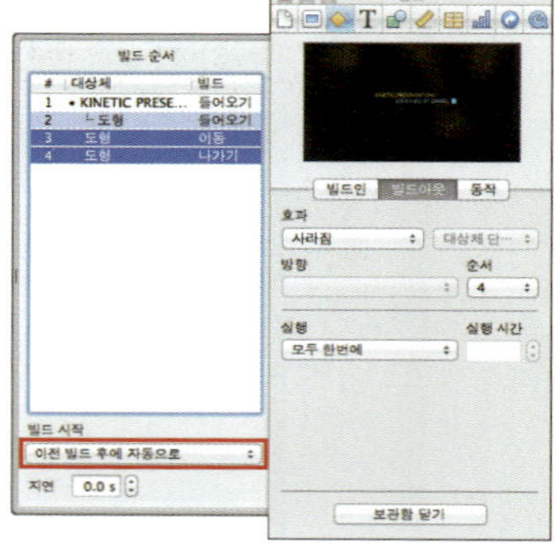

07 하늘색 도형과 글자도 동일한 방법으로 작업한 뒤 재생시켜보면 커서가 움직이면서 글자가 타이핑 되는 듯한 효과를 확인할 수 있습니다.

 **Section 03** 회전하는 테두리로 은은한 움직임 만들기

발표자가 장시간 한 장의 슬라이드 내용을 설명하는 동안 시선을 분산하지 않으면서도 심심하지 않은 효과입니다.

|학·습·목·표|
회전하는 동작 효과를 활용하는 방법 익히기

- **소스 이미지** : 원형반사.png / 회전1.png / 회전2.png

- **연습 키노트** : P3C2L2S2-Cursor0.key

- **완성 키노트** : P3C2L2S2-Cursor1.key

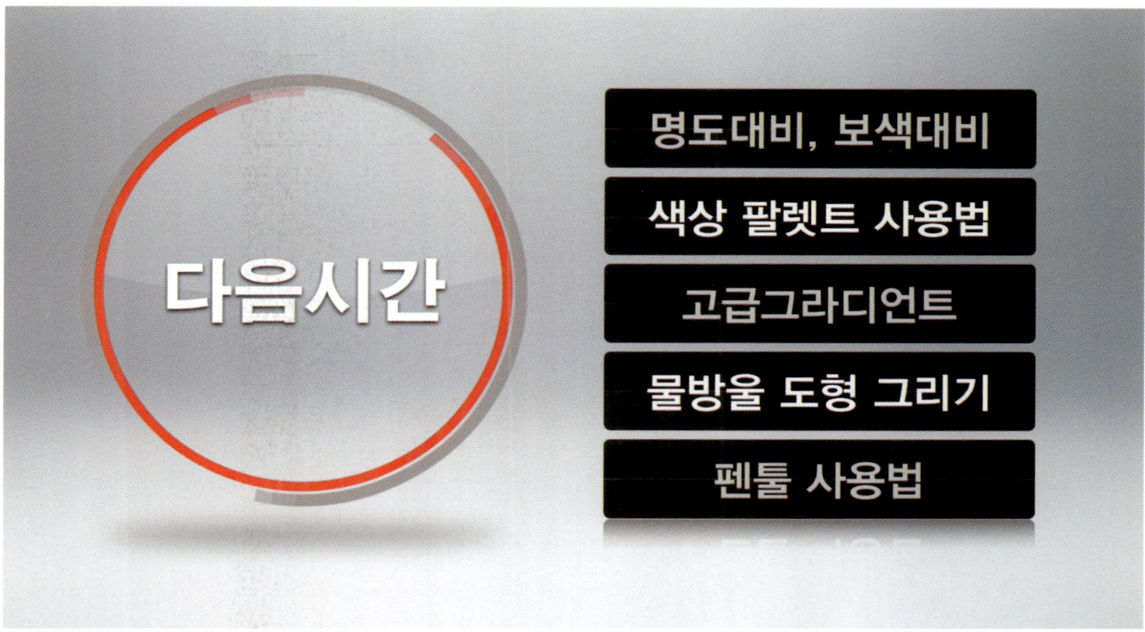

01 배경과 기본적인 이미지 소스가 삽입되어 있는 연습 키노트 파일 'P3C2L2S2-Cursor0.key'을 불러옵니다.

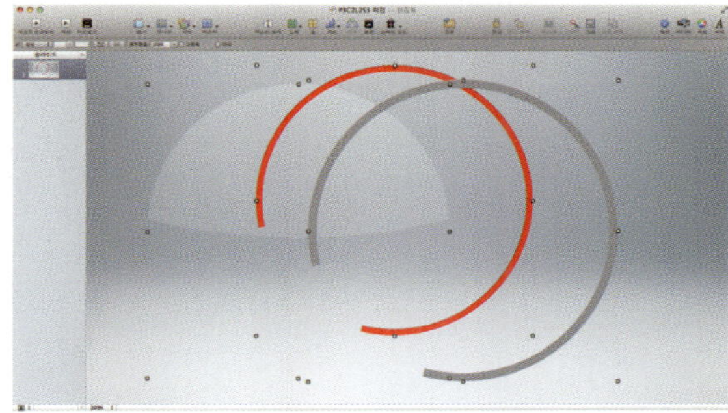

02 이미지 소스를 모두 가운데로 정렬한 후, 빨간색 링을 선택합니다. [Command]와 [Shift] 키를 누른 상태에서 크기 조절 포인트를 움직여 '225°' 회전시켜줍니다. 그리고 [속성] 〉 [동작]에서 [회전]을 선택합니다. 그리고 [회전] 값을 '540°'로 맞추고 [실행시간]을 '15초'로 늘려줍니다.

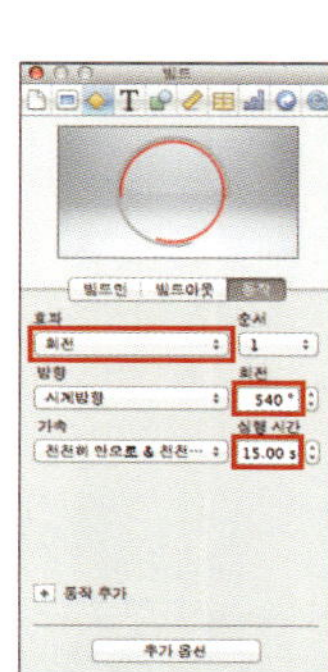

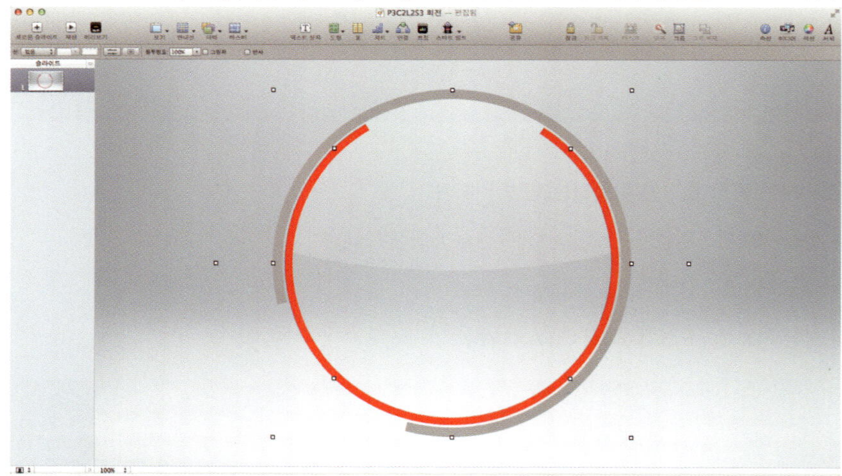

03 회색 링을 선택하고, 동일한 [회전] 효과를 적용한 후, 방향을 [시계 반대 방향]으로 바꾸고, [회전] 각도를 '225°'로 조절합니다. 그리고 [실행 시간]을 '15초'로 통일시킨 뒤, 빌드 순서를 [1 빌드와 함께 자동으로] 바꿉니다.

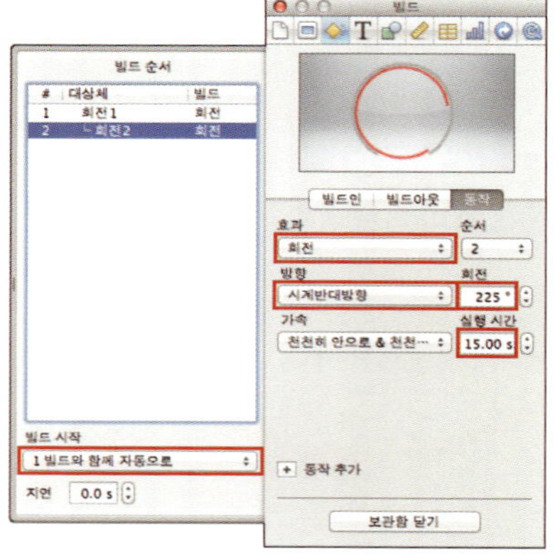

04 그림자(Shadow3.png)와 나머지 내용을 입력하고, 재생시켜보면 회전하는 효과를 확인할 수 있습니다.

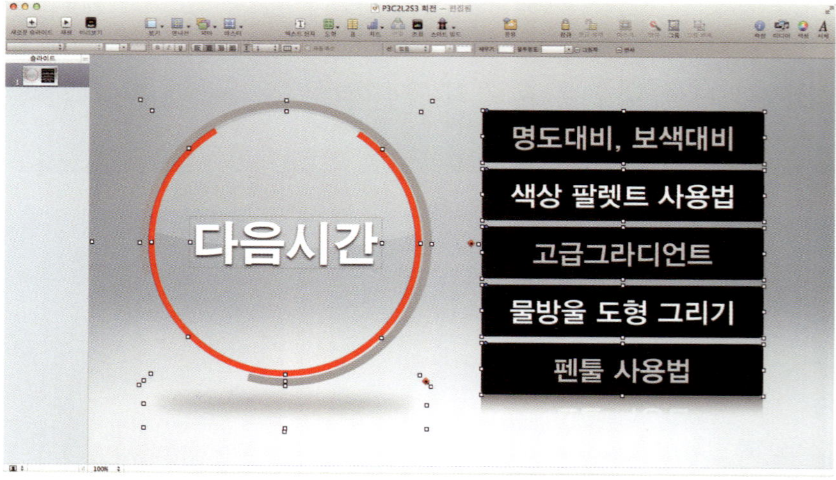

Lesson **03** 동작 빌드와 이동 마법사의 부조화 해결하기

개체에 이동 동작 빌드를 사용하면 이동 마법사를 적용하였을 때 순간적으로 원래 자리로 돌아오고 화면 전환이 일어나는 사소한 문제점이 있습니다. 때문에 이런 화면 전환의 헛점을 보완하는 방법에 대해 배워봅시다.

이번 예제는 동작 빌드 중 하나인 스마트빌드를 사용하여 여러 장의 사진을 차례로 보여준 뒤, 다시 하나의 슬라이드에 모두 나열하는 경우에 편리한 효과입니다.

|학·습·목·표|

스마트빌드를 해체시켜 다시 이동 마법사로 움직이게 만드는 방법 익히기

• **소스 이미지** : P3C2L3-사진1~3.jpg

• **연습 키노트** : P3C2L3-동작&이동 마법사0.key

• **완성 키노트** : P3C2L3-동작&이동 마법사1.key

01 배경이 삽입된 연습 키노트 'P3C2L3-동작&이동 마법사0.key'를 불러옵니다.

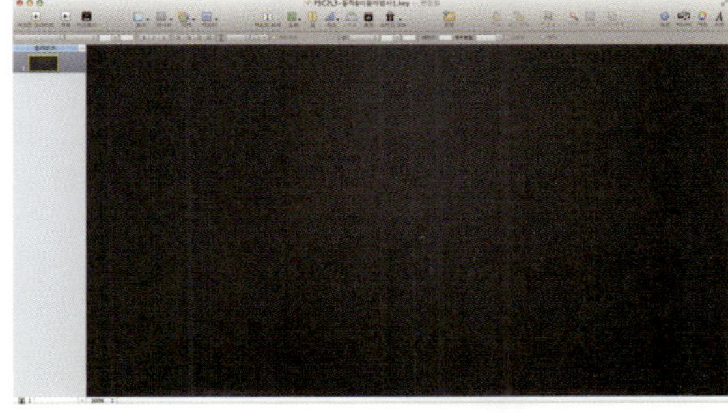

02 [축소판] 스마트빌드를 생성한 후, 사진 3장을 하나씩 드래그하여 삽입합니다.

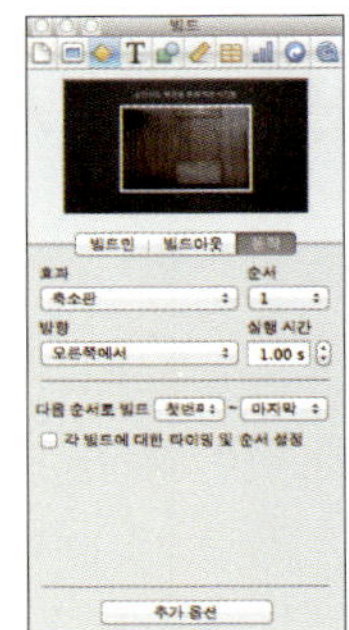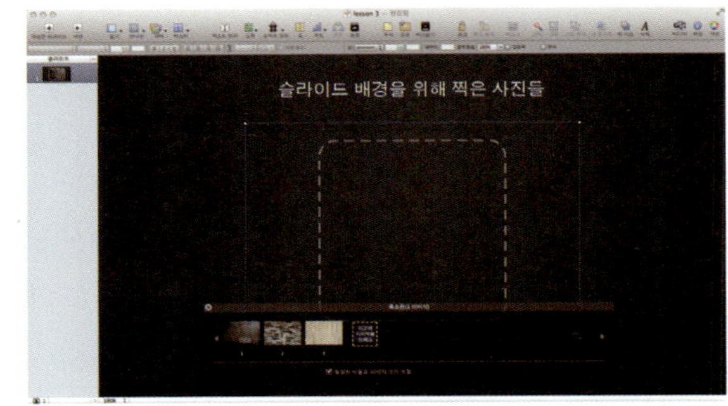

03 스마트빌드에 [사진 프레임]을 적용시켜줍니다.

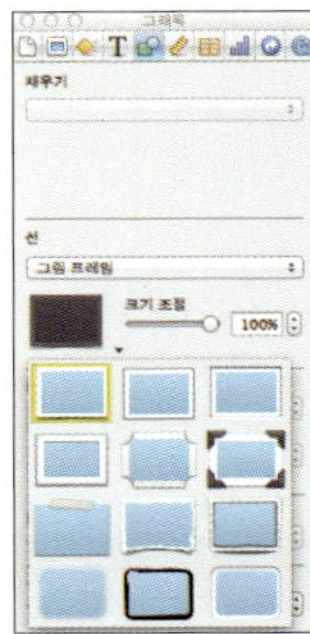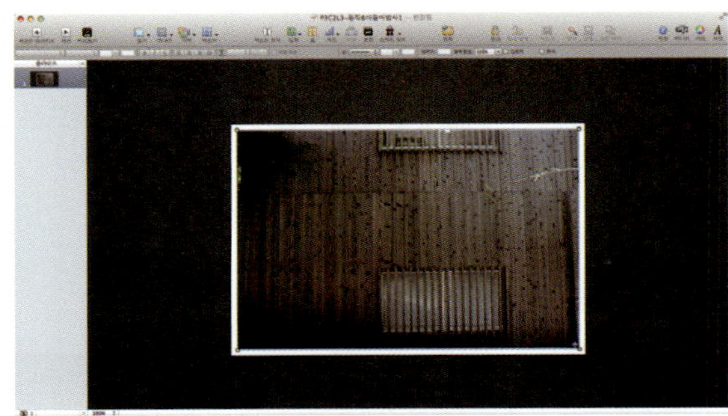

04 네비게이터에서 슬라이드를 복사(Command+D)하여 다음 장에 동일하게 스마트빌드 개체가 있도록 합니다.

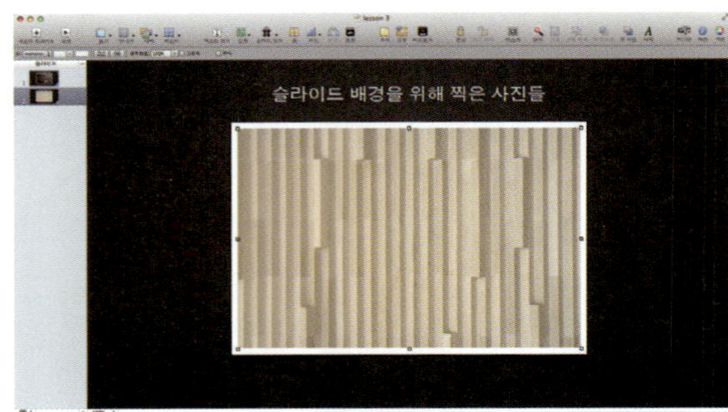

05 스마트빌드는 [동작] 빌드에 속해 있습니다. 따라서 스마트빌드 개체를 선택한 후, 속성창에서 동작 효과를 [없음]으로 선택해주면 하나로 합쳐졌던 사진이 다시 개별로 나눠집니다. 하지만 동일한 위치에 있기 때문에 보기에는 하나로 보입니다. 그러나 마우스로 움직여 보면 나눠져 있다는 것을 알 수 있습니다.
원치 않는 작업내용은 Command+Z 키를 누르면 이전으로 돌아갑니다.

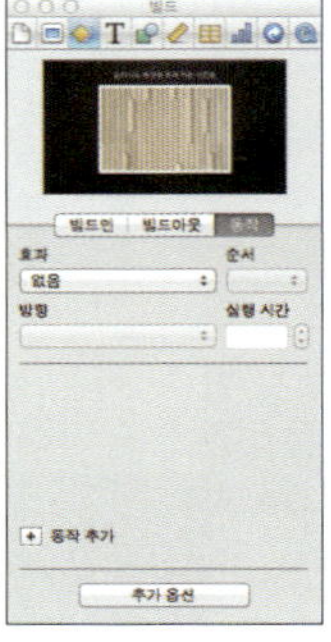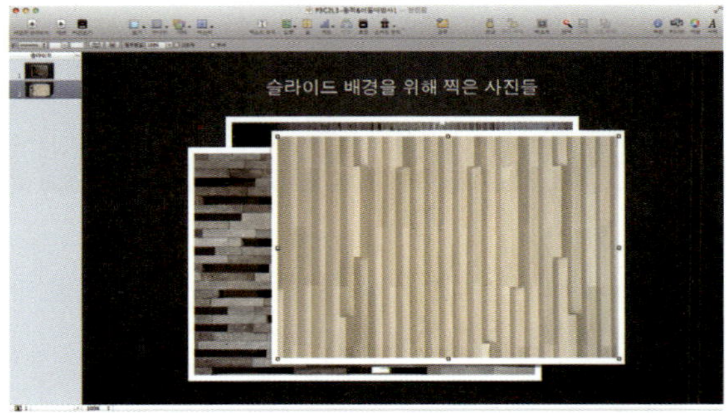

06 다시 두 번째 슬라이드를 네비게이터에서 복사 (Command+D)하여 세 번째 슬라이드를 생성합니다. 그리고 사진의 크기를 각각 줄여 다음과 같이 배치합니다.

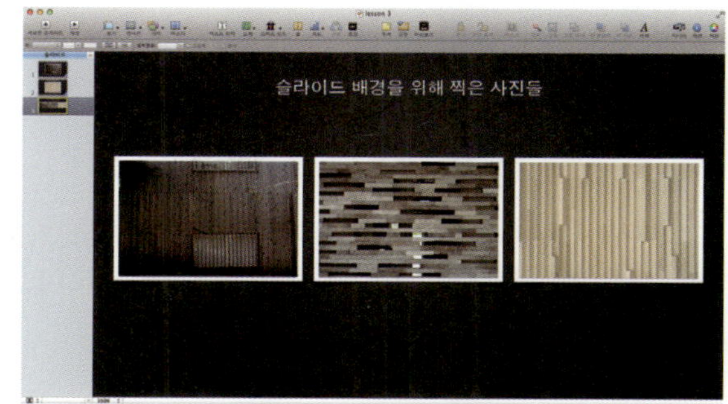

07 첫 번째 슬라이드에는 [자동으로] 화면이 전환되도록 설정해줍니다. 이렇게 하면 스마트빌드가 진행된 후 청중 모르게 다음 장으로 넘어가게 됩니다.

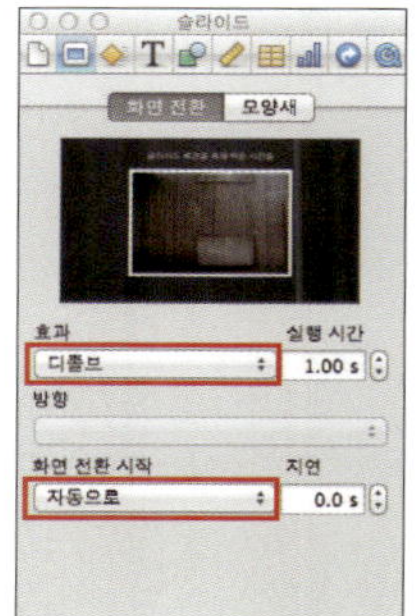
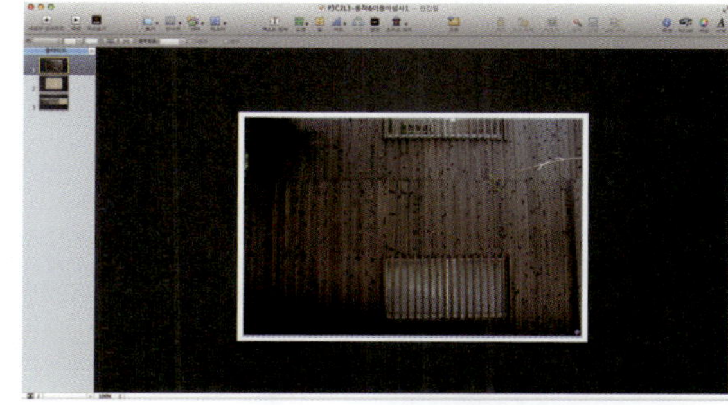

08 두 번째 슬라이드에는 [이동 마법사] 화면 전환을 선택합니다.

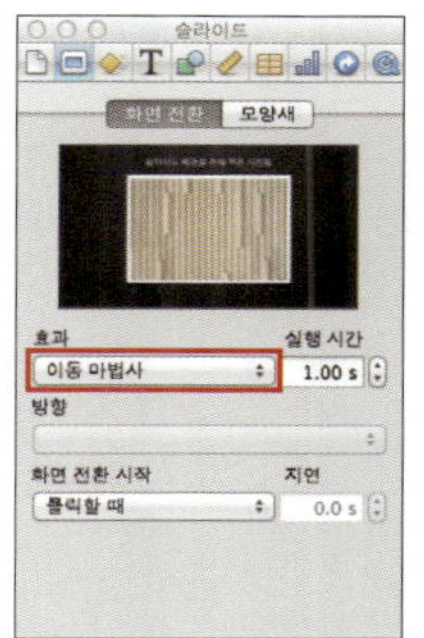
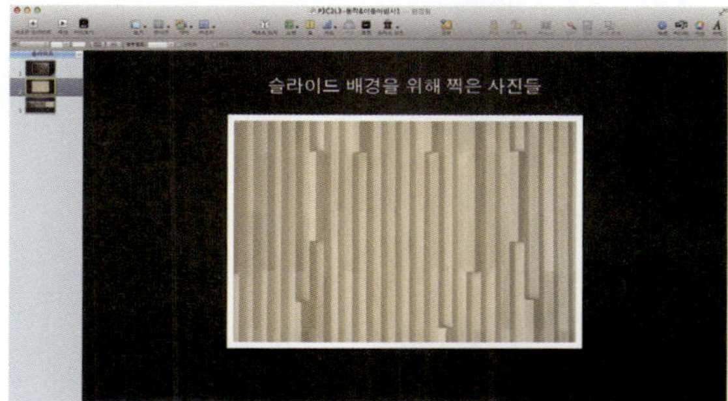

09 최종으로 재생시켜 봅니다. 이렇게 하면 사진을 넘겨가며 보여주고 다음 장에는 펼쳐놓고 보여주는 효과를 얻을 수 있습니다. 이번 사례는 3장의 슬라이드로 이루어져 있지만 청중은 2장의 슬라이드처럼 느끼게 됩니다.

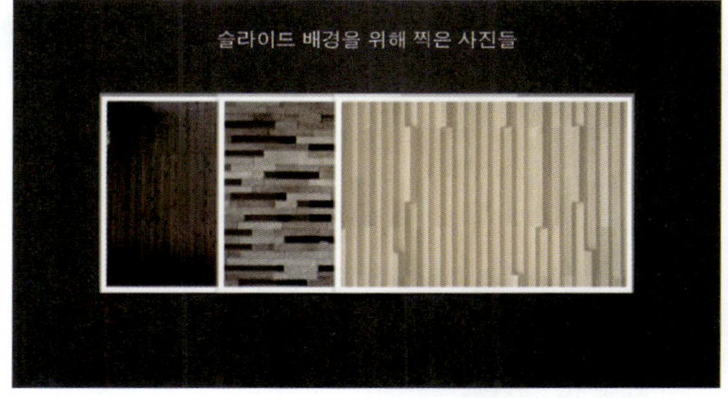

Lesson **04** 텔레비전 화면에서 사진이 움직이는 효과

스마트폰이나 텔레비전과 같은 기기의 화면 안에서 사진이 움직이는 것과 같은 효과를 얻을 수 있는 방법을 배워봅시다. 이러한 방법을 응용하면 영상이 TV화면에서 상영되는 것과 같은 효과를 얻을 수도 있습니다.

|학·습·목·표|
알파를 사용해 텔레비전 이미지 소스의 화면을 지우고 원하는 사진이 그 안에서 움직이게 하는 방법 익히기

- **소스 이미지 :** Television.png / P3C2L4~사진1~3.png
- **연습 키노트 :** P3C2L4–TV0.key
- **완성 키노트 :** P3C2L4–TV1.key

01 텔레비전 이미지 소스가 삽입되어 있는 연습 키노트 'P3C2L4–TV0.key'를 불러옵니다.

02 도구막대에서 사각 도형을 생성합니다.

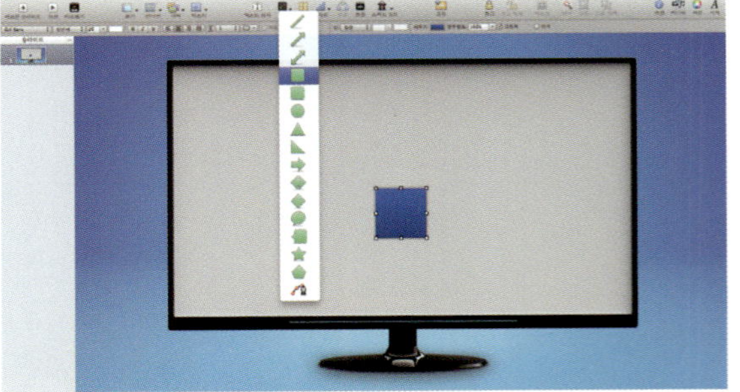

03 도형의 크기를 TV화면에 가득 차도록 맞추고 색상을 연두색으로 바꿉니다.
참고로 알파로 투명하게 만들 부분의 색상이므로 텔레비전 이미지와 같은 검은색만 아니면 어떤 색이든 무방합니다.

04 메뉴막대에서 [공유]〉[보내기]를 선택하여 슬라이드를 이미지로 변환시킵니다.
그러면 배경과 TV와 연두색 도형이 모두 합쳐진 하나의 이미지가 생성됩니다.

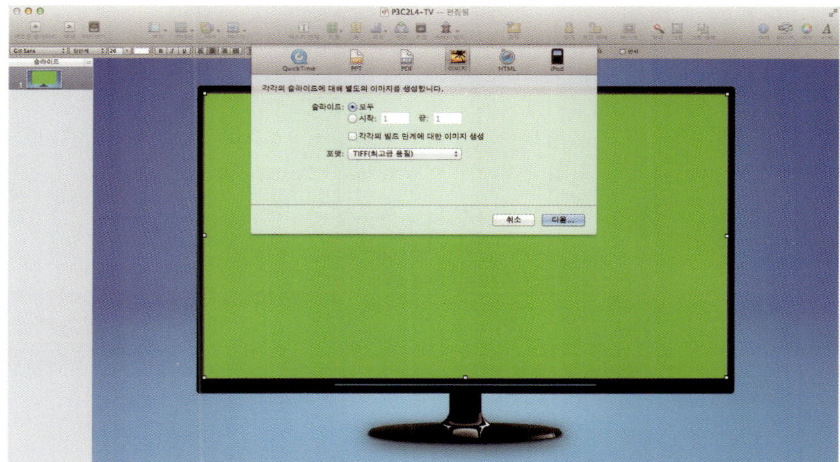

05 새로운 슬라이드를 만들고 변환시킨 이미지를 삽입합니다.

06 도구막대에서 [알파]를 누르고 연두색 화면을 투명하게 바꿔줍니다.

07 [Finder]에서 사진을 드래그하여 슬라이드에 삽입하고, [밀어내기] 스마트빌드로 묶어줍니다.
(※ p.179 참고)

08 스마트빌드 대상체의 크기를 TV화면에 맞게 조절한 후 마우스 오른쪽 버튼을 누르고 [맨 뒤로 보내기]를 해줍니다.

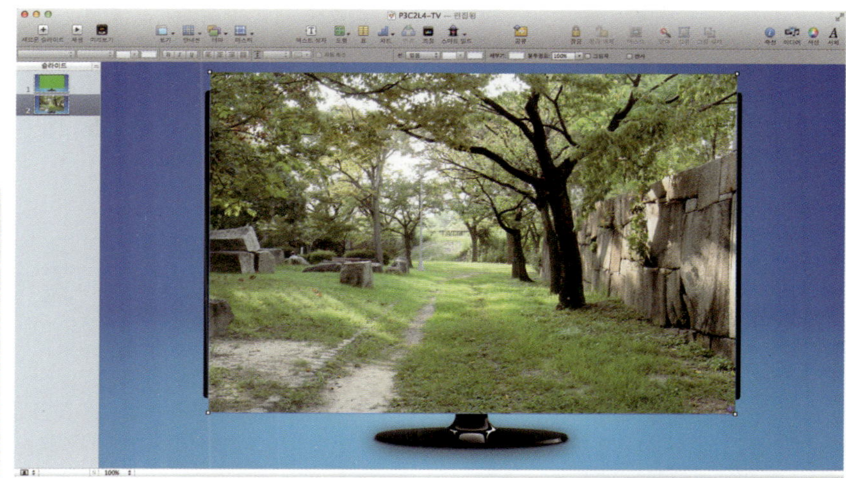

09 텔레비전 화면 안에서 사진이 상영되는 것과 같은 효과가 완성되었습니다.

Tip [밀어내기] 스마트 빌드가 진행될 때 사진이 반투명해지면서 배경의 파란색이 살짝 보입니다. 이러한 점을 없애려면 현재 슬라이드만 배경색을 검은색으로 바꿔주면 해결됩니다.

Chapter **03**

이동 마법사를 빌드처럼

화면 안에서 움직이는 동작 빌드도 훌륭한 기능이지만 때로는 이동 마법사를 사용하는 것이 수정하기에 편리한 경우가 있습니다. 왜냐하면 모든 움직임의 단계가 슬라이드로 나누어져 있어서 한 눈에 움직이는 경로를 파악할 수 있기 때문입니다.

Lesson **01** 터치스크린

스마트폰 화면을 손으로 터치하면 변하는 화면을 표현해보겠습니다. 이를 위해 스마트폰 화면 터치 전과 후를 나타내는 그림 2가지가 필요합니다. 손의 움직임은 이동 빌드를 사용할 수도 있으나 이동 마법사를 활용하면 위치를 조절하는 것이 간편합니다.

|학·습·목·표|
이동 마법사를 동작 빌드처럼 사용하는 방법 익히기

- **소스 이미지** : 손가락터치.png / APP tv remote1.png / APP tv remote_CY.png / smart_Phone_LCD.png

- **연습 키노트** : P3C3L1-터치스크린0.key

- **완성 키노트** : P3C3L1-터치스크린1.key

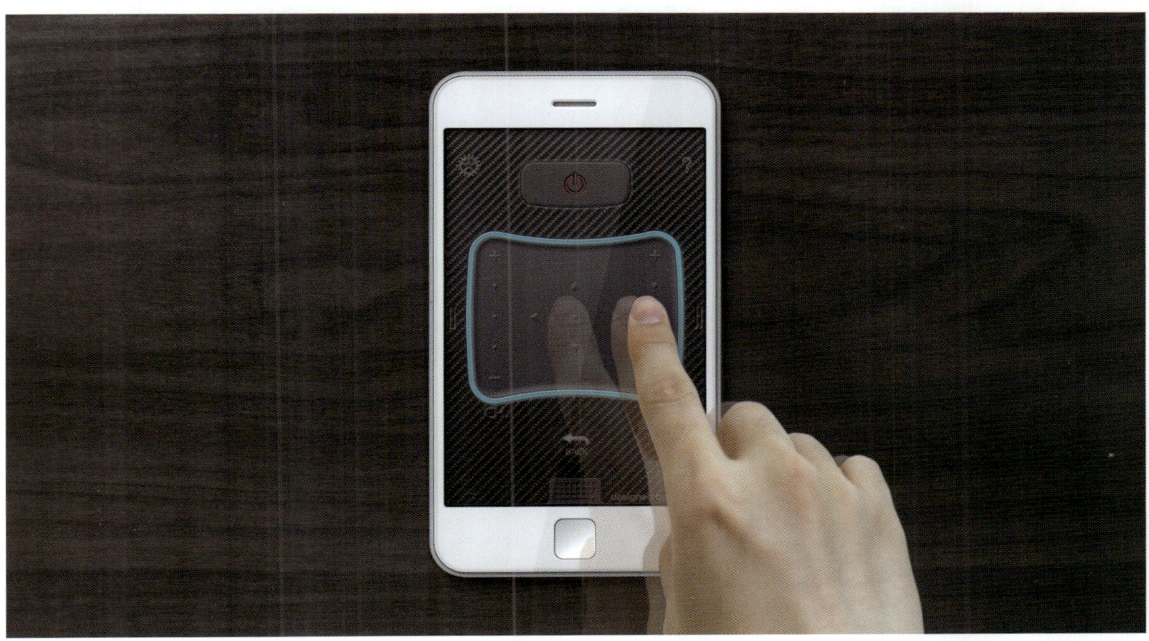

01 배경이 삽입된 연습 키노트 'P3C3L1-터치스크린 0.key'를 불러옵니다.

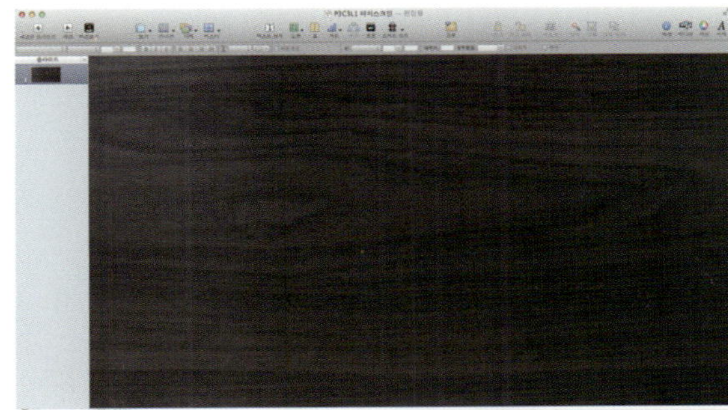

02 슬라이드에 스마트폰 'smart_Phone_LCD.png'과 앱 화면 'APP tv remote1.png', 손가락 '손가락터치.png' 사진을 불러 옵니다.

03 화면 밖에서 등장하는 것처럼 보이도록 슬라이드 밖으로 손가락 사진을 움직입니다.

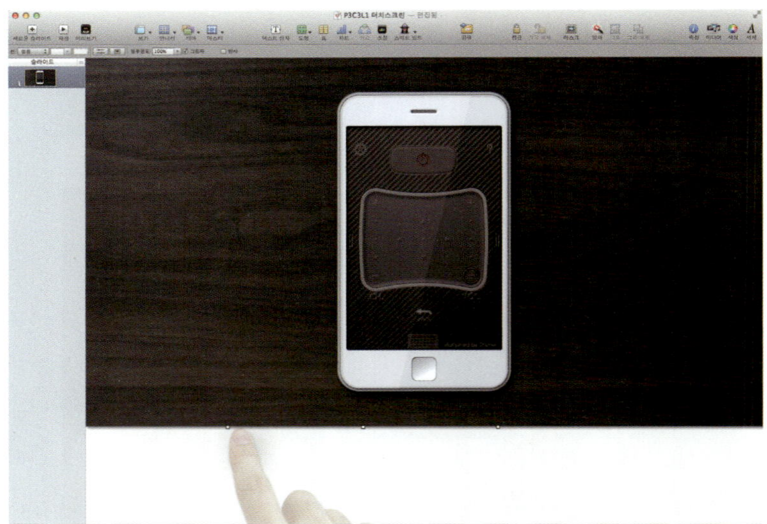

04 슬라이드를 복사하고 손가락 끝이 스마트폰 화면을 터치하는 것처럼 보이게 위치시킵니다. 그리고 앱 화면의 위치(X : 494, Y : 136)를 속성에서 확인합니다.

05 슬라이드를 복사하고 두 번째 앱 화면 'APP tv remote_CY.png'을 삽입합니다. 이전 단계에서 기억해두었던 좌표(X : 494, Y : 136)를 입력하여 동일한 위치에 있도록 합니다. 손가락 사진의 위치도 오른쪽으로 약간 이동시킵니다.

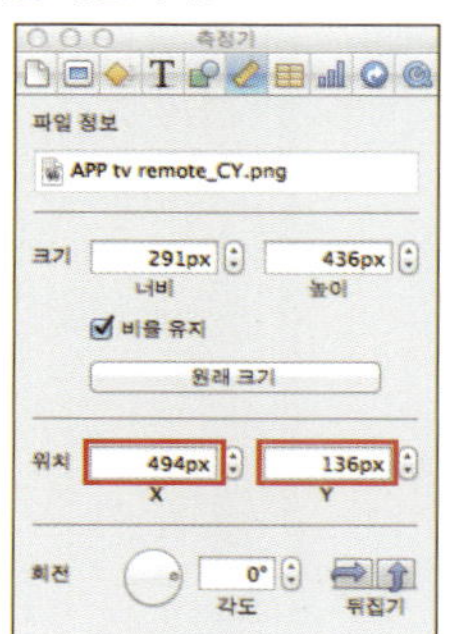

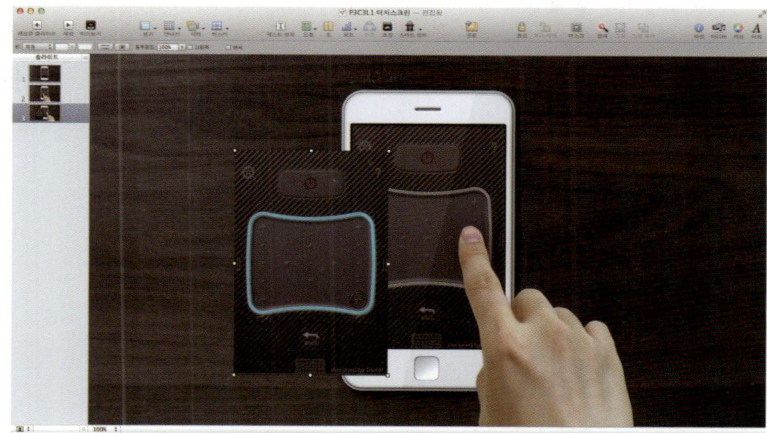

06 스마트폰과 손가락 터치 사진을 함께 선택하고, 마우스 오른쪽 버튼을 누른 후, 맨 앞으로 가져옵니다.

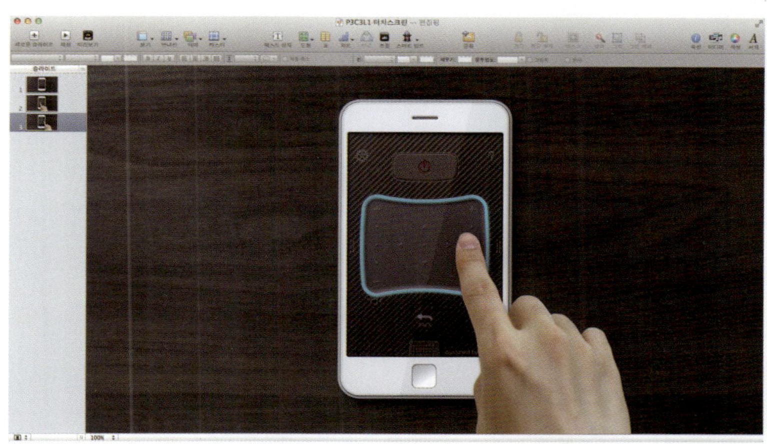

07 1, 2번째 슬라이드에 [이동 마법사]를 적용시키고 재생시켜봅니다. 슬라이드는 여러 장이지만 애니메이션을 표현하는데 편리합니다.

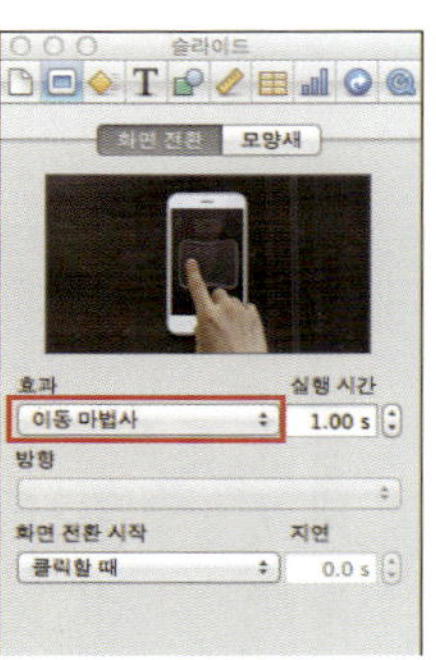

Lesson **02** 꽃 배경

순차적으로 나타나며 크기가 커지는 애니메이션을 활용하여 프레젠테이션의 시작을 화려하게 장식할 수 있는 방법에 대해 배워봅시다.

|학·습·목·표|
이동 마법사를 동작 빌드처럼 사용하는 방법 익히기

• 소스 이미지 : 꽃Y.png

• 연습 키노트 : P3C3L2-꽃배경0.key

• 완성 키노트 : P3C3L2-꽃배경1.key

01 검정 테마의 [빈 페이지] 슬라이드에 꽃그림 '꽃Y.png' 을 불러옵니다.

02 Option 키를 누른 상태로 그림을 움직이며 복사합니다. 크기와 위치를 조절하여 강아지 같은 모양을 만들어보았습니다.

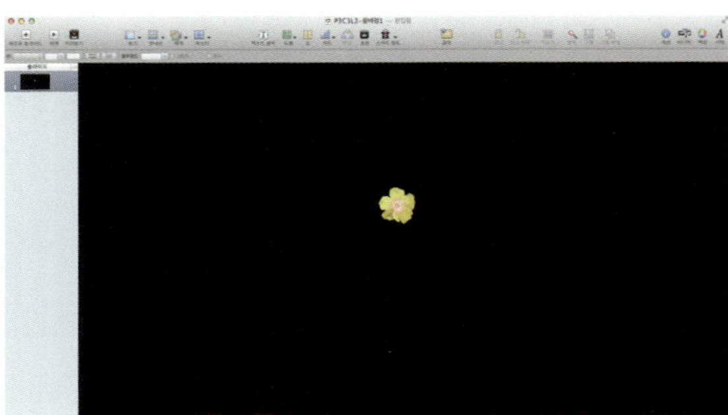

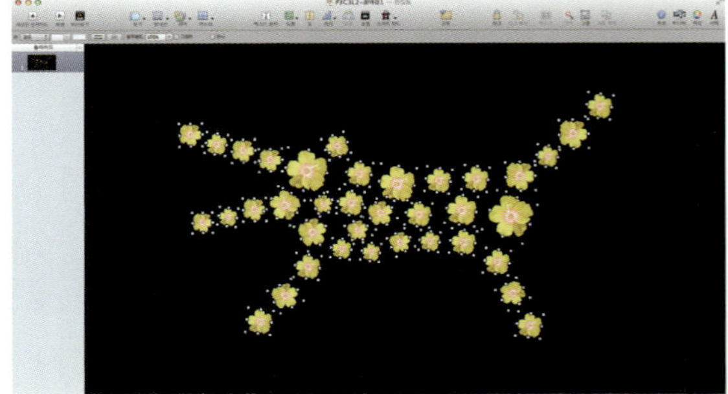

03 네비게이터에서 슬라이드를 복제((Command)+(D))하여 다음 장에도 동일한 그림이 있도록 합니다. 그리고 꽃 그림을 움직여 대략적으로 정렬합니다. 그룹하여 한꺼번에 크기를 키우기 위함입니다.

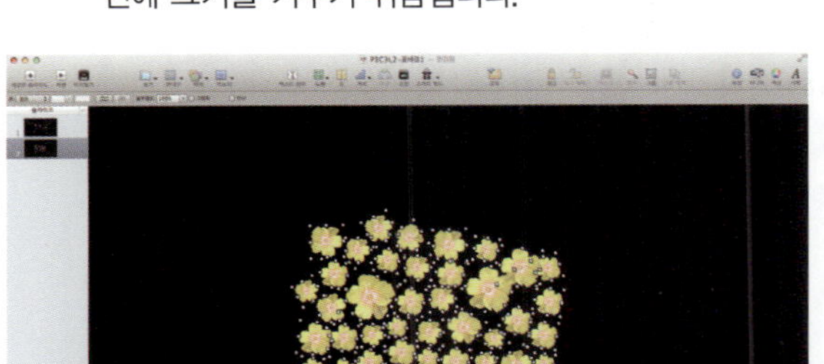

04 모든 이미지를 그룹하고, 그림의 크기를 키웁니다. 더불어 그룹된 개체를 '360" 회전시킵니다. 이는 이동 마법사를 적용할 때 회전되며 크기가 변화되는 효과를 얻기 위함입니다.

05 그룹을 해제한 후, 각 그림들의 크기를 조절하여 화면을 꽉 채웁니다.

06 첫 번째 슬라이드의 개체들에게 전부 [디졸브] 효과를 적용시킵니다. 그리고 빌드 순서에서 첫 번째 대상체를 제외한 모든 대상체의 빌드 시작을 [이전 빌드와 함께 자동으로]를 선택하고 지연시간을 '0.1초'로 조정합니다.

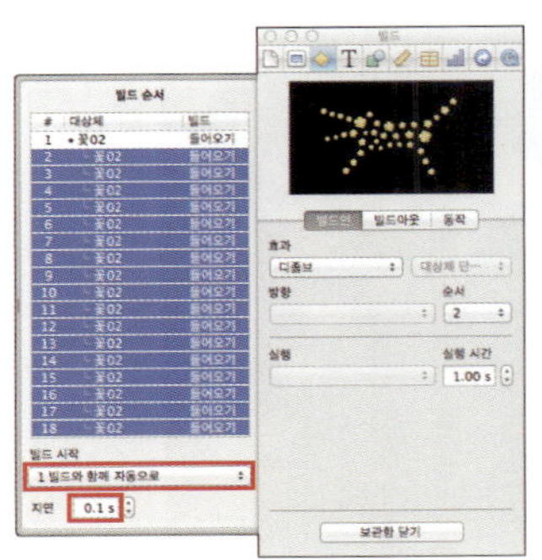

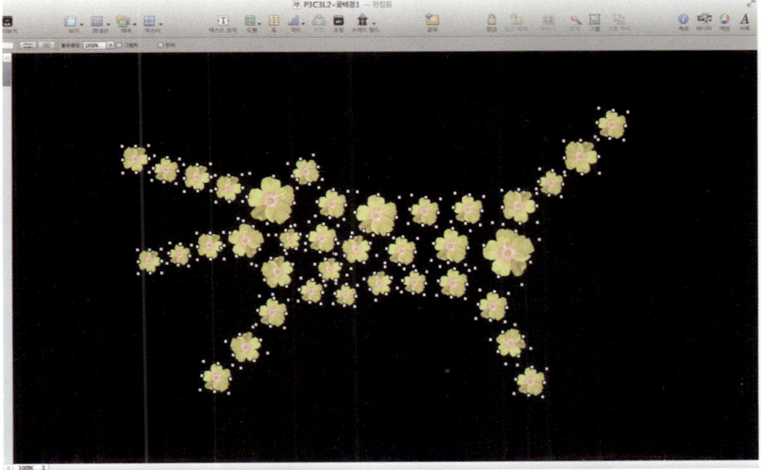

07 빌드 순서의 첫 번째 대상체는 [화면 전환 후에 자동으로]를 선택합니다.

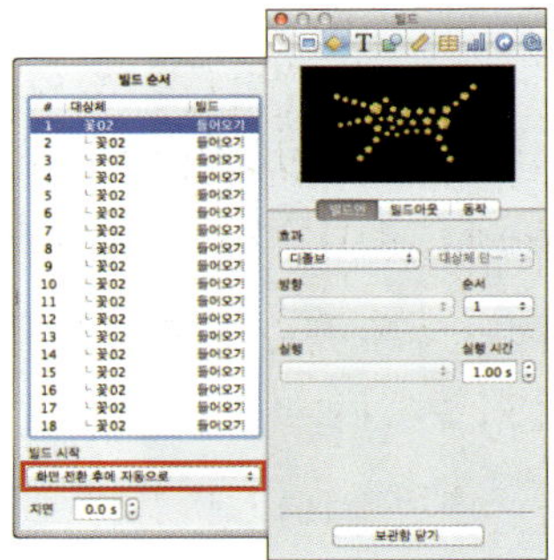

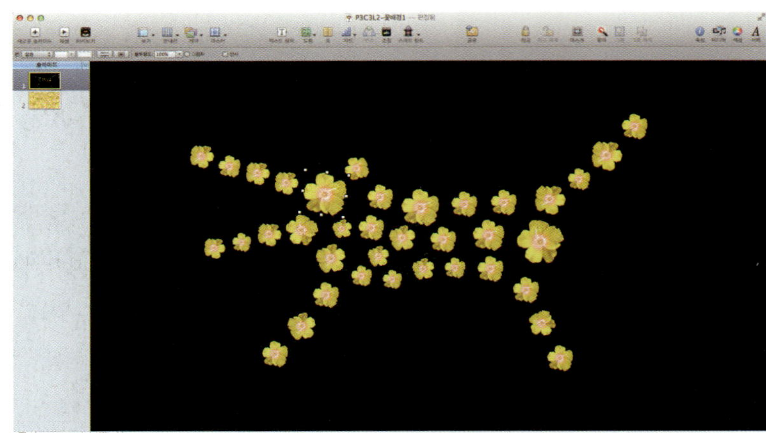

08 재생시켜보면 화면을 클릭하지 않아도 자동으로 그림이 순차적으로 디졸브 됩니다.

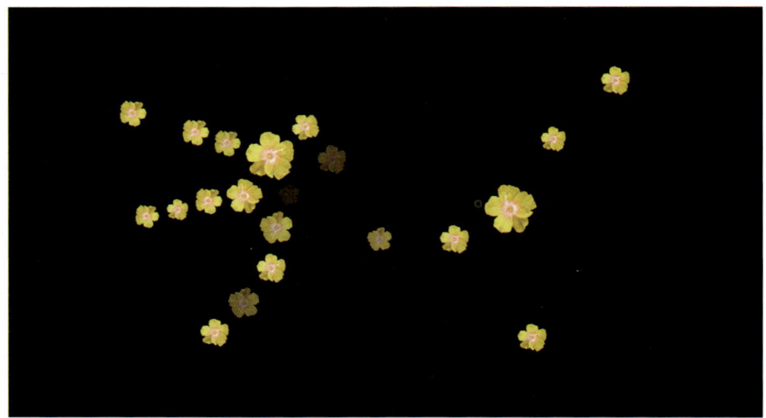

09 첫 번째 슬라이드에 [이동 마법사] 효과를 적용시켜줍니다. 그러면 꽃 그림들이 크기가 커지면서 화면을 가득 매우는 효과를 확인할 수 있습니다.

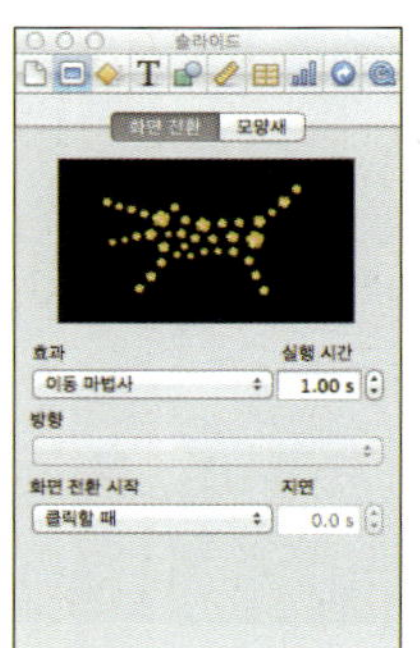

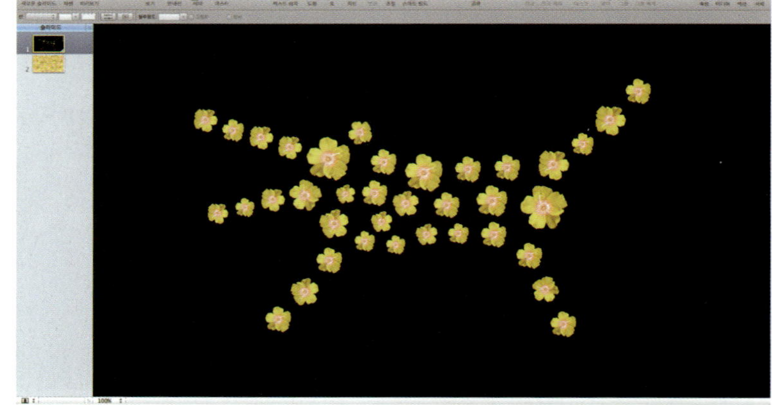

Lesson 03 글자 크기 변화

사진이나 도형의 크기는 이동 마법사를 통해 변화할 수 있습니다만 아직 글자는 그렇지 못합니다. 따라서 글자의 크기를 키우거나 줄이는 효과를 하기 위해서는 빌드를 사용하거나 아니면 글자를 그림으로 변환시켜 이동 마법사를 적용하는 방법을 사용하여야 합니다. 빌드 효과보다 이동 마법사를 사용하면 수정하는 것이 좀 더 편리합니다.

|학·습·목·표|
텍스트 대상체를 그림으로 변화하고, 알파로 배경을 지워, 이동 마법사를 적용할 수 있는 상태로 만드는 방법 익히기

• 소스 이미지 : 색상환.png

• 연습 키노트 : P3C3L3-글자 크기변화0.key

• 완성 키노트 : P3C3L3-글자 크기변화1.key

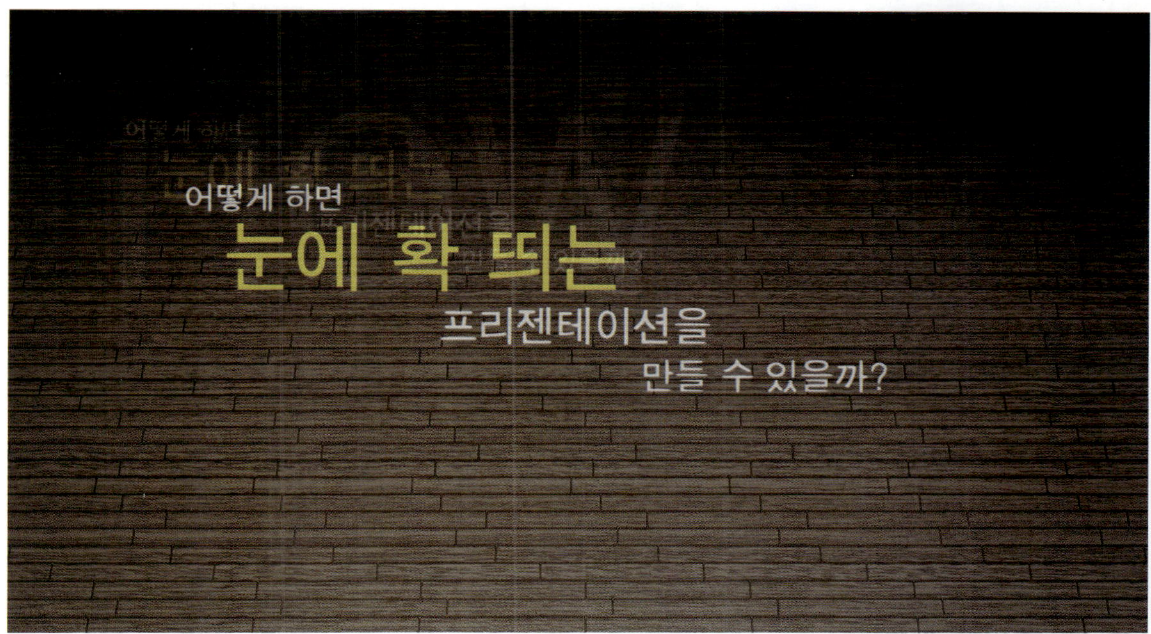

01 배경이 삽입된 연습 키노트 'P3C3L3-글자크기변화0.key'를 불러옵니다. 그리고 텍스트 상자를 여러 개 만들고 다음과 같이 글자를 입력합니다.

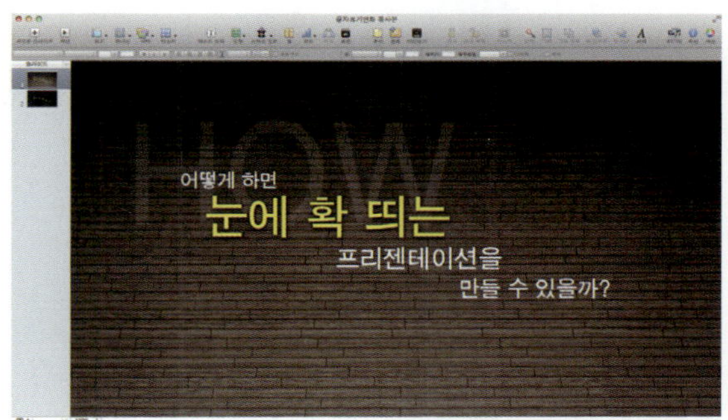

02 네비게이터에서 슬라이드를 복사(Command + D)한 후 배경을 검정색과 같은 단색으로 바꿔줍니다. 참고로 배경을 단색으로 하는 이유는 글자를 그림으로 바꾼 후, 알파 기능으로 배경을 투명하게 바꿀 때 좋기 때문입니다.

03 화면캡쳐(Shift + Command + 4)를 하거나 메뉴막대에서 [공유] 〉 [보내기]를 선택하고 이미지로 변환합니다. 2번째 슬라이드만 변환하기 위해 [시작]과 [끝]에 숫자 '2'를 입력합니다.

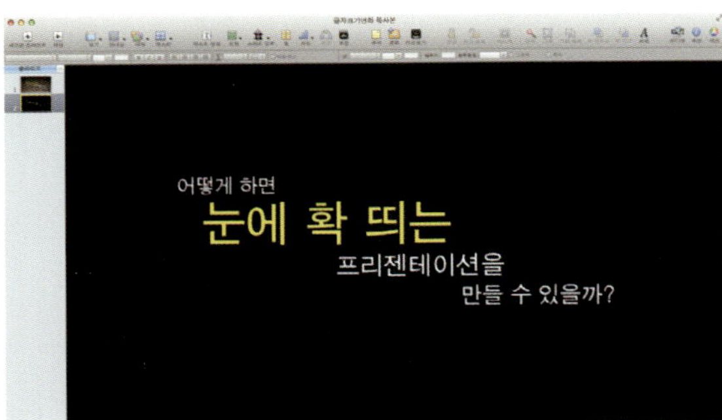

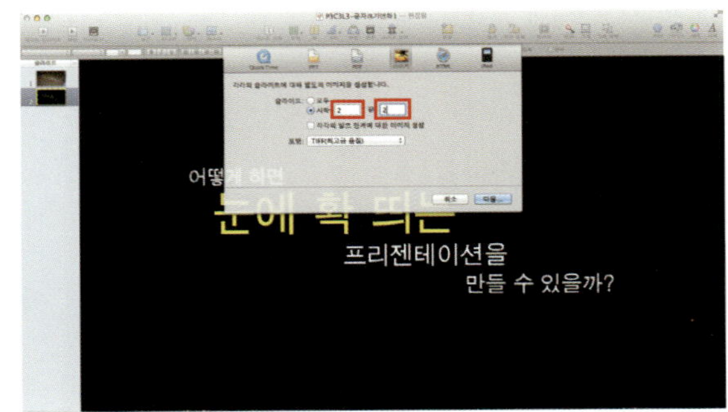

04 새로운 슬라이드에 변환시킨 글자 이미지를 불러온 후 [알파]로 배경을 지워줍니다.

05 다음 슬라이드에 배경이 지워진 글자 이미지를 복사합니다.

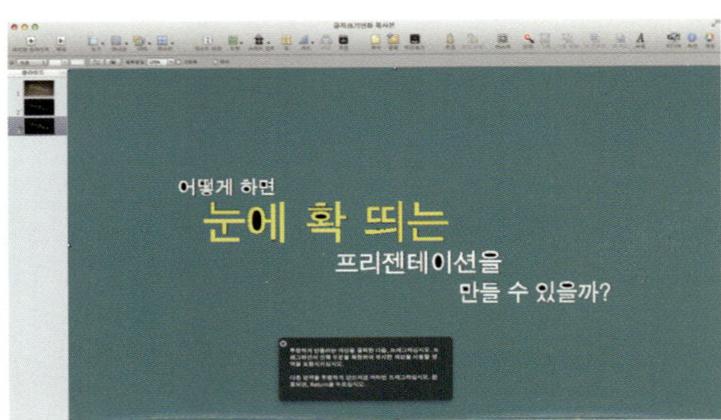

06 글자 이미지의 크기를 줄이고 위치를 옮겨줍니다. (이 때 투명해진 배경을 클릭하여도 개체가 선택되지 않으므로 반드시 글자를 분명히 클릭하도록 합니다.) 혹은 드래그하여 선택한 후 키보드의 방향키로 위치를 조정할 수도 있습니다.

07 그림을 참고하여 추가 내용을 삽입하고, 슬라이드에 [이동 마법사]를 적용시키면 글자 크기가 변화되는 효과를 얻을 수 있습니다.

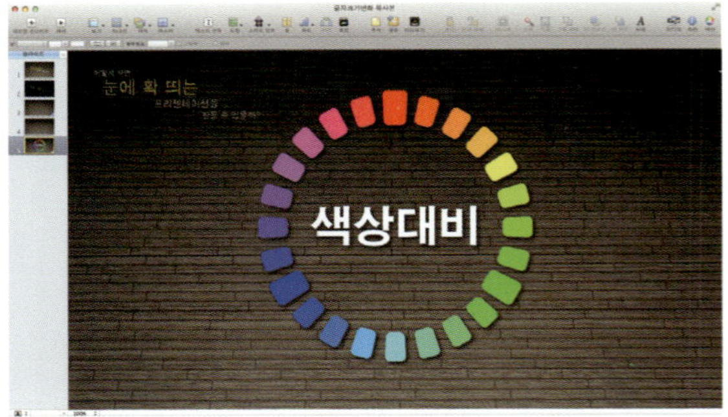

Lesson **04** 저울의 바늘이 움직이는 애니메이션

동작 효과에서 이동이나 회전으로 표현할 수 있지만 이동 마법사를 활용하면 좀 더 쉽게 저울의 바늘이 움직이는 애니메이션을 만들 수 있습니다.

|학·습·목·표|
위치와 각도가 변화하는 이동 마법사의 기능 익히기

- **소스 이미지 :** 저울접시.png / 저울.png / 저울바늘.png / 분동10.png / 분동1.png
- **연습 키노트 :** P3C3L4-저울0.key
- **완성 키노트 :** P3C3L4-저울1.key

01 배경과 이미지가 삽입된 연습 키노트 'P3C3L4-저울 0.key' 파일을 불러옵니다.

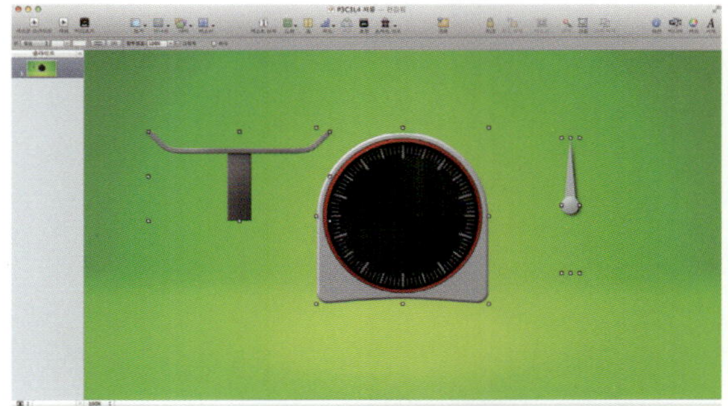

02 이미지를 움직여 저울을 조립합니다.

03 네비게이터에서 슬라이드를 복사(Command+D)한 후, 분동 이미지 '분동10.png'를 올려놓고 저울 접시의 위치를 아래로 조금 내립니다. 그리고 속성에서 저울바늘의 각도를 세밀하게 '356.5°'로 움직여 줍니다.

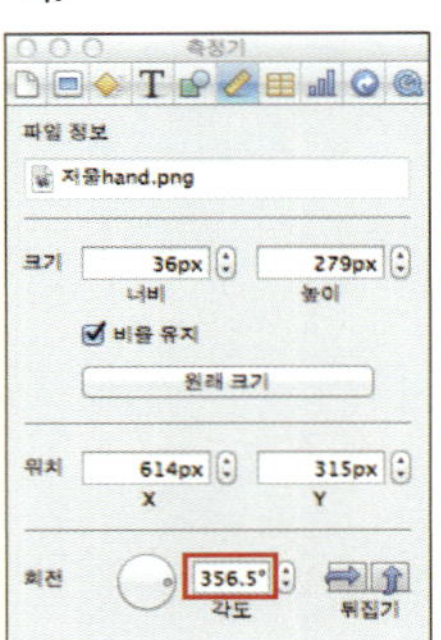

04 네비게이터에서 슬라이드를 다시 복사(Command+D)한 후, 분동을 하나 더 복사하고, 저울 접시의 위치를 약간 아래로 내립니다. 그리고 [속성]에서 바늘의 각도를 353°로 조정해줍니다.

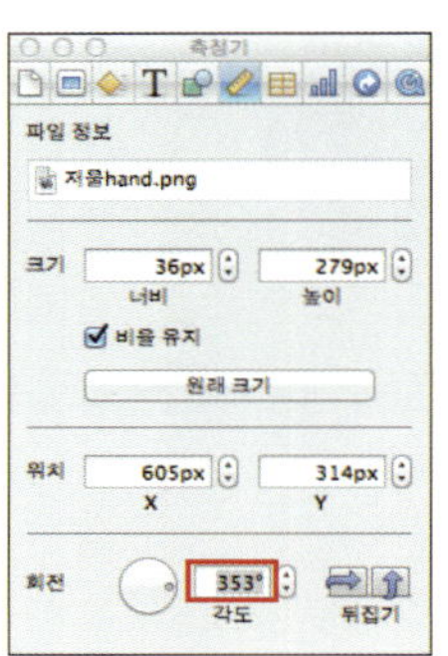

05 다음 슬라이드에 저울과 분동을 복사하고 추가로 작은 분동(분동1.png)을 삽입합니다. 저울 접시의 위치를 약간 아래로 내리고 [속성]에서 바늘의 각도 352°로 조절합니다.

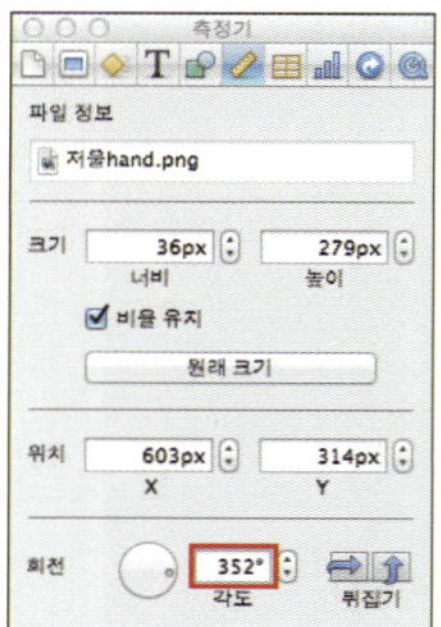

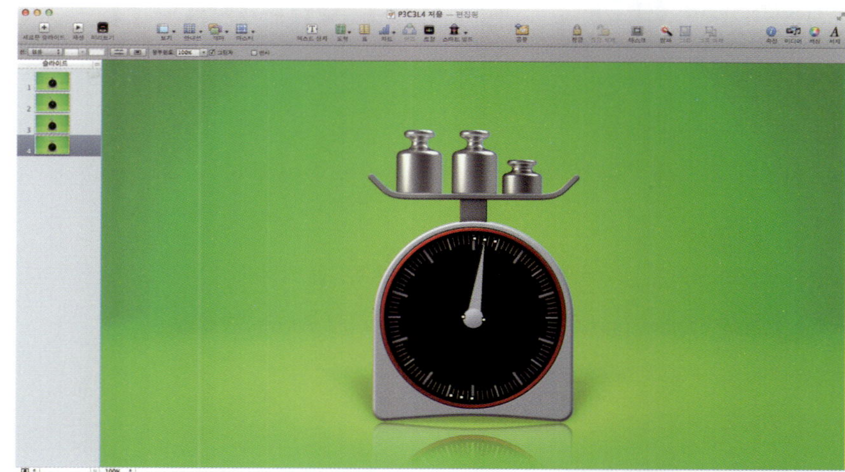

06 모든 슬라이드에 [이동 마법사]를 적용시켜주면 애니메이션이 완성됩니다.

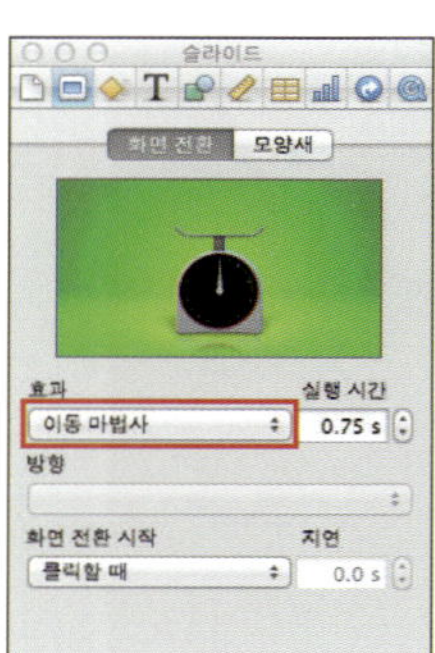

Tip **만약 이동 마법사가 이상하다면?**

때로 동일한 개체가 여러 개 일 때 원하지 않는 개체끼리 [이동 마법사]가 적용되는 경우가 있습니다. 예를 들어 이번 사례에는 슬라이드 간 분동이 서로 교차되는 이동이 일어날 수 있습니다. 그런 경우 원하지 않는 움직임이 있는 분동 개체와 다른 개체를 [그룹] 하였다가 [그룹 해제]하면 그런 현상이 사라집니다.

Lesson **05** 충전지 애니메이션

키노트의 이동 마법사는 위치와 크기뿐만 아니라 도형의 경우 색상까지도 변하는 애니메이션이 가능합니다. 이러한 특징을 활용하여 충전지의 남은 전력량이 변하는 애니메이션을 배워봅시다.

|학·습·목·표|
도형의 색상과 크기가 동시에 변하는 이동 마법사의 특징을 익히기

• **소스 이미지** : battery.png / E.png / N.png / R.png / G.png / Y.png

• **연습 키노트** : P3C3L5-충전지0.key

• **완성 키노트** : P3C3L5-충전지1.key

01 배경과 이미지가 삽입된 연습 키노트 'P3C3L5–충전지0.key'를 불러옵니다.

02 도구막대에서 충전량을 표시할 사각 도형을 그립니다. 생성된 도형은 맨 뒤로 보냅니다.

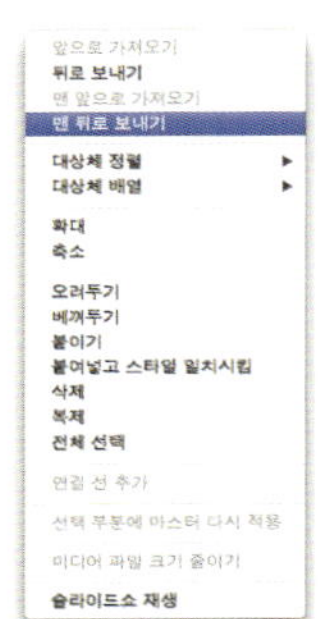

03 가득 차 있다는 의미로 초록색 그라디언트를 적용합니다.

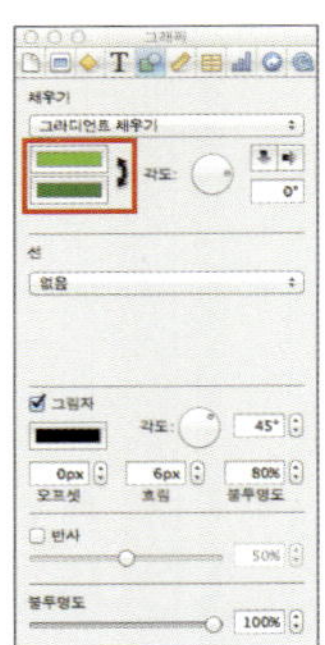

04 슬라이드를 복사한 후, 중간 정도 사용했다는 의미로 노란색 그라디언트를 적용하고, 크기도 절반으로 줄여줍니다.

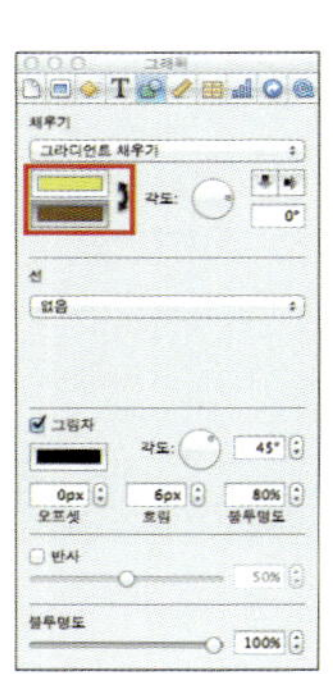

05 다음 슬라이드에 거의 다 사용하였다는 의미로 붉은색 그라디언트를 적용하고, 크기도 줄여줍니다.

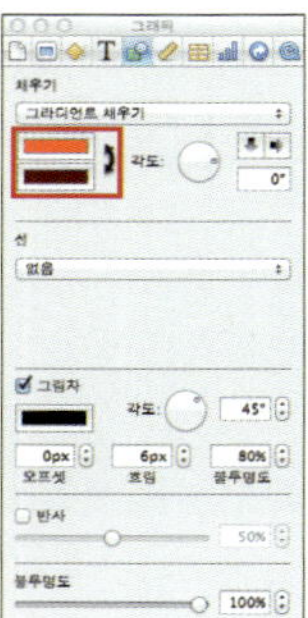

06 첫번째 슬라이드를 복사하여 맨 뒤에 위치시킨 후, 모든 슬라이드를 선택하여 속성창의 화면 전환에서 [이동 마법사]를 선택합니다. [재생]시켜보면 전력량이 단계별로 줄었다가 다시 차오르는 애니메이션을 확인할 수 있습니다.

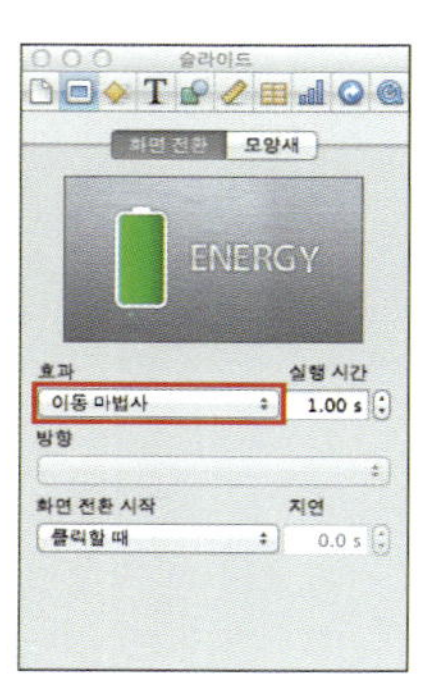

Lesson **06** 카메라 움직임 효과

이동 마법사를 활용하여 삽입된 사진과 함께 배경까지 움직이는 화면 전환 방법을 배워봅시다.

|학·습·목·표|
슬라이드 영역 이외의 모든 개체를 선택하여 그룹하는 방법 익히기

- **소스 이미지 :** 코르크.jpg / 색종이찢기_파랑.png / 색종이찢기_연두색.png / 색종이찢기_하늘색.png / P3C3L6-사진 1~3장.jpg
- **연습 키노트 :** P3C3L6-CAMERA0.key
- **완성 키노트 :** P3C3L6-CAMERA1.key

01 기본적인 이미지 소스들이 모두 포함된 연습 키노트 'P3C3L6-CAMERA0.key'를 불러옵니다.

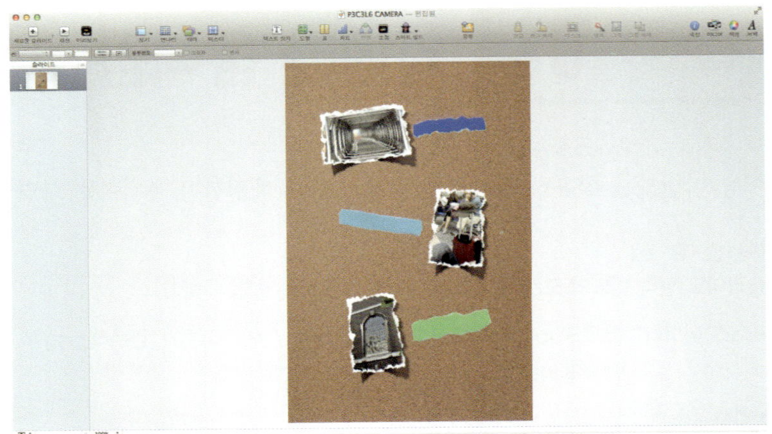

02 삽입된 개체를 모두 선택하고, [그룹]한 후, 크기를 키웁니다. (모든 개체를 선택하는 단축키는 Command + A 키입니다. 이 단축키를 사용하면 슬라이드 밖에 숨어있는 개체도 모두 선택됩니다.) 그룹된 개체의 크기를 화면에 꽉 차게 키운 후, [그룹 해제]합니다.

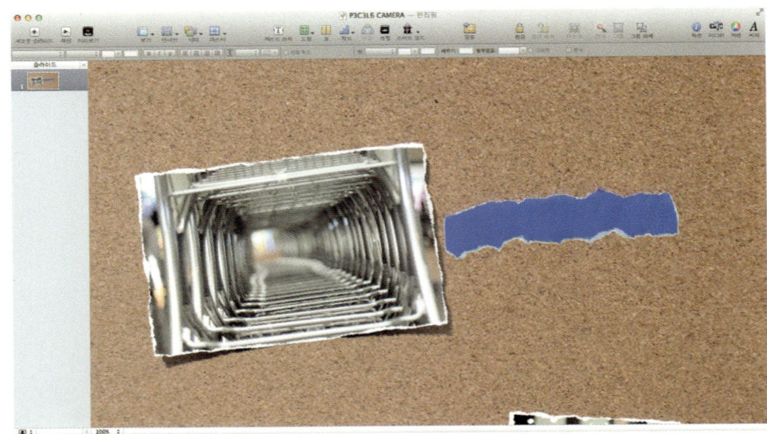

03 [텍스트 상자]를 활용하여 글자를 입력하고, 속성에서 [타자기 효과] 빌드인을 적용시킵니다. 빌드 시작은 [화면 전환 후에 자동으로]를 선택합니다.

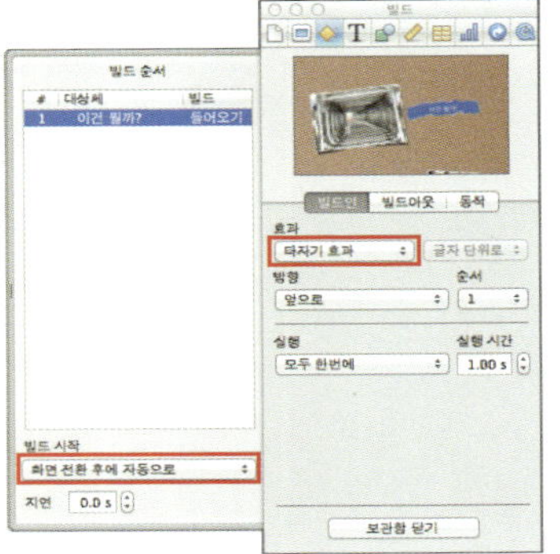

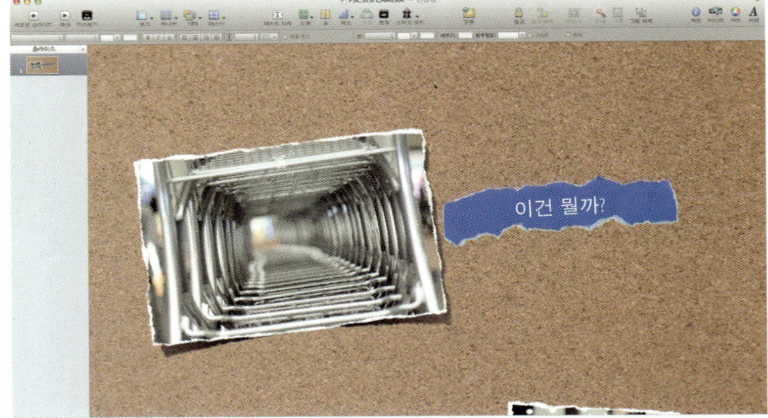

04 네비게이터에서 슬라이드를 복사하고, 두 번째 슬라이드의 모든 개체를 선택한 후, [그룹]을 합니다. 그룹을 하고 움직여야 모든 개체의 움직임이 통일됩니다.

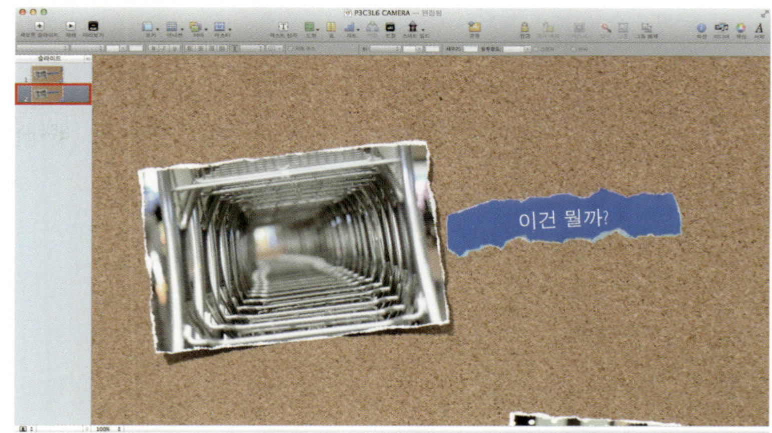

05 그룹된 그림을 위로 움직이고, 속성에서 크기와 각도를 바꿉니다. 왜냐하면 너무 직선으로 움직이는 것 보다 약간 기울어지면서 이동하는 것이 자연스럽기 때문입니다.

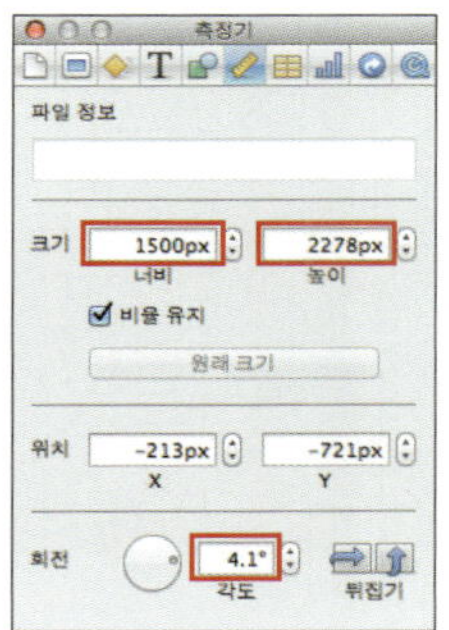

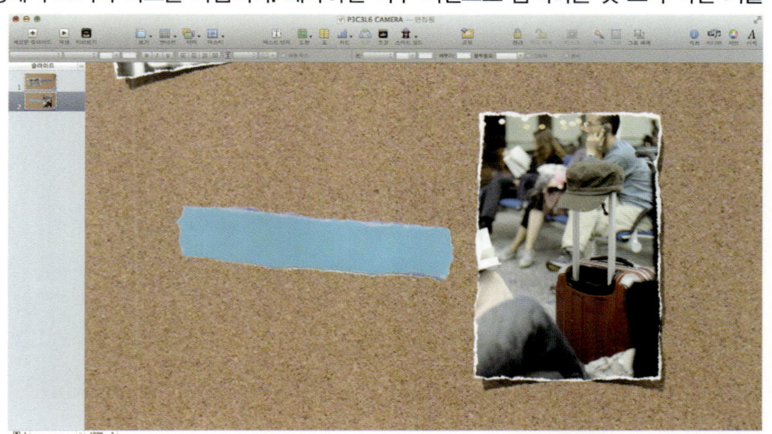

06 [그룹 해제]를 하고, [텍스트 상자]를 사용하여 내용을 입력한 후, 속성에서 [타자기 효과] 빌드인을 적용시킵니다. 빌드 시작은 [화면 전환 후에 자동으로]를 선택합니다.

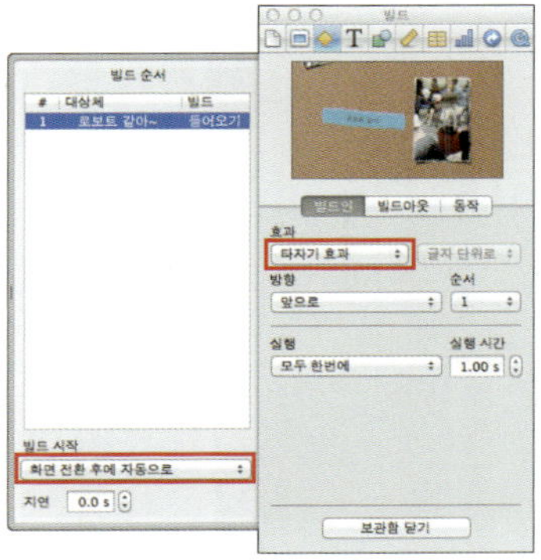

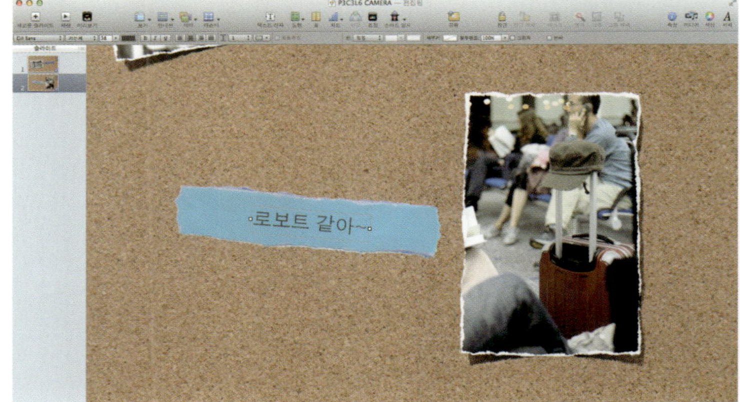

07 두 번째 슬라이드를 복사한 후, [이동마법사] 적용시 모든 개체가 함께 움직도록 하기 위해 모두 선택(Command + A)하여 [그룹]합니다.

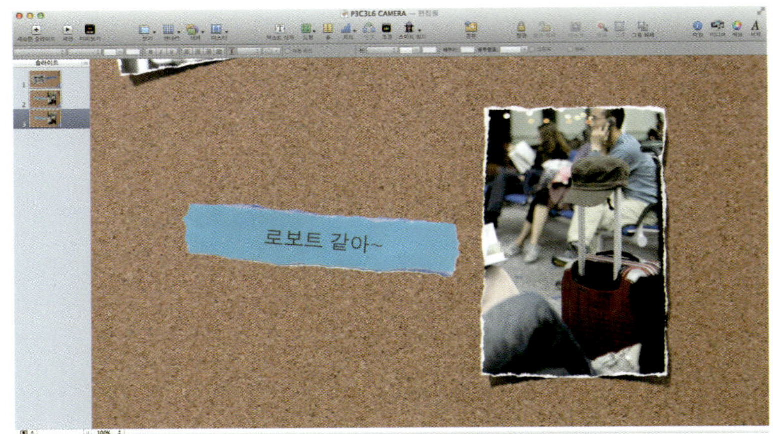

08 그룹한 모든 개체의 위치를 움직이고, 속성에서 크기와 각도를 약간 조절합니다.

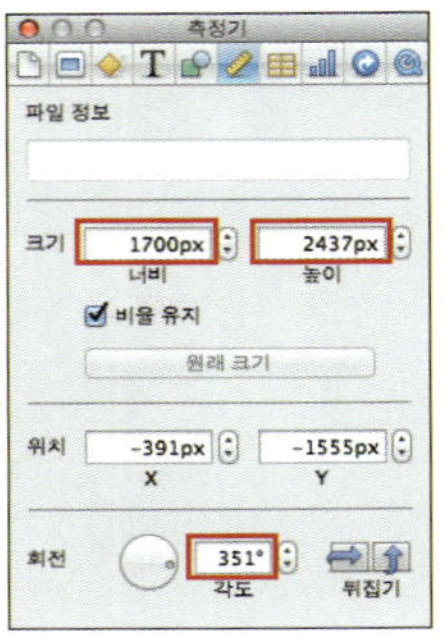

09 그룹을 해제하고, 텍스트 상자를 사용하여 내용을 입력한 후, 속성에서 [타자기 효과] 빌드인을 적용시킵니다. 빌드 시작은 [화면 전환 후에 자동으로]를 선택합니다.

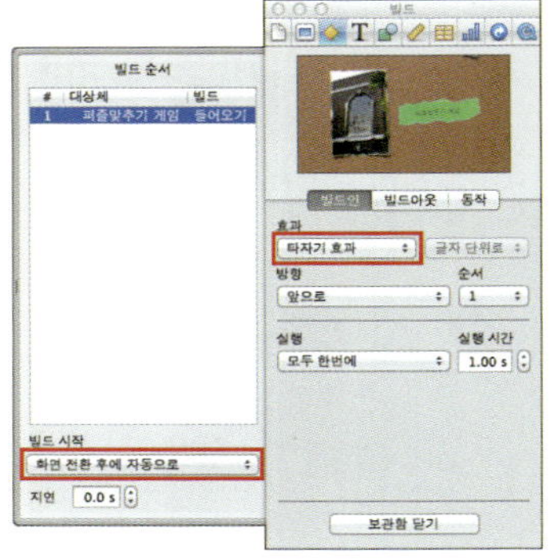

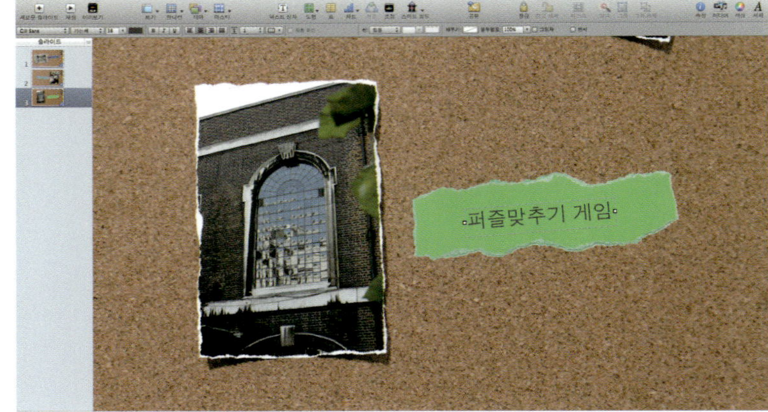

10 모든 슬라이드에 [이동 마법사]를 적용하면 배경과 사진이 함께 움직이는 효과가 완성됩니다. 만약 이동 마법사가 제대로 작동되지 않는다면 모든 슬라이드의 개체들이 [그룹 해제]가 되었는지 확인해봅시다.

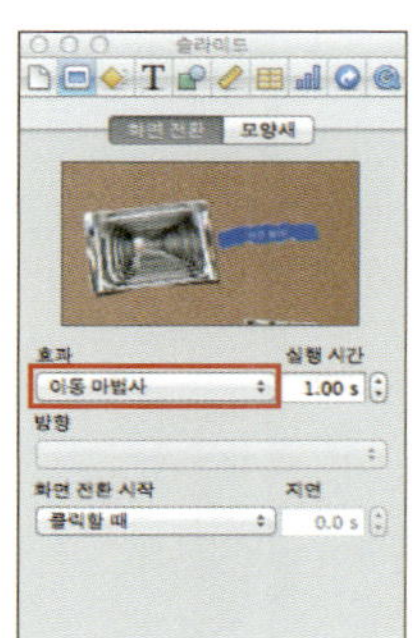

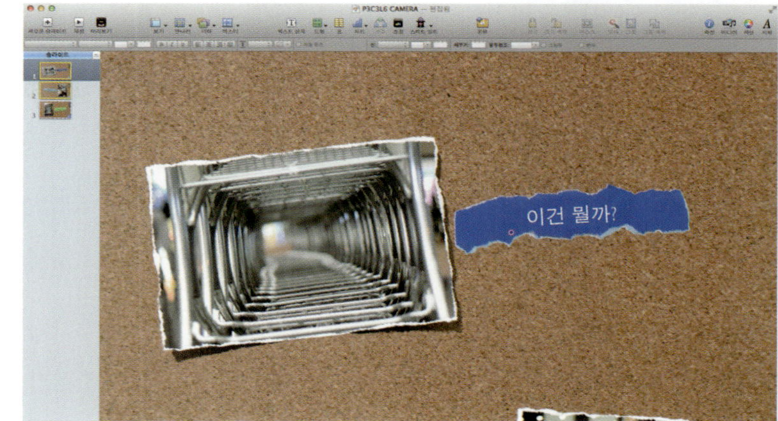

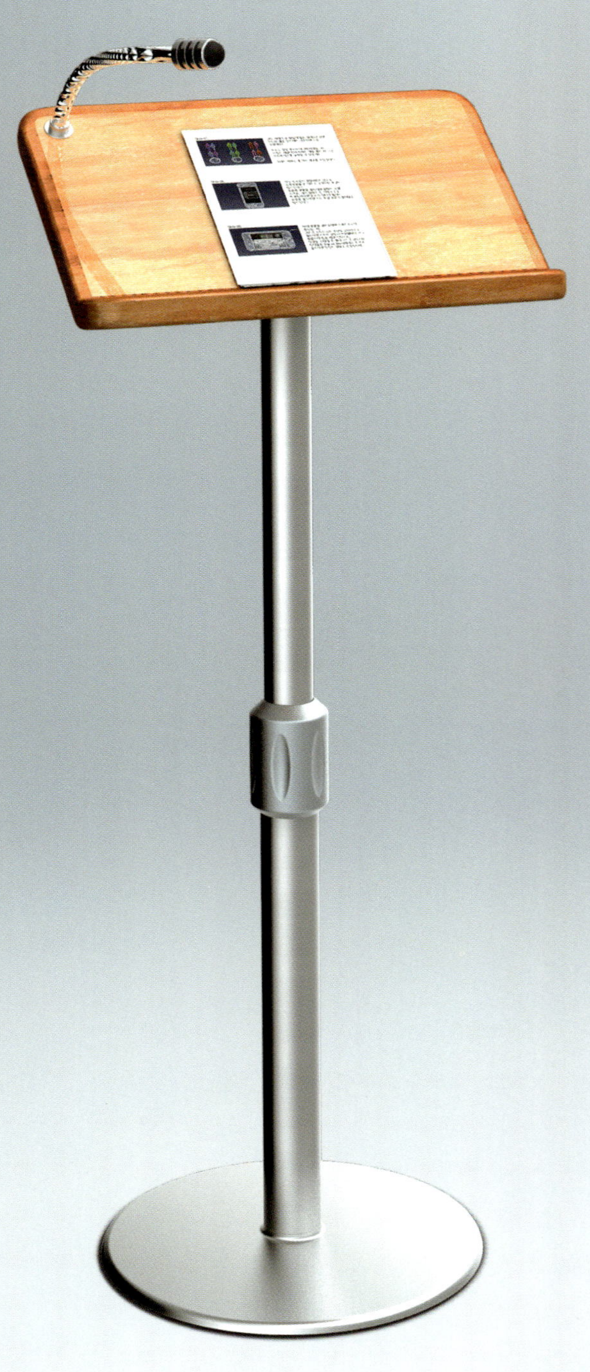

Part 04

스토리텔링 프레젠테이션 –
청중의 입장에서 바라보기

Chapter 

스토리 쓰기

키노트를 쓴다고 무조건 발표가 쉬워지는 것은 아닙니다. 때론 어떤 클라이언트는 ppt 파일을 그대로 키노트로 옮겨 달라고 하는데, 그럴 경우 움직이는 효과만 조금 화려해질 뿐 나아지는 게 별로 없습니다.

그래서 이번에는 효과적인 발표를 위해 이야기를 구성하는 방법에 대해 말씀드리겠습니다.

청중은 철저하게 발표자가 보여주고 들려주는 것에 대해 반응하게 되어 있습니다. 그렇기 때문에 자칫 잘못하면 청중은 원하지 않는 생각으로 빠지거나 아예 딴생각을 해버리는 수도 있습니다. 이번 장에서는 이러한 것을 방지하고 발표한 내용을 잘 받아들이며 장시간 기억에 남는데 도움이 되는 방법을 알아보겠습니다.

Unit 01 스토리텔링을 위한 준비물

청중은 이야기를 쉽게 기억한다고 합니다. 그래서 스토리텔링이 중요합니다. 내용을 분류해서 이야기의 흐름을 만들면 청중은 자연스럽게 그 이야기에 집중하게 되고 다음에 나올 내용이 궁금해지기 마련입니다. 스토리텔링을 하게 되면 청중 모두가 세세한 내용 전부를 기억하지는 못하더라도 전반적인 줄거리는 쉽게 기억할 수 있게 됩니다.

1. 발표의 목적에 맞는 주제
발표를 통해 어떤 결과를 기대하십니까?

2. 청중을 깜짝 놀라게 하거나 감동을 느낄 수 있도록 하는 내용
다른 발표자들과 차별화된 의미 있는 내용이 있습니까?

3. 발표자의 진실된 마음
발표를 통해 상대방이 설득되었을 때 당신은 떳떳합니까?

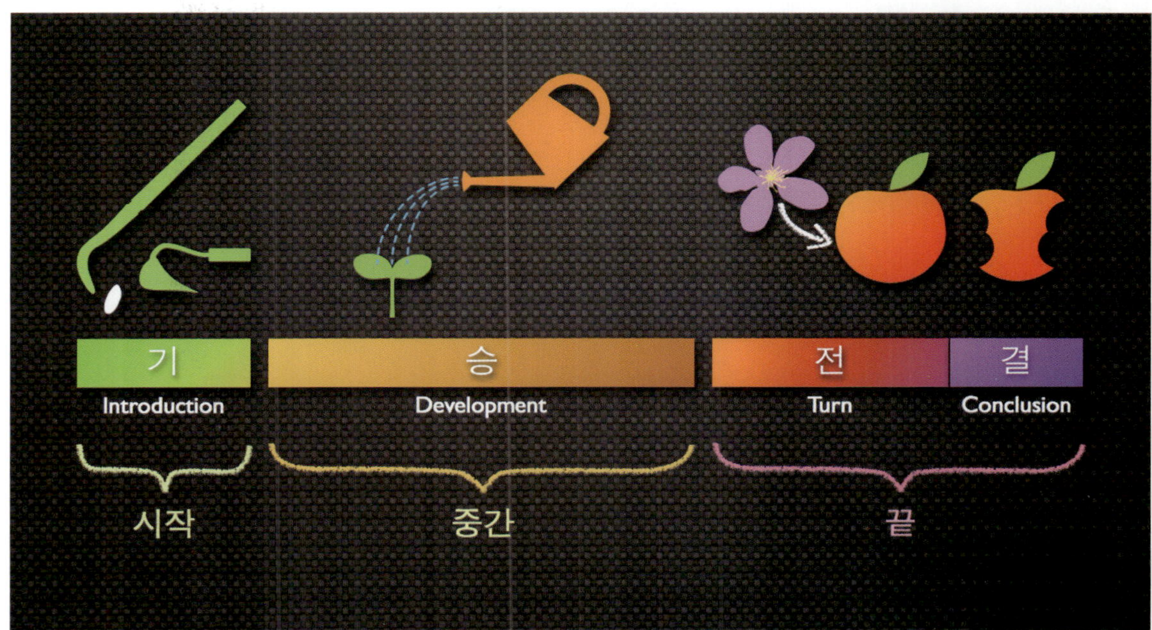

그래서 발표를 과실나무심기에 비유하면 처음 발표의 시작 부분은 나무를 심을 땅을 비옥하게 만들어 씨앗을 심는 작업이고, 발표의 중간 부분은 새싹에 물을 주고 점점 그 나무에 하나둘씩 가지가 자라나는 과정이며, 발표의 끝 부분은 가장 중요한 열매가 맺히고, 그 열매를 먹게끔 만드는 과정이라고 설명할 수 있겠습니다.

이처럼 스토리텔링 방법을 잘 활용한 발표를 때로는 '감성적인 발표'라고 표현하기도 합니다. 왜냐하면 청중의 감정 변화를 고려하여 내용이 구성되어 있기 때문입니다.

기승전결의 한문 뜻과 영어 단어의 뜻을 보아도 쉽게 스토리텔링에 대해 알 수 있습니다.

起(일어날 기) Introduction
발표가 시작되었습니다. 이때 청중의 마음은 여러 생각으로 분주할 수 있습니다. 따라서 복잡했던 머리를 차분하게 할 수 있도록 발표자는 의도적으로 청중의 호기심을 자극하거나 즐거운 기대를 할 수 있는 내용을 준비하여 발표로 주의를 모아야 합니다.

承(이을 승) Development
발표 내용을 차근차근 설명하며 청중이 이해할 수 있도록 해주고, 더불어 믿어지게 하여 발표의 최종 목적인 설득에 이르도록 점차 청중의 마음을 얻어야 합니다.

轉(바꿀 전) Turn
선입견으로 인해 발표자의 주장과 다른 생각을 가진 청중들의 마음을 바꾸어 놓는 부분입니다. 이때 발표 내용 중 아껴두었던 가장 핵심적인 내용을 제시하도록 합니다.

結(맺을 결) Conclusion
앞 부분까지는 이성적으로 설득하였다면 발표의 마지막은 청중의 감성에 호소하여 발표의 모든 부분을 신뢰하도록 감동적으로 마무리 합니다.

Lesson **01**　기 : 들어가기 [Introduction]

스티브잡스는 WWDC(애플사가 개최하는 세계 개발자 컨퍼런스)의 시작 부분에 오늘 있을 발표의 중요 내용을 미리 보여주지 않고 잡담을 늘어놓습니다. 예를 들어 2010년 6월, 아이폰4를 발표하는 날에도 "아이폰 신제품 발표회"라는 말로 시작하지 않습니다. 보통은 애플의 실적이나 신규매장 오픈에 대한 이야기로 사람들의 환심을 삽니다. 혹은 2010년 10월, 새로운 Mac OS "LION"을 발표할 때에는 "Back to the Mac."이라는 문구를 통해 사람들에게 기대감을 불어넣기도 하지만 직접적인 정보를 노출하지는 않고 그저 사람들의 관심만을 이끌어내는 정도에 그칩니다. 이는 청중이 발표를 듣기 직전에 가졌던 생각이나 감정을 잠재우고 머리를 비우게 만들어 앞으로의 내용을 받아들이도록 하기 위함입니다.

Section 01　화자 소개를 통해 신뢰감 형성

스티브 잡스와 같은 유명인사여서 자신이 누군지 굳이 설명할 필요가 없거나, 자신에 대하여 이미 잘 아는 회사 내부인원을 대상으로 하는 발표가 아니라면 발표자가 누구인지 간단히 설명하는 것이 필요합니다. 발표가 시작되면 청중은 발표자가 신뢰할 만한 사람인지 공감할만한 사람인지 궁금해 하기 때문입니다. 일하는 모습을 담은 사진이나, 이전에 제작한 몇 가지 결과물 자료 등을 통해서 자신을 표현할 만한 슬라이드를 만들도록 합시다. 기왕이면 전문가라는 인상을 심어줄 수 있으면 더욱 좋습니다. 무언으로 '저는 이 방면에 전문가 입니다. 저를 믿어주십시오.'라는 의미를 전달하는 것이지요.

Section 02 청중을 발표 내용으로 끌어드릴 질문

발표의 시작은 청중에게 머리를 비우고 내가 하는 말을 들을 수 있는 자리를 머릿속에 만들기 위한 시간입니다. 발표장에 참석하기 전에 있었던 일, 걸어오다가 껌을 밟았다든지 우연히 연예인을 봤다든지 등등 이런 생각은 잠시 접어두고 발표에 집중할 수 있도록 하는 것이 중요합니다.

그런데!

이해의 기반을 다지는 데에는 아무 것도 없는 허공에 하는 것보다 이미 알고 있는 지식이나 경험을 활용하는 것이 효과적입니다. 그러한 청중의 경험을 상기시키는 데 좋은 방법은 질문을 던지는 것입니다. 그래서 여기서 말하는 질문은 아주 날카롭고 어려운 질문을 말하는 것이 아니라 평상시의 생각이나 경험을 다시 상기시킬 수 있는 가볍고 단순한 질문을 말합니다.

예를 들어 "여러분이 사용하시는 스마트폰 어플 중에서 가장 편리하다고 느끼신 어플은 무엇이었습니까?"

"여러분은 TV리모컨을 사용하게 되면서 가끔이라도 TV의 본체 버튼을 직접 누르신 적이 있습니까?"

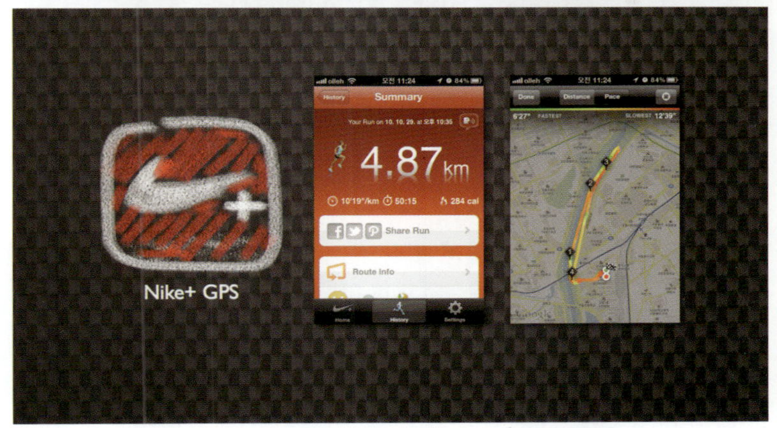

이러한 질문들은 그저 주위를 환기시킬 수만 있으면 됩니다. 그리고 더불어 앞으로 발표할 내용과 연관 있는 질문이면 더 좋을 것입니다. 이러한 질문을 청중에게 한 다음, 잠깐 2~3초 생각할 시간을 준 다음에는 곧바로 질문의 대답이 담겨 있는 자신의 견해나 경험을 나눠줍니다. 청중의 일부도 이와 유사한 경험을 하였기 때문에 공감대가 형성될 수도 있고, 반대로 독특한 경험이기 때문에 호기심을 자극하게 될 수도 있습니다.

"저는 요즘 이 어플리케이션을 사용하면서 상당히 편리하다는 느낌을 받았습니다."

"리모컨을 잃어버렸을 때 몇 발자국만 앞으로 나가서 TV를 켜도 되는데 그러지 않는 제 자신의 모습을 보았습니다."

Section 03 기대하게 만드는 이야기

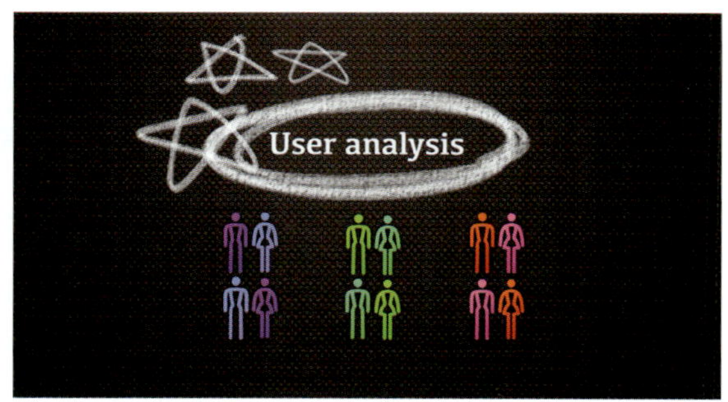

목차 설명은 꼭 해야만 하는 상황이 아니라면 과감히 버리는 것이 좋습니다. 목차 설명이 발표에 도움이 되게 제대로 하려면 한 장에 목차를 몰아넣기 보다는 각 항목을 개별로 슬라이드에 배치하여 확실하게 언급하고 지나가는 것이 좋습니다. 본래 목차를 언급하는 이유는 발표의 대략적인 흐름을 미리 파악하여 발표 내용을 이해하는데 도움을 주기 위해서입니다. 그러나 이러한 사전언급이 자칫 발표에 대한 흥미를 떨어뜨릴 수 있습니다. 따라서 호기심을 자극하여 궁금증이 생기도록 발표의 끝을 살짝 보여주거나 발표를 하는 구체적인 방향을 밝히어 앞으로 진행될 내용을 짐작하는 것까지만 허락하는 것이 효과적입니다.

예를 들면 "저희가 오랫동안 연구해온 문제를 최근에 해결하였습니다. 사용자의 행동을 주의 깊게 관찰하여서 얻은 결과지요. 아주 편리한 방법을 발견하였는데요. 아마 여러분도 만족하실 겁니다."

이러한 기대감을 유발시키는 이야기를 준비할 때 발표를 하는 여러분의 마음 속에는 마치 청중을 위한 '선물'을 준비한다고 생각하시면 좋습니다. "여러분을 위해 제가 하나 준비한 것이 있는데요. 발표가 진행될수록 이 선물이 무엇인지 알게 되실 것입니다."라고 직접적으로 말하지는 않겠지만 청중의 귀에는 이렇게 들려야만 합니다.

Section 04 상황이 머릿속에 그려지는 이야기로 시작하기

"한 달 전 쯤 저녁식사를 하러 일식 음식점에 갔다가 뒤쪽 테이블에 앉아있던 손님의 이야기를 듣게 되었습니다. 일부러 엿들은 것은 아니라 너무 가까워서 의도하지 않게 대화 내용을 들었는데... 어떤 40대 중반의 남성분과 여성분이 함께 식사를 하시는데 계속해서 내용을 듣다보니 둘의 관계는 남매라는 것을 알 수 있었습니다... 그런데 서로 나누는 대화는 일반적인 남매가 나누는 대화가 아니었습니다..."

발표 내용과 연관된 이야기를 통해 상황이 머릿속에 그려지게 하고 거기서 무슨 일이 벌어질지를 상상하게 만들어도 청중들의 기대감을 불러일으킬 수 있습니다. 그런데 이런 이야기를 하며 발표의 앞부분을 이끌어 갈 때 반드시 염두해야 할 부분은 목적을 분명히 하고 준비해야한다는 것입니다.

왜냐하면 자칫 앞부분이 너무 길어져 지루해지는 것을 조심하여야 하기 때문입니다. 청중의 머릿속에 '빨리 본론만 말하고 끝내!' 하는 생각이 들게 되면 곤란합니다. '도대체 무슨 말을 하려고 저 이야기를 하는 것일까?' 라는 생각이 들 겨를이 없도록 1~2분 정도의 짧은 길이여야 하고 또한 신선한 내용이어야 합니다. 진부한 내용으로 '또 저 이야기야! 지난번 다른 사람도 똑같은 이야기 하던데' 하는 생각이 들지 않게 하려면 되도록 자신의 경험이어야 합니다. 이렇게 준비하면 독특한 자신만의 오프닝이 될 것입니다.

Section 05 원론적인 개념에 대한 소개

발표 내용을 이끌어갈 원론적인 개념에 대한 설명으로 시작합니다. 이해하기 쉽게 설명하되 발표의 본 내용이 아니라 청중의 머릿속의 복잡한 생각을 비우고, 앞으로 진행될 내용을 받아들이도록 하는 역할이므로 가볍게 언급하고 넘어 갑니다.

Section 06 동영상, 오프닝 음악

청중의 집중을 이끌어 내는 데 앞에서 설명한 방법을 좀 더 과감하게 하는 방법이 영상물을 활용하는 방법입니다. 보통은 소개 영상을 많이 사용하는데 이러한 영상은 청중에게 발표가 어떻게 흘러나갈지 예상하게 만들고 기대하게 만들어 줄 수 있습니다. 또는 음악을 활용합니다. 음악은 감정을 움직이는 놀라운 힘을 가지고 있다는 것을 여러분도 이미 알고 계실 것입니다. 제가 음악을 선곡하기 위해 평소에 하는 노력은 CF 배경음악으로 사용된 음악들을 틈틈이 검색하거나 카페나 식당에 갔다가 듣게 되는 음악 중 마음에 드는 음악을 곧바로 검색하여 모아두는 것입니다. 요즘은 스마트폰 어플리케이션으로 현재 나오는 음악을 찾아주는 어플리케이션이 많으므로 이를 활용하면 편리합니다.

Lesson **02** 승 : **설명하기** [Development]

전달하고자 하는 내용을 가장 쉽고 정확하게 알려줄 수 있는 방법은 직접 시연하는 방법입니다. 스티브 잡스도 새로운 제품을 직접 사용하면서 청중을 이해시킵니다. 자이로스코프의 원리라든지 성능에 대해 자세히 이야기 하지 않습니다. 그저 젠가라는 보드게임을 통해 청중에게 눈으로 보여줌으로서 체감적인 이해를 유도할 뿐입니다. 또한 재미있는 게임이나 영상편집 프로그램에 대해 설명할 때에는 개발자를 무대로 초대하여 신뢰감 있는 발표 내용을 전달합니다. 혹은 유명인사가 기고한 글의 일부를 발췌하여 보여줌으로써 청중에게 현재 발표되고 있는 내용의 신빙성을 증명합니다.

Section 01 큰 그림을 보여주기

본론으로 들어가기 전에 청중에게 어떤 부분을 염두하고 들어야 하는지 대략적으로 집어주고 넘어가는 것이 좋습니다. "앞으로 세 가지 측면으로 접근하며 설명하겠습니다." 라고 한번 언급하면 청중은 머릿속에 세 개의 방을 미리 준비합니다.

그리고 앞으로의 설명이 진행되는 동안 차근차근 그 정보를 각각의 방에 저장하게 되는 것처럼 기억하게 됩니다.

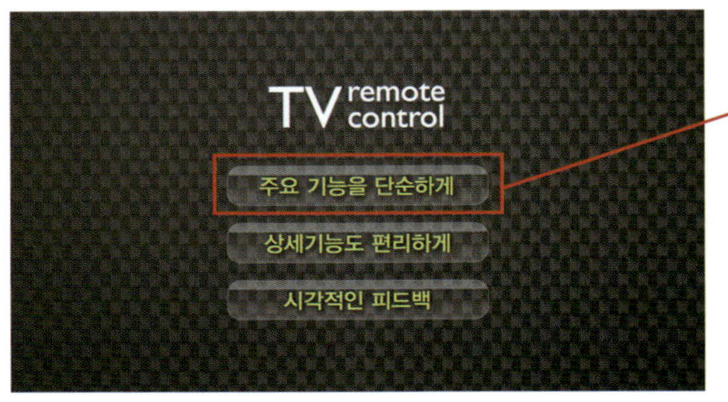

이 때 큰 그림으로 보여준 슬라이드에서 다음으로 넘어갈 때 이동 마법사와 같은 화면 전환을 통해 이전 슬라이드의 내용 중 일부가 그대로 이동하여 다음 슬라이드에 위치하게 되면 청중은 훨씬 더 기억을 정리하기 쉬워집니다.

Section 02 각 슬라이드의 정보량을 조절

청중을 쉽게 이해시키고 신뢰하도록 만들기 위해서는 한 슬라이드의 정보량을 제한하여야 합니다. 한마디로 말해서 너무 많은 내용을 한 슬라이드에 담지 말고 꼭 필요한 것만 보여주고, 나머지는 말로 설명하거나 아니면 다음 장에서 보여주는 것이 좋습니다. 왜냐하면 어차피 사람은 눈이 두 개여도 두 군데를 동시에 바라 볼 수는 없을 뿐더러 많이 보여주면 많이 보여줄수록 더 기억하지 못하게 됩니다. 발표를 마치고 돌아가서 청중은 화면으로 본 장면을 토대로 발표자가 언급했던 이야기를 순차적으로 기억하게 됩니다. 특정한 단어, 특별한 사진 한 장이 떠오르고 그때 발표자가 설명했던 것이 점차 기억이 나게 되는 것이죠. 그렇기 때문에 복잡한 슬라이드 구성은 발표 내용을 상기시킬 기준으로 부적절합니다.

이렇게 시원시원한 슬라이드를 만들다보면 슬라이드 장수가 늘어나는 경우가 있습니다. 하지만 그것을 걱정할 필요는 없습니다. 빽빽하게 압축된 슬라이드를 띄워놓고 10분 넘게 풀어서 설명하는 것보다, 절제된 내용이 담긴 슬라이드를 5초~10초 마다 빠르게 넘기며 보여주는 것이 훨씬 더 효과적입니다.

Section 03 비교하기

비교를 통해 발표에서 얻을 수 있는 유익은 청중에게 이전보다 나아진 점을 실질적으로 체감시켜줄 수 있다는 것 입니다. 따라서 상대 제품이나 과거의 제품을 비판하는데 초점을 맞추기보다는 자신의 제품이나 기술, 제안하는 주장이 이전보다 얼마나 개선되었는지에 대하여 비중을 두고 말하여야 합니다. 자칫

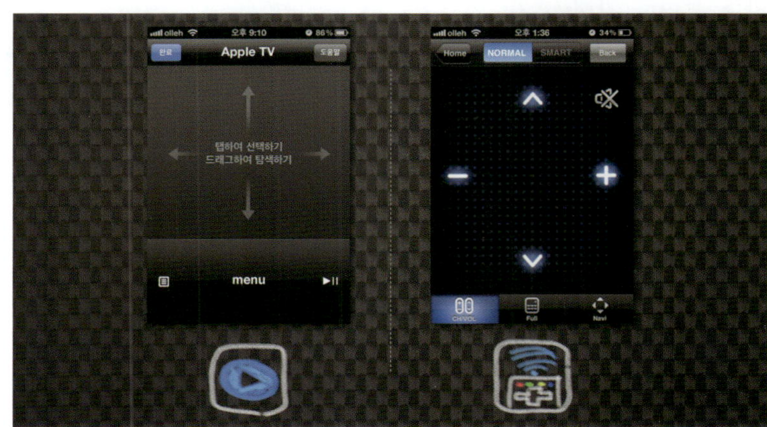

비판적인 태도는 청중에게 반감을 살 수 있으니 주의하시길 바랍니다.

Section 04 느낌이 전달되는 챠트

자신의 주장을 입증하기 위해서는 신빙성 있는 자료가 필요한 경우가 있습니다. 이런 경우 자주 사용되는 것이 챠트일 것 입니다. 이 때 예를 들어 3.14159...이라는 정확한 수치보다 더 중요한 것은 그것이 의미하는 느낌을 청중의 마음에 새기는 것입니다.

스티브 잡스는 아이팟의 데이터 저장 용량을 설명할 때 노래는 몇 곡을 넣을 수 있고, 동영상을 몇 시간 분량을 넣을 수 있다고 설명합니다. 혹은 공익광고에서 대중교통을 이용하면 일 년에 나무를 몇 그루 심는 것과 같은 효과라고 설명하는 것도 이와 비슷한 이유입니다.

예를 들어 지구온난화를 막는 발표의 내용 중 가전제품에서 나오는 열량을 숫자로 표현하는 챠트를 사용하였다고 가정해 봅시다. 이 때 몇 칼로리인지 숫자만 보고 바로 그 양이 얼마나 되는지 그 방면의 전문가가 아니라면 분명한 감이 오지 않습니다. 따라서 물 한 컵을 끓일 수 있는 열량에 비교한다던지 성냥 한 개비를 태울 때 발생하는 열량으로 치환하여 설명합니다.

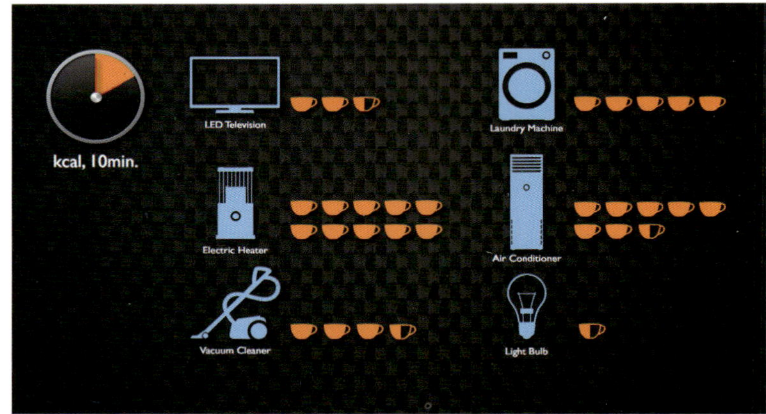

이와 같이 기준을 일반적으로 생활할 때 사용하는 것에 대입하여 설명하면 더욱 챠트의 해당 값의 의미가 피부로 다가오게 됩니다.

Section 05 제 3자의 입장에서 바라보기

자신의 주장을 뒷받침하기 위해서는 전문가의 의견이나 중립성을 지닌 제 3자가 바라본 주장을 곁들이면 청중은 훨씬 더 발표자를 신뢰하게 됩니다. 보통은 전문 조사기관의 보도자료를 인용하거나 일반 사용자의 사용후기를 활용합니다.

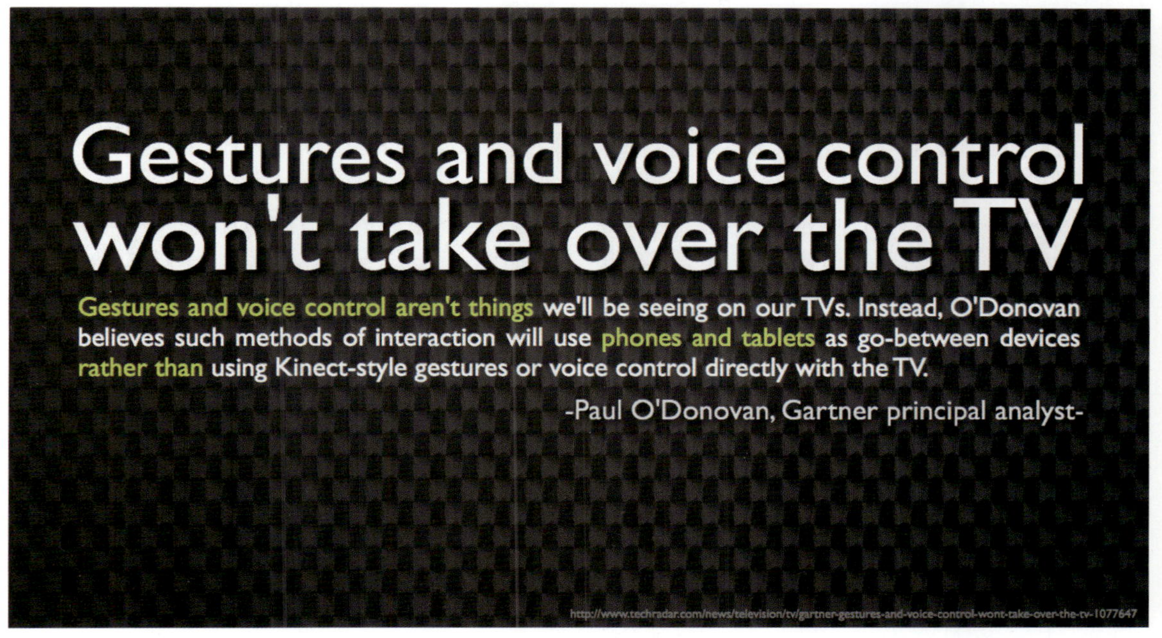

Section 06 요약 정리하기

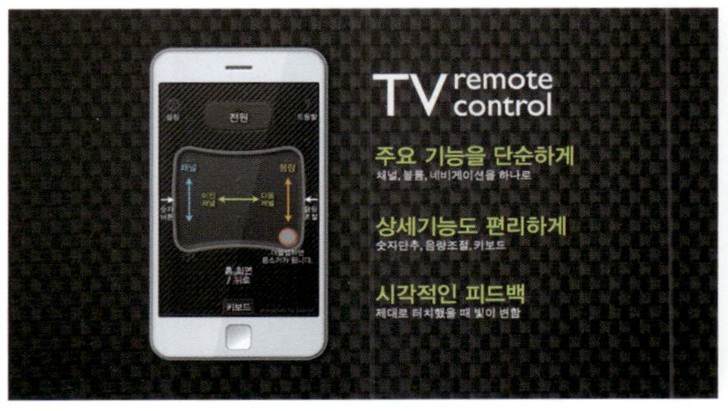

발표 내용이 긴 경우에는 중간에 내용이 전환되는 부분에서 이전까지의 내용을 간단히 요약하여 청중의 머릿속에 한 번 더 정리할 수 있도록 반복해줍니다. 중간에 집중력이 감소하여 정확하게 파악하지 못한 내용이나 가볍게 지나쳤던 내용도 이렇게 요약함으로써 청중은 더욱 오랫동안 내용을 기억할 수 있게 됩니다.

Lesson **03**　전 : 생각 바꾸기

가장 중요한 내용을 말하고 관객의 반응을 이끌어낼 차례입니다. 앞부분의 발표 내용들은 모두 지금을 위해 존재하는 것이었습니다. 스티브 잡스는 이때 신제품의 혁신적인 기능이나 디자인, 저렴한 가격 등을 제시하여 청중에게 긍정적인 인상을 심어줍니다.

Section 01　자문자답하며 다음으로 넘어가기

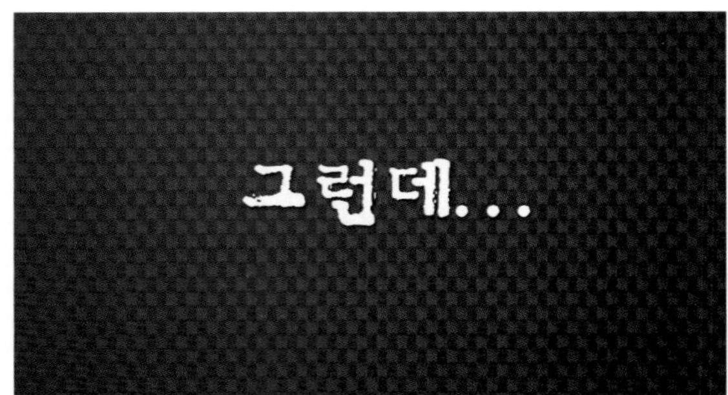

발표의 마지막에 다다르면 청중에게 숨을 고르고 특별한 내용을 받아들일 마음의 준비를 시켜주어야 합니다. 그런데 보통 우리는 어떻습니까?

일반적으로 발표자는 많은 내용을 준비하지만 정해진 시간에 쫓겨서 뒷부분은 빨리빨리 이야기 하고 넘어가는 실수를 자주 합니다. 발표자는 내용만을 전달하는 것이 아닙니다. 때로는 청중은 발표자의 심리 상태까지도 읽을 수 있어서 긴장하거나 자신이 없어 하는 느낌을 무의식적으로 파악합니다. 그렇기 때문에 발표자와 청중 모두를 위해서 뒷부분은 천천히 또박또박 여유 있는 어조로 핵심 내용을 전달하는 것이 좋습니다.

이를 위해서 다함께 잠깐 생각하는 시간을 가질 수 있는 슬라이드를 준비합니다. 대체로 발표가 진행되는 동안 청중은 모든 내용에 호의적일 수는 없습니다. '음... 과연 그럴까? 항상 그렇지는 않던데...', '과연 그만큼의 수익이 발생할까?' 하고 반대 의견을 갖게 되기 마련입니다.

그렇기 때문에 발표의 후반부에서는 그러한 의심어린 질문을 시원하게 발표자가 먼저 공개합니다. "과연 스마트폰으로 텔레비전을 조작하는 것이 기존의 번들 리모컨 보다 획기적으로 편한 걸까요? 없어도 그리 불편할 것 같지 않은데요." 이러한 질문을 발표자가 하게 되면 청중은 깜짝 놀라게 됩니다. '어떻게 내 마음을 알았지?'하고 생각하는 청중도 일부 있습니다. 그리고 그러한 질문에 대한 해답을 명쾌하게 해준다면 의심의 여지가 사라지게 되므로 발표 전반의 내용을 더욱 신뢰하게 됩니다.

Section 02 핵심 내용을 효과적으로 보여주기

발표에 있어서 가장 긴장되고 중요한 순간입니다. 새로운 제품의 디자인이나 기발한 아이디어, 서비스 등을 공개해야할 차례이죠. 이때 화려한 애니메이션 효과를 사용하는 것은 기본입니다. 하지만 스토리텔링에 있어서 빌드 효과 보다 훨씬 더 중요한 것은 앞으로 공개할 자료가 왜 진짜 좋은지를 청중이 수긍할 수 있는 논리적 근거를 마련하는 것입니다. 따라서 핵심 내용을 공개하기 바로 앞부분에 혹은 뒷부분에 이러한 슬라이드를 준비합니다.

Lesson 04 결 : 감동적인 마무리

멋있게 발표를 시작하는 것보다 어려운 것이 완벽하게 마무리 짓는 것입니다. 스티브 잡스의 프레젠테이션의 뒷부분에는 발표한 애플 제품을 사용하는 사람들의 행복한 모습을 담은 영상을 상영하여 청중을 감동시키고 구매로 이어지게 합니다. 발표 내용이 아무리 좋아도 청중이 느끼기에 나와 무슨 상관이 있는지 잘 모른다면 그 발표는 설득에 실패한 것이나 다름 없습니다. 이제까지 설명한 제품을 가지게 되면 나의 삶이 어떻게 바뀌게 되는지, 발표자의 제안을 받아들이면 얻는 것이 무엇인지 느끼게 되어 심장이 뛰고 미래에 대한 기대감이 가득하다면 대성공입니다.

 Section 01 열정에 대해 이야기하기

발표를 위해 이제까지 연구해오는 동안 자신을 이끌어온 열정에 대해 말합니다. 만약 그것이 진심으로 전달된다면 청중에게는 감동으로 다가옵니다. 그리고 그 열정으로 인해 프로젝트가 성공하였을 때 청중도 축하의 박수를 보낼 수 있게 되며, 발표자의 성공을 위해 무엇인가 해주고 싶은 마음까지도 들게 됩니다. 이때 자신의 비전을 표현하는 문장이나 감동적인 명언 등을 슬라이드에 담습니다. 그러면서 이 발표의 결론이 우리 모두에게 미치는 영향에 대해 다시 한 번 감성적으로 설명하고 발표를 마칩니다.

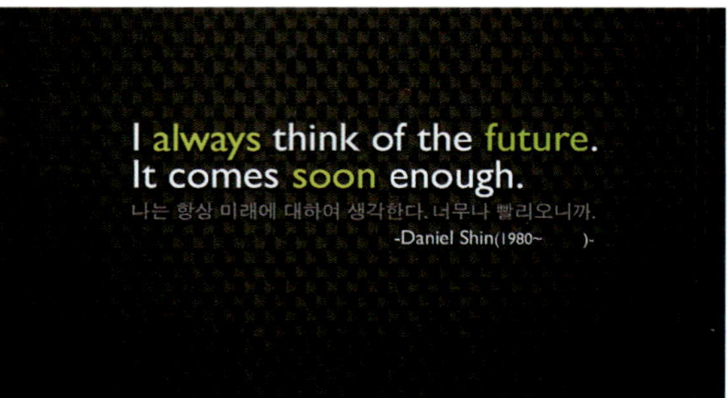

Section 02 연출된 사진이나 영상을 활용하기

영상 제작 전문가가 아니라면 iPhoto와 같은 프로그램을 활용하여 사진으로 감성적인 클로징 동영상 만들면 편리합니다. 이 때 동영상에 쓰일 사진은 발표자의 제안이 받아들여졌을 때, 예를 들어 새로운 제품 디자인이 적용된 제품이 생산되고 그 제품을 구매하여 사용하는 모습을 담은 사진이면 좋습니다. 그리고 그 사용자의 즐거워하는 표정이나 혹은 사진 속 상황이 그 제품이 반드시 필요한 상황을 연출하도록 합니다.

MEMO

Chapter 

스토리 보여주기 : 시각화

스토리가 준비되었다면 이제는 그 이야기를 눈으로 보여줄 차례입니다. 청중은 발표 내용을 마치 사진으로 찍듯이 머릿속에 기억합니다. 다시 말하면 장면을 기억하는 것이지요. 그렇기 때문에 발표 내용을 오래도록 기억할 수 있게 하려면 글보다는 그림으로 이루어진 슬라이드를 준비하는 것이 좋습니다.

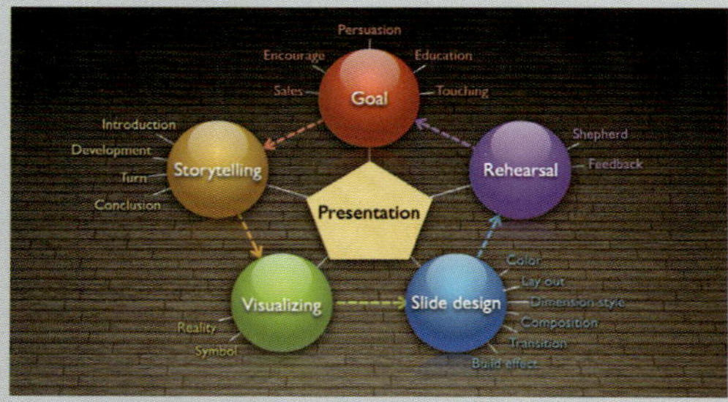

이때 흔히 오해하는 것이 '글자와 도형이 혼합된 다이어그램으로 표현하는 것이 좋다'라는 생각입니다. 다이어그램은 때로는 이해를 방해합니다. 단어와 단어의 상관관계를 함축적인 도형으로 표현하였기 때문에 청중은 그러한 다이어그램을 볼 때 암호를 해독하는 것과 같이 피곤해 합니다.

시각화를 정의하자면 '머릿속의 생각을 눈에 보이는 그림으로 표현하기'입니다. 이러한 면에서 시각화된 슬라이드는 두 가지 속성을 가집니다. 바로 현실성과 상징성입니다.

Unit 01   현실성

제품의 사용법을 설명할 때 가장 좋은 것은 실제 제품을 발표 현장에 들고 오는 것입니다. 하지만 카메라 시스템이 잘 갖추어지지 않았다면 발표현장에 참석한 모든 사람이 발표자의 시연을 보기 어렵습니다. 그래서 보통은 시연 대신 그와 최대한 비슷하게 슬라이드에 내용을 담습니다. 이때 중요한 것이 최대한 실제와 비슷하게 하여야 한다는 것입니다. 상황을 설명할 때도 마찬가지 입니다. 여러 문장으로 자세히 설명된 슬라이드 보다 실제 그 현장을 묘사하는 한 장의 사진이 훨씬 효과적일 수 있습니다.

Unit 02   상징성

발표 내용 중 일부는 감정이나 상태를 뜻하여 구체적인 형상으로 표현하기 어려운 것이 있습니다. 이런 경우에는 사물에 의미를 부여하여 은유적으로 표현합니다.

이를 위해 사진자료를 활용하는 경우 주의하여야 하는 사항은 사진에 너무 많은 내용이 담겨 있으면 곤란하다는 것 입니

다. 되도록이면 한 가지 사물이나 상황이 담겨진 사진 그리고 너무 많은 사람의 얼굴이 등장하지 않은 사진을 사용하도록 합니다. 청중 중 일부가 예를 들어 '저 사진에 등장한 사람 예쁜데!' 하며 다른 생각으로 빠지면 발표 내용에는 관심을 갖지 못하게 되기 때문입니다.

Lesson **01** 글자를 그림으로

내용을 문장이나 단어로 표현하기 보다는 그림으로 바꾸어서 표현하면 훨씬 이해가 빠릅니다. 예를 들어 회사 이름은 글자보다는 회사 로고로, 명사들은 그림으로, 설명하고자 하는 상황은 사진으로 표현합니다.

Section 01 화면캡쳐 키보드 단축키 설명

애플 매킨토시 컴퓨터의 화면을 캡쳐하는 방법은 윈도우즈 컴퓨터와 다릅니다. 총 3개의 키를 눌러야 하는데 이러한 방법을 설명할 때에도 글자로 표현하기 보다는 실제 키보드 사진을 활용하면 훨씬 더 쉽게 기억할 수 있게 됩니다.

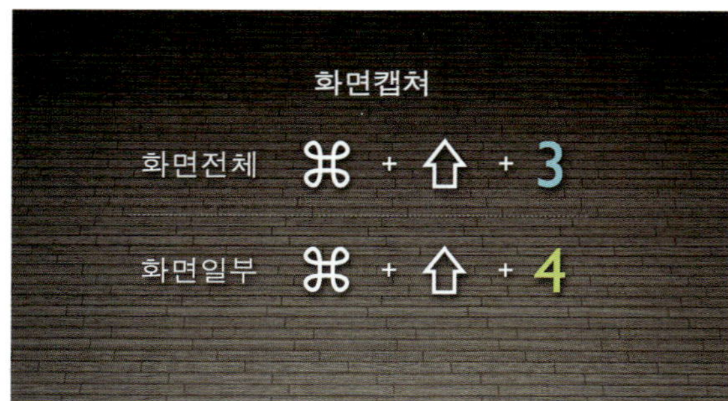

Section 02 시계로 일정한 시간을 설명

하루 중 남성의 수염이 가장 많이 자라는 시간이 오전 8시 ~ 10시까지라고 합니다. 이를 시계바늘로 표현해봅시다.

Section 03 달력으로 D-day 설명

특정 날짜를 청중에게 각인 시킬 때에도 달력에 날짜를 표시하면 정확한 날짜뿐만 아니라 요일과 월초, 중순, 혹은 월말인지도 기억하게 됩니다.

Lesson **02** 비유하기

특정 개념을 형상화하기 어렵다면 포털 사이트나 이미지 검색 사이트를 활용하여 봅시다. 이러한 사이트의 검색창에 'creativity'라고 검색하면 관련된 이미지를 다수 찾을 수 있습니다.

발표를 하다보면 형상이 없는 내용이 핵심이 되는 경우가 있습니다. 이럴 때에는 사물에 의미를 부여하여 표현합니다. 이렇게 상징적으로 표현된 슬라이드는 훨씬 더 오랫동안 의미를 청중의 마음속에 기억하도록 도와줍니다. 예를 들어 스토리텔링의 의미를 말풍선, 책, 마이크와 같은 것에 대입하여 표현합니다. 또는 노력이라는 개념을 시계, 운동선수, 위인, 성실한 동물의 사진을 활용하는 것도 좋은 방법입니다.

■ Section 01 협동의 의미를 톱니바퀴로 표현 샘플 키노트 : P4C2L2S2–팀웍.key

01 톱니바퀴 3개를 불러옵니다.

02 'Teamwork'라는 글자를 입력합니다.

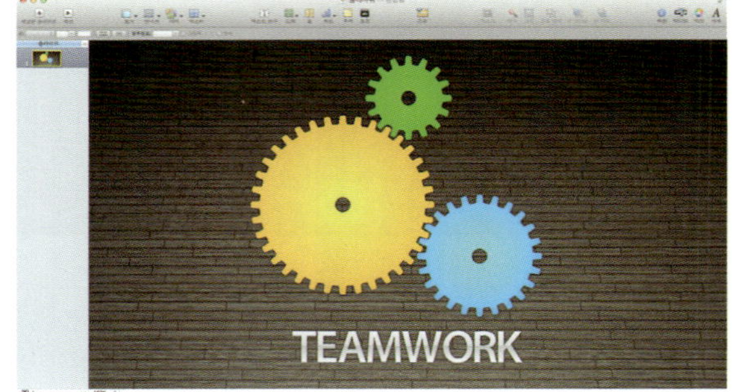

03 톱니바퀴에 회전하는 동작 애니메이션을 적용하면 좀 더 역동적인 슬라이드를 만들 수 있습니다.

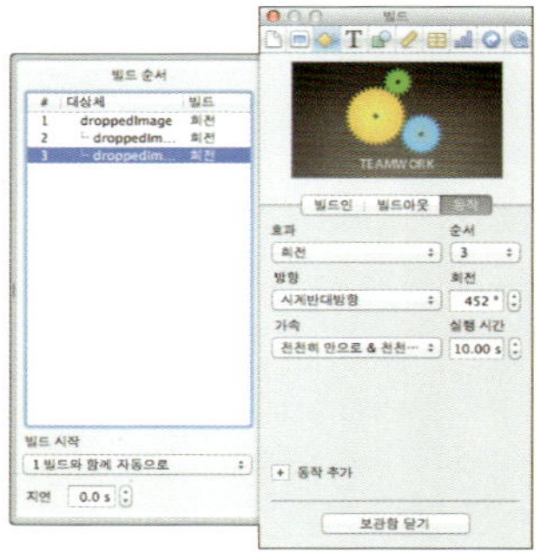

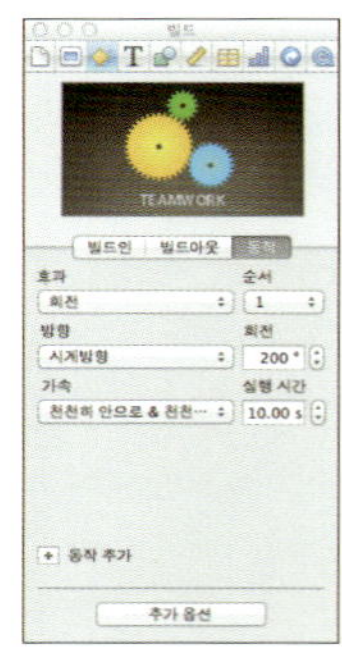

Lesson **03** 키워드로 표현하기

발표 내용을 나타내는 핵심 단어를 표현하는 방법을 알아봅시다. 그래픽 프로그램을 사용하면 좀 더 아름다운 글자 디자인을 할 수 있습니다. 하지만 키노트의 알파 기능을 조금 활용하여 글자에 색상을 다양하게 보이도록 할 수 있습니다.

• **샘플 키노트 :**
  P4C2L3–글자속사진.key

01 화면에 글자를 입력합니다. 그리고 이미지로 보내기를 합니다.

02 새로운 슬라이드에 비교적 색상이 단순한 사진을 불러옵니다.

03 이미지로 변환된 슬라이드를 다시 불러와 글자 부분을 알파로 지워줍니다. 지워진 글자 사이로 사진이 보입니다.

04 변환된 이미지에 그림자 효과를 주면 좀 더 세련되게 보입니다.

Lesson 04 다이어그램을 빌드 효과로 표현

순차적인 단계, 인과관계를 설명하는 도식을 너무 복잡한 다이어그램으로 표현하면 청중이 이해하기 어렵습니다. 또한 발표자가 스토리텔링하기에는 부적합한 형태입니다.

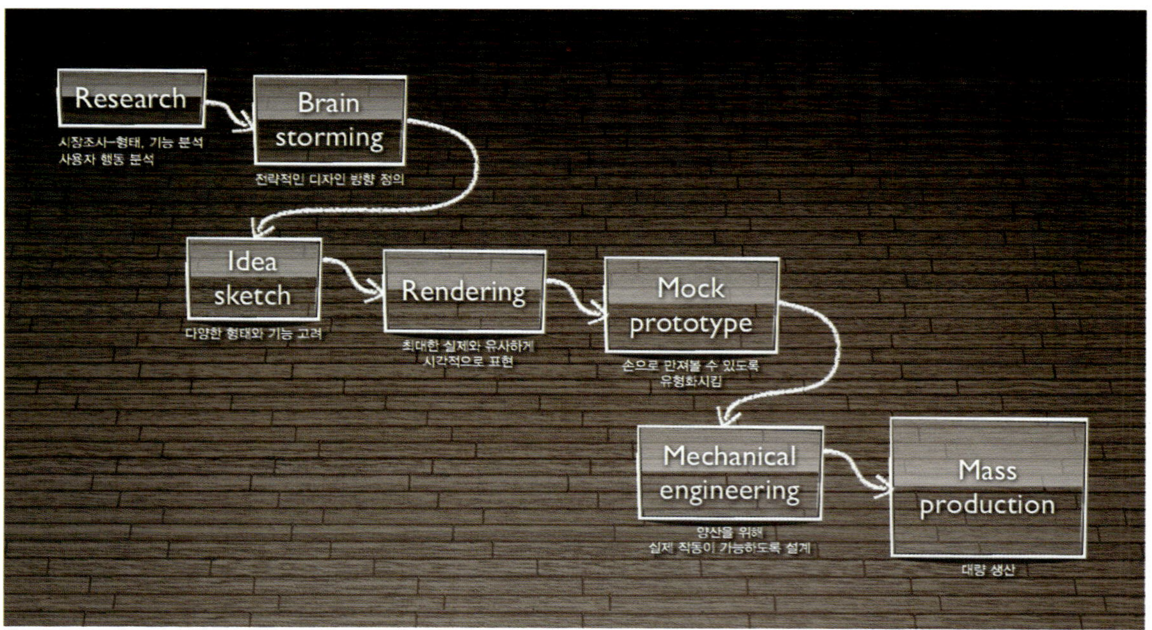

한 장에 복잡하게 정리 되었던 내용을 몇 장의 슬라이드로 나누고 [밀어내기] 화면 전환 효과를 사용하여 크게 연결되어 보이도록 하는 것이 효과적입니다.

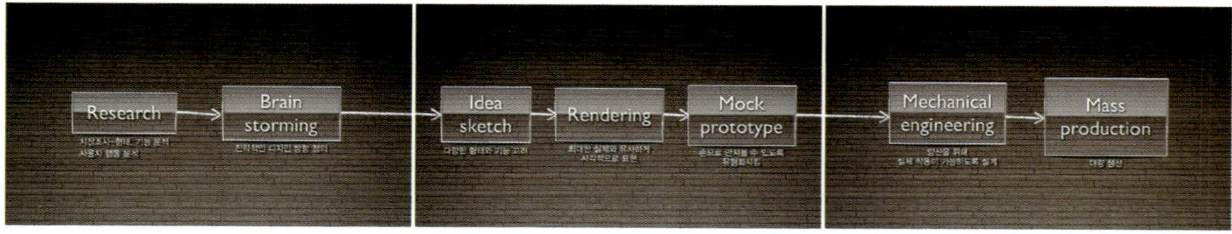

MEMO

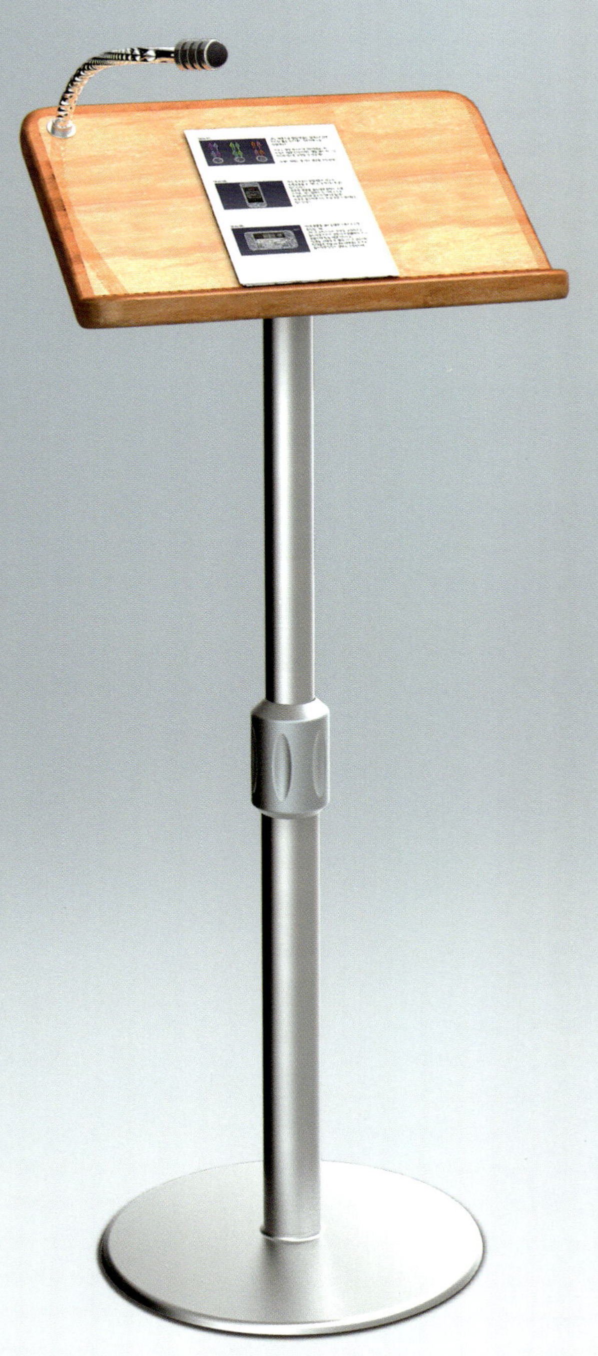

Part 05

실전 예제 따라하기

Chapter **01**

스마트폰 어플리케이션 발표 키노트 만들기

이번 Chapter에서는 실제 프레젠테이션을 준비하는 모든 과정을 처음부터 끝까지 살펴보겠습니다. 이전 Part에서 다루었던 내용들이 실제로 어떻게 활용되는지 "어플리케이션 발표" 사례를 통해 알아봅시다.

|학·습·목·표|
7단계로 이루어진 프레젠테이션 과정을 연습
1. 개요 작성
2. 대본 작성
3. 키워드추출
4. 디자인 및 시각화
5. 화면 전환 및 빌드
6. 발표 연습
7. 발표

• **완성 키노트 :** P5C1−어플리케이션 발표.key

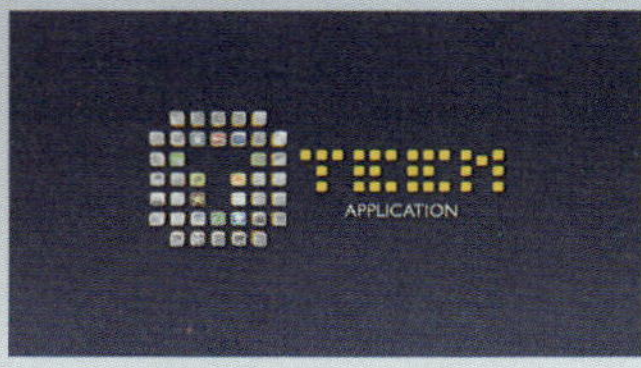

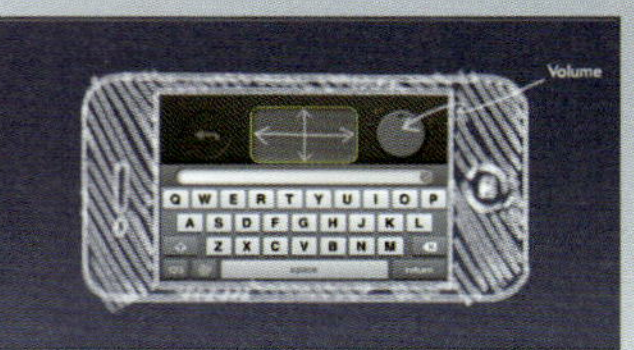

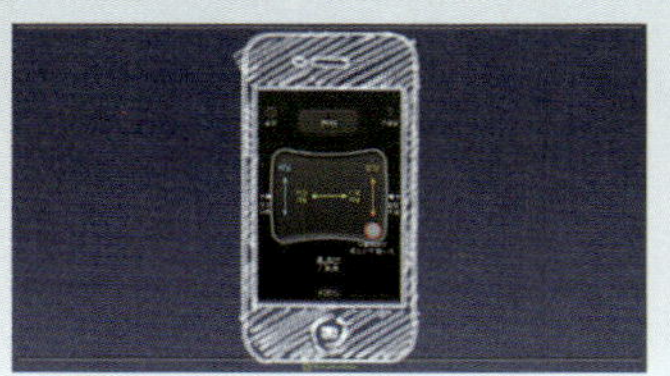

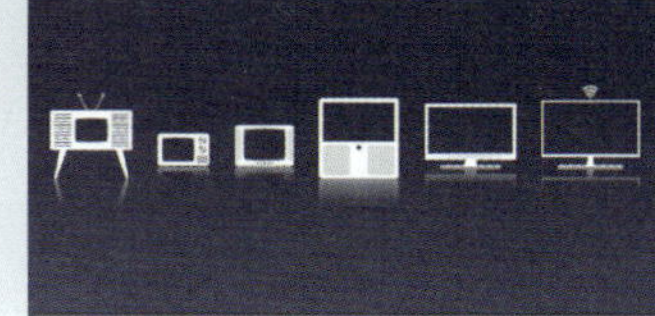

Lesson **01** 개요 작성

 Section 01 뚜렷한 목적 세우기

발표를 준비하기 위해 가장 먼저 하는 것이 전반적인 내용을 구성하는 것입니다. 개요 작성 단계에서 가장 먼저 염두 해야 하는 것은 발표의 목적을 분명하게 하는 것입니다. 이번 프레젠테이션의 목적은 Teem application이라는 회사를 홍보하는 것입니다. 회사의 연혁이나 규모를 설명하는 것 보다 실적 위주의 인상적인 발표를 할 계획입니다. 이 회사가 무엇을 하는 회사인지 그리고 능력이 있는 회사인지를 피부로 느낄 수 있도록 "Remote app."을 설명하는 발표사례입니다.

Section 02 기승전결

두 번째로 개요 작성 시 염두 해야 하는 것은 이러한 목적을 가장 잘 나타낼 수 있도록 기승전결을 고려하여 내용을 구성하는 것입니다. 이 단계에서는 발표의 처음 시작은 어떻게 할 것인지 내용은 어떻게 설명할 것인지 마무리는 어떻게 할 것인지를 생각합니다. 발표내용 중에 가장 중요한 부분을 어디에 위치시킬 것인지 고려하여 앞뒤 내용을 전략적으로 구성하는 것이 정말 중요합니다.

Section 03 발표상황 예측

다음으로 발표 장소와 시간 그리고 어떤 사람들이 주로 발표를 들으러 오는지를 알 수 있는 만큼 최대한 고려하는 것이 중요합니다. 장소의 크기는 얼만한지 스크린의 크기와 빔프로젝터의 성능은 어떤지, 발표 시간대가 오전인지 오후인지, 주된 청중의 관심사가 어떠할지를 전반적으로 고려하여 발표의 분위기를 어떻게 이끌어 나갈 것인지를 결정하게 됩니다. 똑같은 내용을 전달하더라도 역동적으로 할지 차분하게 할지 정하는 것은 대단히 중요합니다.

예를 들어 만일 공간이 아주 작은데 너무 역동적인 발표를 시도한다면 청중이 부담을 느낄 수도 있을 것입니다. 또는 시간대가 나른한 오후인데 너무 차분하게 발표하는 것도 좋지 못합니다.

〈개요작성 사례〉

Introduction
1. 회사소개
2. 요즘 관심 있는 어플리케이션 소개, 질문
3. 개발의 당위성 소개
   1) 기존의 유사한 어플리케이션 분석
   2) 사용자 분석

Development
1. 기대하도록 대략적인 기능소개 : 터치패드로 대부분의 조작
2. 상세기능 설명
   1) 키보드 기능 4
   2) 숫자 버튼
   3) 아날로그 음량조절

Turn
1. 스마트폰을 사용한 리모컨의 장점
   – 잊어버렸을 적에, 전화 걸면~
2. 잠김 화면으로 인한 단점을 보완한 핵심적인 기능
   – 잠김 상태에서도 조작가능

Conclusion
1. 스마트TV로 무엇을 할 수 있을까 함께 생각하기
2. 발표자의 열정에 관한 이야기로 공감대를 형성하고 마무리

Lesson 02 대본 작성

완벽하지 않더라도 개요 작성이 어느 정도 마무리되었다면 대본을 작성하며 좀 더 탄탄한 내용 구성을 만들어 갑니다. 때로는 발표 자료를 다 만든 이후에 대본을 작성하는 경우가 있는데 그러다보면 불필요한 부분이 너무 많이 강조된다던지 혹은 실제 이야기 흐름상 꼭 들어가야 하는 부분이 빠지는 경우가 발생합니다. 따라서 발표를 준비할 때 되도록이면 완벽할 필요는 없지만 대본을 미리 작성하고 키노트 작업을 시작하는 것이 앞에서 말한 실수를 줄이는 정말 좋은 방법입니다. 필자가 대본을 작성해 본 결과 키노트 슬라이드 작업을 먼저 시작하는 것 보다 훨씬 스토리텔링을 하기 쉬웠습니다. 마치 친구에게 무엇인가를 설명하듯 대본을 작성하다보면 이야기의 꼬리에 꼬리를 무는 부드러운 연결고리를 가진 대본을 작성할 수 있게 됩니다.

Section 01 문체

개요가 작성된 이후에 대본을 작성할 때 가장 중요한 것은 문체입니다. 주로 많이 사용되는 발표용 문체는 "함축적인 구어체"입니다. 대본을 작성한다는 것은 글을 쓴다는 것입니다. 그렇기 때문에 때로는 문어체의 딱딱한 대본이 쓰여 질 가능성이 있습니다. 대본 작성은 절대로 논문을 쓰는 것이 아닙니다. 한 문장이 길이가 너무 긴 중문이나 복문의 사용은 최대한 절제하고, 대명사 사용을 줄이고 두세 번 반복되더라도 고유명사를 다시 사용하는 것이 내용 전달에 도움이 됩니다. 청중은 긴 문장을 한꺼번에 기억하고 이해할 만큼 그리 집중력이 높지 못합니다. 대본을 쓰는 목적은 발표의 내용을 매끄럽게 하기 위함이지 초등학생이 국어책 읽듯이 보고 읽기 위해 작성하는 것이 아니라는 사실을 꼭 명심하시길 바랍니다.

Section 02 청중이 박수칠 시점을 고려하기

획기적인 아이디어나 신제품을 소개하는 경우에는 발표자도 잠시 말을 멈추고 청중에게 감상할 시간을 주도록 합시다. 그리고 대본에도 이런 부분의 대사는 "새로운 기술 개발을 통해 보시는 제품을 만들었는데...이러이러하게 만들고... 또한..."라고 연결해서 뒷부분을 곧바로 말하기 보다는 "새로운 기술개발을 통해 이러한 제품을 만들었습니다."라고 분리된 문장으로 작성합니다.

Section 03 자료조사

대본을 작성하면서 더불어 필요한 자료를 조사합니다. 전문용어의 정확한 의미를 찾아보기도 하고 필요한 신문기사나 설문자료, 논문 등을 조사하여 대본에 반영합니다. 대본 작성 단계에서 자료조사를 하는 이유는 불필요한 자료조사 시간을 최대한 줄이기 위함입니다. 때로는 중요할 것이라고 생각하여 조사해 두었던 내용이 실제 발표 흐름과 정확히 맞지 않아서 결국 사용하지 못하는 경우도 있습니다. 대본 작성 단계에서 자료조사를 병행하면 이러한 낭비를 줄일 수 있습니다. 조사한 노력이 아까워 억지로 흐름에 맞지 않는 말을 하다보면 발표의 초점이 흐려질 수 있으므로 불필요한 자료의 언급은 자제합시다.

Lesson 03 핵심 단어 추출

이제 키노트를 켜고 앞에서 작성한 대본을 바탕으로 중요한 단어들을 하나씩 추출하여 슬라이드에 삽입합니다. 이 작업은 눈으로 보여줄 부분과 귀로 들려줄 부분을 나누는 단계입니다. 작성한 대본의 모든 부분을 눈으로 보여줄 필요는 없습니다. 다음 단계에서 시각화 작업을 편하게 하도록 키노트 슬라이드에 간단히 메모하신다고 생각하시면 됩니다.
그리고 이야기하듯이 대본을 쓰다보면 큰 그림을 먼저 보여주고 내용을 설명한 뒤 중간종합을 지어주는 내용을 간과하기 쉽습니다. 키워드 슬라이드를 만들 때 이러한 부분을 보완합시다.

Lesson 04 디자인 및 시각화

이 단계에 이르면 발표의 구성은 거의 끝났습니다. 이제는 얼마나 이해하기 쉽게 시각적으로 표현하느냐가 관건입니다.

시각화를 하기 전에 배경 디자인을 먼저 진행합니다. 배경 디자인을 하며 전반적인 스타일이 정해져야 앞으로 하게 될 시각화 작업도 이와 비슷하게 할 수 있기 때문입니다.
특히 명도대비를 고려하여 어두운 배경일 경우 시각화 작업은 밝게 해야 시인성이 높아집니다.

그리고 'Part 04. Chapter 02.'에서 설명한 현실성과 상징성을 최대한 염두하여 시각화하면 신뢰감 높은 슬라이드 디자인을 얻을 수 있습니다. 때로는 메모지에 핵심 단어를 적고 사진으로 찍어 활용하는 것이 도움 될 때가 있으니 참고하세요.

또한 발표장의 빔프로젝터의 화면비와 스크린의 크기 그리고 위치를 파악해둡시다. 왜냐하면 슬라이드의 밑 부분이 앞사람의 머리에 가려져 보이지 않는 강연장이 의외로 아주 많습니다. 따라서 슬라이드 디자인을 할 때 이를 염두하고 중요한 내용을 화면의 상단에 배치하도록 합시다. (※ Part 02. Chapter 01. 참고)

예시

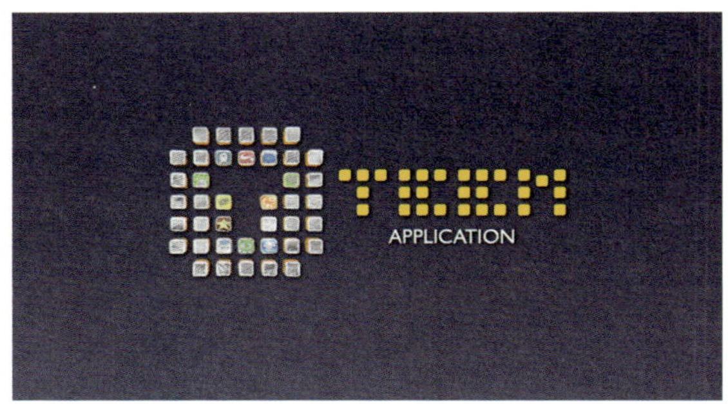

Slide 01 안녕하세요. 신다니엘입니다. 오늘 이 곳에 오신 여러분을 진심으로 환영합니다.

저희가 인터넷을 통해서 오늘 이 프레젠테이션에 관한 홍보를 하였는데 정말 많은 분들이 참석해주셔서 너무나 감사합니다.

저희는 스마트폰 어플리케이션을 개발하는 사람들이 모여서 만든 팀입니다. 그래서 이름도 Teem이라고 지었습니다. '충만하다, 풍부하다'라는 동사 Teem의 뜻이 저희 팀과 맞는 것 같습니다. 로고도 여러 앱들이 모여 있는 것과 같은 모양이죠^^

Slide 02 앱에는 여러 가지 종류가 정말 많죠. 게임, SNS, 학습용 어플 등...

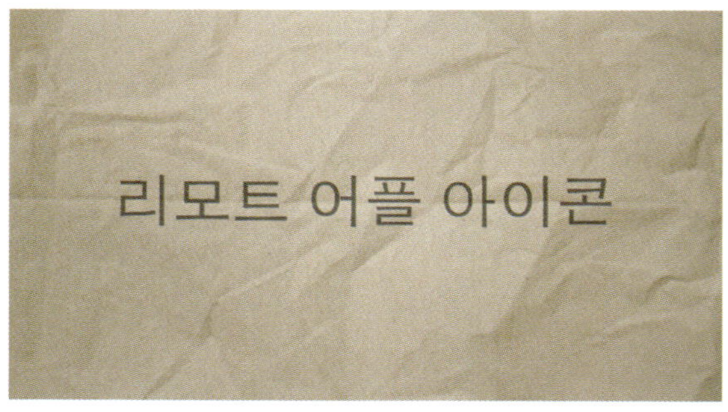

Slide 03 그 중에서 저희가 주로 연구하는 것들은 리모트 어플 쪽입니다. 스마트폰으로 TV나 오디오, PC, 조명 등 디지털 기기를 조작하는 어플을 개발하고 있습니다.

이러한 어플리케이션을 개발하려다 보니까 단순한 기능 구현이나 세련된 디자인을 넘어 좀 더 사용하기 편리한 인터페이스에 관한 고민을 많이 하게 되었죠.

Slide 04 여러분들은 혹시 사용하시는 어플리케이션 중에서 "우와 이것은 정말 편하다"하는 느낌을 받으신 어플이 있으신가요?
제가 이런 느낌을 받은 어플은?

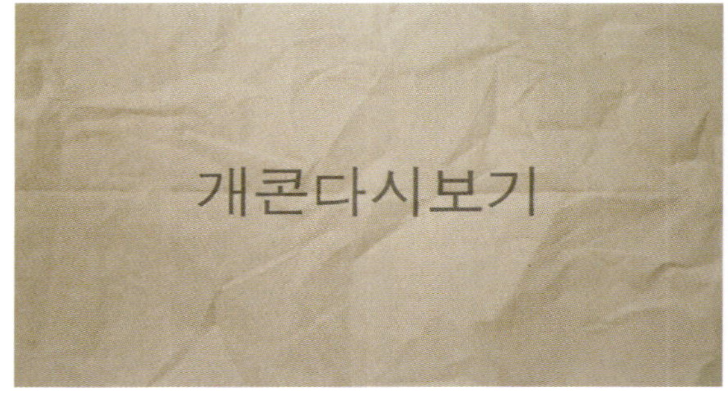

Slide 05 "개콘다시보기"는 누르면 바로 영상이 재생되더라구요 ㅎㅎ

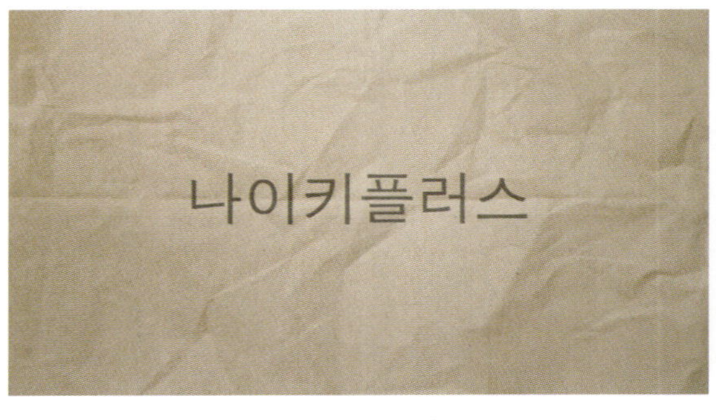

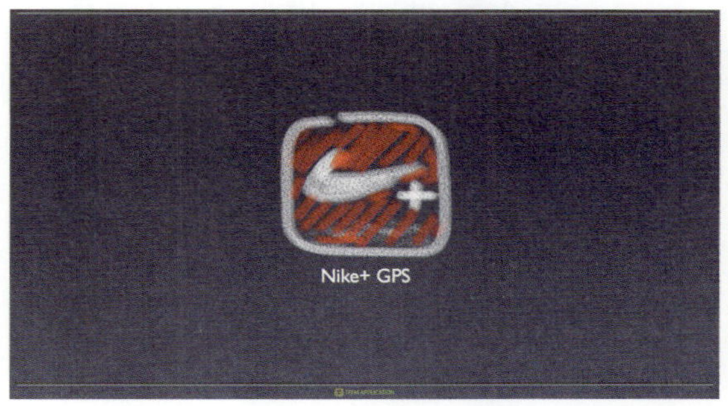

Slide 06 그리고 나이키플러스 앱...
정말 편리합니다. 머리로 상상했던 것이 실현되는 것 같은 느낌이 들더군요.

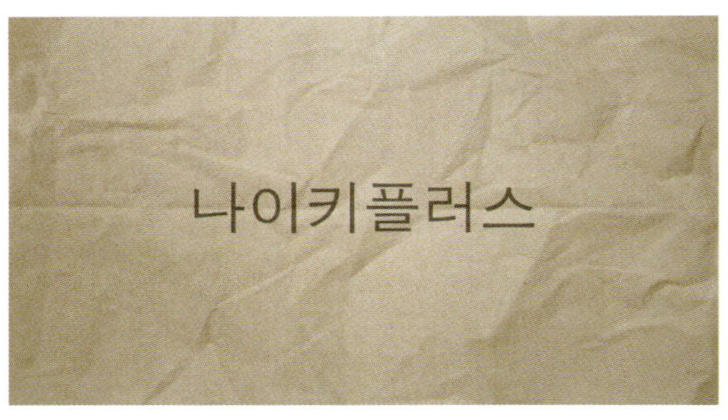

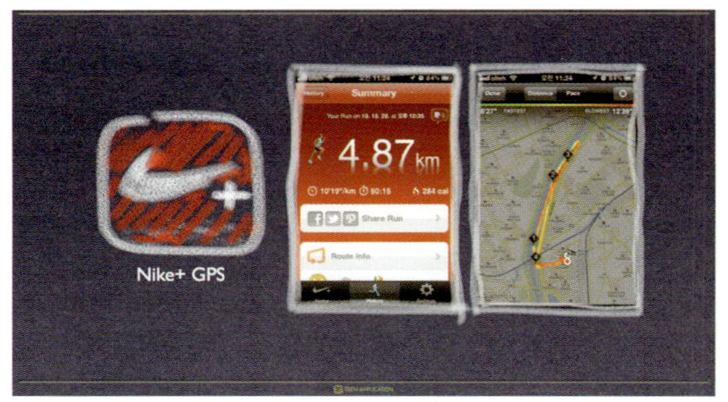

Slide 07 달리기 버튼을 누르고 달리면 달린 거리와 얼마나 빠르게 달렸는지 나의 페이스를 계산해 주고 조깅한 경로를 볼 수도 있습니다. 표시된 경로의 색상도 페이스를 나타내죠.
그리고 제가 집에서 편리하게 사용하는 리모트 어플 중에서.

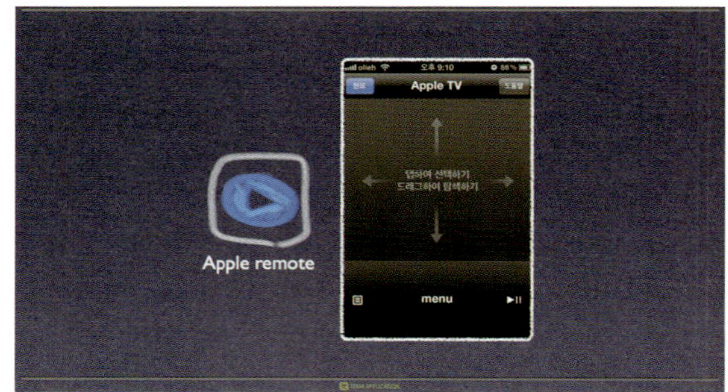

Slide 08 애플리모트는 정말 편리하였습니다. 컴퓨터나 애플TV를 조작할 수 있죠.
저희 집에는 아쉽게도 일반 공중파 텔레비전은 없어요. 대신 애플TV를 큰 모니터에 연결해서 필요할 때만 영화나 강의를 보곤 합니다. 어플은 손으로 슥슥 문지르면서 TV의 모든 기능을 조작할 수 있습니다. 또한 현재 보고 있는 영상의 다양한 정보도 확인할 수 있죠.
오늘 저희가 개발한 어플도 이와 유사한 어플입니다.
아마 이런 생각을 하시는 분들도 계실꺼예요.

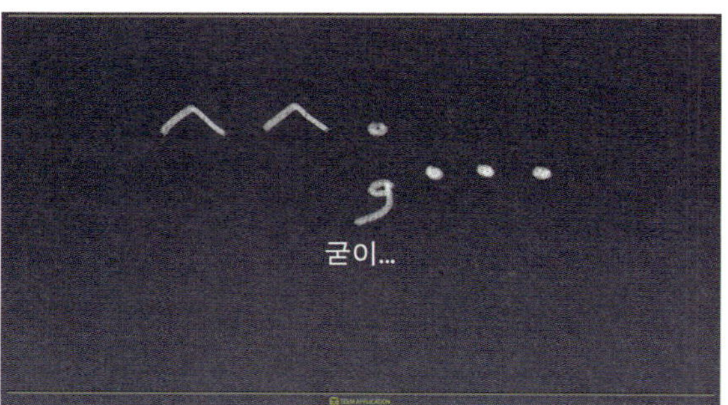

Slide 09 굳이 또 비슷한 리모컨 앱을 개발할 필요가 있을까? 지금도 충분히 편리한데...

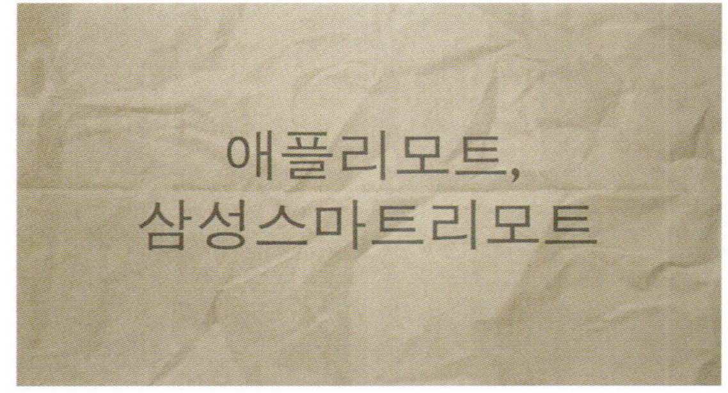

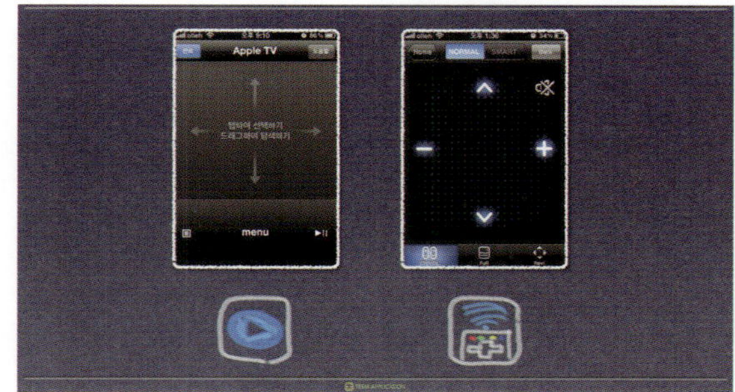

Slide 10 맞습니다.
그런데 현재 앱스토어에 등록되어 있는 TV 리모컨 앱은 몇 가지 단점들이 있어요. 혹시 여러분들 중에서 이미 쓰시면서 발견하셨을 수 있는데요.
방금 설명 드렸던 애플 리모트입니다. 그리고 옆에 보이는 것은 삼성 스마트TV 리모컨입니다. 각각 장단점이 있는데요...
너무 단순하거나 반대로 너무 복잡하거나...^^

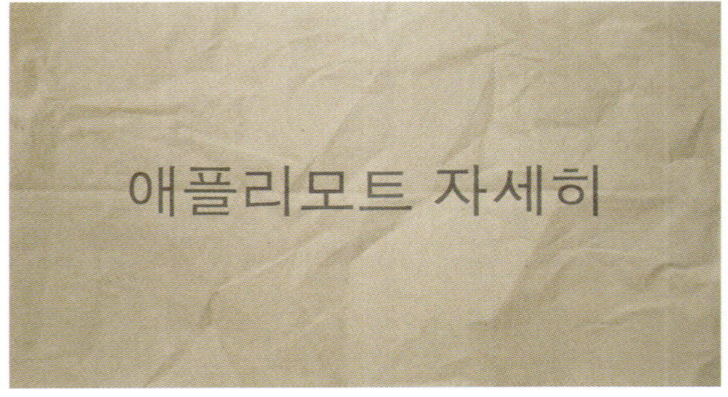

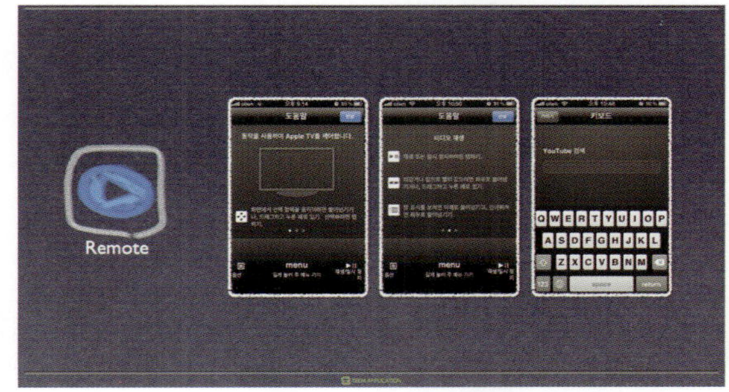

Slide 11 기존에 리모컨이 너무 많은 버튼이 있어서 복잡했기 때문에 스마트 리모컨은 전부 다 단순하게 기능을 바꾸었습니다. 그러다 보니까 어느 정도 편리하기는 한데 기존의 복잡한 리모컨에 익숙했던 사람들은 오히려 조금 불편하게 느끼는 것도 사실입니다.
특히 애플 리모트는 셋톱박스의 특성상 애플TV에 음량을 조절하는 기능이 없다는 것이 아쉬웠구요.

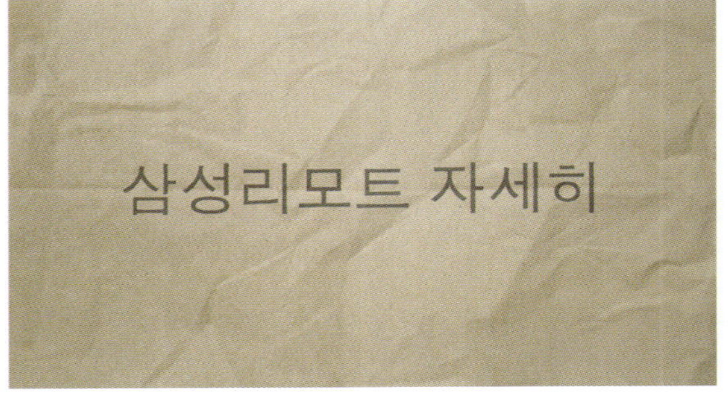

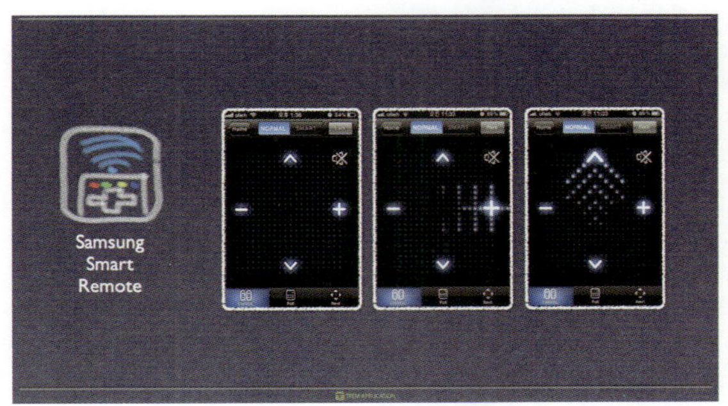

Slide 12 삼성 리모컨은 이러한 단점을 보완하여 두 가지 모드를 제공하는데
하나는 Swipe를 활용하여 단순하게 조작하는 모드.

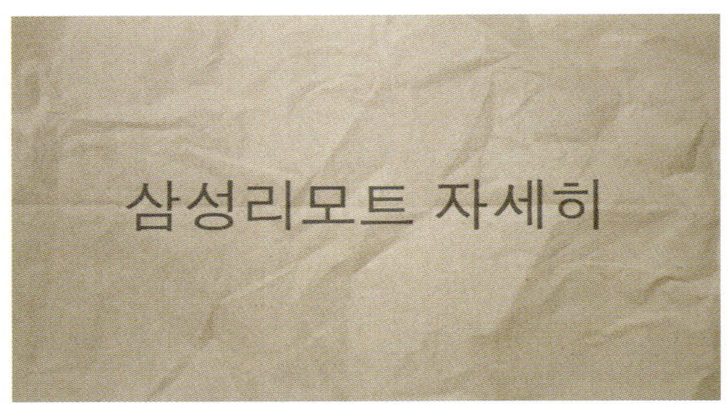

Slide 13 그리고 과거 리모컨과 동일한 버튼식 모드 등이 있어서 편리합니다.
이미 이러한 리모트 앱들은 어느 정도 수준에 도달하였습니다.
약간의 단점들이 있기는 하지만, 거의 완벽할 정도이죠.

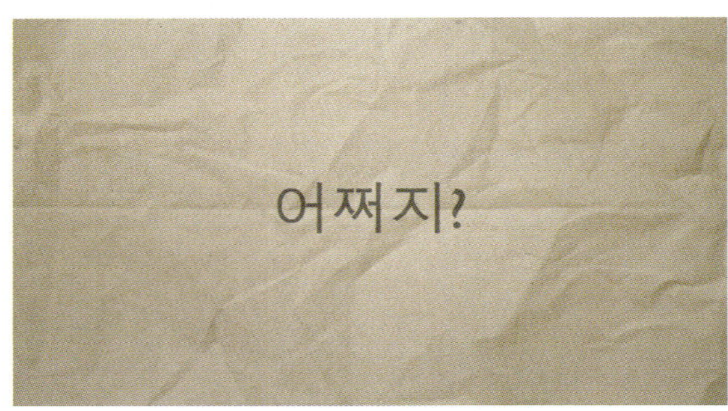

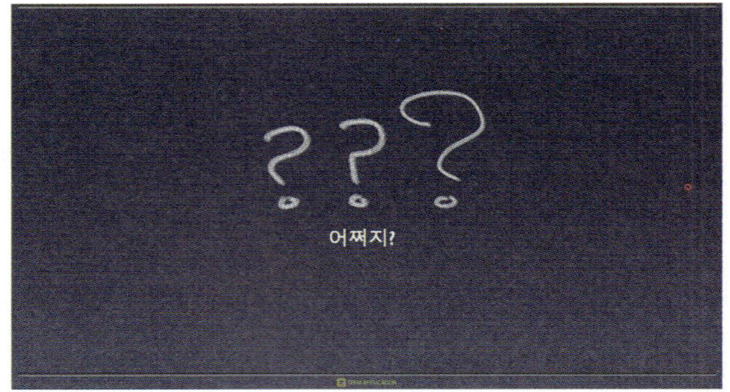

Slide 14 그럼 저희 팀은 할일이 없는 걸까요? 그냥 저러한 앱들을 설치해서 사용하면 되는 것일까요?
저희도 정말 무지하게 고민하였습니다. 어떻게 하면 현재 이러한 앱들 보다 더 나은 인터페이스를 구현할 수 있을까?
그래서 저희는 몇 가지 연구를 하였습니다.

Slide 15 사람들이 TV 앞에서 리모컨을 사용하는 모습을 아주 눈에서 레이저가 나갈 정도로 뚫어지게 관찰하였습니다.

Slide 16 첫 번째로 스마트TV를 아주 잘 활용하시는 분.

Slide 17 이런저런 인터넷의 영상을 찾아가며 자기가 좋아하는 영상을 보시는 분이시죠.

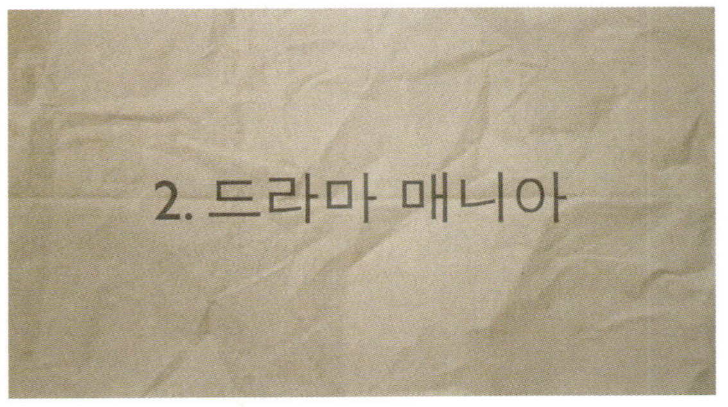

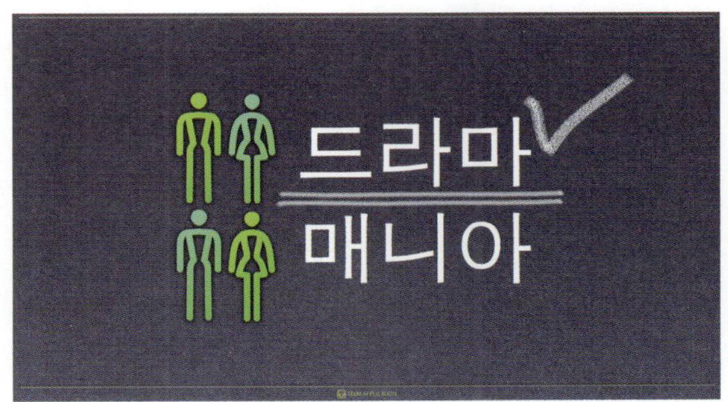

Slide 18 두 번째로 리모컨을 손에 계속 붙잡고 채널을 이리저리 넘겨가며 여러 가지 방송을 다양하게 섭렵하시는 분. 두 개의 드라마를 동시에 보시는 분...

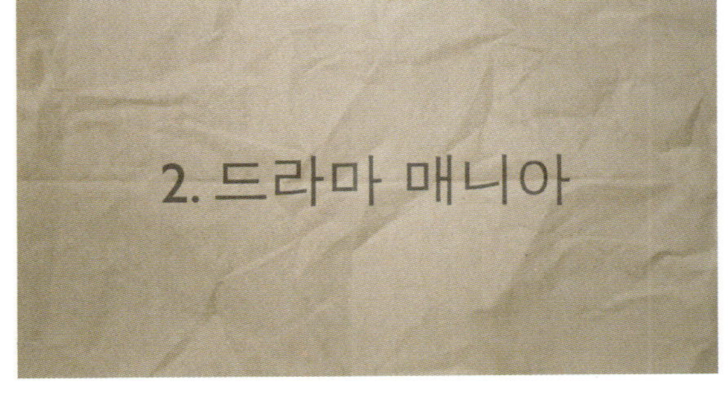

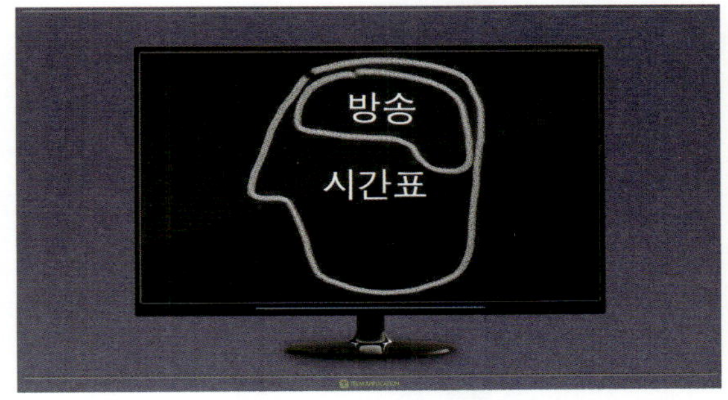

Slide 19 이런 분들 여기도 계시죠? 심지어 방송시간표를 거의 다 외우시는 분들도 계십니다.

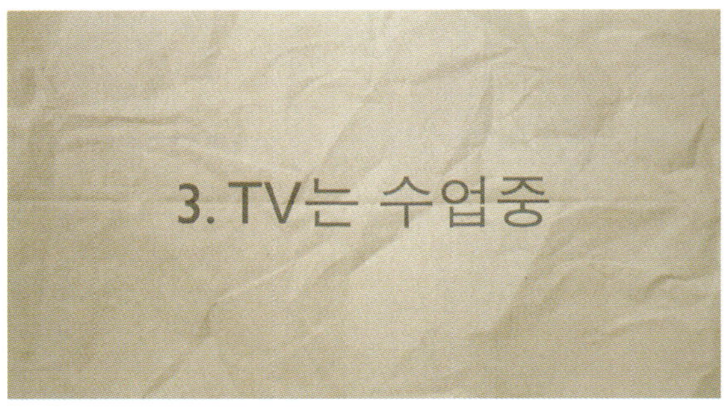

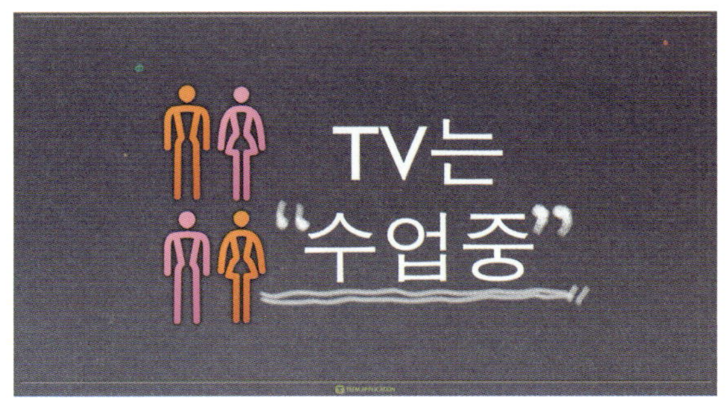

Slide 20 그리고 마지막 세 번째는 정반대로 한 시간에 한번 정도만 리모컨을 사용하시는 분.

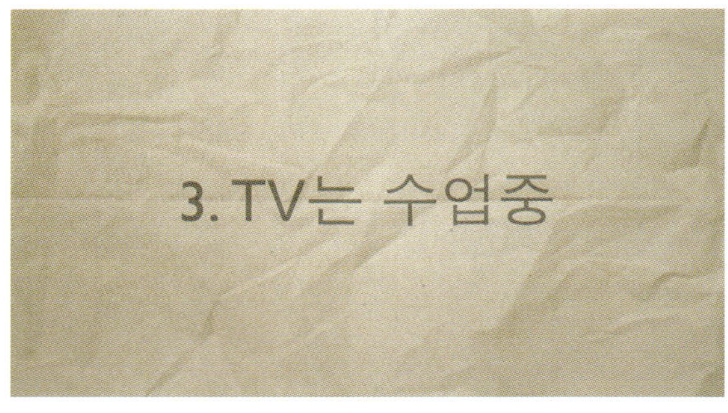

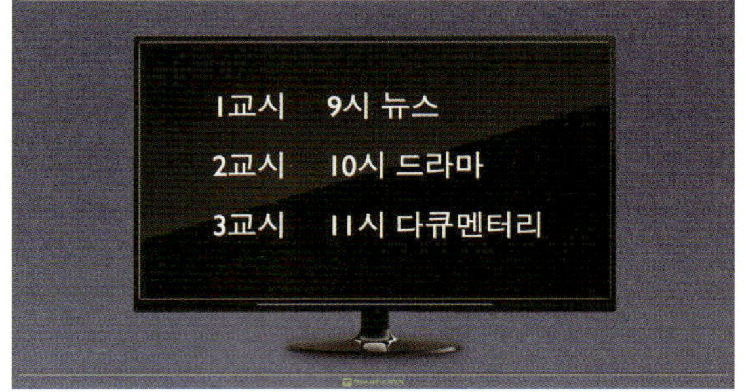

Slide 21 9시 뉴스 보시고 10시 드라마 보시고 11시 다큐멘터리 보시고... 아주 학교 수업 들으시듯이 1교시 2교시 3교시 ...

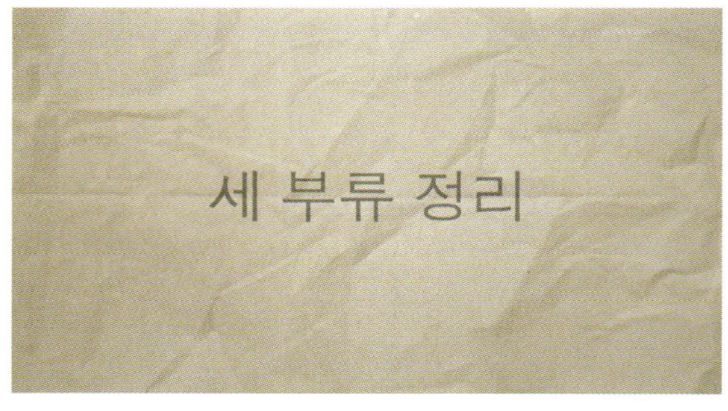

Slide 22 그래서 저희가 개발한 어플은 이러한 모든 분들에게 적합한 어플입니다.

Slide 23 이러한 모습이죠.(공개) 디자인은 크게 다른 어플들과 다르지 않은 익숙한 디자인이죠?
가운데 크게 보이는 공간이 트랙패드와 같은 역할을 담당합니다.

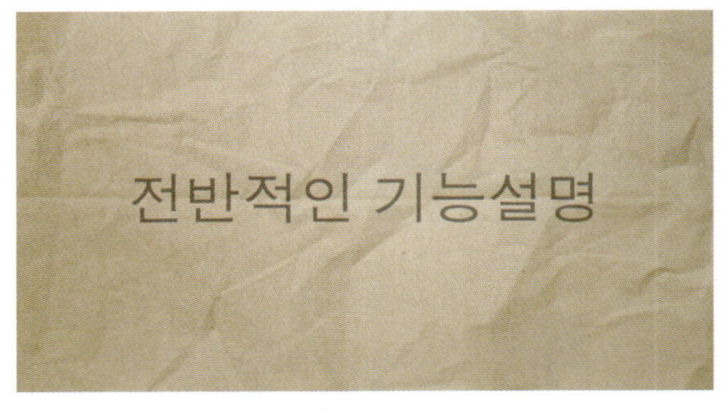

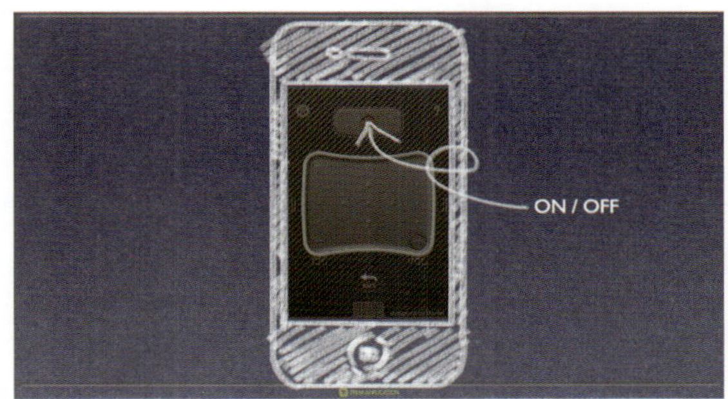

Slide 24 가장 윗부분에 전원 버튼이 있구요.

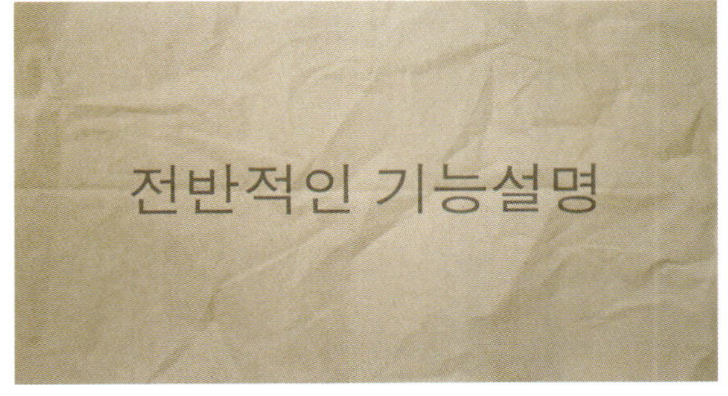

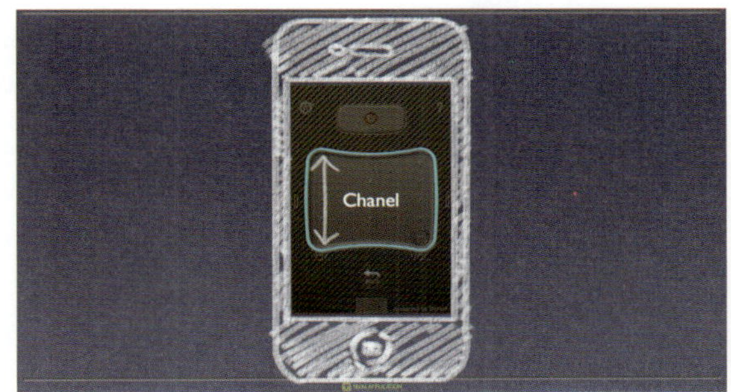

Slide 25 왼쪽 부분을 위 아래로 움직이면 채널이 넘어갑니다.

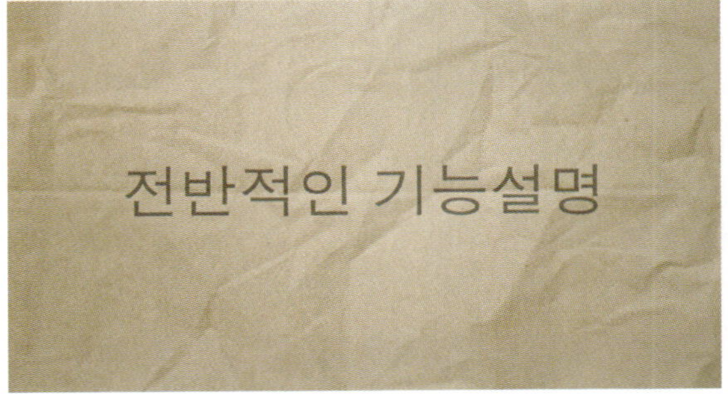

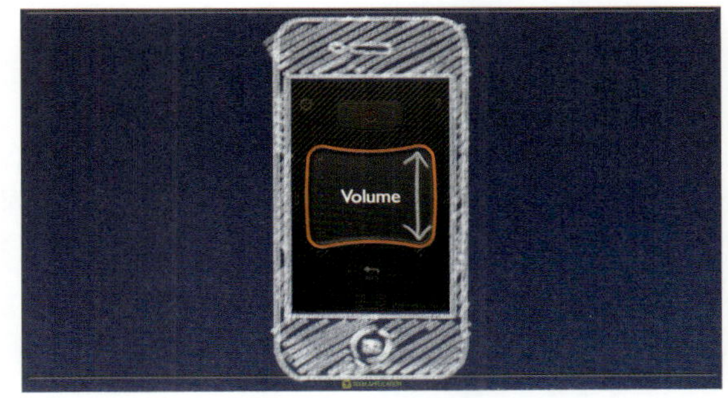

Slide 26 오른쪽 부분을 움직이면 음량이 조절되구요. 여기 음량의 맨 아랫부분을 더블탭하시면 음소거 상태가 됩니다.

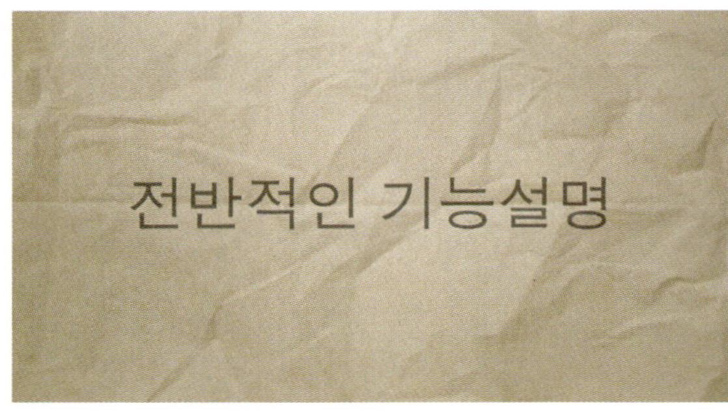

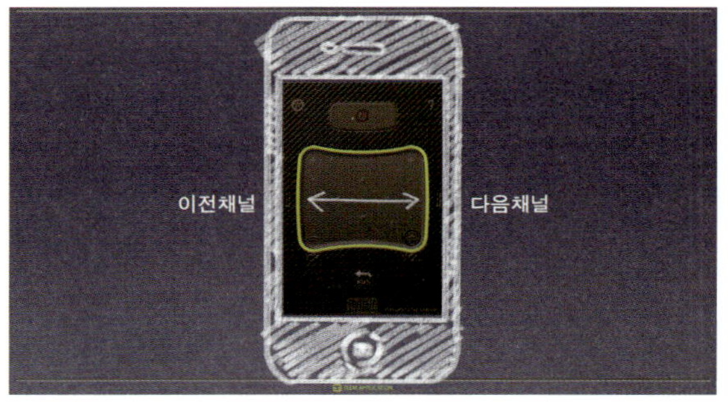

Slide 27 좌우로 움직이면 이전 채널 혹은 다음 채널로 넘어갑니다. 눈치채셨겠지만 해당 기능이 수행될 때마다 트랙패드의 주변의 색상이 변화됩니다.
지금 현재 자신이 어떤 조작을 하였는지 피드백이 됨으로서
혹시 리모컨이 안 될 때... 드물기는 하지만 가끔씩 스마트 기기들이 멈추는 현상이 발생하죠. 약간 딜레이가 생기거나. 이때 리모컨을 눌렀는데 색상이 변하지 않으면, '아 고장났구나.'하고 인식하거나
혹은 색상이 변했는데 TV가 반응을 안하면, '아! 조금 뭔가 문제가 있어서 느리구나'하고 인식하고 조금 기다리면 다시 잘 작동하게 될 겁니다.^^

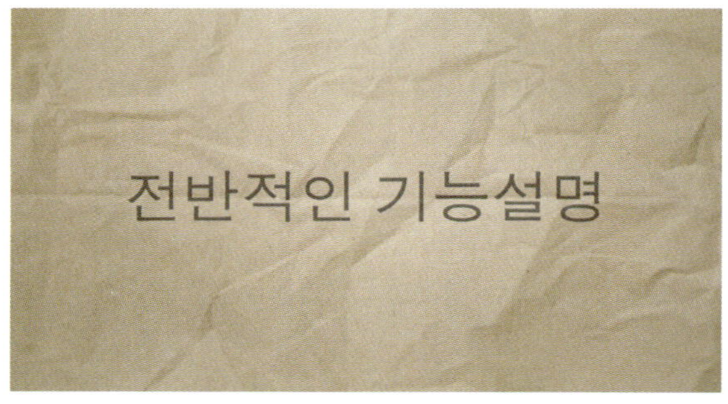

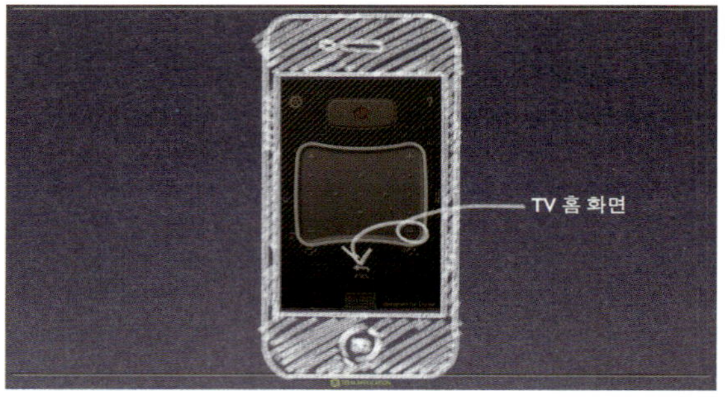

Slide 28 아래에는 뒤로가기 버튼이 있는데 1초간 누르거나 더블탭 하시면 홈 화면으로 갑니다.
잘못 눌러서 홈화면으로 넘어가는 오작동을 방지하기 위함이죠.
그럼 이제 세 부류의 사용자를 고려한 기능들에 대해 설명드리겠습니다.

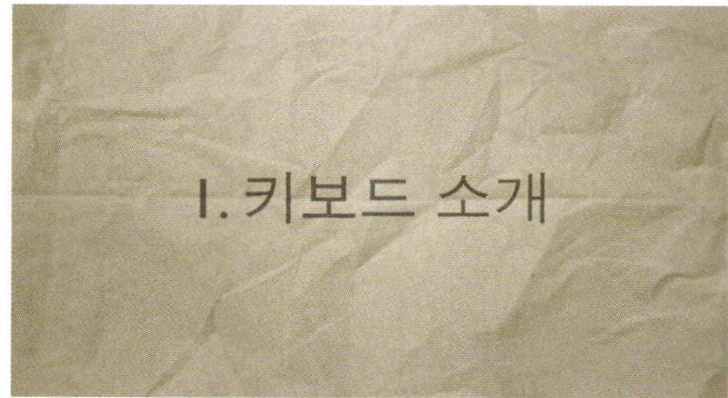

Slide 29 아까 1번 부류의 시청자들...
이런 분들은 키보드가 필요하십니다. 검색을 하셔야하거든요. 그래서 아래 부분을 끌어올리면.

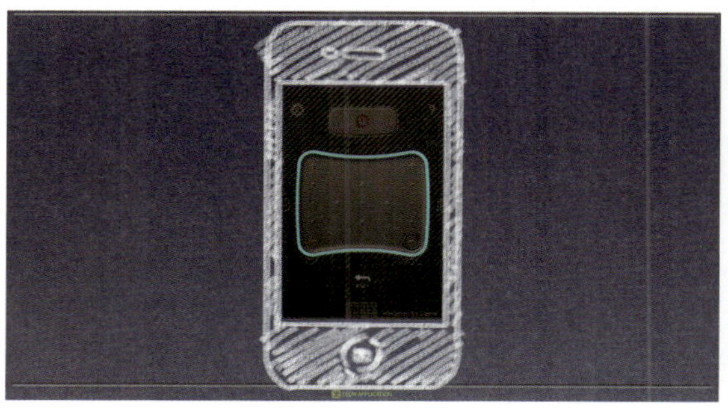
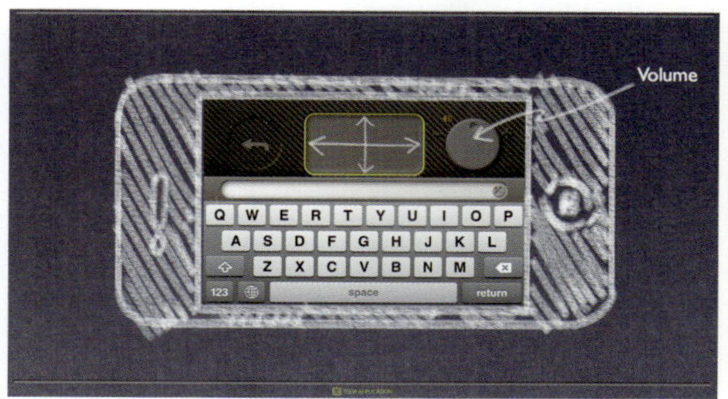

Slide 30 가로키보드가 등장합니다.
그리고 트랙패드의 중앙을 상하좌우로 움직이면 커서의 방향이 이동합니다. 어느 부분이나 탭을 하면 선택되죠.

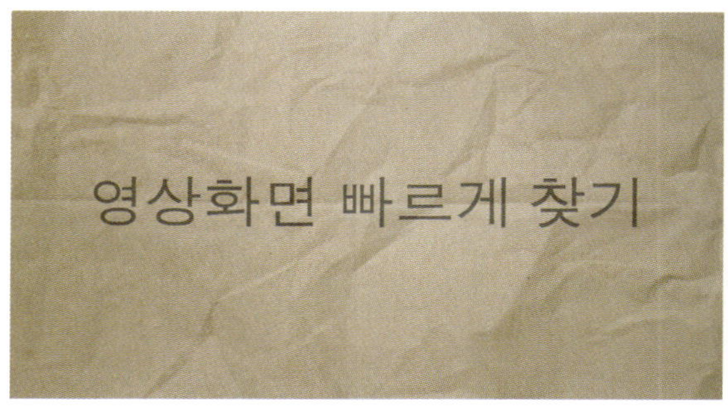

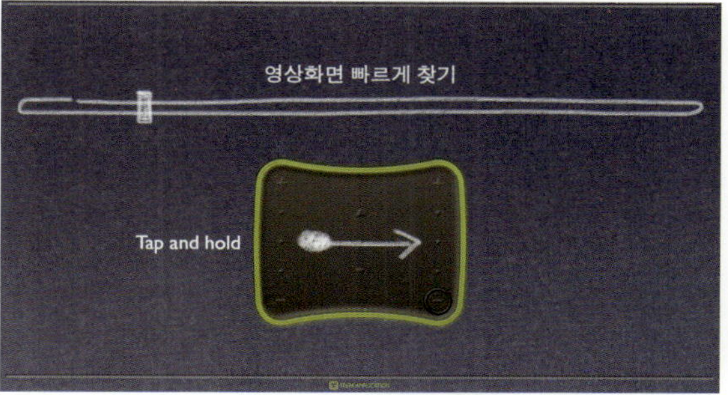

Slide 31 영상을 보다가 좀 빨리 넘기고 싶으시면 탭앤홀드(Tap an hold)하시고 좌우로 움직이면 영상이 앞뒤로 조절됩니다.
그리고 다음으로

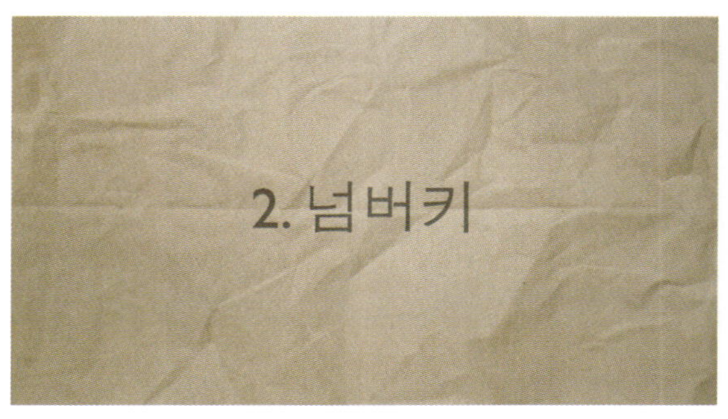

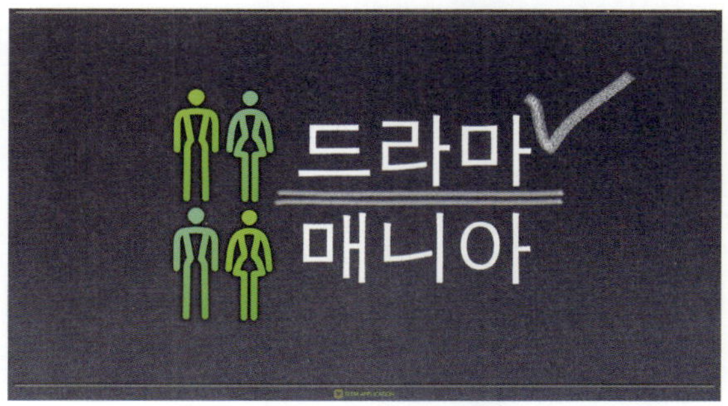

Slide 32 2번 부류의 시청자들.
수많은 케이블 채널의 방영시간표를 머릿속에 가지고 계신 분들이죠.
이런 분들은 채널을 다양하게 넘나드셔야하므로 숫자 버튼이 필요하십니다. 때문에 저희 어플에서는 바탕화면을
오른쪽으로 밀면...

Slide 33 넘버키가 등장합니다.
원하는 숫자를 누르면 채널을 한 번에 점프하실 수 있죠. 그리고 다시 본화면으로 돌아와서

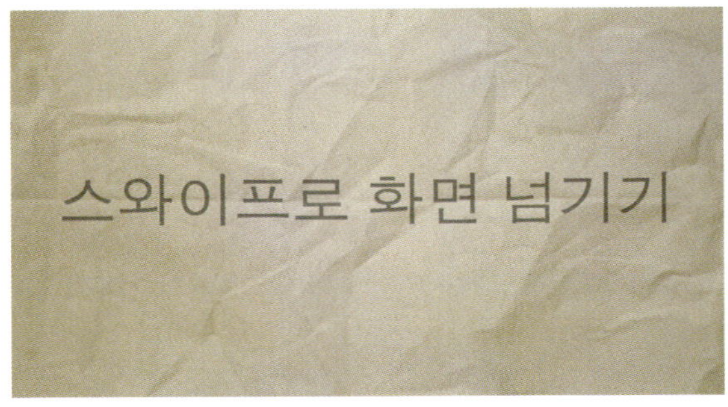

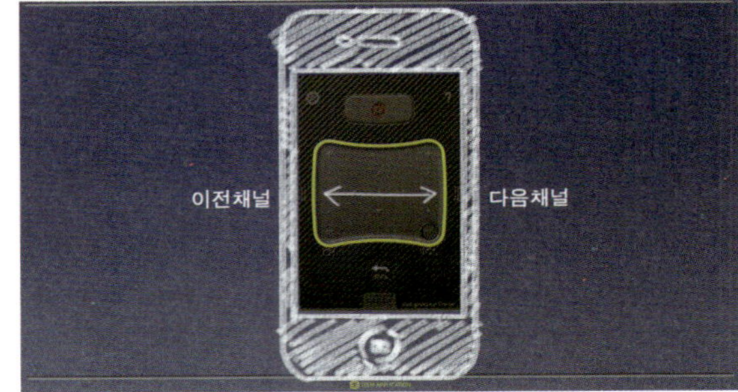

Slide 34 트랙패드를 좌우로 움직이면 이전 채널과 원래 보던 채널을 번갈아 가면서 볼 수 있습니다.

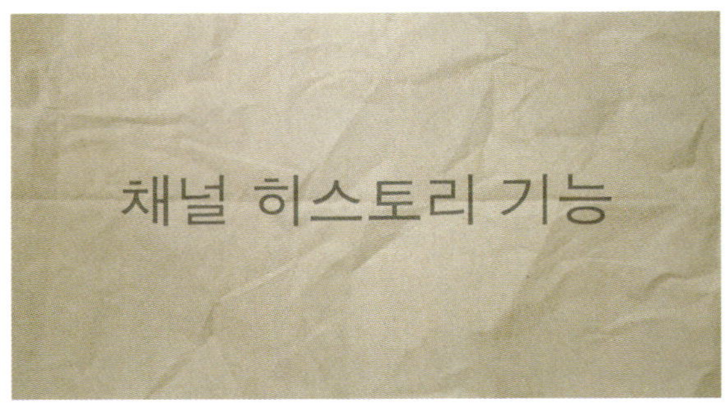

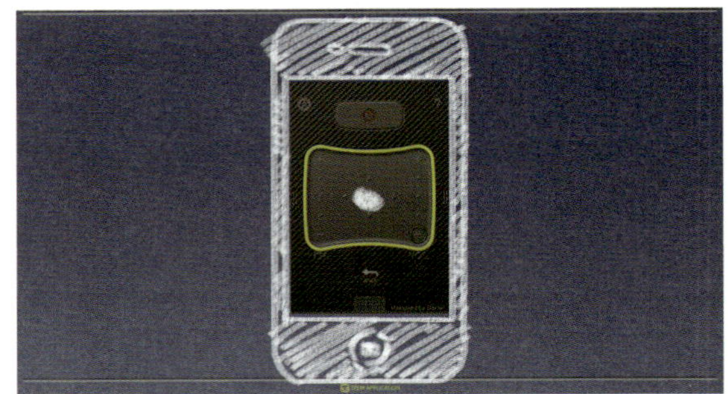

Slide 35 그리고 터치스크린을 1초간 꾹 누르면 최근 시청한 채널 4가지가 나옵니다.

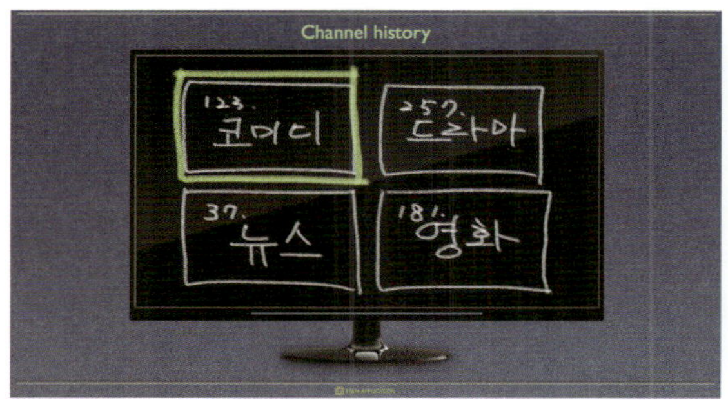

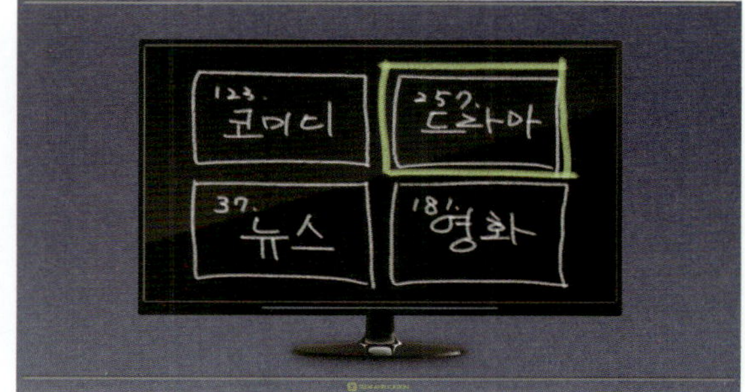

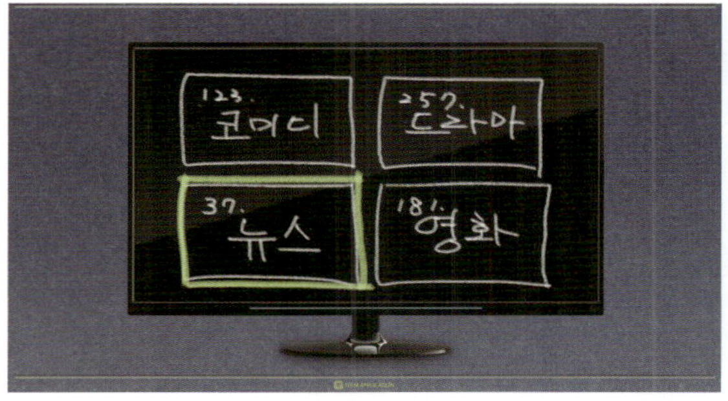

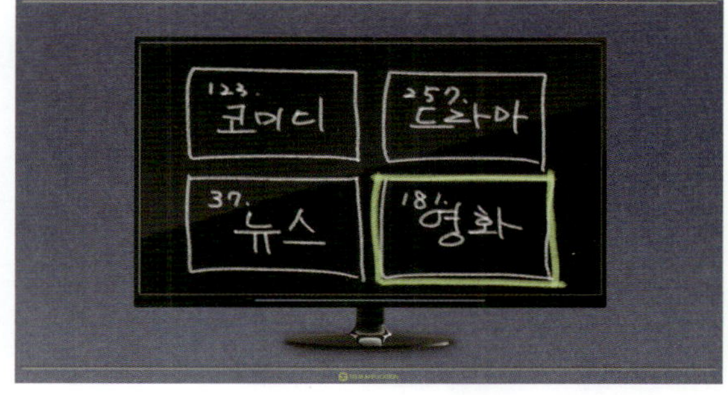

Slide 36 이 중에 하나를 선택해서 보실 수 있죠.

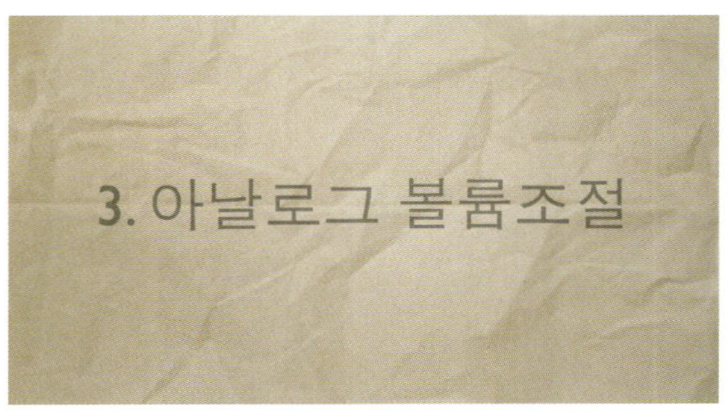

Slide 37 마지막으로 3번째 부류.
사실 이런 분들은 스마트 리모컨이 딱히 필요하시지는 않습니다만. 이런 분들의 특징은 방송의 소리를 그리 크게 들으시지 않습니다. 아주 점잖게 시청하시기 때문에..

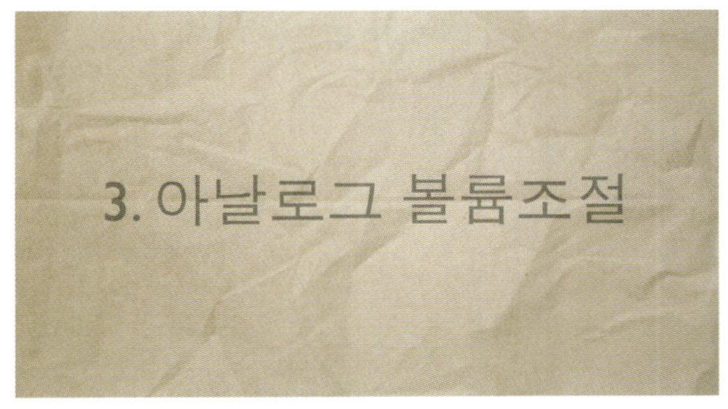

Slide 38 이런 기능을 추천해보겠습니다. 바탕화면을 왼쪽으로 밀면!

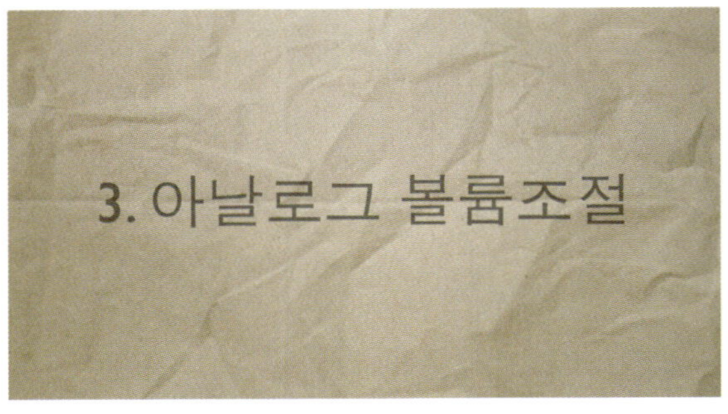
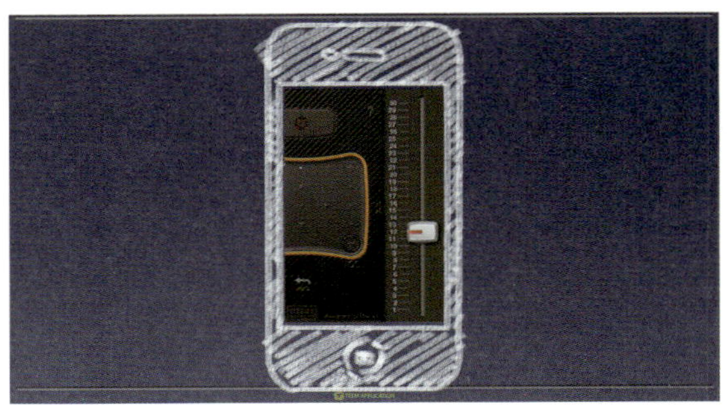

Slide 39 아날로그 볼륨 조작 손잡이가 있습니다. 왜냐하면 이런 분들은 보통 음량의 숫자를 기억하고 계세요. 주로 11~12 정도로 들으시죠. 항상... 음량에 대한 자기만의 지조가 있으세요.

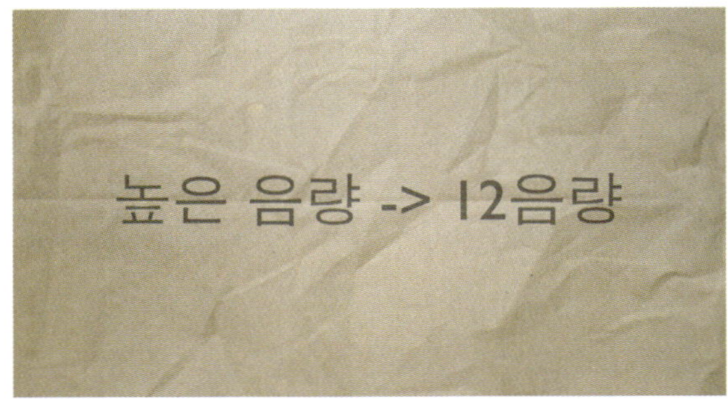

Slide 40 누군가 다른 사람이 음량을 좀 크게 조절해놓고 TV를 보다가 시청을 마치고 나갔다.
그리고 이런 분들이 TV를 키면... 소리가 크거든요. 그러면 줄이십니다. 12...

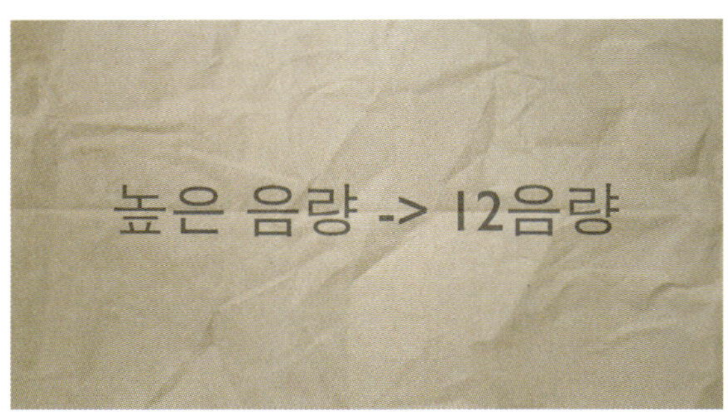

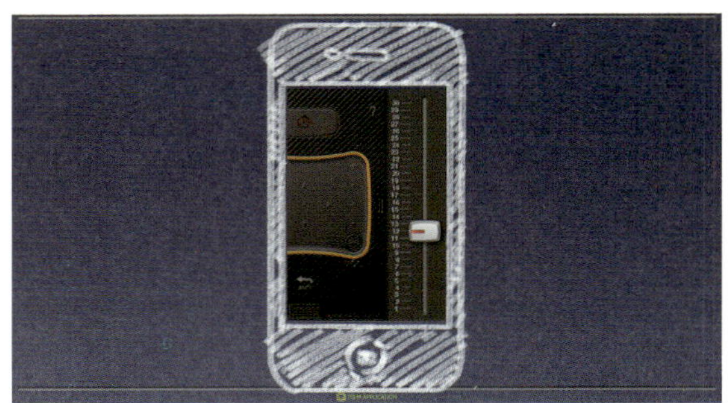

Slide 41 숫자가 중요해요. 그날 컨디션에 따라... 방송의 음량에 따라... 이런 거 없으세요. 자신만의 고유 숫자. 12...
그래서 저희가 디자인한 어플리케이션은

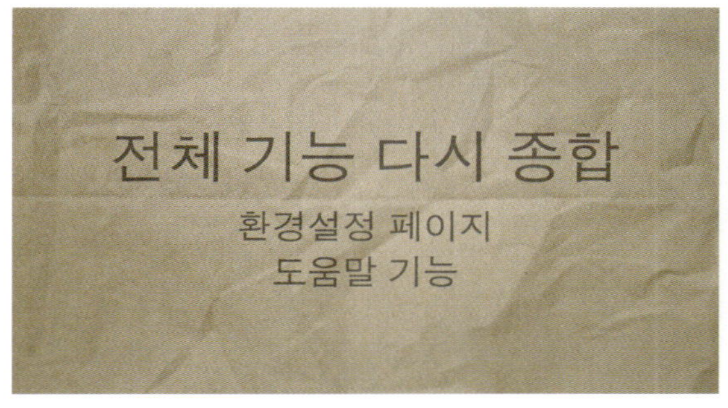
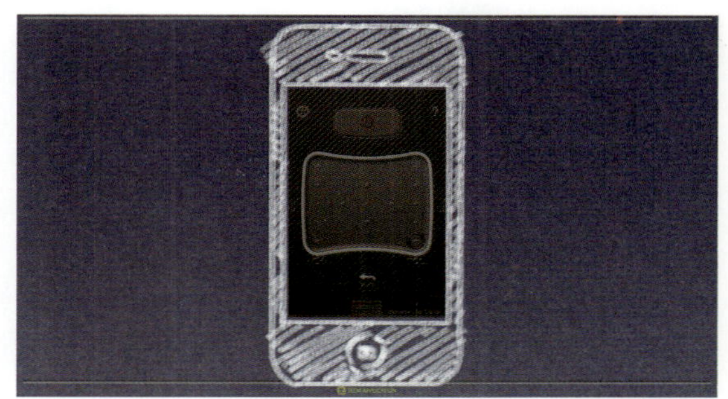

Slide 42 트랙패드로 채널과 음량을 조절하고, 이전 화면으로 가기, 방향 조절 등 모든 기능을 대부분 할 수 있습니다. 좌우에는 채널과 음량을 좀 더 직관적으로 조절할 수 있는 부분이 숨어있구요. 아래 홈버튼이 있죠. TV와 페어링하신다거나 리모컨의 스킨을 바꾸고 싶으시다면 왼쪽 위에 설정 버튼을 누르시면 상세화면으로 넘어 갑니다.

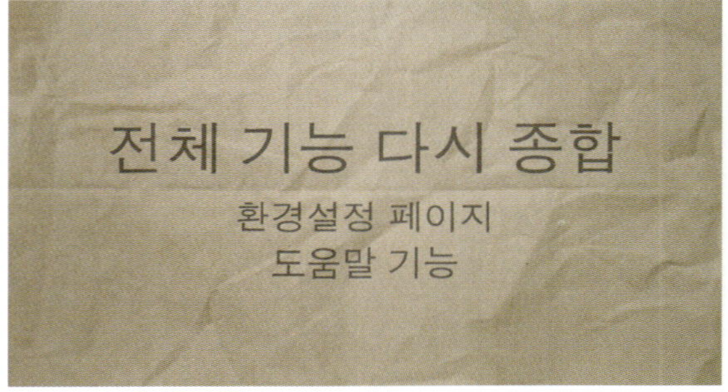
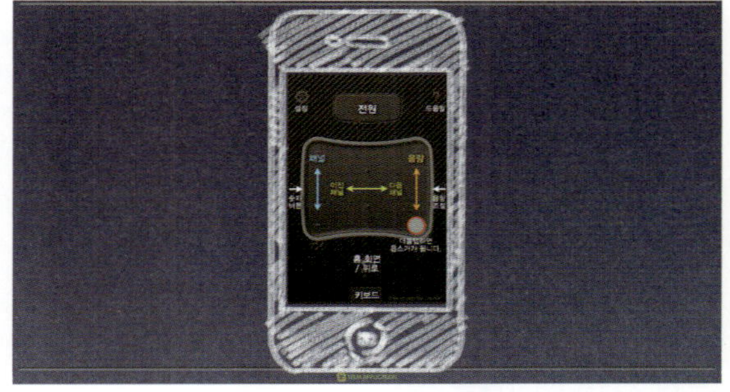

Slide 43 이러한 다양한 기능이 처음에는 익숙하지 않으실 것 같습니다. 이런 경우에는 위쪽에 물음표를 누르시면 설명이 나옵니다. 몇 번만 사용하시면 금방 익숙해지실 거예요.

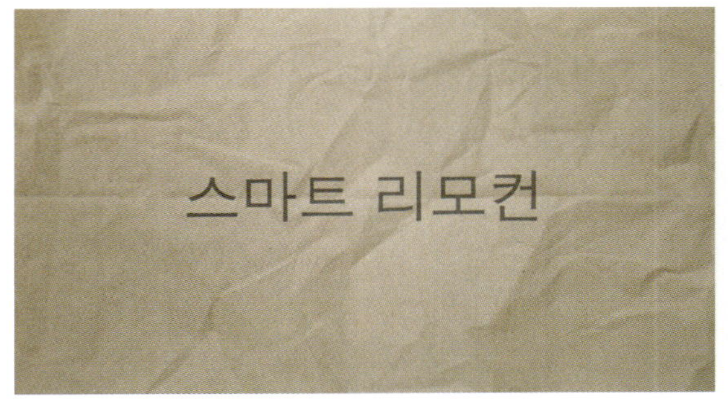

Slide 44 스마트 리모컨...

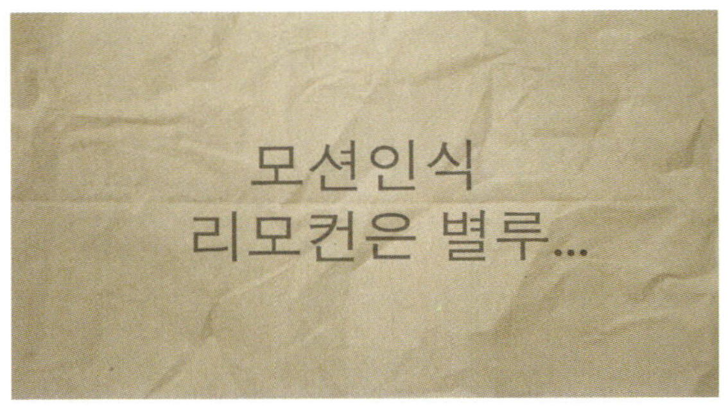

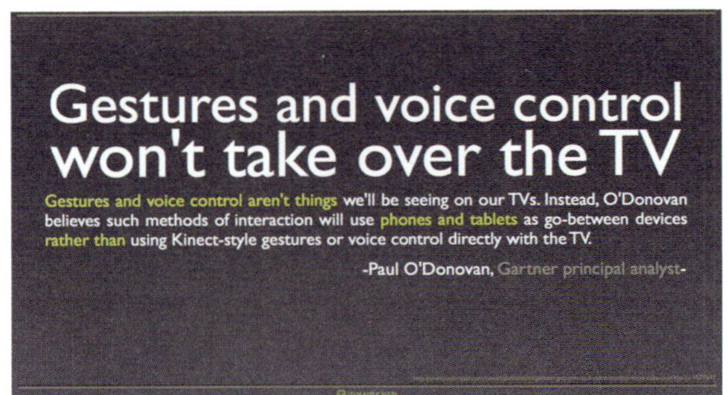

Slide 45 가트너의 한 분석가는 현재 스마트TV에서 사용하는 움직임이나 목소리를 인식하여 TV를 조작하는 리모컨 보다 스마트폰이나 테블릿이 더 많이 사용될 것이라고 예측하였습니다.
앞에서 설명한 리모트 어플리케이션은 참 편리한 것 같습니다. 특히 이러한 부분에서 편리할 수도 있습니다.

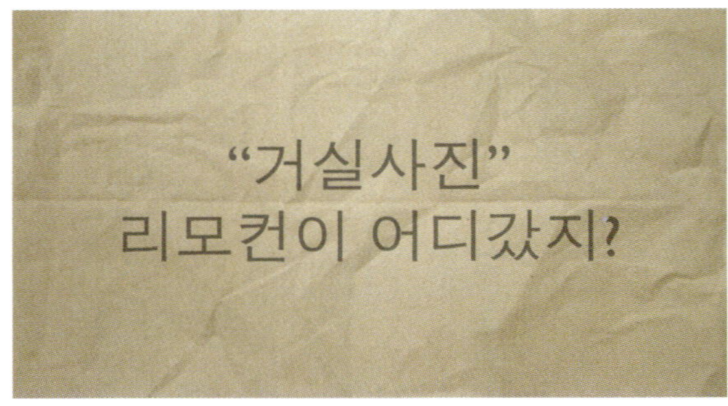

Slide 46 여러분들도 이런 경험 있으시죠?
어! 리모컨이 어디 갔지? 소파 밑에 있나? 냉장고 속에 넣어놨나? 아무리 찾아도 없어요.
이때 전화해서 소리가 들렸으면 좋겠다. 이런 생각 안 해보셨어요?
스마트 리모컨은 가능합니다. 왜냐하면 원래 전화니까요^^

Slide 47 하지만 아주 치명적인 단점이 하나 있습니다...
그것은 바로 얘는 원래 리모컨이 아니라는 점입니다.

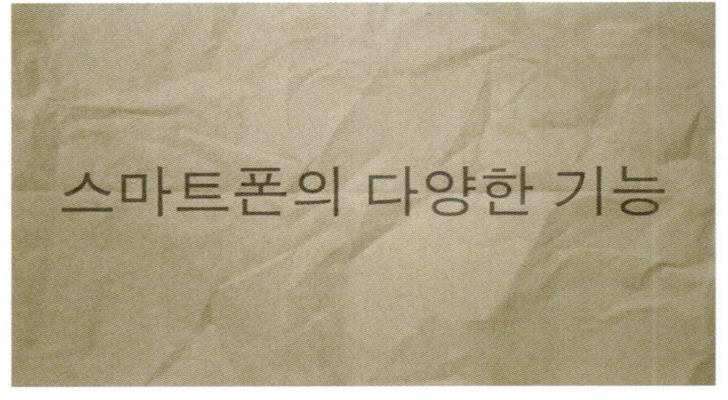

Slide 48 너무나 많은 기능을 하죠. 거의 컴퓨터와 비슷하게...

Slide 49 그래서 배터리 소모가 커요. 기존의 리모컨은 1년에 한번 건전지를 갈까 말까 하는데, 이 스마트폰은 거의 매일 충전해야 하구요. 그래서 얘는 종종 화면이 꺼져요.

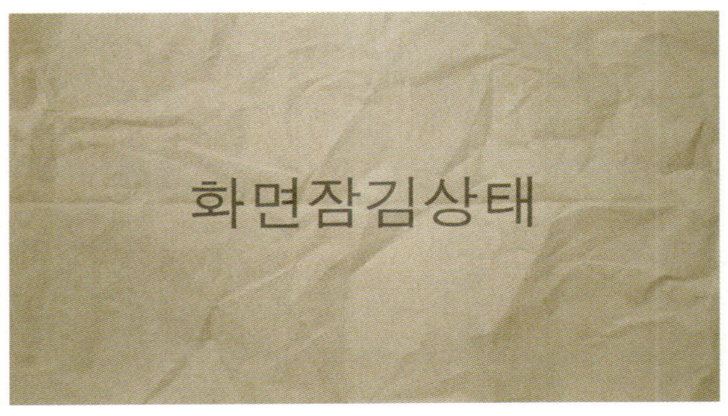

Slide 50 한 1분에서 5분정도 안 쓰면 바로 화면이 어두워지면서 잠김 상태가 됩니다. 그래서 TV를 보다가 한참 뒤에 리모컨을 사용하려고 누르려면...

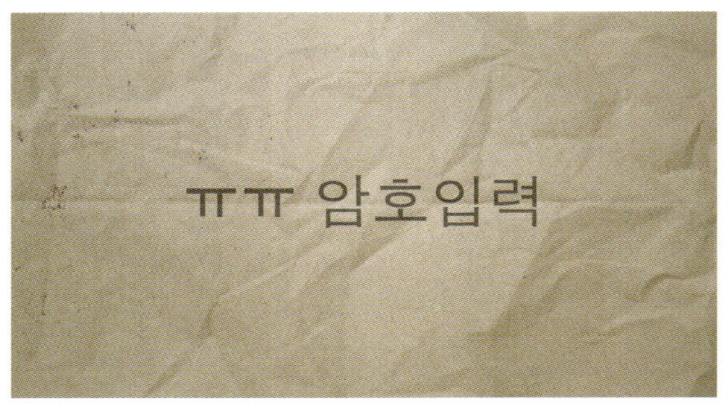

Slide 51 ㅠㅠ 비밀번호를 눌러야해요 ㅠㅠ 그래서 저희가 생각했습니다.

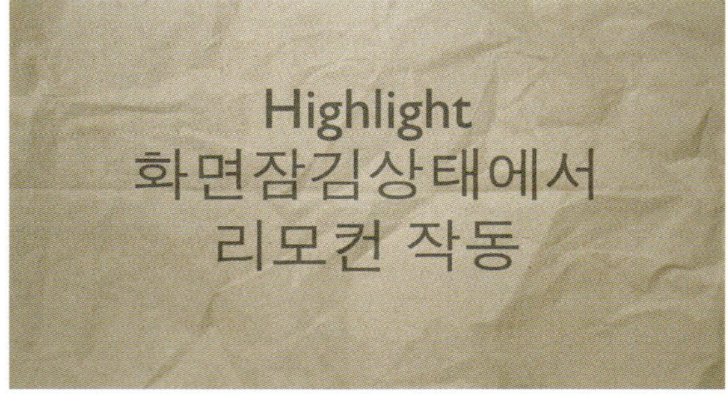

Slide 52 이렇게 된다면 얼마나 좋을까? 중요한 기능은 잠김 상태에서도 조작이 가능합니다.

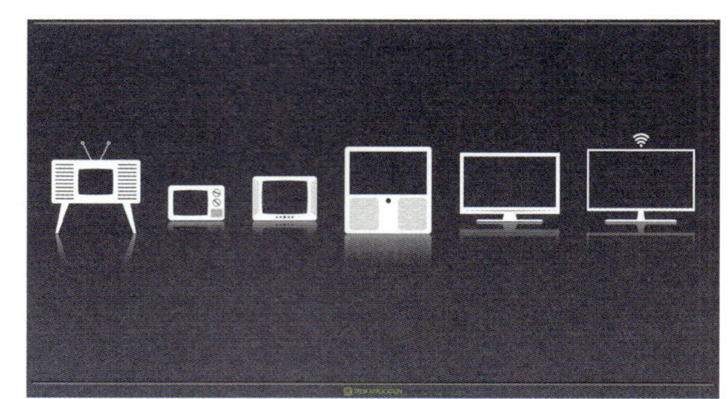

Slide 53 텔레비전은 꽤 오래전부터 생활가전제품의 대표적인 제품으로 사람들의 안방을 차지하고 있었습니다. 모양은 많이 변하였지만 그 역할은 크게 변하지 않았었죠.

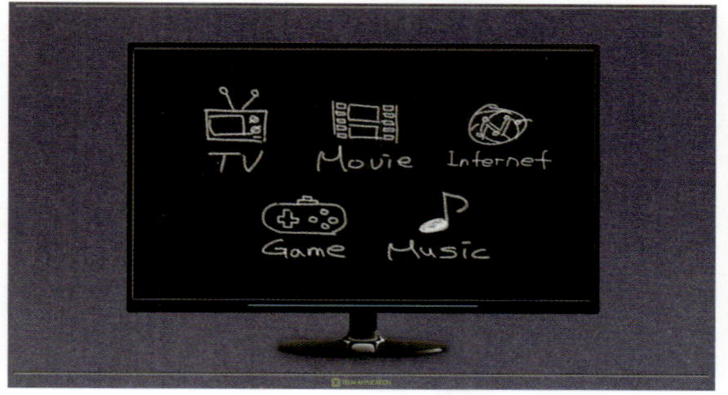

Slide 54 요즘 없어진 것 중에 하나가 비디오가게입니다. 예전엔 동네에 하나 이상 꼭 있었는데 말이죠. 아마 앞으로는 머지 않아 많은 분들이 스마트TV를 사용하시게 될 것입니다. 이동 중에는 스마트폰을 사용한다면, 집에 와서는 스마트 TV를 사용하시게 될 거예요. 왜냐하면 화면이 크기 때문에 좀 더 시원하게 여럿이서 함께 영화를 본다던지 웹서핑을 한다던지 회사에서 아이디어 회의에 활용하거나 멀티플레이 게임을 하게 될 겁니다.

스마트TV가 대중화 된다면 현재의 번들 리모컨은 조금 불편합니다. 왜냐하면 저렴하게 만들어야 하기 때문에 디스플레이나 다양한 센서를 넣는데 한계가 있습니다. 복잡한 기능을 조작하려다 보니까 버튼의 수만 점점 많아지죠. 현재 스마트TV의 고급 기능을 가진 리모컨은 별도 판매인 경우가 많습니다.

따라서 이미 고가의 스마트폰을 구매하신 분들은 이 스마트폰을 이용하여 스마트TV를 조작한다면 훨씬 편리하게 TV를 시청하실 수 있을 것입니다. 특히 저희 앱을 사용하신다면요. 저희 앱은 번들 리모컨을 완벽하게 대체할 수 있는 모든 기능을 가졌으며 여기에 상당히 편리하기 까지 합니다.

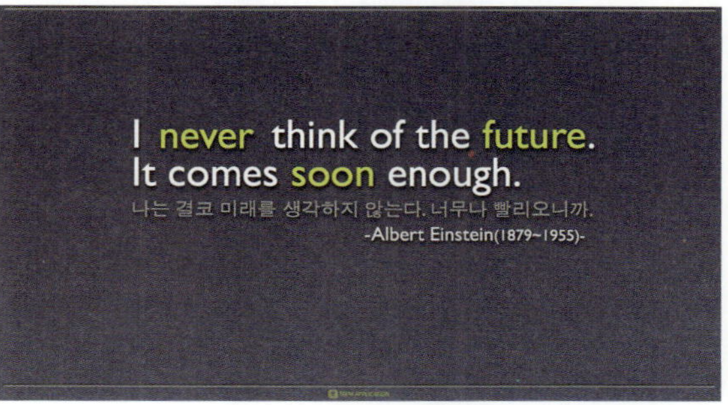

Slide 55 알버트 아인슈타인은 현재에 충실한 사람이었던 것 같습니다. 그래서 이런 말을 남겼죠.
"나는 결코 미래를 생각하지 않는다. 너무나 빨리오니까"

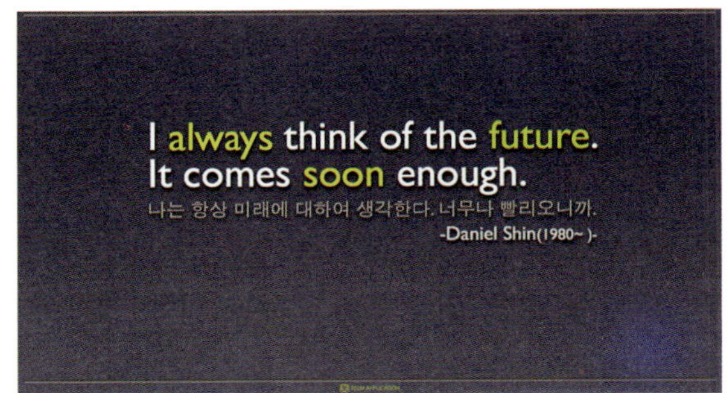

 **Slide 56**

그러나 저는 반대로 항상 미래에 대해 생각하려고 노력합니다.
왜냐하면 정말 너무나 빨리 오기 때문이죠.
현재를 살지만 미래를 사는 것처럼 꿈꾸며 살아야 좀 더 유용하고 편리한 어플리케이션을 만들 수 있습니다.
상상해봅시다. 스마트TV 앞에서 교육방송을 시청하며 공부하다가 스마트폰이나 테블릿PC로 문제를 풀면 정답이나 해설을 다시 설명해주는 시대가 정말 코앞으로 다가왔습니다. 영화를 보다가 특정한 장면에서 주인공 중심으로 카메라 앵글이 고정되어 있을 때, 만약 제 3자가 바라보는 시점의 광경이 궁금하다면... 볼 수 있게 될 것 입니다. 좀 더 현장감이 있을 수 있겠죠.
스마트TV만 있으면 모든 것을 다할 수 있는 세상은...아마도 오기 힘들겠지만,
이때까지 TV가 조금씩 발전되었던 것처럼 앞으로도 좀 더 재미있고 흥미로운 곳에 TV가 활용될 것입니다. 그것을 위해 저희도 좀 더 편리한 리모컨에 대한 연구를 계속하겠습니다.

Slide 57   발표를 들어주셔서 감사합니다.

Tip   **스토리텔링 발표의 중요한 기술!**

대본과 슬라이드가 정리된 예시를 보면 특이한 점이 하나 있습니다. 그것은 '슬라이드가 나타나고 설명하는...'식의 순서가 아니라, "화면을 쓸어넘기면 (슬라이드가 전환되고) 키보드가 나타납니다."와 같이 발표자가 슬라이드를 이끌어가고 있다는 점입니다.

"(슬라이드가 전환되고) 지금 보시는 것은 검색을 자주하는 사용자를 위한 키보드 입니다."
"(슬라이드가 전환되고) 다음은 '사용자 분석'입니다. 저희는 세 가지로 사용자를 구분하였습니다."

차이가 느껴지시나요?
다음 슬라이드가 나타나기 전에 이미 발표자가 어떤 내용이 진행되는지 숙지하는 것은 스토리텔링의 기본입니다.

Lesson 05 화면 전환 및 빌드

반드시 시각화 작업을 모두 마친 후, 화면 전환과 빌드를 적용해야 하는 것은 아닙니다. 작업 중간중간에 함께 진행해도 무방합니다. 하지만 되도록 작업의 뒷부분에 몰아서 이 작업을 하는 데에는 이유가 있습니다.

작업이 진행되다 보면 앞 슬라이드에 적용했던 화면 전환이 전체 분위기와 맞지 않아서 다시 수정되는 경우가 많이 있습니다. 그런데 사람의 심리가 자신이 만든 화려한 움직임의 슬라이드를 계속해서 감상하는 경향이 있습니다. 때문에 수정 작업을 하며 필요 이상으로 반복해서 재생시켜 보는 시간낭비를 줄이기 위해서 대략적인 시각화 작업이 거의 마무리 되었을 때 한꺼번에 화면 전환 효과와 빌드를 적용시키도록 합시다.

Lesson 06 발표 연습

성공적인 발표를 위해서 실제 발표 전에 최소한 한 번 이상의 리허설을 반드시 하도록 합시다. 리허설을 많이 하면 할수록 좋습니다. 왜냐하면 이때 정말 많은 논리적 흐름의 단점이 드러나는데 이때 발견된 부분을 보완하여야만 훌륭한 발표가 될 수 있기 때문입니다. 리허설은 최대한 실제 상황과 유사하게 진행하는 것이 좋습니다. 작성한 대본을 혼자서 여러 번 읽는 것만으로는 많이 부족합니다. 되도록 발표내용에 대해 사전지식이 전혀 없는 사람 앞에서 실제와 똑같이 시연하는 것이 많은 도움이 됩니다. 예를 들어 디자인을 함께 전공한 친구들이나 회사 동료들 보다 가족이나 다른 부서의 직원들과 같이 관련 전공지식이 별로 없는 사람에게 리허설하고 피드백을 받으면 많은 도움이 됩니다. 그런 사람들이 이해하는 내용이면 훨씬 제대로 전달된 프레젠테이션이 될 것입니다.

Section 01 발표자 메모 활용

발표내용의 대부분은 대본을 약간 벗어나 즉흥적으로 이야기 할 수 있습니다. 하지만 일부 내용 중에는 정확한 의미전달을 위해 반드시 대체될 수 없는 어휘를 사용해야 하는 경우가 있습니다. 이런 경우를 대비하여 발표를 위해 메모 노트를 사용하면 많은 도움이 됩니다. 대본과는 약간 다르게 중요한 단어들만을 적은 노트입니다. 대본을 보고 읽는 발표는 신뢰감이 많이 떨어집니다. 또한 대본을 완벽하게 열심히 외워서 그대로 하는 것도 쉽지 않

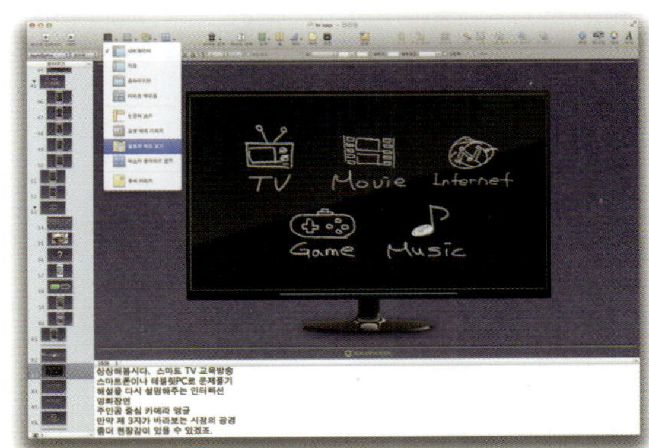

▲ 키노트의 발표자 메모 기능

고 그렇게 할 필요도 없습니다. 좋은 프레젠테이션은 발표 현장에서 청중의 반응을 토대로 조금씩 발표내용이 조율되는 것이 최상입니다.

키워드 메모를 위해 키노트의 발표자 메모 기능을 활용하면 도움이 됩니다.

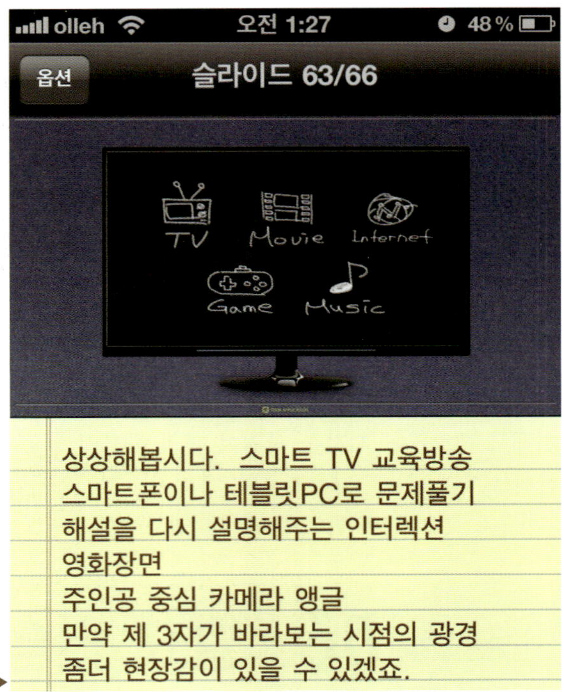

키노트 리모트 어플리케이션 화면 ▶

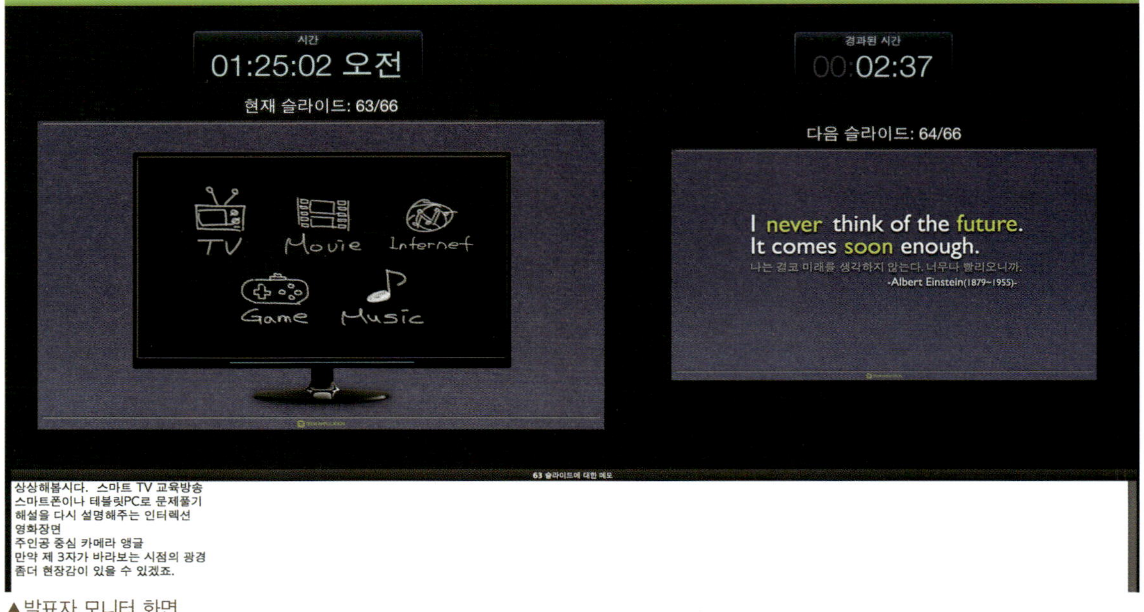

▲ 발표자 모니터 화면

Section 02 애니메이션을 앞서는 발표 연습

필자 역시 마찬가지이지만 발표내용을 충분히 숙지하지 못한 경우 슬라이드를 뒤쫓아 가게 됩니다. 슬라이드를 살짝 읽어보고 말할 내용을 생각하고 발표하는 것이지요. 이런 상황을 청중이 모를 리 없습니다. 훌륭한 발표자는 이미 다음 슬라이드에 어떤 내용이 있는지 알고 해당 슬라이드가 나오기 전에 해야 할 대사를 말하고 슬라이드를 넘깁니다. 보통은 질문의 형태가 많이 있습니다.

 Section 03 시간관리

리허설에서 상당히 중요하게 점검하여야 하는 부분이 '발표하는데 소요되는 시간을 확인'하는 것입니다. 대부분의 프레젠테이션에는 할당된 시간이 정해져 있기 마련입니다. 너무 빨리 끝나면 준비에 소홀했다는 인상이 남고, 너무 길어지면 지루해 합니다. 이러한 불상사를 막기 위해서는 리허설하는 동안 발표의 중간지점들의 소요시간을 적어놓습니다. 더불어 발표 시작시간을 기점으로 진행되는 시간도 적어놓으면 시계를 보며 확인할 수 있습니다.

10 : 00	오프닝 5분
10 : 05	어플 소개 10분
10 : 15	핵심 기능 소개 5분
10 : 20	마무리 2분
	총 22분

 Section 04 점검사항

리허설을 하는 동안 다음 사항을 점검해봅시다.

Unit 01 기승전결 시간배분은 적절했는가?

내용의 강약조절과 말의 빠르기를 조절하여 적절한 시간배분을 합시다.

Unit 02 빈번하게 사용된 화려한 효과가 오히려 발표시간을 늘어나게 하지는 않았는가?

핵심 내용을 강조하기 위해 일반적인 내용에서는 효과를 절제합시다.

Unit 03 발표자의 태도는 어떠한가?

과도한 자신감이나 지나치게 소극적인 태도. 혹은 긴장된 표정은 없는지 확인해봅시다.

Unit 04 현학적 표현은 없는가?

발표시간은 잘난 척하기 위한 자리가 아닙니다. 청중의 대부분이 이해할 수 있는 어휘로 교체하거나 부연설명을 덧붙입니다.

Unit 05 어려운 내용전달로 질문거리가 생길 요소는 없는가?

핵심 내용이 아니고 오해의 소지가 있다면 아예 제거하거나 설명을 추가하여 이해도를 높입니다.

Unit 06 동영상 자료가 너무 길지는 않은가?

앞뒤를 잘라내어 꼭 필요한 부분만을 보여줍시다.

Unit 07 간투사(음~, 어~)를 난발하는 습관은 없는가?

연습을 통해 줄이거나 발표자 메모를 활용하여 긴장했을 때를 대비합시다.

Lesson 07 발표

모든 만약의 상황을 대비한 성공적인 발표를 준비해봅시다. 애플社의 WWDC(애플社가 개최하는 세계 개발자 컨퍼런스) 영상을 자세히 보면 항상 2대의 발표용 컴퓨터가 설치되어 있는 것을 확인할 수 있습니다. 완벽한 발표를 위해서는 가능한 모든 상황을 예측하여 대처할 방법을 마련해 놓는 것이 좋습니다.

Section 01 무선 리모컨 준비

발표자용 리모컨 이외에 무선 마우스나 무선 키보드를 준비합니다. 때로는 이러한 여분의 장비를 보조원이 조작하여 발표자의 실수를 도와줄 수 있습니다. 리모컨의 오동작으로 인해 앞에 있는 청중을 바라보고 있는 발표자가 인식하지 못한 채 다음화면으로 넘어가는 경우도 있기 때문입니다.

참고로 키노트는 마우스의 좌클릭은 다음 슬라이드로 넘어가기, 우클릭은 이전 슬라이드로 돌아가기로 인식합니다. 그리고 키노트 재생시 키보드로 페이지 숫자를 누르고 Return(Enter)키를 누르면 곧바로 입력한 페이지로 넘어갑니다.

Section 02 시스템 환경설정에서 OS의 배경화면을 첫 슬라이드로 바꾸어 놓기

발표중에 키노트가 멈추거나 다른 파일을 열어야하는 경우에도 실수로 보이지 않게 됩니다.

Section 03 여러 개의 키노트 파일을 하이퍼링크로 묶기

세미나와 같이 여러 사람이 각기 다른 키노트 파일로 발표하는 경우, 앞 사람의 키노트 마지막 장의 개체 중 하나를 하이퍼링크로 만들어 다음 사람의 키노트 파일을 연결시키면 편리합니다. 발표에 쓰일 모든 키노트 파일을 미리 열어놓고 Command + Tab 키로 빠르게 넘기는 것도 좋은 방법입니다. 그러나 하이퍼링크를 통해 발표가 연결되어 보이는 것이 더 좋습니다.

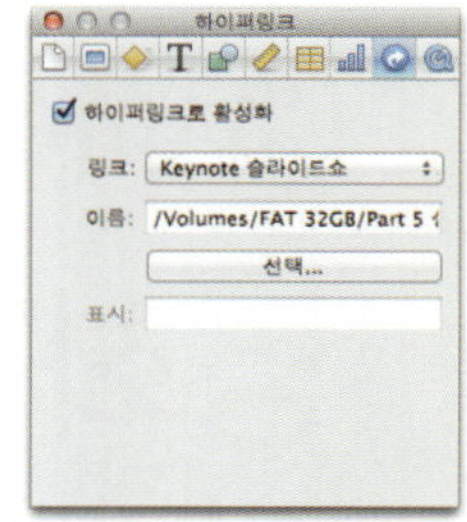

Section 04 2대의 컴퓨터로 발표하는 경우

두 대의 컴퓨터를 번갈아 가며 발표하는 경우 스위쳐, 선택기 혹은 모니터셀렉터라고 불리는 장비를 사용합니다. 일반 PC와 맥 또는 맥과 아이패드를 사용하는 경우 도움이 되는 장비입니다.

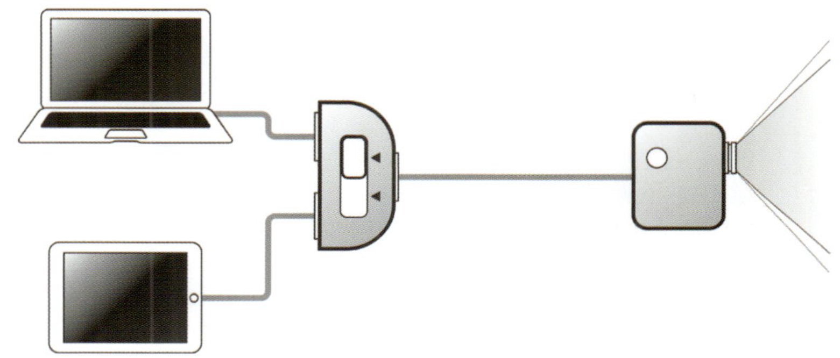

Section 05 2대의 빔프로젝터로 발표하는 경우

두 대 이상의 빔프로젝터나 대형 모니터로 발표하는 경우 모니터 분배기를 사용합니다.

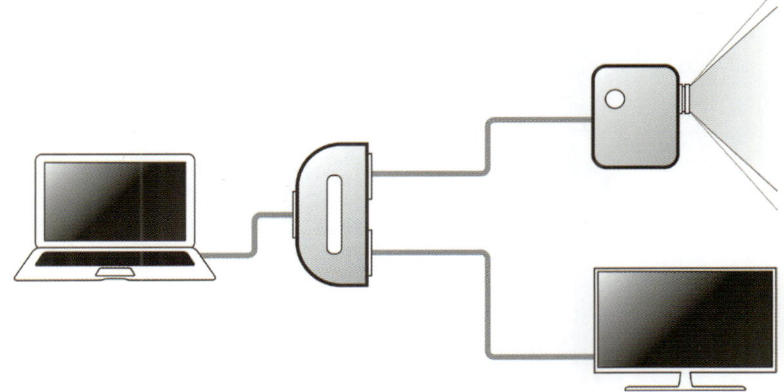

Chapter 02

영화제 기자간담회 식순 키노트 만들기

2012년 6회를 맞이하는 신디 영화제의 사전 기자간담회에서 사용할 식순 키노트 사례입니다. 반복되는 동일한 구성의 슬라이드를 빠르게 만드는 방법에 대해서 배워봅시다.

|학·습·목·표|
마스터 슬라이드를 효과적으로 사용하는 방법 익히기
작업효율을 높여주는 개요 기능을 사용하는 방법 익히기
5. 화면 전환 및 빌드
6. 발표 연습
7. 발표

- **소스 이미지** : 신디영화제 폴더

- **완성 키노트** : CINDI_PRESS_DAY.key

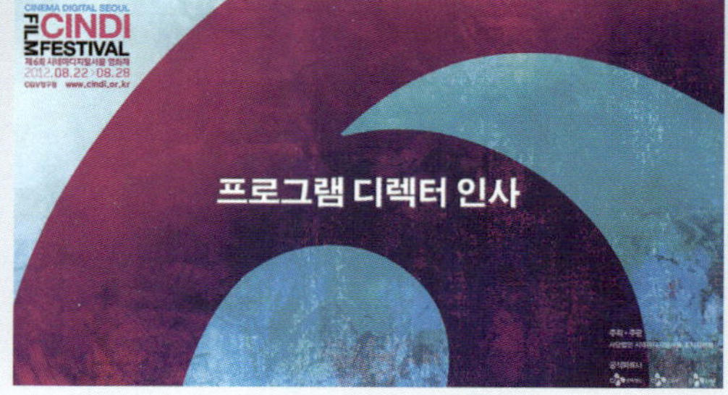

01 새로운 파일을 만들고, [검정테마]를 선택합니다.

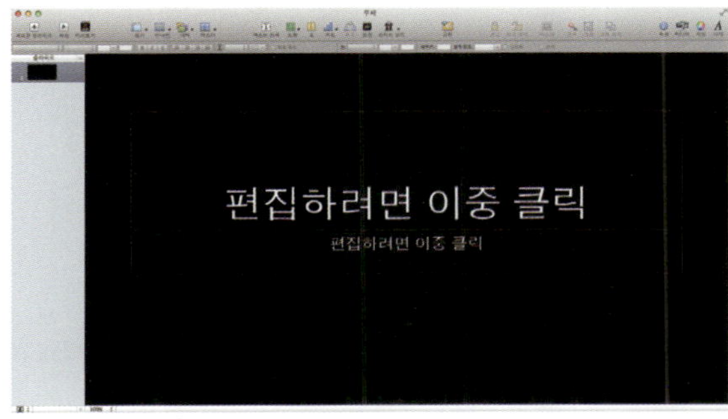

02 마스터 슬라이드에서 [빈 페이지], [제목 – 중앙]만 남기고 나머지는 지웁니다. 이때 첫 번째 작업 슬라이드에 자동으로 적용되어 있던 [제목 및 부제]는 [빈 페이지]로 바꿉니다.

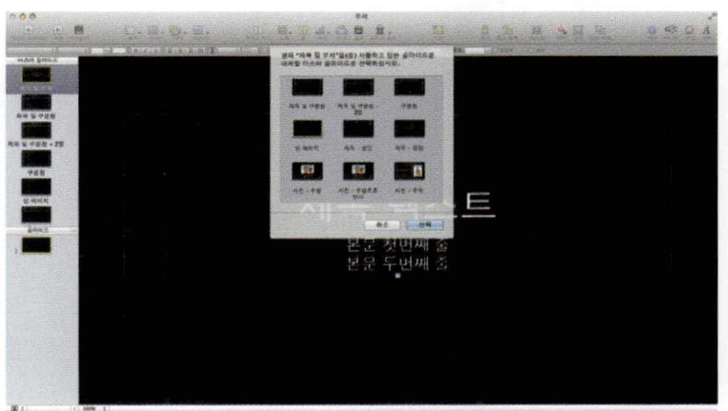

03 두 가지 마스터 슬라이드만 남은 상태에서 작업 슬라이드로 돌아옵니다.

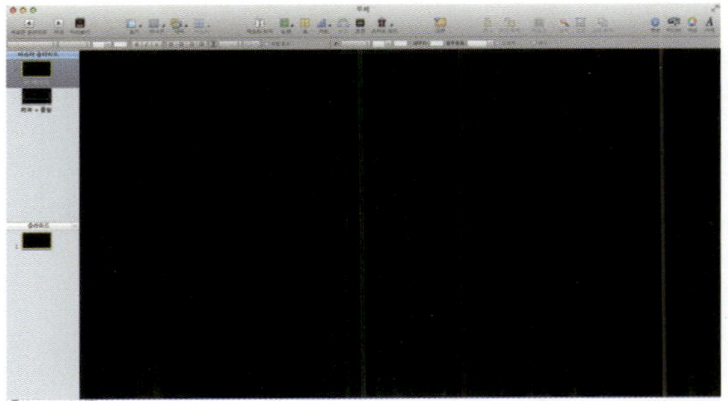

04 신디 영화제 포스터 배경 이미지(cindiBG.jpg)를 삽입합니다.

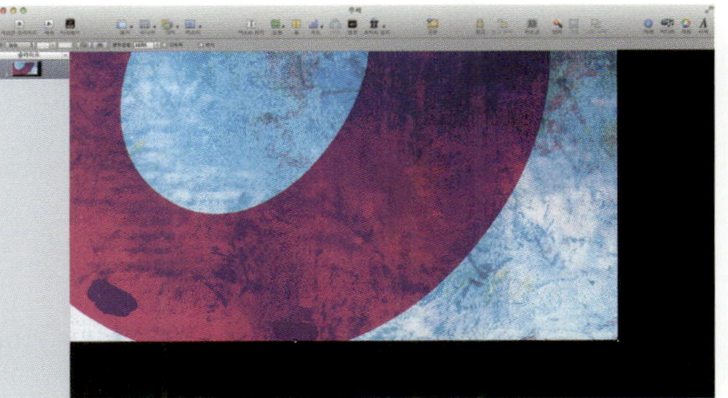

05 도형을 생성하여 기준을 삼고 포스터 배경 이미지의 위치를 정합니다. 임시로 생성한 도형의 위치에 글자가 위치할 것입니다. 위치가 정해졌으면 도형은 삭제합니다.

06 왼쪽 위에 신디 영화제 로고(cindi title.png)를 삽입하고 크기와 위치를 조절합니다.

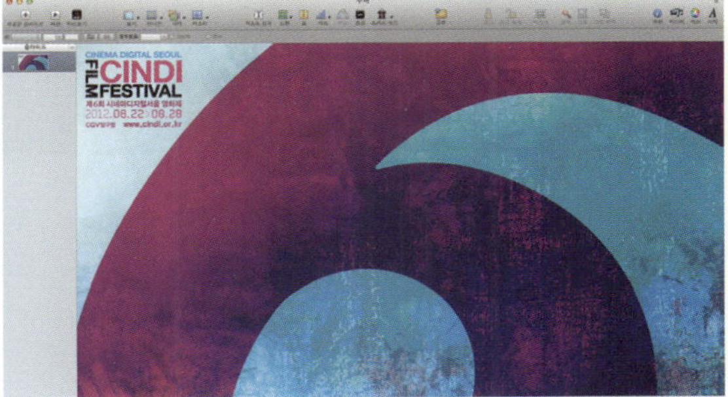

07 오른쪽 아래 주최, 주관 이미지 소스를 삽입하고 크기와 위치를 조절합니다. 포맷막대에서 [불투명도]를 70%로 낮춰줍니다.

08 배경이미지로 사용하기 위해 메뉴막대에서 [공유] 〉 [보내기]를 합니다.

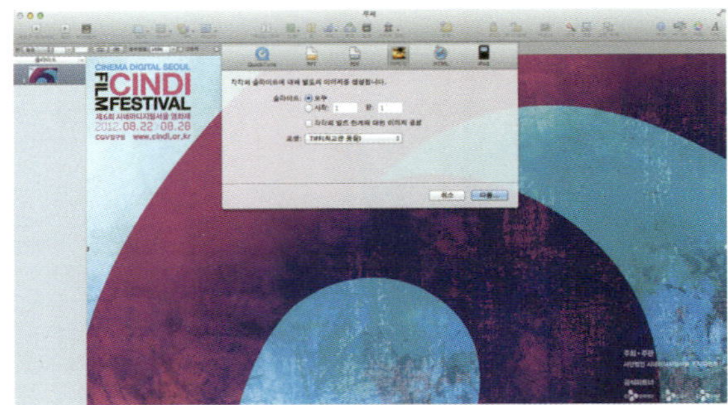

09 작업을 위해 만들었던 첫 번째 슬라이드는 나중에 수정할 경우를 대비하여 네비게이터에서 1번 슬라이드를 선택한 후, 마우스 오른쪽 버튼을 누르고 [슬라이드 건너뛰기]를 적용합니다.

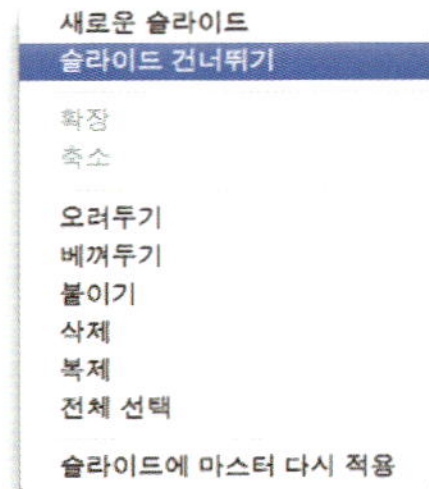

10 새로운 슬라이드를 만들고 [빈 페이지] 마스터 슬라이드를 적용시킵니다.

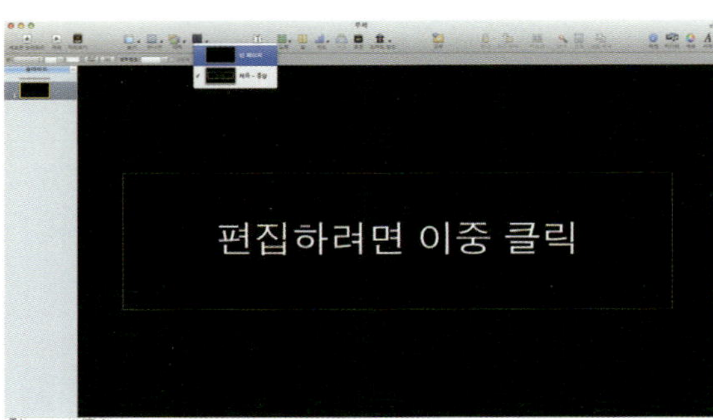

11 포스터 배경 이미지를 슬라이드 중앙에 삽입하고 크기를 줄입니다.

12 [Finder]에서 각각 나눠진 신디 영화제 로고를 삽입합니다. 그룹하여 크기를 동시에 줄입니다.
(cindi title1~8.png)

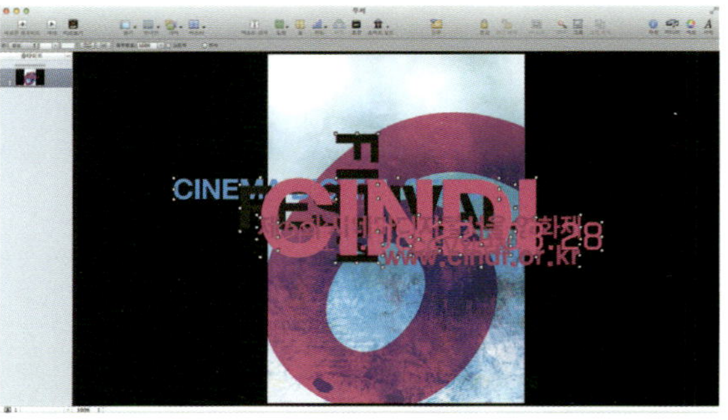

13 로고의 크기와 위치를 조절하는 데 때로 포스터 배경 이미지가 선택되어 번거로울 때가 있습니다. 이를 방지하기 위해 포스터 배경 이미지를 선택하고, 도구막대에서 [잠금]을 적용합니다. 이미지 주변에 X표시가 보이며 위치가 고정됩니다. 다시 해제하려면 도구막대에서 [잠금 해제]를 클릭하면 됩니다.

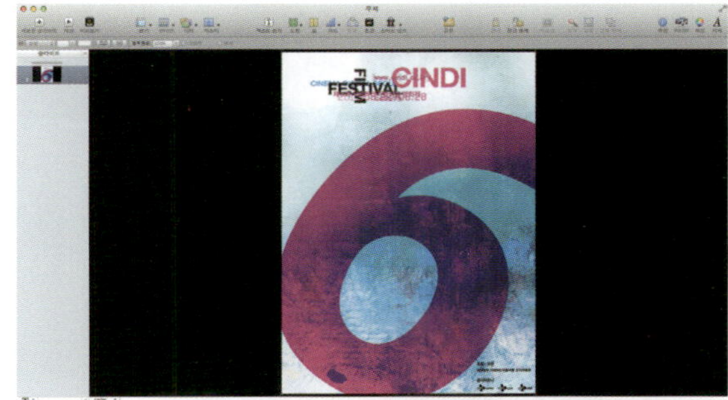

14 원활한 작업을 위해 슬라이드의 크기를 [200%]로 확대합니다.

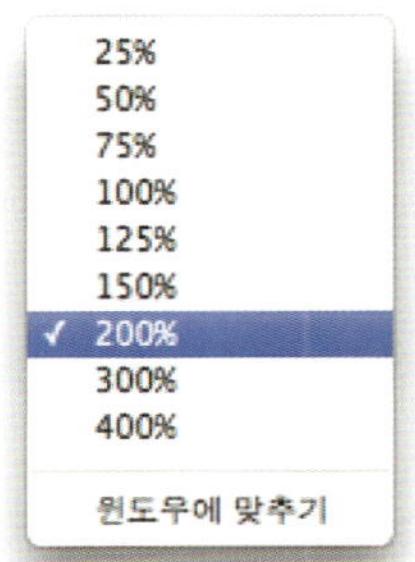

15 영화제 로고를 그림과 같이 정확한 위치에 배치하고 마무리합니다.

16 슬라이드 크기를 [100%]로 줄이고 주최 이미지 소스, 주관 이미지 소스를 삽입합니다.

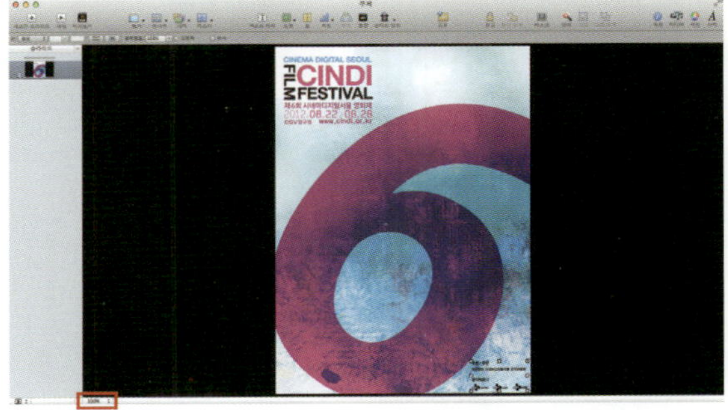

17 네비게이터에서 슬라이드를 복사하고, 두 번째 슬라이드의 모든 개체를 그룹합니다.

18 슬라이드 크기를 [75%]로 줄이고, 그룹한 개체를 화면 오른쪽 절반에 꽉 차게 확대합니다. [넘기기] 화면 전환을 하기 위해 정확한 위치를 맞추려면 눈금자를 보이게 하는 것이 좋습니다. 메뉴막대에서 [보기] 〉 [눈금자 보기]를 선택하거나 단축키 Command + R 키를 누릅니다. 눈끔의 0이라고 표시된 부분이 화면의 중앙입니다. 위치 조절이 끝났으면 그룹을 해제합니다.

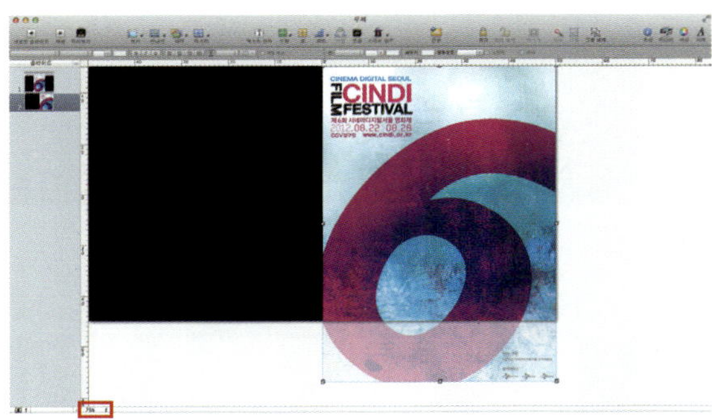
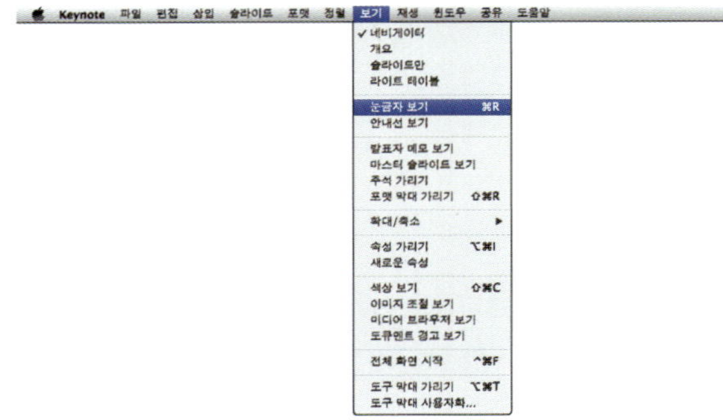

19 첫 번째 슬라이드에 [이동 마법사]를 적용합니다. 속성의 미리보기 창에서 포스터가 오른쪽으로 움직이는 것을 확인할 수 있습니다. 다시 슬라이드 크기를 100%로 늘립니다.

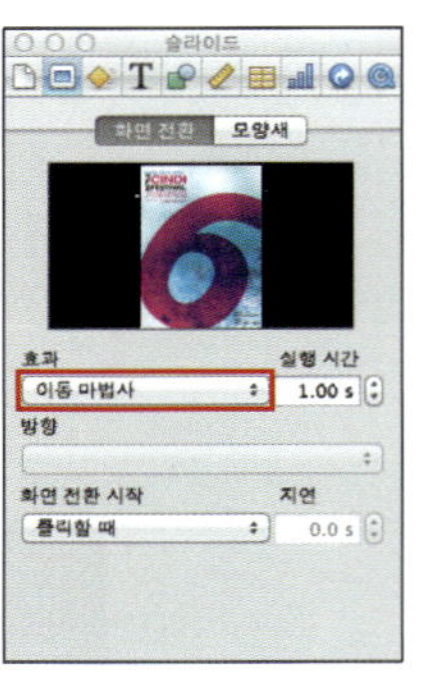

20 세 번째 슬라이드를 생성합니다. 그리고 [제목 – 중앙] 마스터 슬라이드를 선택합니다.

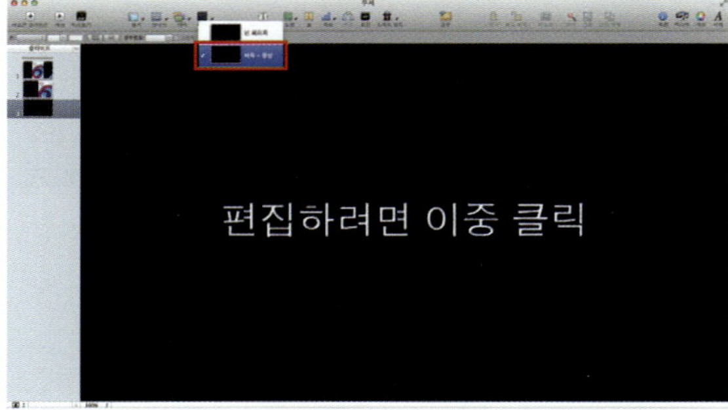

21 마스터 슬라이드에서 [제목 – 중앙]을 선택하고, 속성에서 [모양새] 〉 [배경]에 앞부분(08번 단계)에 만들었던 이미지를 채웁니다.
이렇게 하면 화면전환 시 배경의 요소가 불필요하게 움직이지 않게 됩니다.

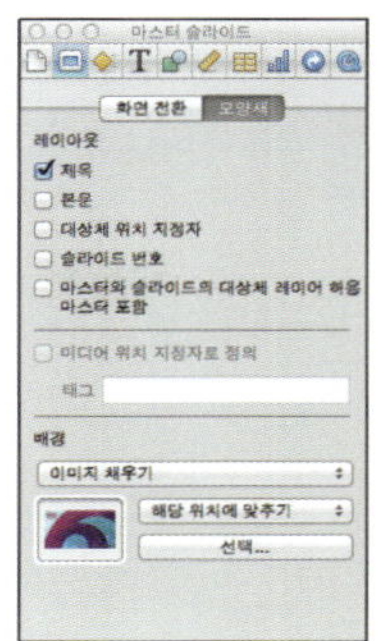

22 [제목 텍스트] 영역의 서체와 글자 크기를 조절합니다.

23 [텍스트 상자]에 하얀색 그림자를 만들어줍니다.
(※Part 02. Chapter 04. 참조)

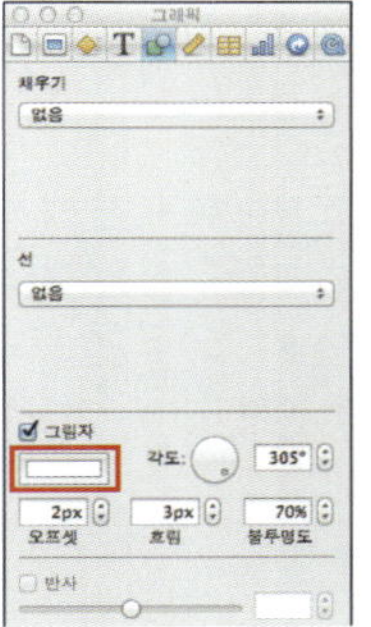

24 [제목 텍스트]를 더블클릭하여 선택하고, 속성에서 검은색 그림자를 만듭니다. [각도]를 '126°'에 맞춥니다. 음각글자 효과가 완성되었습니다.

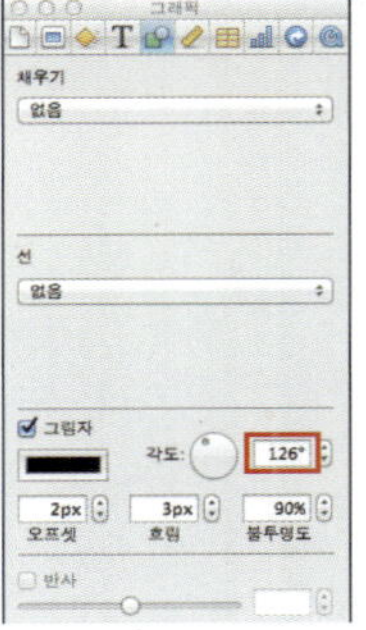

25 도구막대에서 [보기] 〉 [개요]를 선택합니다. 왼쪽이 네비게이터 대신 글자를 입력할 수 있는 상태로 바뀝니다.

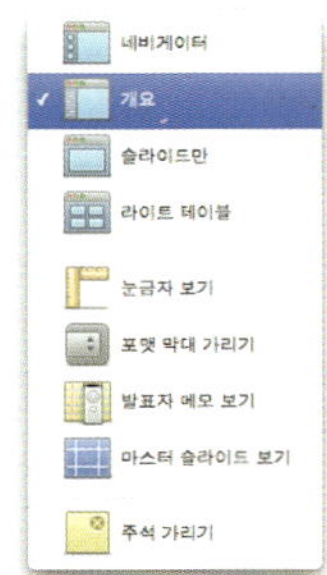

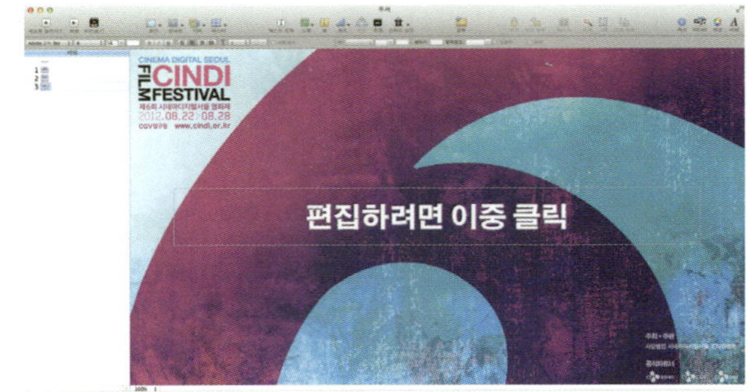

26 간담회 순서 텍스트 파일을 실행시키고, 내용을 전부 선택(Command+A)합니다. 그리고 Command+C 키를 눌러 복사합니다.

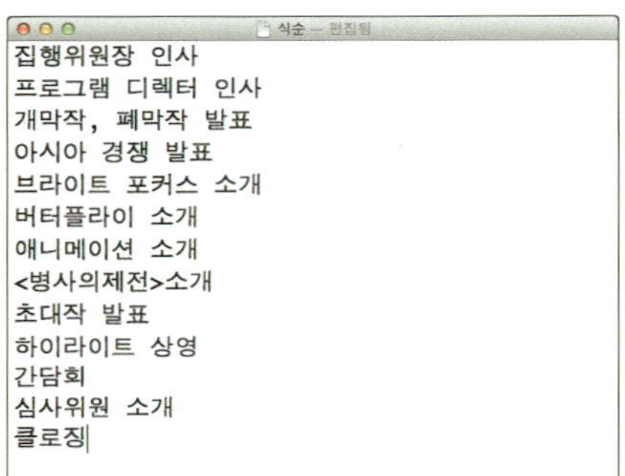

집행위원장 인사
프로그램 디렉터 인사
개막작, 폐막작 발표
아시아 경쟁 발표
브라이트 포커스 소개
버터플라이 소개
애니메이션 소개
<병사의제전>소개
초대작 발표
하이라이트 상영
간담회
심사위원 소개
클로징

27 개요에서 세 번째 슬라이드를 선택하고 붙여넣기 (Command+V)하면 자동으로 각 내용이 슬라이드에 나눠져 삽입됩니다.

28 도구막대의 [보기] 〉 [네비게이터]를 선택합니다.

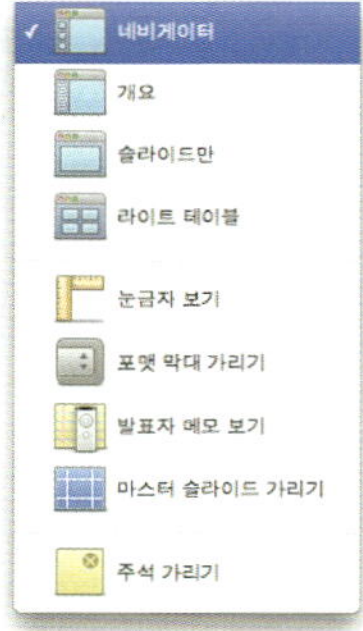

29 두 번째 슬라이드를 선택하고, [넘기기] 화면 전환 효과를 적용합니다. 방향은 [오른쪽에서 왼쪽으로]를 선택합니다.

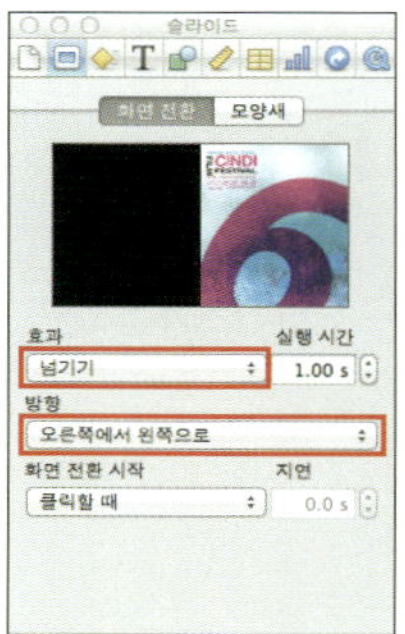

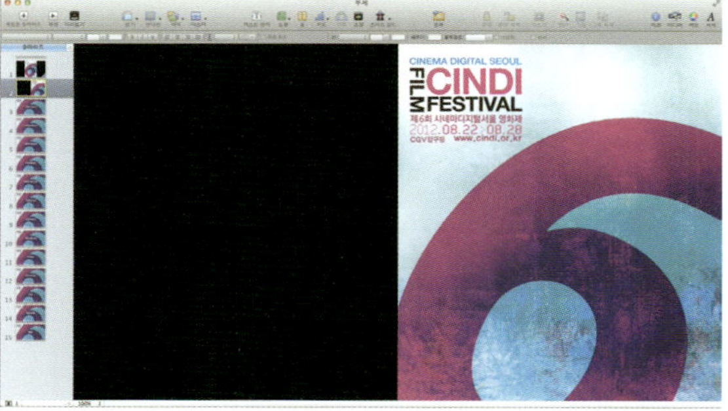

30 3~14번째 슬라이드를 모두 선택하고 [매달리기] 화면 전환 효과를 적용시켜봅니다. 배경의 이미지는 움직이지 않고 글자만 움직입니다.

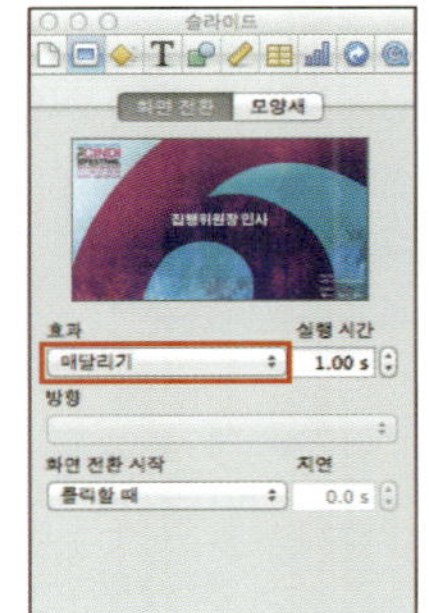

31 마지막 15번째 슬라이드는 [색상으로 페이드] 화면 전환 효과를 적용하고, [실행 시간]을 '3.5초'로 늘려줍니다.

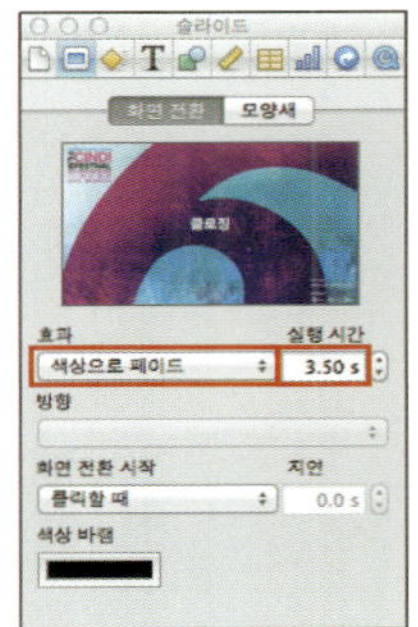

32 키노트 연습을 위해 3~14번째 슬라이드를 선택하고, [매달리기] 이 외에 [회전문 효과]나 [투시도] 등 다양한 효과를 적용시켜봅니다.

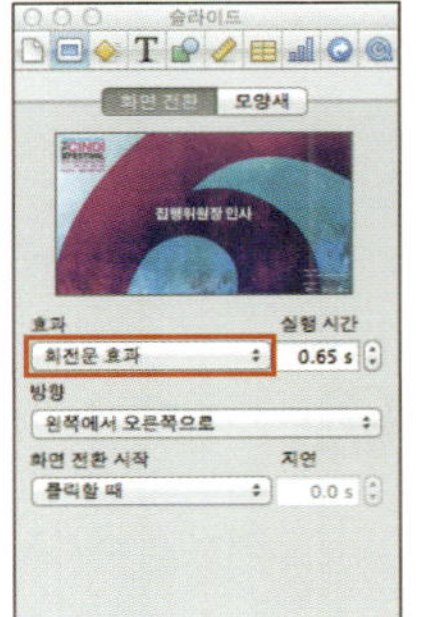

33 계속해서 키노트 연습을 위해 3~14번째 슬라이드에 [디졸브]를 적용시켜봅시다.

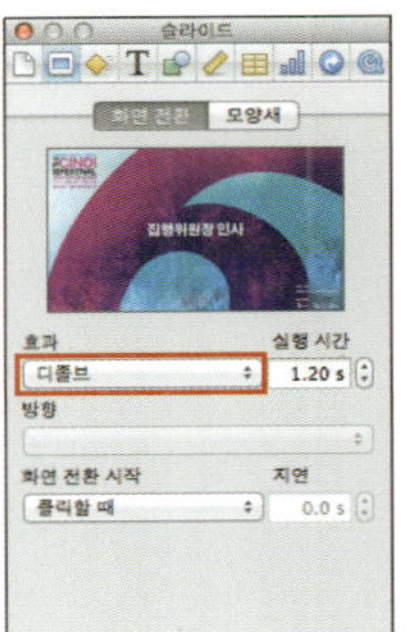

34 마스터 슬라이드에서 [제목 – 중앙]을 선택하고, [제목 텍스트] 영역에 [디졸브] 빌드인을 적용시킵니다. 빌드 시작은 [화면 전환 후에 자동으로]를 선택합니다. 자동으로 3~15번째 슬라이드의 텍스트에 전부 빌드인이 적용되었습니다.

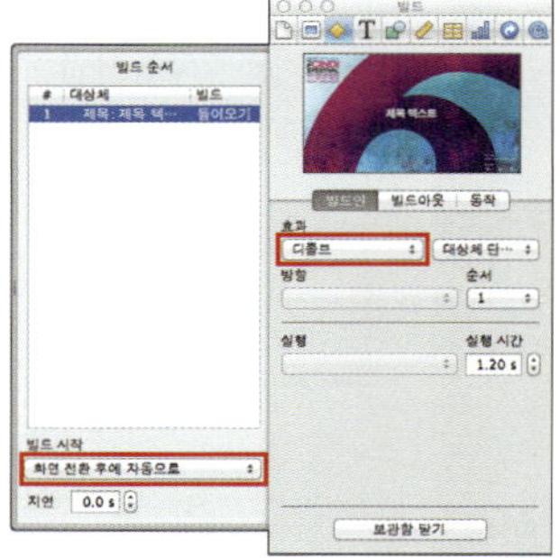

35 첫 번째 작업 슬라이드로 돌아와서 8개로 분리되어 있는 영화제 로고를 전부 선택하고, [디졸브] 빌드인을 적용시킵니다.

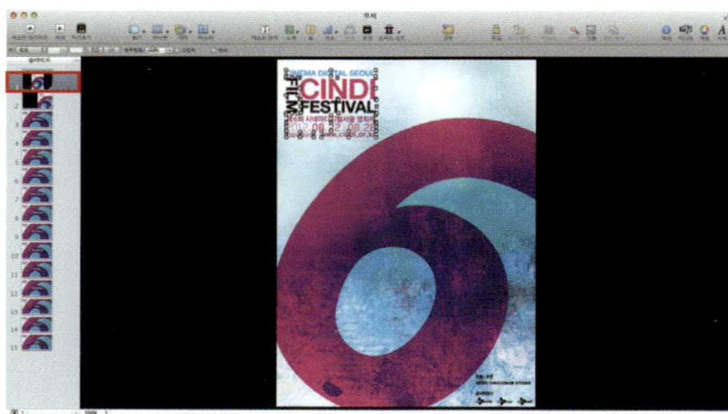
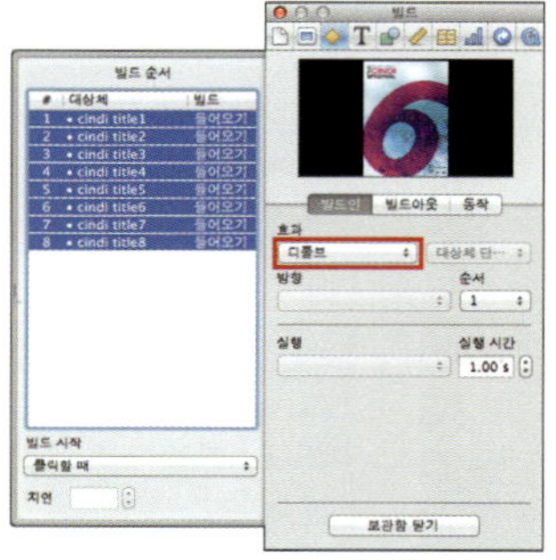
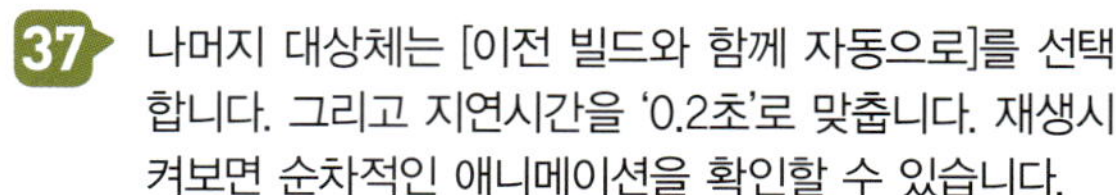

36 첫 번째 대상체는 [화면 전환 후에 자동으로]를 선택합니다.

37 나머지 대상체는 [이전 빌드와 함께 자동으로]를 선택합니다. 그리고 지연시간을 '0.2초'로 맞춥니다. 재생시켜보면 순차적인 애니메이션을 확인할 수 있습니다.

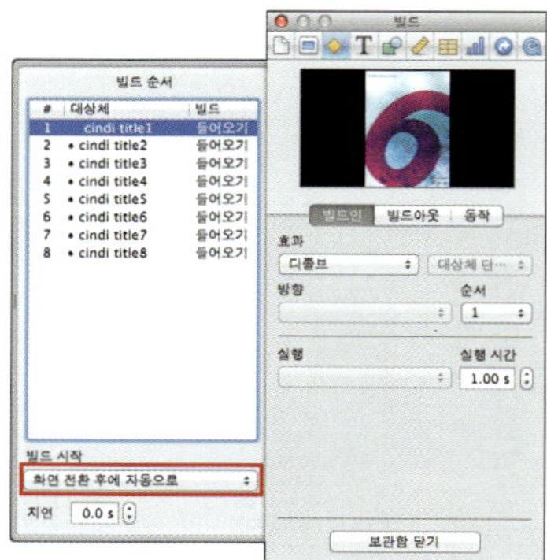
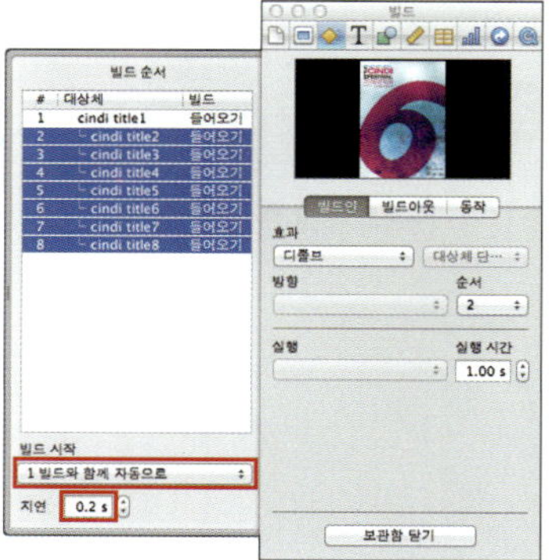

MEMO

Chapter 03

기업 홍보 키노트 만들기

HRD 교육업체를 홍보하는 키노트를 만들어봅시다. 전체 내용의 구성은 기업의 이름에 관한 설명으로 시작하여, 세 가지 사업분야에 대해 각각 설명하고, 감성적인 내용으로 마무리 짖는 구조입니다.

|학·습·목·표|
1. 슬라이드간 적절한 화면 전환효과와 빌드를 사용하는 방법 연습
2. 전체 슬라이드의 디자인 통일성을 유지하는 방법 연습

• 소스 이미지 : 21그램 폴더

• 완성 키노트 : P5C3-21grams.key

Lesson **01** 슬라이드에 내용 삽입하기

01 새로운 파일을 생성하고, [검정] 테마를 선택합니다.

02 마스터 슬라이드를 [빈 페이지]만 남기고, 전부 지웁니다. 그리고 도구막대에서 [새로운 슬라이드]를 눌러 추가로 3개의 마스터 슬라이드를 만듭니다.

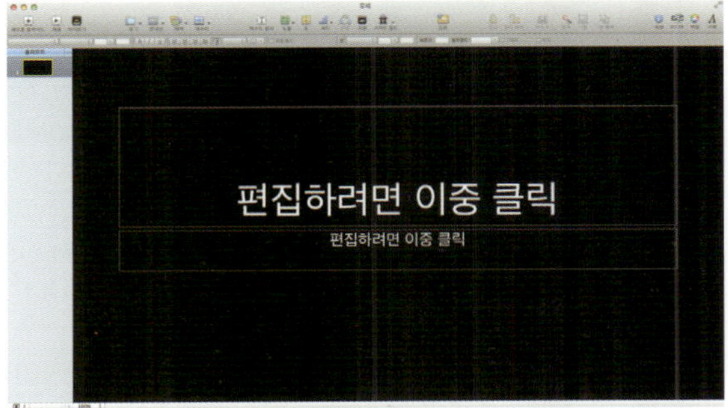

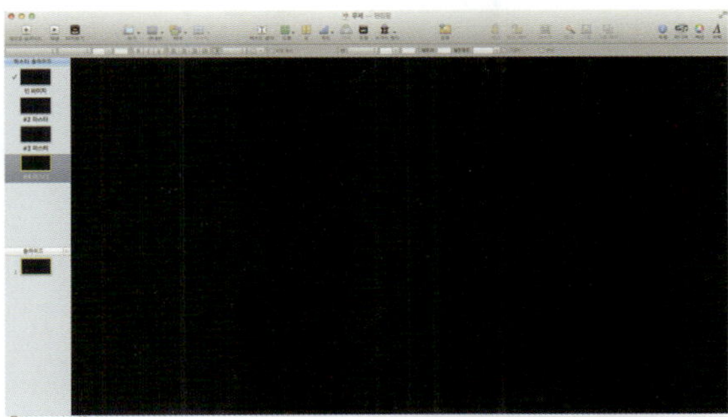

03 추가로 생성한 마스터 슬라이드에 '배경1~3.png' 이미지를 차례대로 배경에 삽입하고, 마스터 슬라이드의 이름을 파일 이름과 동일하게 바꿔줍니다.

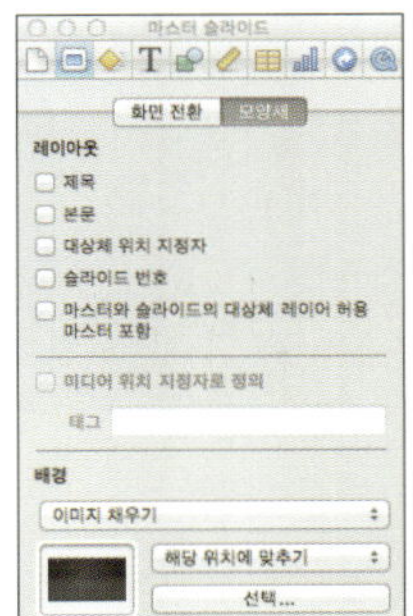

04 첫 번째 작업 슬라이드에 '하늘.jpg' 이미지를 삽입합니다.

05 손글씨 어플리케이션을 활용한 '1영혼에.png', '2무게가.png', '3있을까.png' 이미지를 삽입하고, [알파]로 하얀 배경을 지웁니다.

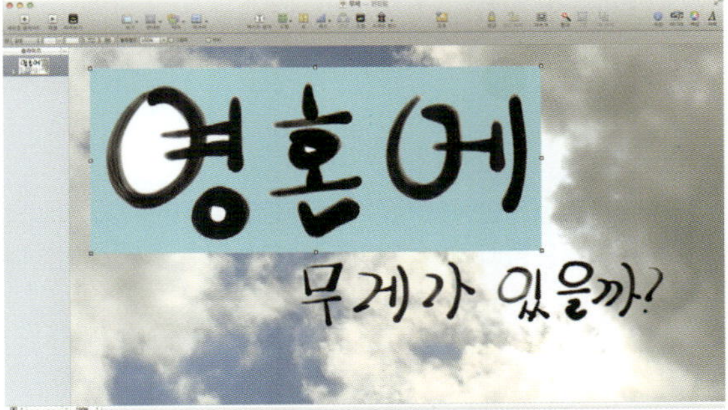

06 하늘사진과 어울리도록 화면에 배치합니다.

07 새로운 슬라이드를 만들고, [배경2] 마스터 슬라이드를 적용시킵니다.

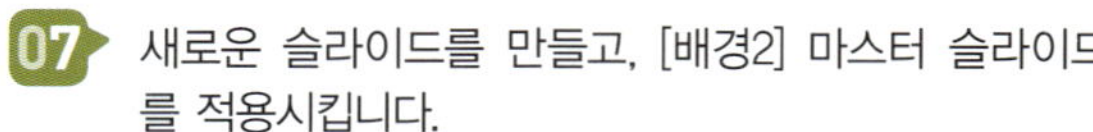
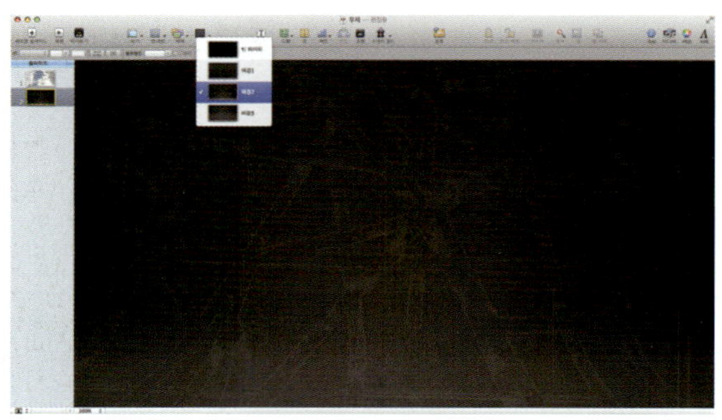

08 3개의 파일로 구성된 저울 이미지와 '그림자3.png' 이미지를 삽입합니다.

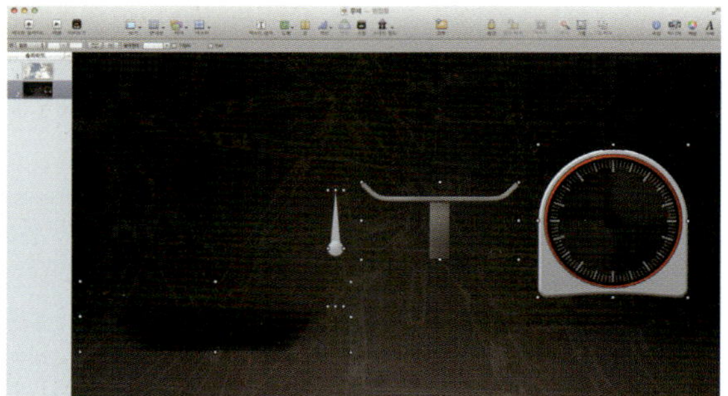

09 각 이미지를 조립하고, [반사]를 적용합니다. 그리고 [텍스트 상자]를 생성하여 왼쪽에 내용을 입력합니다.

10 네비게이터에서 두 번째 슬라이드를 복사하고, 저울 접시 이미지의 위치를 조금 아래로 움직입니다. 저울의 바늘이 21그램을 나타내도록 속성에서 [각도]를 '352°'로 맞춥니다. [이동 마법사]를 활용하여 저울이 움직이는 효과를 얻을 것을 고려한 것입니다.

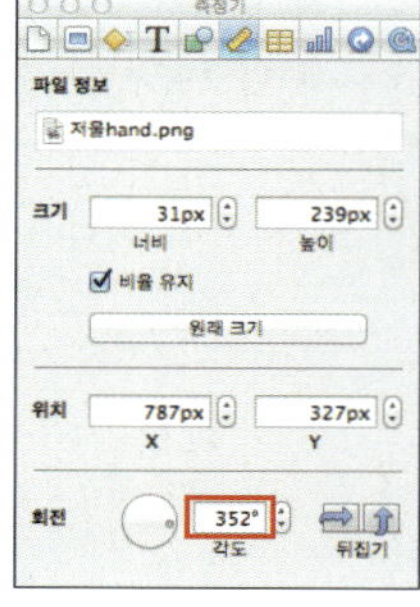

11 '21g.png', '분동1.png', '분동10.png' 이미지를 삽입합니다. '분동10.png' 이미지는 복사하여 2개로 만듭니다.

12 각 이미지를 화면에 적절히 위치시키고, [텍스트 상자]를 생성하여 내용을 입력합니다. 21g 이미지와 비슷한 색상으로 글자색을 통일시켜줍니다. 뒷부분에 계속해서 동일한 색상을 사용할 예정이므로 색상 팔렛트에 등록해두면 편리합니다.

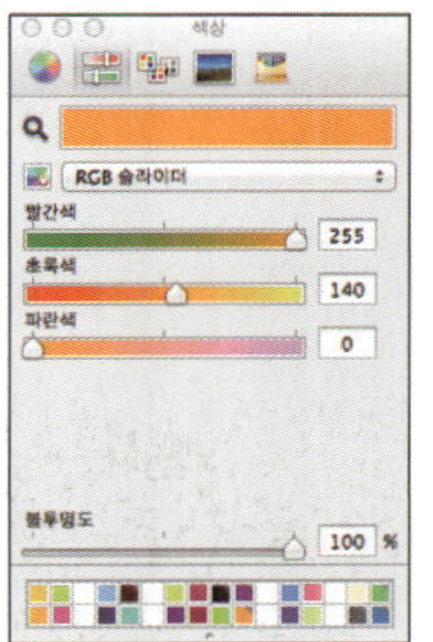

13 새로운 슬라이드에 '로고2.png', '그림자1.png' 이미지를 삽입합니다.

14 [텍스트 상자] 4개를 만들고, 내용을 입력합니다.

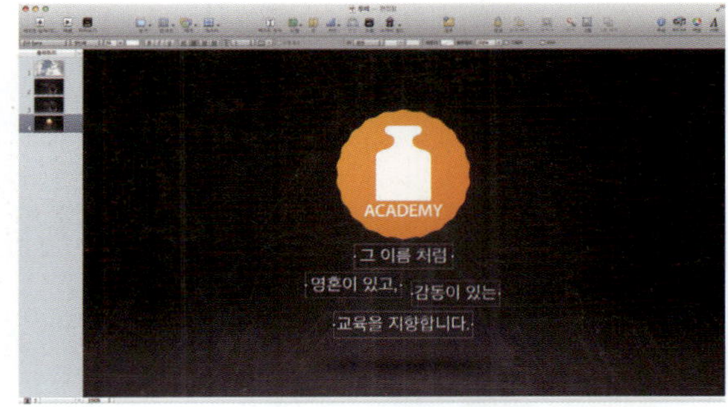

15 내용 중 일부의 크기를 키우고 색상도 로고와 비슷한 노란색으로 바꿔줍니다.

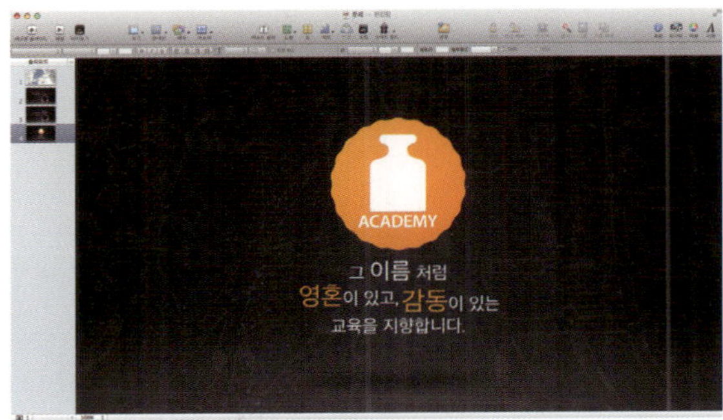

16 이전 슬라이드에서 분동과 21g 이미지를 복사해옵니다.

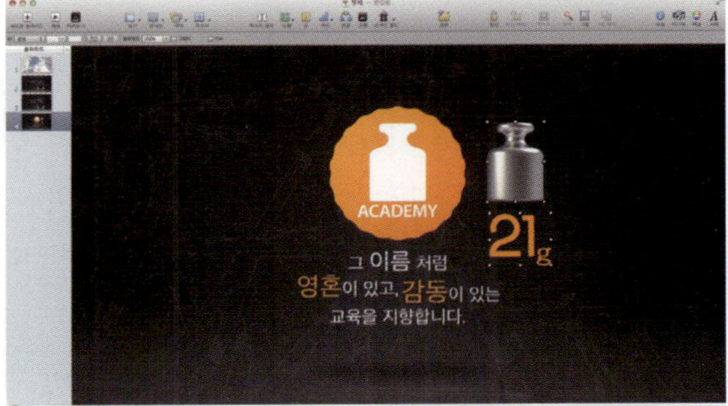

17 로고와 겹치게 배치시킵니다. 로고 디자인의 의미를 설명하는 부분입니다.

18 새로운 슬라이드를 만들고, [배경1] 마스터 슬라이드를 선택합니다.

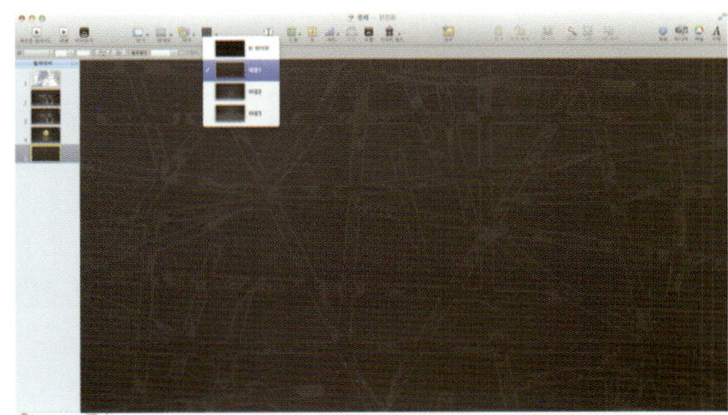

19 '로고1.png', '종이겹침.png', '빌딩.png', '책.png', '슬레이트.png' 이미지를 삽입하고, 그림과 같이 배치합니다. 세 가지 사업부분을 설명하는 슬라이드입니다.

20 새로운 슬라이드를 만들고, 로고와 빌딩 이미지, '기업예술교육' 글자를 복사해옵니다.

21 [텍스트 상자]를 생성하여 내용을 입력합니다. 로고 이미지의 크기를 줄여 내용 뒤에 위치시키고, 전체 대상체의 위치를 화면 중앙으로 이동시킵니다.

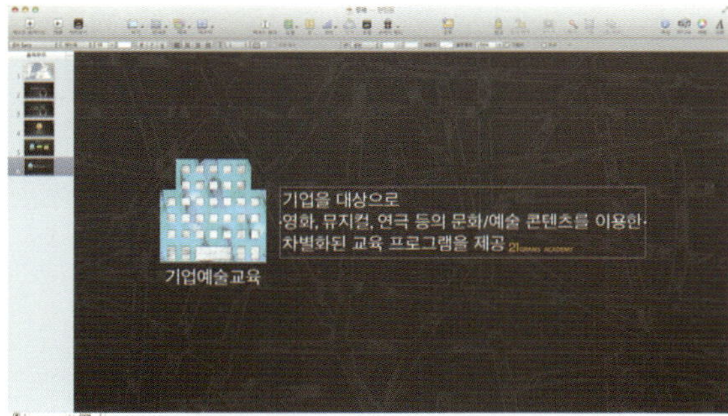

22 새로운 슬라이드를 만들고, [빈 페이지] 마스터 슬라이드 적용시킵니다.

23 '기업교육1.jpg' 이미지를 삽입하고, 크기와 위치를 조절합니다. 속성에서 이미지의 높이를 '720px'로 맞추면 화면의 크기와 일치하게 됩니다.

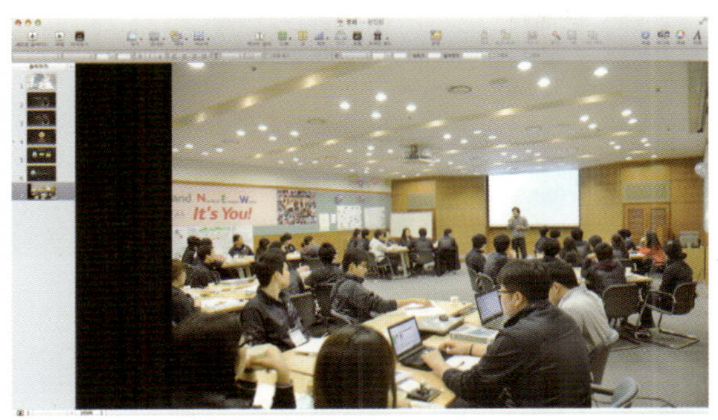

24 도구막대에서 도형 중 사각형을 생성합니다.

25 도형의 크기를 A4용지 비례로 맞추기 위해 속성에서 [너비]는 '707px', [높이]는 '500px'를 입력하고, [비율 유지]를 체크합니다. 화면분할을 황금비례로 맞추기 위해 만든 도형입니다.

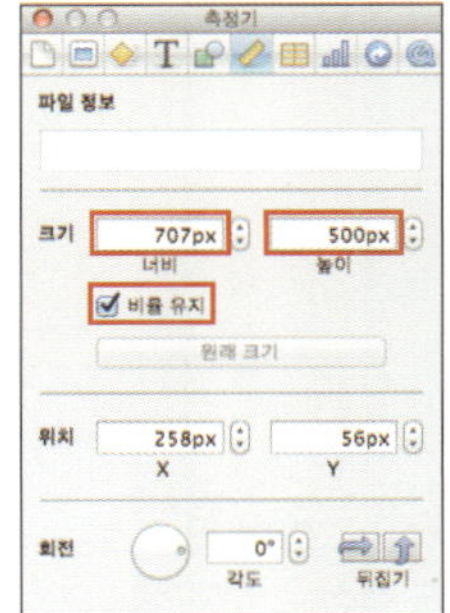

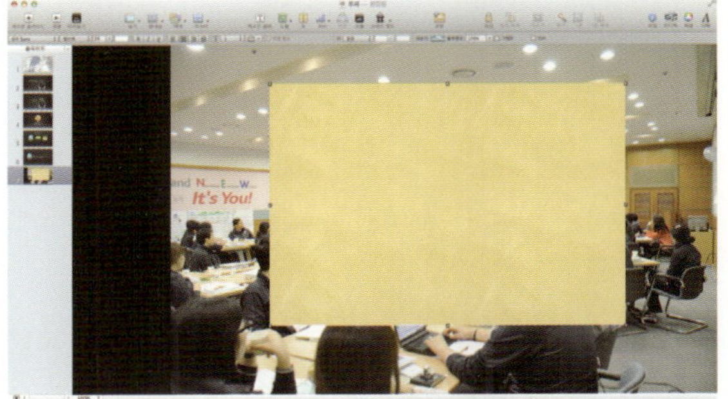

26 도형의 크기를 확대하여 높이를 화면크기와 동일하게 맞춥니다. 위치를 화면의 오른쪽에 맞춥니다. 그리고 새로운 도형을 추가로 생성합니다. 첫 번째 도형과 구분하기 위해 포맷막대에서 색상을 분홍색으로 바꿉니다.

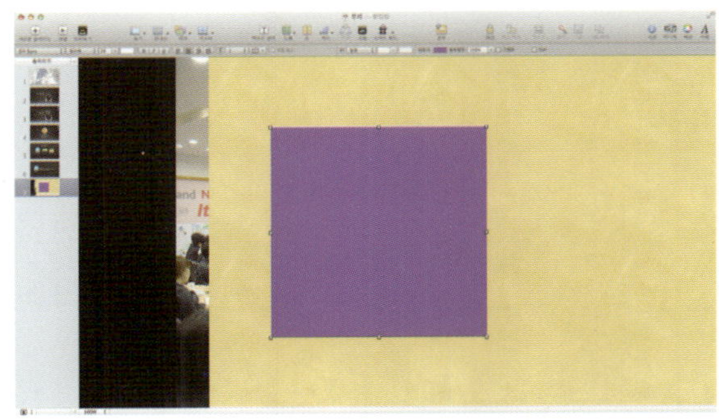

27 도형의 가로세로를 '720'으로 고정시키고, 첫 번째 도형과 겹치지 않고 정확히 만나도록 왼쪽에 위치시킵니다.

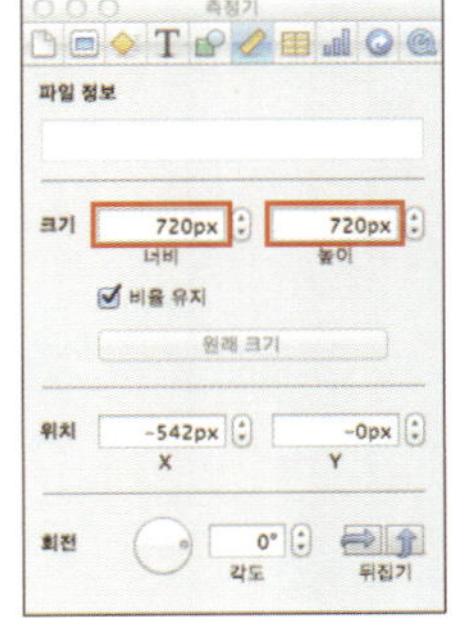

28 새로운 슬라이드에 '기업 교육2.png' 이미지를 삽입합니다. 속성에서 [높이]를 '720'에 맞추고, 왼쪽에 위치시킵니다.

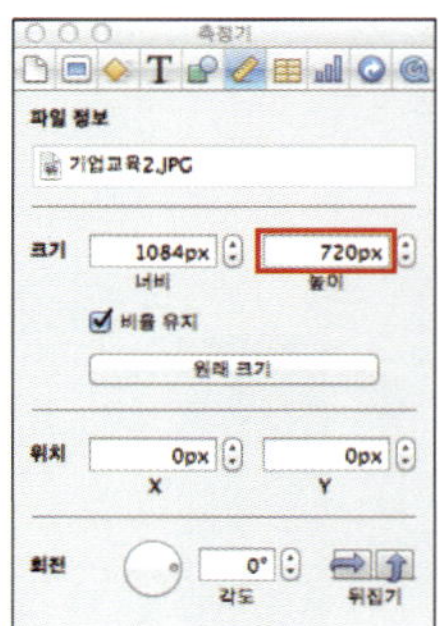

29 이전 슬라이드에서 두 개의 도형을 복사하고, 위치를 바꿉니다.

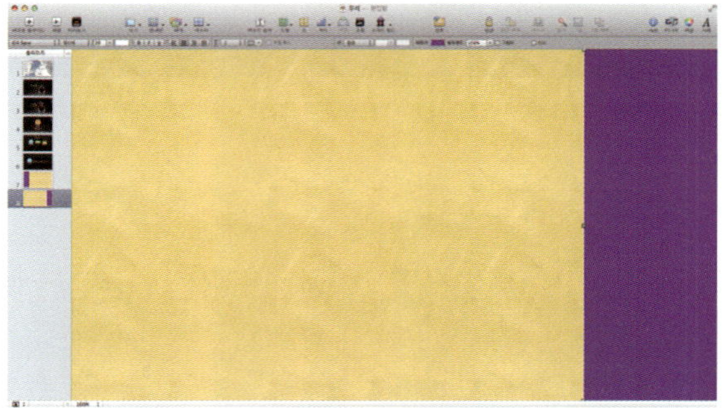

30 7번 슬라이드에서 오른쪽 도형을 삭제하고, 왼쪽 도형의 색상을 그라디언트로 채웁니다. 첫 번째 그라디언트 색상은 '빨간색 : 255', '초록색 : 0', '파란색 : 190'으로 맞추고, 두 번째 색상은 '빨간색 : 90', '초록색 : 0', '파란색 : 60'으로 조정합니다. 속성에서 그림자를 적용시켜줍니다.

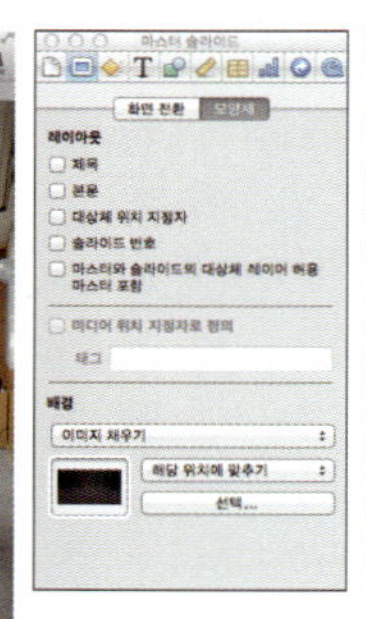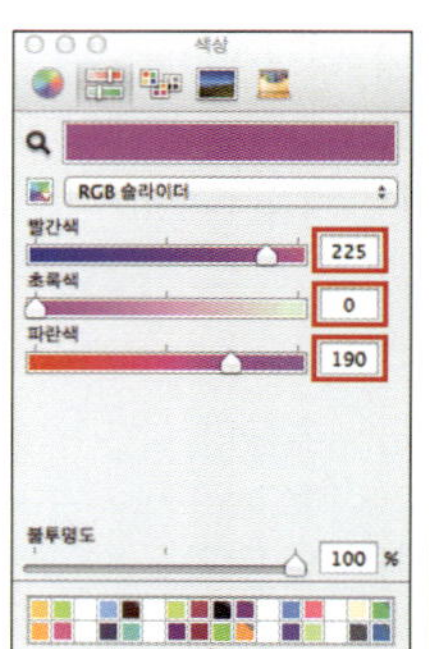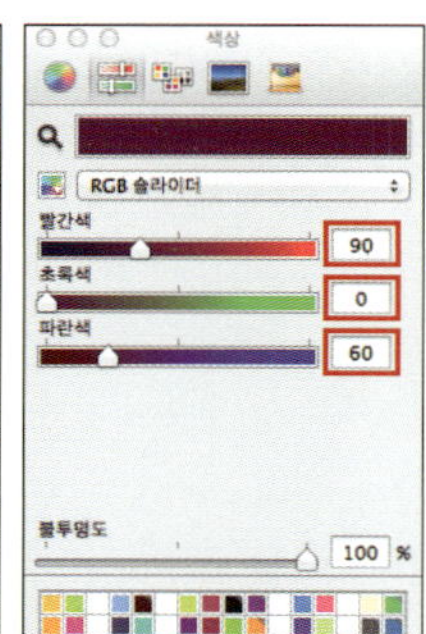

31 도구막대에서 새로운 도형을 생성하고, 화면의 하단에 위치하도록 크기를 조절합니다. 사진 위에 글자가 겹쳤을 때 가독성을 높이기 위해 만든 도형입니다.

32 속성에서 [그라디언트 채우기]를 하고, 두 가지 색상을 전부 검은색으로 맞춥니다. 그리고 [불투명도]를 첫 번째 색상은 '0%'로 맞추고, 두 번째 [색상]은 '70%'로 낮춥니다. [뒤로 보내기]를 해줍니다.

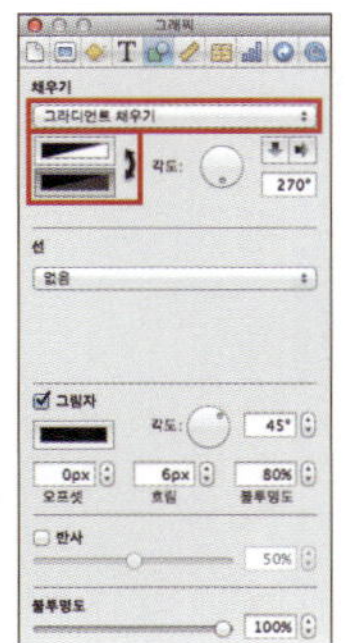
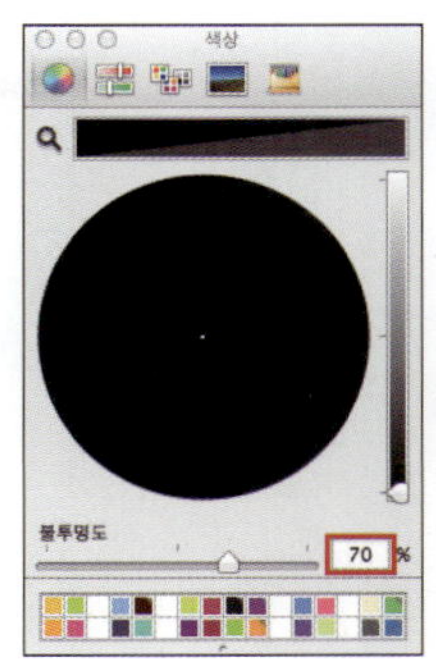
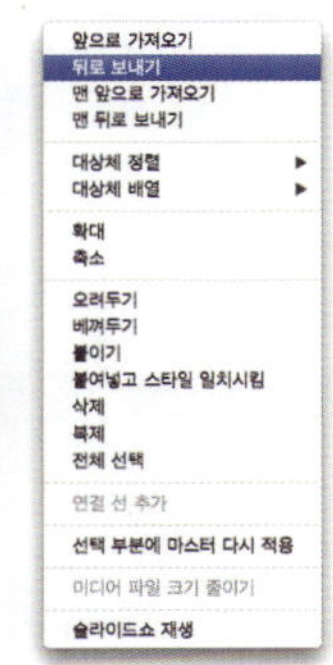

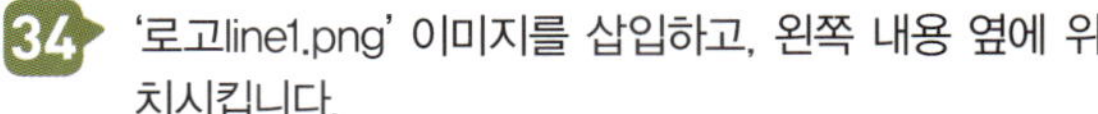

33 [텍스트 상자]를 생성하여 내용을 입력합니다. '스마트폰 영화촬영'이라는 제목은 '117pt'로 크기를 키우고, 두꺼운 글자체를 선택합니다. 추가로 글자에 그림자를 적용시킵니다. 왼쪽의 설명내용은 '15pt'로 크기를 맞춥니다.

34 '로고line1.png' 이미지를 삽입하고, 왼쪽 내용 옆에 위치시킵니다.

35 왼쪽 글자의 색상을 로고 이미지와 비슷하게 맞춥니다. 필자는 '빨간색 : 255', '초록색 : 140', '파란색 : 0'으로 설정하였습니다.

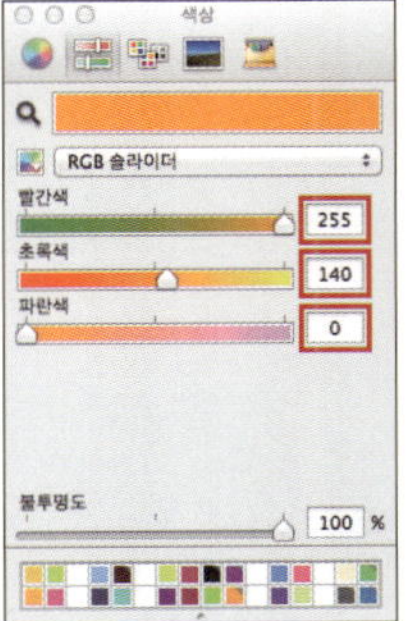

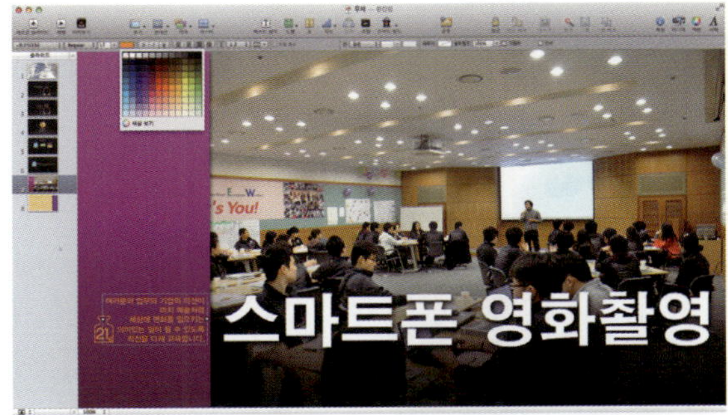

36 다음 슬라이드의 도형을 [그라디언트 채우기]로 바꾸고 첫 번째 색상을 '빨간색 : 0', '초록색 : 230', '파란색 : 210', 두 번째 색상을 '빨간색 : 0', '초록색 : 130', '파란색 : 150'으로 맞춥니다. 속성에서 그림자를 적용시킵니다.

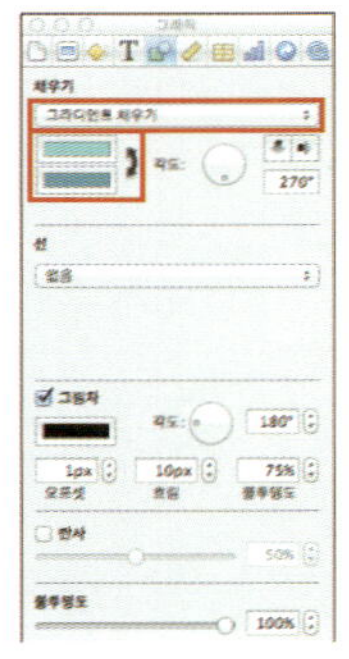
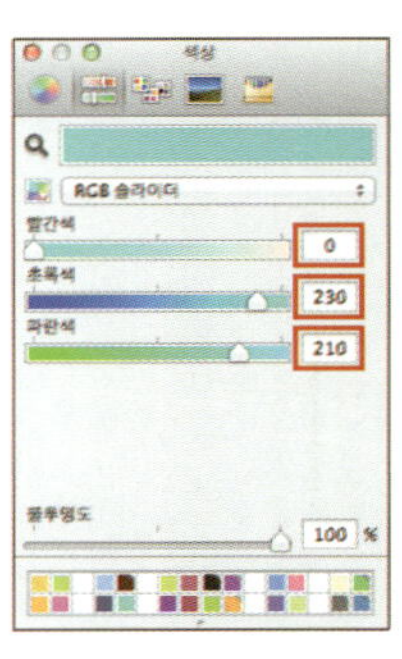
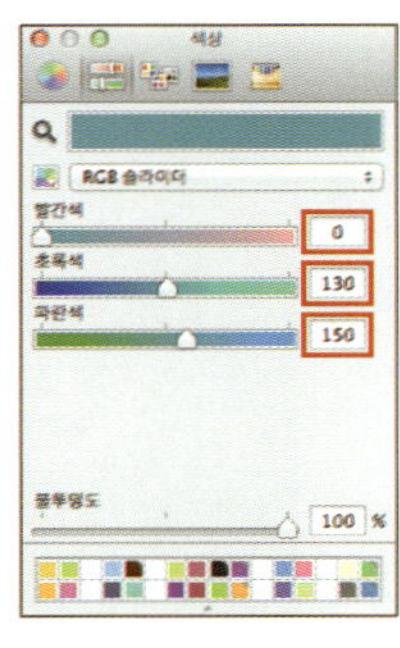

37 검은색 반투명 도형을 이전 슬라이드에서 복사해서 추가합니다. 이미지 '로고line2.png'를 화면의 오른쪽에 삽입합니다. [텍스트 상자]를 2개 생성하여 각 내용을 입력하고, 제목은 '110pt', 설명은 '15pt'로 크기를 맞춥니다.

38 네비게이터에서 6번 슬라이드를 복사하여 8번 슬라이드 뒤에 붙여넣기 합니다. 그리고 글자 내용을 그림과 같이 수정합니다.

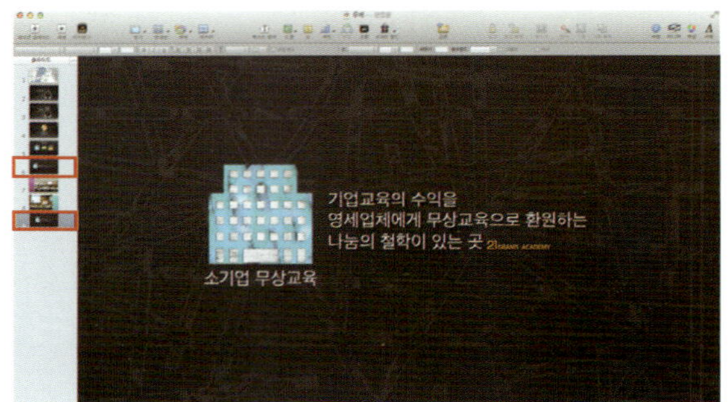

39 새로운 슬라이드를 생성하고, 5번 슬라이드에서 책 이미지와 '스마트 아카데미' 글자를 복사해옵니다. 위치를 위쪽으로 조금 움직여 줍니다.

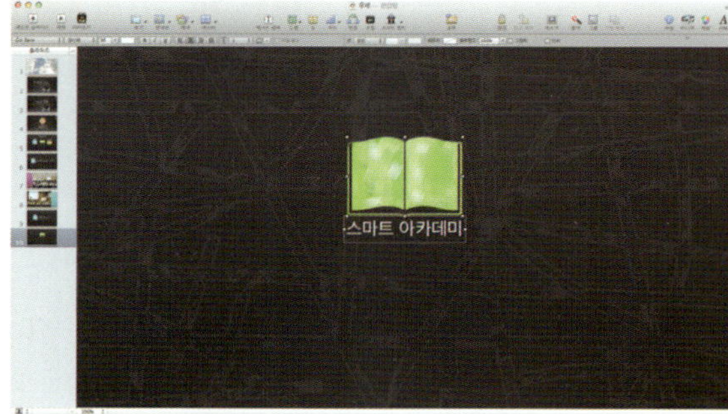

40 작업을 위해 임시로 새로운 슬라이드를 생성하고, 이미지 'Aperture.png', 'Final-cut-pro-x.png', 'iBooks_Author.png', 'iPad.png', 'iWork_Keynote.png', 'Mountain_lion.png'를 삽입합니다.

41 모든 이미지의 크기를 줄이고, [텍스트 상자]를 생성하여 각 이미지의 내용을 입력합니다.

42 10번 슬라이드에 [턴테이블] 스마트빌드를 생성합니다.

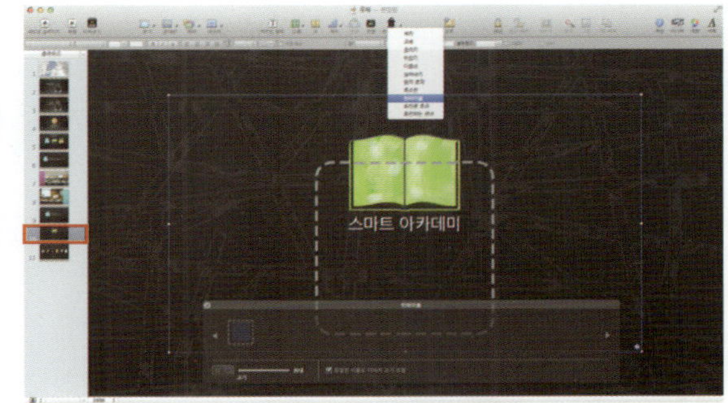

43 11번 슬라이드에서 Final Cut Pro X 아이콘과 글자를 함께 선택하고, Command+C 키를 눌러 복사합니다.

44 10번 슬라이드의 스마트빌드 편집기에 Command+V 키를 눌러 붙여넣기 합니다. 나머지 아이콘과 글자를 하나씩 복사하여 스마트빌드에 붙여넣기 합니다.

45 스마트빌드의 전체 크기와 위치를 조절합니다. 그리고 스마트빌드 편집기의 [크기 조절] 버튼과 [슬라이더]를 조절하여 앞 이미지와 뒤 이미지의 크기를 비슷하게 맞춥니다. (※ p.183 참조)

46 작업을 위해 만들었던 11번 슬라이드는 마우스 오른쪽 버튼을 누른 후, [슬라이드 건너뛰기]를 해서 감춥니다.

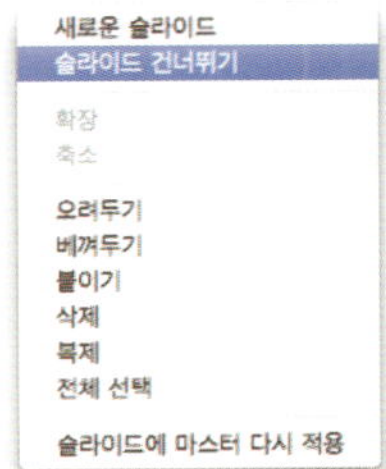

47 새로운 슬라이드를 3개 만들고, '강의실로비.png', '강의실2.png', '강의실3.png' 사진 3장을 각 슬라이드에 삽입합니다.

48 11번 슬라이드의 사진을 선택하고, [이동] 동작을 적용합니다. 왼쪽으로 살짝 움직이게 해줍니다. 그리고 [동작 추가] 버튼을 눌러 [불투명도]가 '0%'로 변하는 동작을 적용시킵니다.

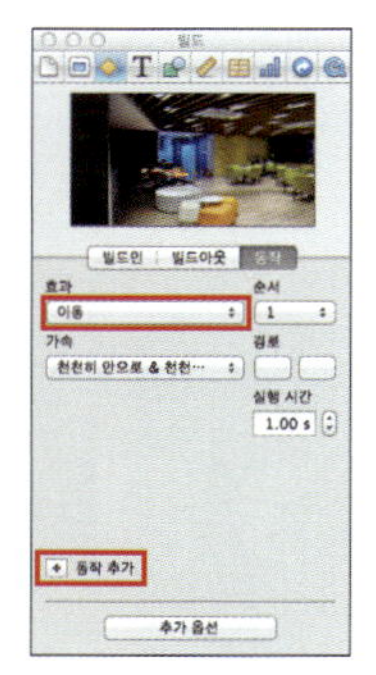
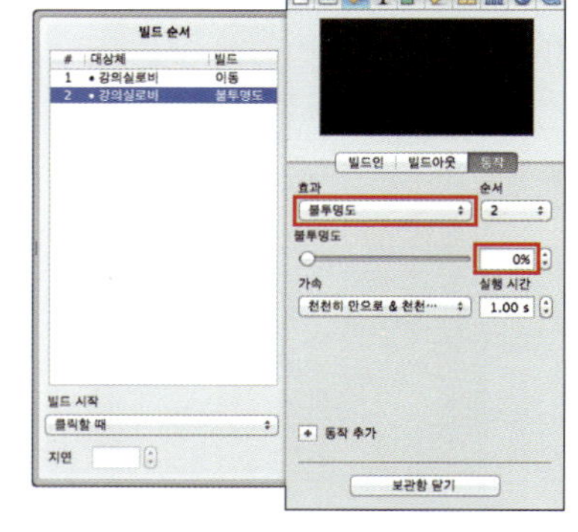

49 12번 슬라이드의 사진을 선택하고, [크기 조절] 동작을 적용합니다. [크기 조절] 값을 '105%'로 맞춥니다. 그리고 [동작 추가] 버튼을 눌러 [불투명도]가 '0%'로 변하는 동작을 적용시킵니다.

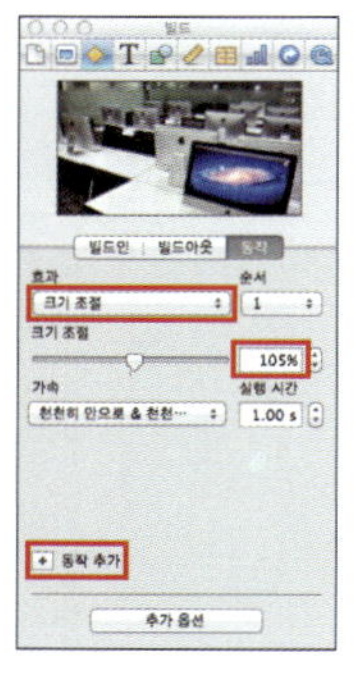
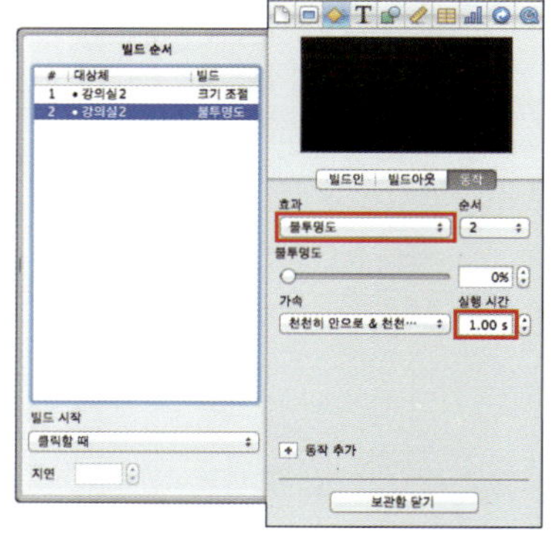

50 13번 슬라이드의 사진을 선택하고, [이동] 동작을 적용합니다. 대각선으로 살짝 움직이게 해줍니다. 그리고 [동작 추가] 버튼을 눌러 [크기 조절]을 적용하고, [크기 조절] 값을 '105%'로 맞춥니다.

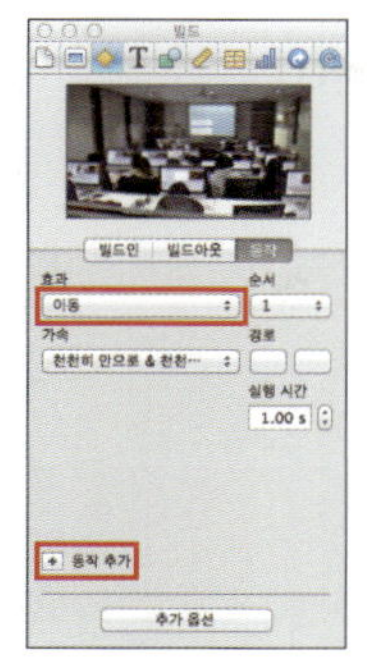
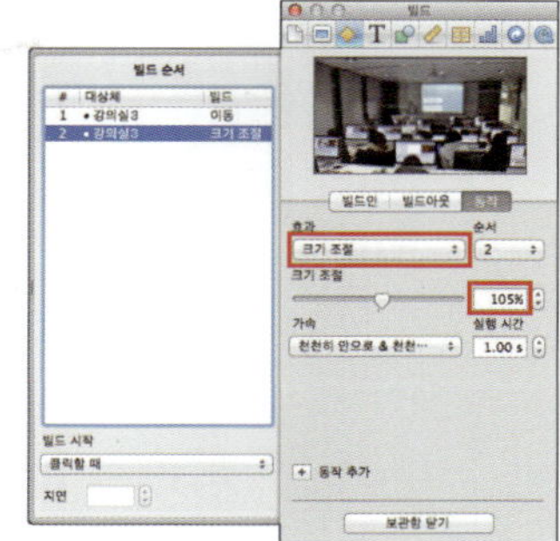

51 12번 슬라이드의 사진을 복사하여 13번 슬라이드에 붙여 넣습니다. 속성을 보면 사진의 [동작] 빌드가 함께 복사된 것을 알 수 있습니다.

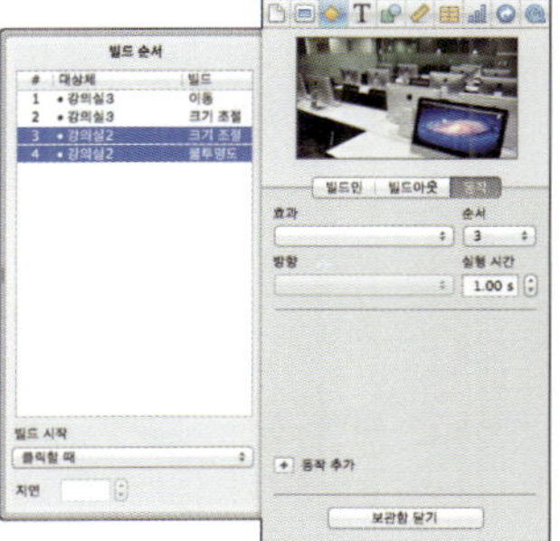

52 11번 슬라이드의 사진을 복사하여 13번 슬라이드에 붙여 넣습니다. 속성을 보면 사진의 [동작] 빌드가 함께 복사된 것을 알 수 있습니다.

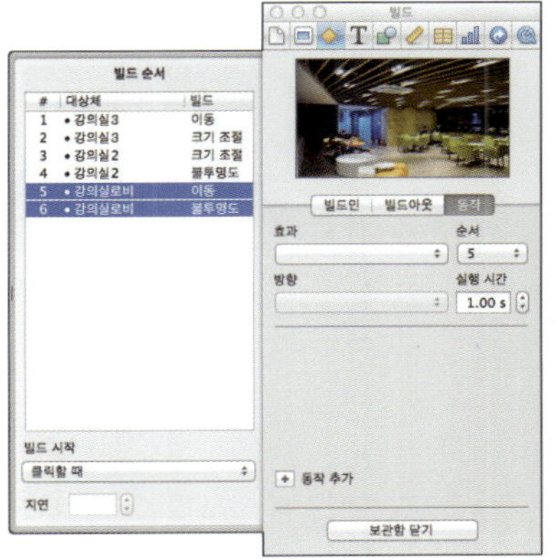

53 속성에서 빌드 순서를 강의실로비, 강의실2, 강의실3으로 바꿉니다.

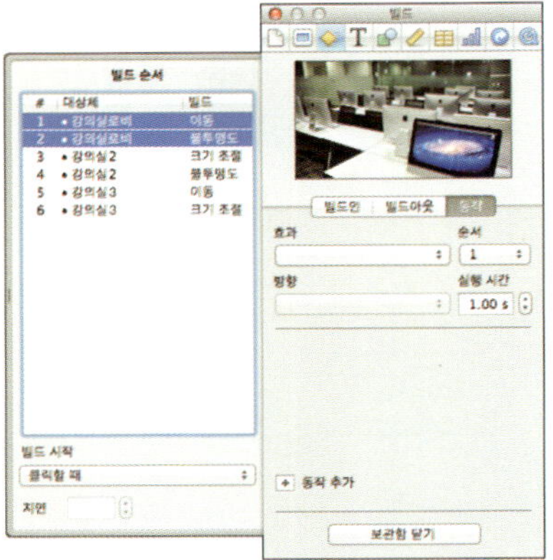

53-1 강의실로비 [이동] 빌드의 시작을 [화면 전환 후에 자동으로]로 맞추고, [실행 시간]을 '4초'로 늘립니다.

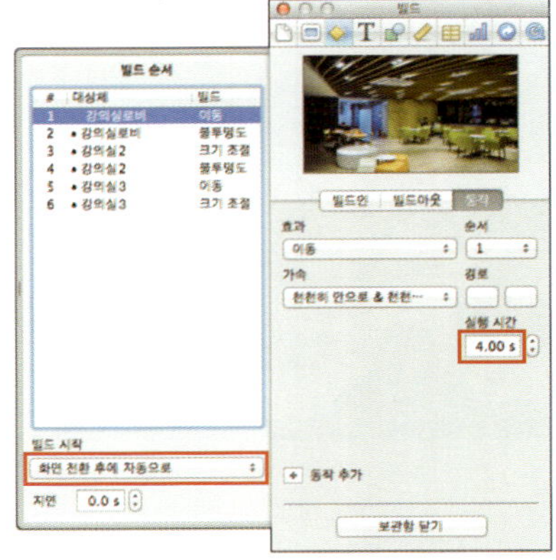

53-2 강의실로비 [불투명도] 빌드의 시작을 [이전 빌드와 함께 자동으로]로 맞추고, 지연시간을 '3초'로 맞춥니다.

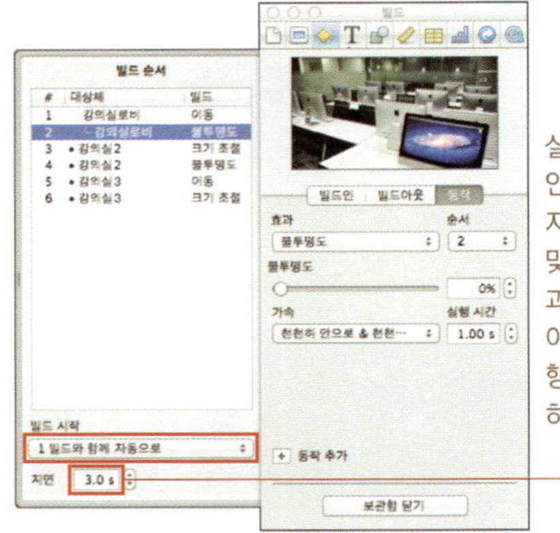

실행 시간이 기본값인 1초이기 때문에 지연시간을 3초로 맞추어야 지연시간과 실행 시간의 합이 이전 빌드의 실행 시간(4초)과 일치하게 됩니다.

53-3 강의실2 [크기 조절] 빌드의 시작을 [이전 빌드와 함께 자동으로]로 맞추고, [실행 시간]을 '4초'로 늘립니다.

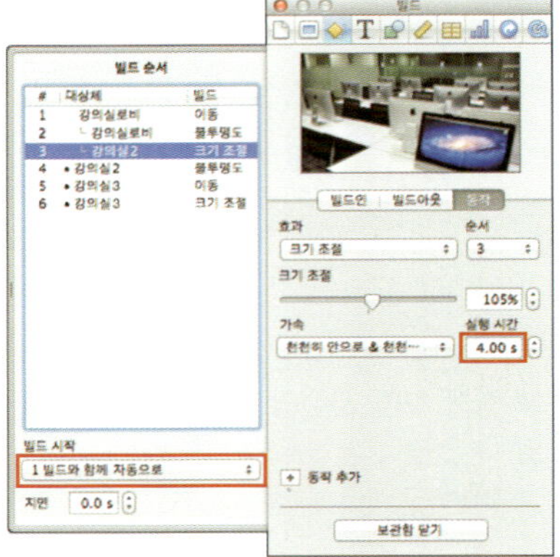

53-4 강의실2 [불투명도] 빌드의 시작을 [이전 빌드와 함께 자동으로]로 맞추고, 지연시간을 '3초'로 맞춥니다.

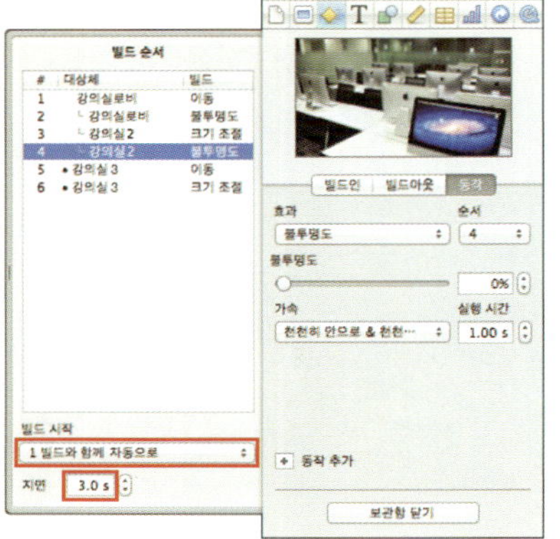

53-5 강의실3 [이동] 빌드의 시작을 [이전 빌드와 함께 자동으로]로 맞추고, [실행 시간]을 '4초'로 늘립니다.

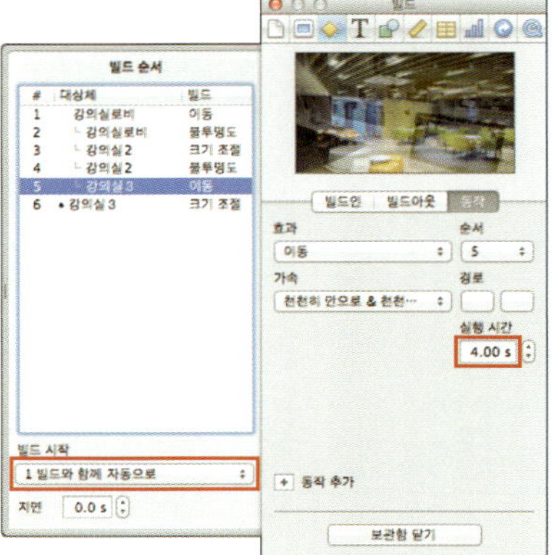

53 **6** 강의실3 [크기 조절] 빌드의 시작을 [이전 빌드와 함께 자동으로]로 맞추고, [실행 시간]을 '4초'로 늘립니다.

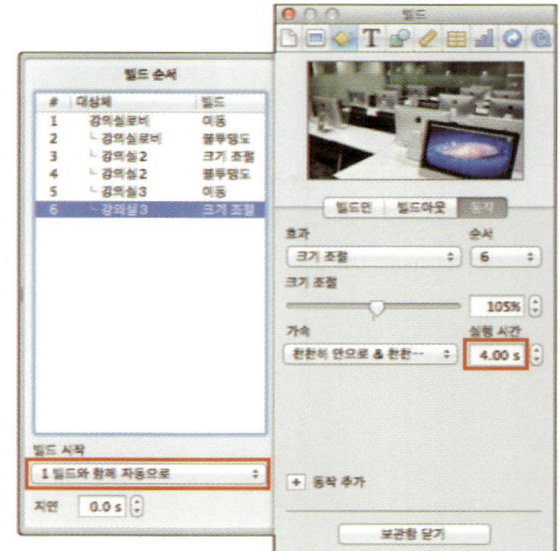

54 편리한 작업을 위해 만들었던 11, 12번 슬라이드는 마우스 오른쪽 버튼을 누른 후, [슬라이드 건너뛰기]로 감춥니다.

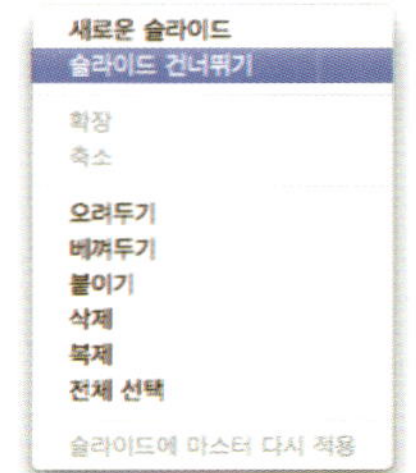

55 새로운 슬라이드를 만들고, 5번 슬라이드에서 책 이미지와 '스마트 아카데미' 글자를 복사해옵니다. '21그램데이.png' 이미지를 삽입하고, [텍스트 상자]를 생성하여 내용을 입력합니다.

56 새로운 슬라이드를 만들고, 5번 슬라이드에서 슬레이트 이미지와 '문화공연기획' 글자를 복사해옵니다. [텍스트 상자]를 생성하여 내용을 입력하고, 이미지 '로고1.png'를 삽입하여 크기를 줄여줍니다.

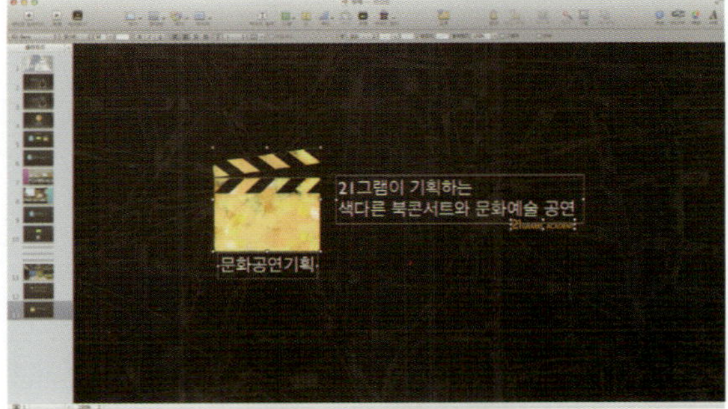

57 새로운 슬라이드를 만들고, 사진 '공연1.jpg', '공연2.jpg'를 삽입합니다. 공연1 사진을 선택하고, [크기 조절] 동작 빌드를 적용하고, [크기 조절] 값은 '105%', [실행 시간]은 '4초'로 맞춥니다.

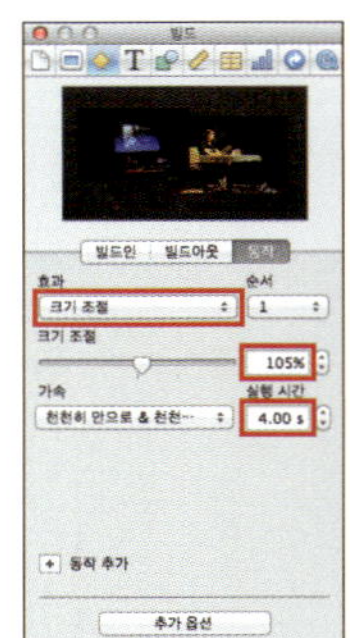

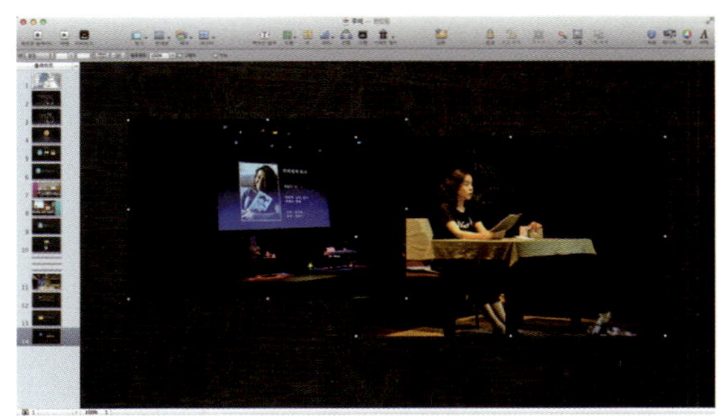

---

57 ▶ 1 [동작 추가]를 하여 [불투명도] 효과를 적용하고, 불투명도 값을 '0%'로 낮춥니다. [실행 시간]은 '1.5초'로 늘려줍니다.

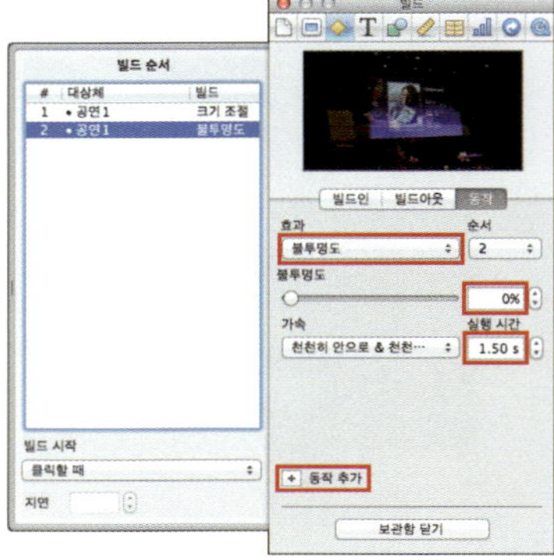

57 ▶ 2 빌드 순서에서 첫 번째 [크기 조절] 빌드의 빌드 시작은 [화면 전환 후에 자동으로] 시작하게 합니다.

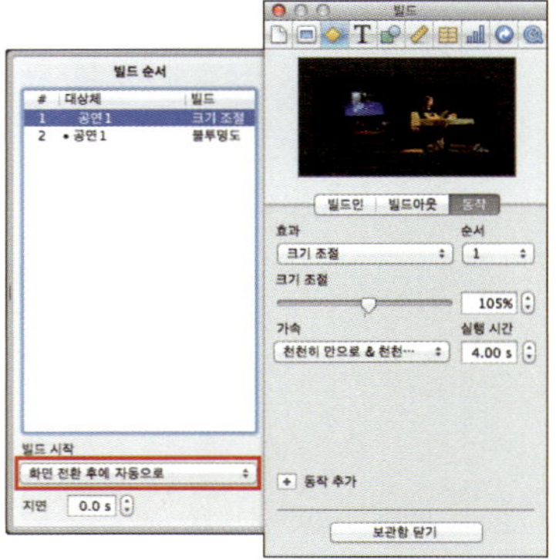

---

57 ▶ 3 [불투명도]는 [1 빌드와 함께 자동으로]를 선택하고, 지연시간을 '2.5초'로 맞춥니다.

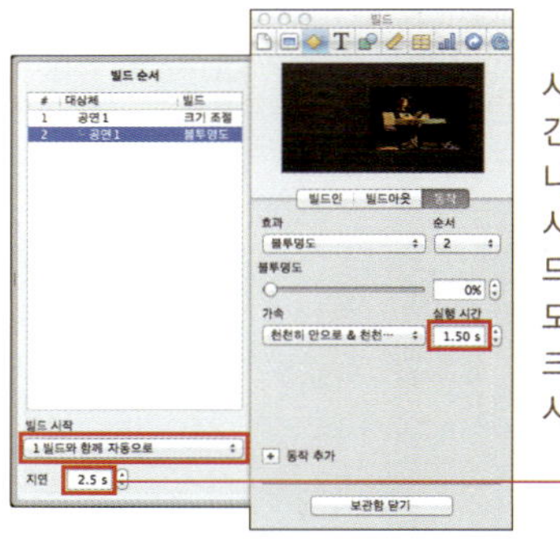

사진의 크기가 확대되는 시간은 총 4초로 설정하였습니다. 불투명도가 진행되는 시간은 1.5초로 설정하였으므로 2.5초 이후에 불투명도 효과가 시작되어야 사진 크기가 변하는 시간과 총 시간이 일치하게 됩니다.

---

58 공연2 사진을 선택하고, [크기 조절] 효과를 적용하고, [크기 조절] 값을 '105%'로 맞춥니다. [실행 시간]을 '4초'로 맞추고, [1빌드와 함께 자동으로] 시작되도록 합니다.

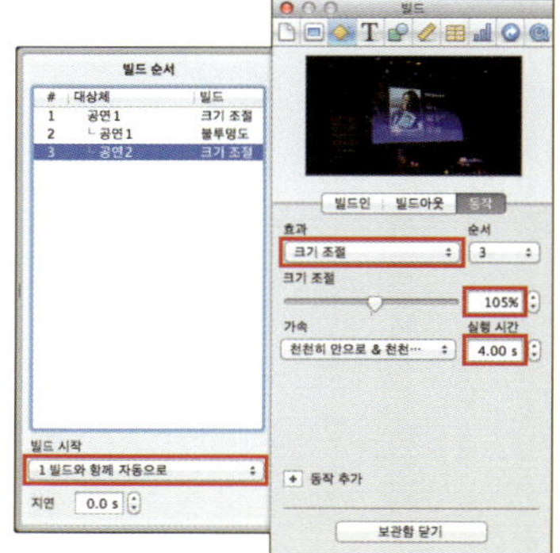

59 두 개의 사진을 화면에 가득 차도록 크기를 조절합니다.

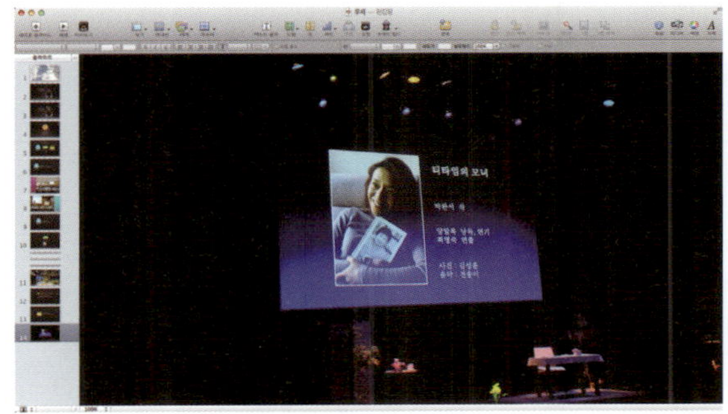

60 네비게이터에서 5번 슬라이드를 복사하여 다음 장에 붙여넣기 합니다.

61 새로운 슬라이드를 만들고, '런던 지하도.jpg', '로고2.png', '21g.png' 이미지를 삽입합니다.
[텍스트 상자]를 만들고, 내용을 입력한 후, 포맷막대에서 검은색 [채우기]를 적용합니다.

62 새로운 슬라이드에 '작가이예림.jpg' 이미지를 화면에 가득 차게 삽입합니다. 그리고 도구막대에서 도형을 생성하고, 검은색으로 바꿉니다.
(자료 제공 : 이예림 작가)

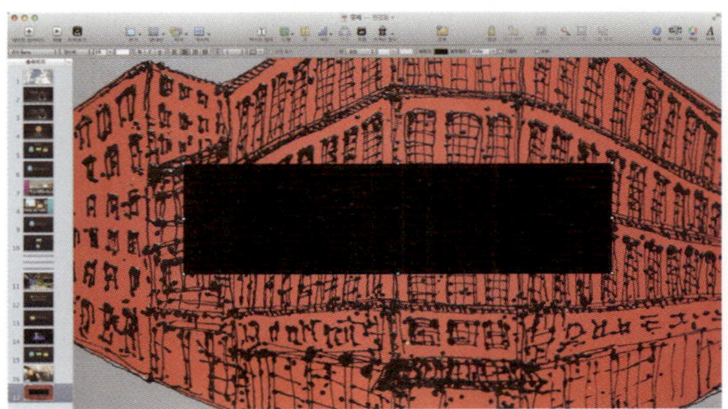

63 속성에서 [그림 프레임] 중 주변이 흐리게 되는 효과를 '80%'로 적용합니다.

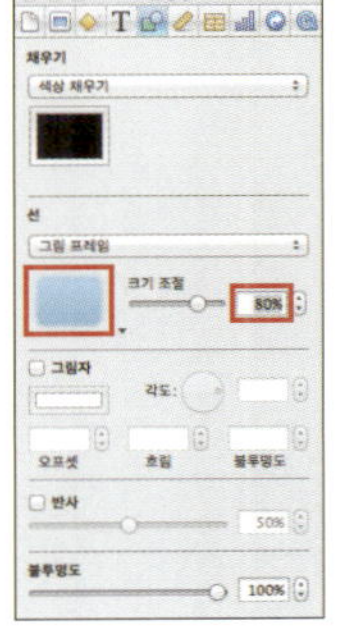

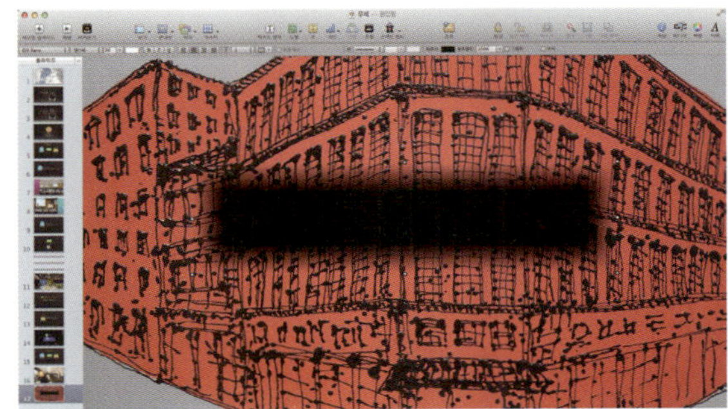

64 도구막대를 통해 [텍스트 상자]를 만들고 내용을 입력합니다.

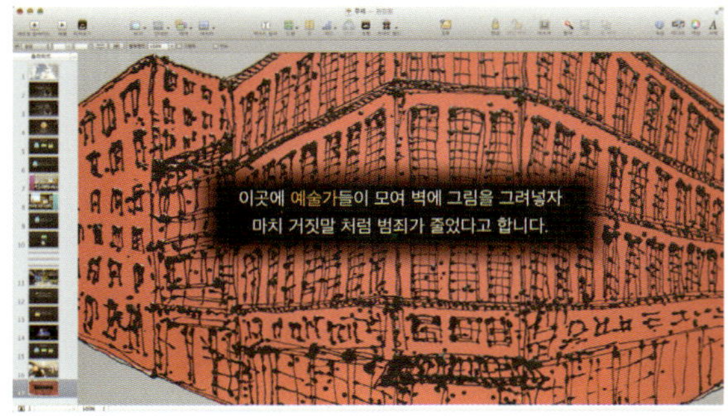

65 새로운 슬라이드를 만들고, 이미지 '꽃아크릴.jpg'를 삽입합니다. 그리고 이전 슬라이드와 동일하게 도형과 [텍스트 상자]를 만들고, 내용을 입력합니다.

66 새로운 슬라이드를 만들고, 도구막대에서 마스터를 [배경2]로 교체합니다.

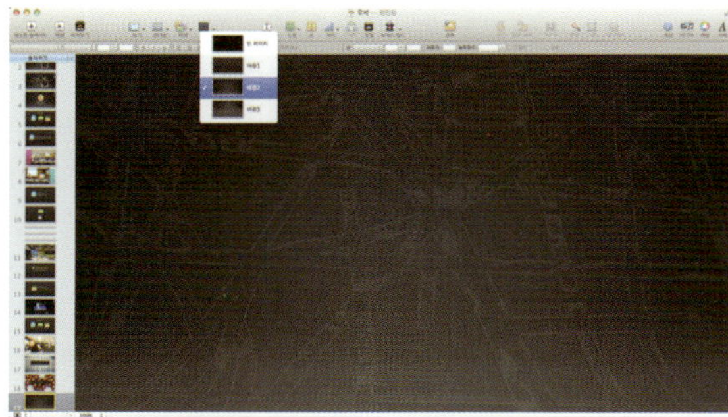

67 이미지 '작가김태진.jpg', '액자.png', '그림자1.png' 이미지를 삽입합니다. (자료 제공 : 김태진 작가)

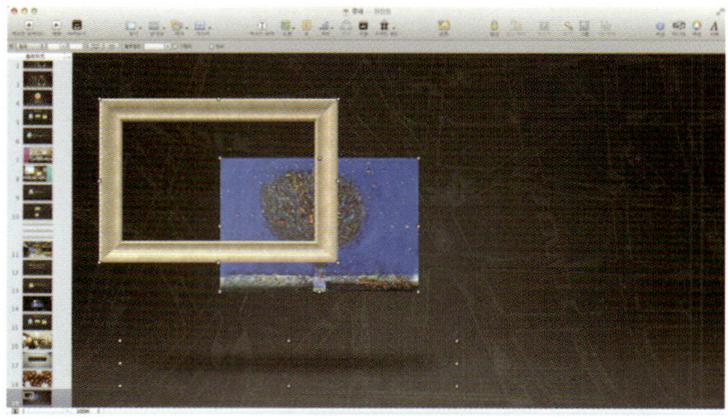

68 새로운 슬라이드를 만들고, 10번 슬라이드에 넣었던 아이콘 이미지 6개를 복사해옵니다.

69 새로운 슬라이드를 만들고, '손도장1~12.png', 'S,M,H,E,A,R,T.png' 이미지를 삽입합니다.

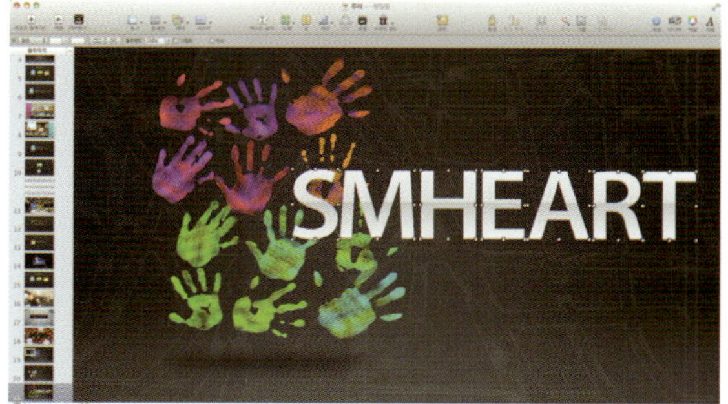

70 A,R,T 이미지를 선택하고, 속성에서 노란색 그림자를 적용해줍니다. [오프셋]은 '0 px', [흐림]은 '15px', [불투명도]는 '100%'를 적용해줍니다.

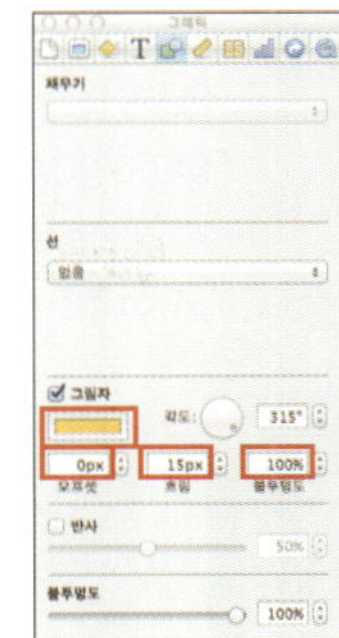

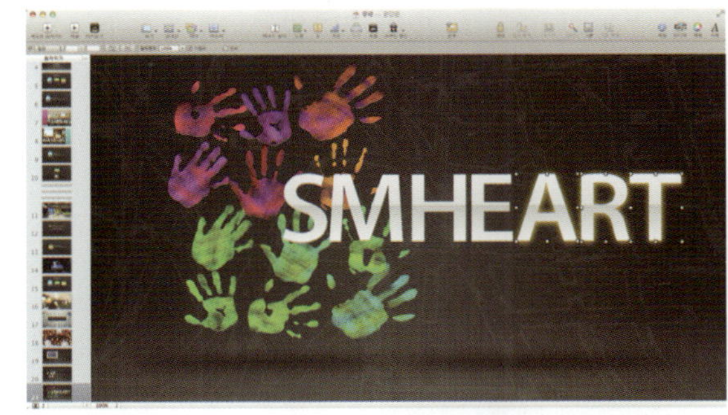

71 19번 슬라이드에 A,R,T 이미지를 붙여넣기 하고, [텍스트 상자]를 만들어 내용을 입력합니다.

72 20번 슬라이드에 S,M,A,R,T 이미지를 붙여넣기 하고, [텍스트 상자]를 만들어 내용을 입력합니다.

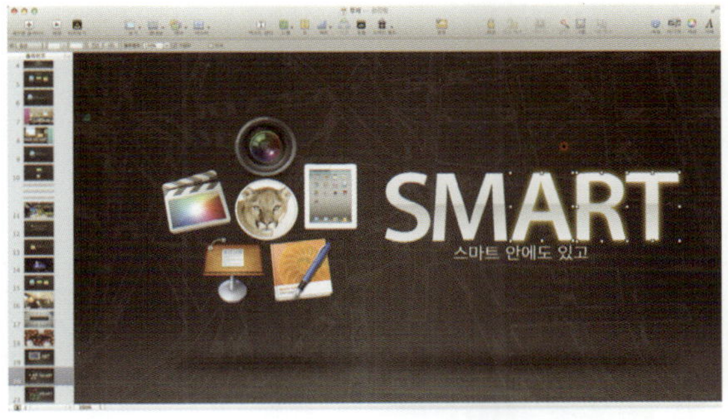

73 21번 슬라이드에서 S,M 이미지를 삭제하고, [텍스트 상자]를 만들어 내용을 입력합니다.
손도장 이미지를 Option 키를 누른 상태에서 움직이며 복사하여 하트 모양을 만듭니다.

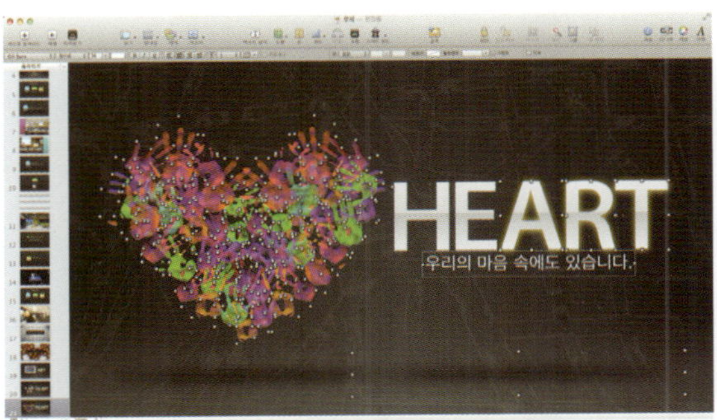

74 새로운 슬라이드를 만들고, 이전 슬라이드에서 손도장 이미지 중 하나를 복사해서 붙여넣기합니다. 그리고 [텍스트 상자]를 만들고, 내용을 입력합니다.

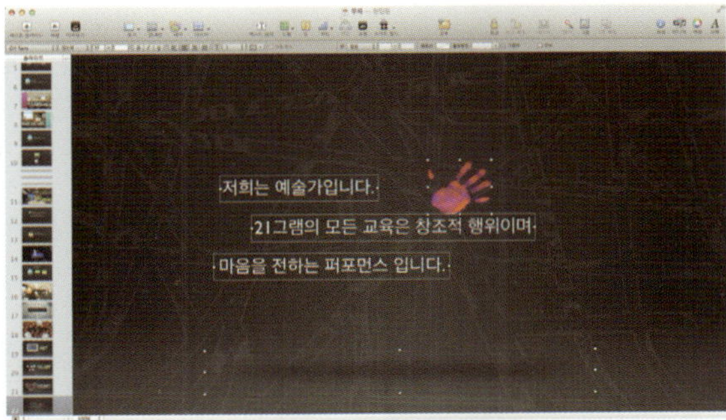

75 '예술가, 교육, 퍼포먼스' 글자의 크기를 '60pt'로 바꾸고, 두 번째 [텍스트 상자]의 글자색을 21그램 로고 색상과 동일한 노란색으로 바꿉니다.

76 새로운 슬라이드에 손도장 이미지를 붙여넣기 하고, [텍스트 상자]를 생성하여 내용을 입력합니다. [철자 바꾸기] 화면 전환 효과를 고려하여 '예술가, 교육' 글자의 크기를 '60pt'로 맞추고, '교육' 글자는 노란색으로 바꿉니다.

77 새로운 슬라이드를 만들고, [배경3] 마스터 슬라이드를 선택합니다.

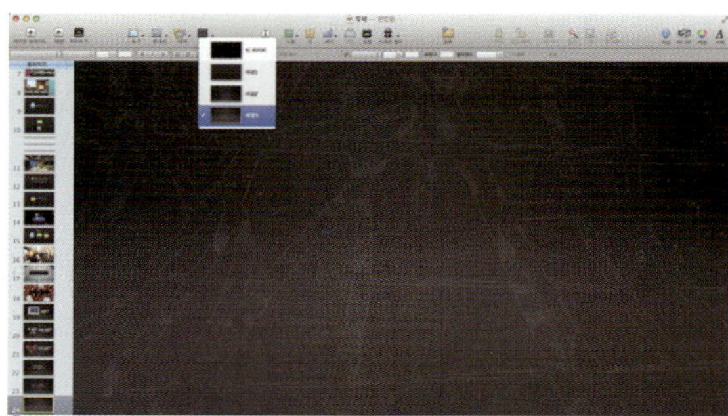

78 [텍스트 상자]를 만들고, 내용을 입력합니다. '일상이' 글자의 색상을 노란색으로 바꿉니다.

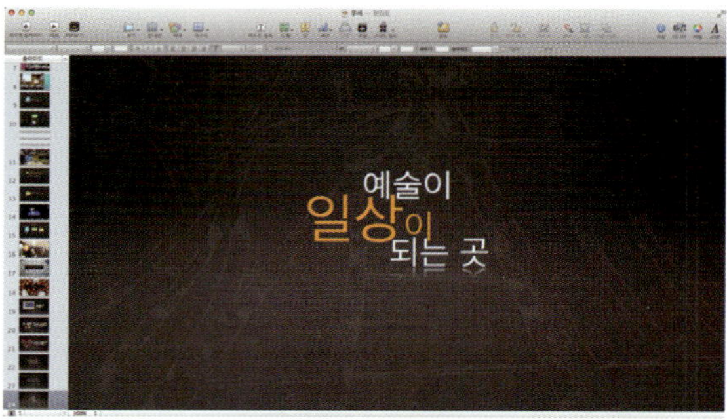

79 새로운 슬라이드에 '로고3.png'를 삽입하고, 포맷막대에서 [반사]를 적용시킵니다. [텍스트 상자]를 만들고, 화면 하단에 URL을 입력합니다.

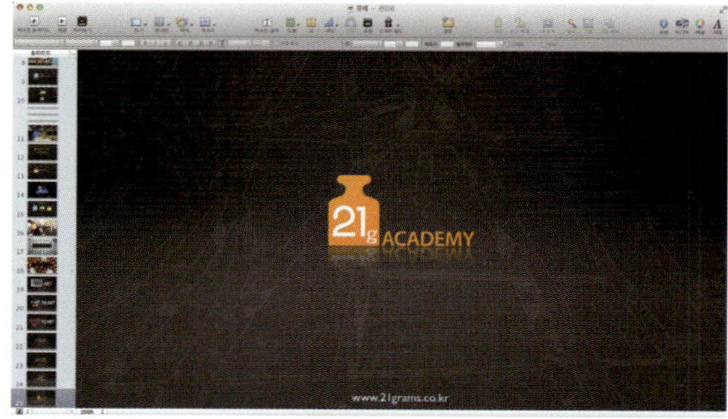

Lesson **02** 빌드 효과와 화면 전환 마무리 작업하기

01 1번 슬라이드를 선택하고, 속성에서 화면 전환 효과로 [모자이크]를 적용합니다. 방향을 [왼쪽에서 오른쪽으로]를 선택합니다.

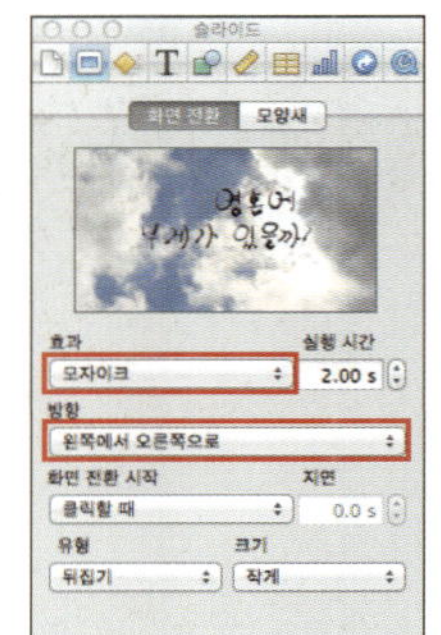

02 2번 슬라이드를 선택하고, 화면 전환으로 [이동 마법사]를 적용합니다.

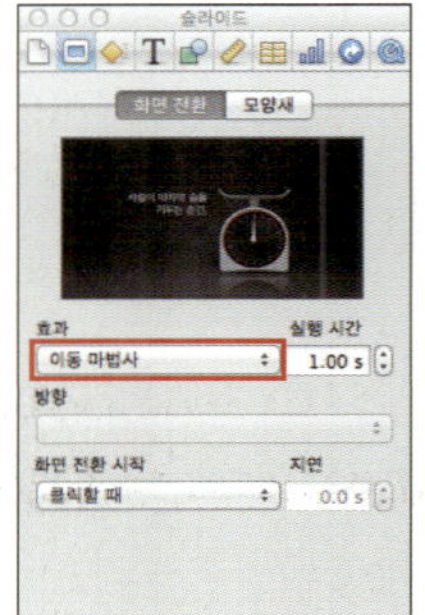

03 '줄어드는 몸무게' 글자와 21g 이미지를 선택하고, [디졸브] 빌드인을 적용합니다. 빌드 시작은 [이전 빌드 후에 자동으로]를 선택합니다. 화면 전환은 [이동 마법사]를 선택합니다.

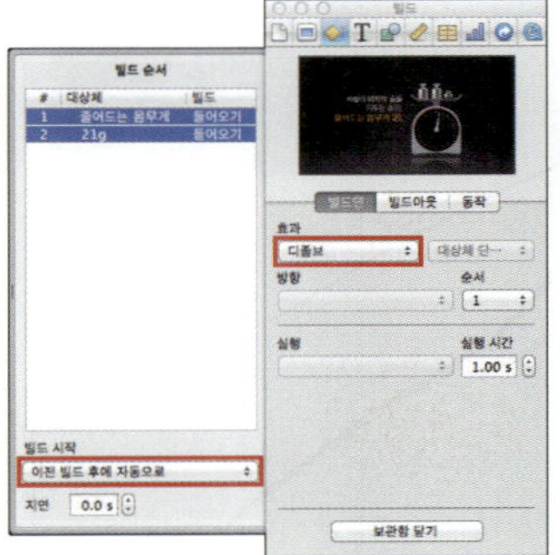

04 분동 이미지에 빌드아웃으로 [뒤집기]를 적용합니다. 로고 이미지에는 빌드인으로 [뒤집기]를 적용합니다. [이전 빌드와 함께 자동으로] 진행되게 하면 분동 이미지가 로고로 변하는 것과 같은 느낌을 얻을 수 있습니다.

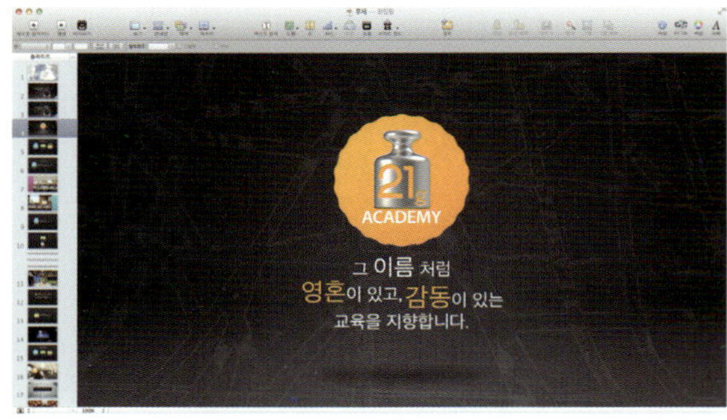  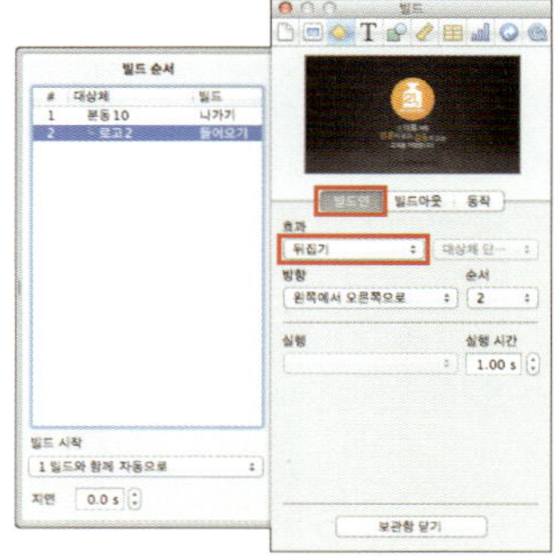

04 1 [텍스트 상자] 4개를 선택하고, 0.3초 시간차를 두고 자동으로 [디졸브] 되도록 합니다. 화면 전환은 [밀어내기]를 적용하고 방향을 [위에서 아래로]를 선택합니다. 다음 슬라이드의 배경이 연결된 그림이므로 화면이 이어진 느낌을 얻을 수 있습니다.

 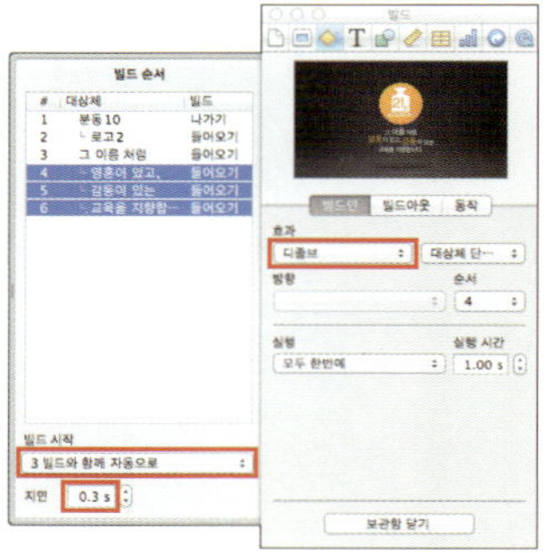 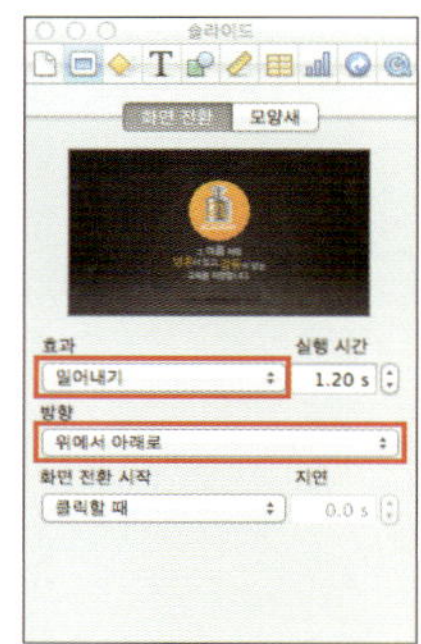

05 화면 전환으로 [이동마법사] 효과를 선택합니다.

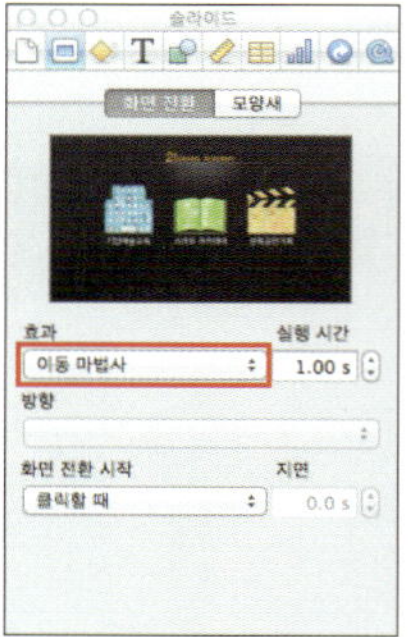 

06 화면 전환으로 [출입문] 효과를 선택합니다.

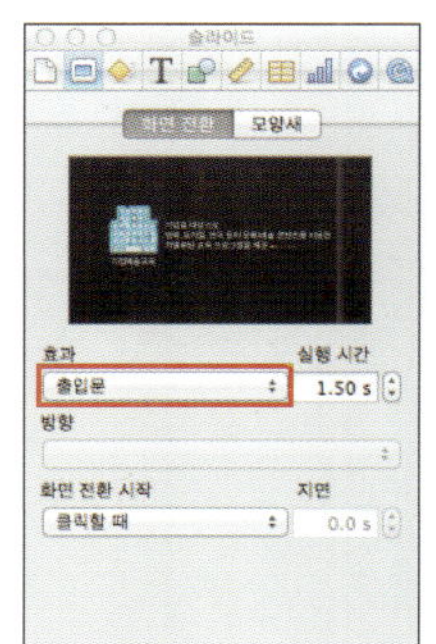
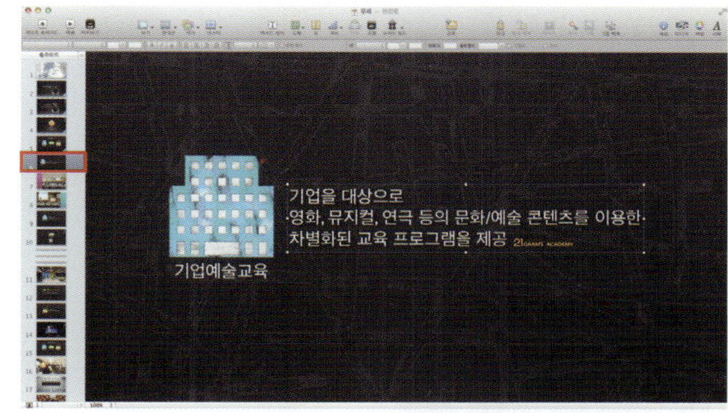

07 화면 전환으로 [이동 마법사]를 선택합니다. 왼쪽 도형이 오른쪽으로 이동하면서 사진이 바뀌는 효과를 얻을 수 있습니다.

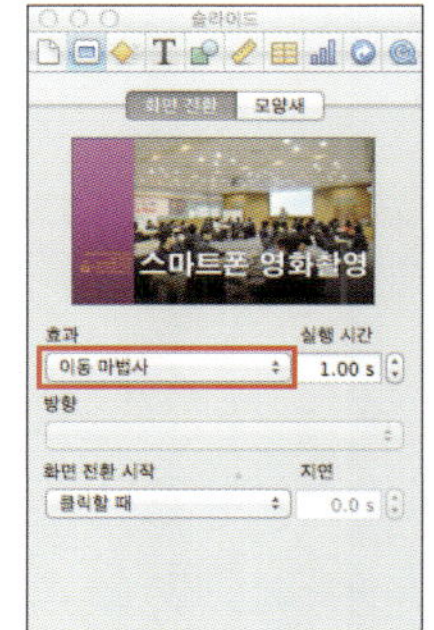

08 화면 전환으로 [교체]를 적용합니다.

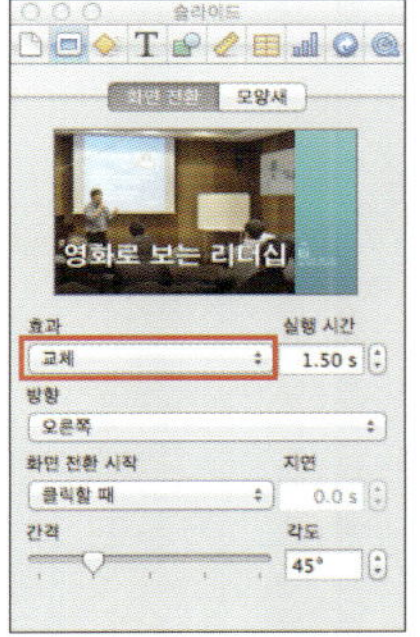

09 화면 전환으로 [대상체 밀어내기]를 적용하고, 방향을 [오른쪽에서 왼쪽으로]를 선택합니다. 세 가지 사업분야 중 두 번째로 넘어가는 느낌을 얻을 수 있습니다.

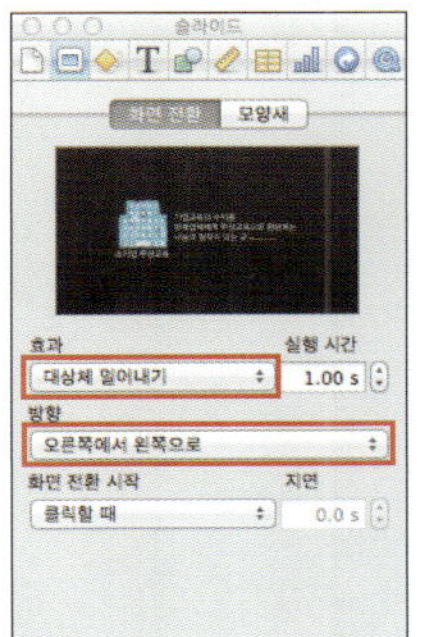
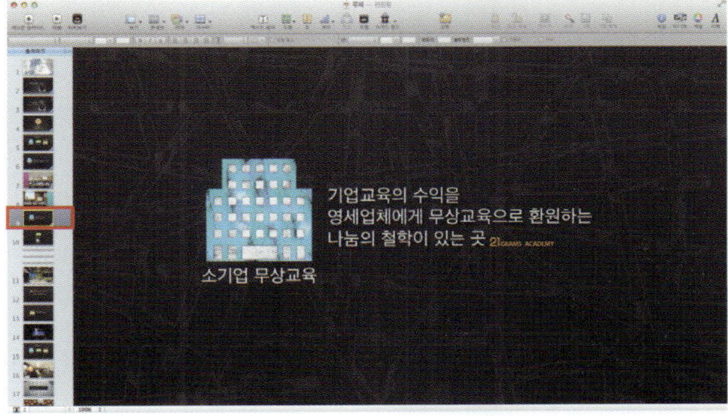

10 스마트빌드 대상체를 선택하고, 빌드인으로 [디졸브]를 적용합니다. [화면 전환 후에 자동으로] 시작되도록 합니다. 빌드인이므로 자동으로 스마트빌드 앞으로 빌드 순서가 정해집니다. 화면 전환으로 [출입문]을 적용합니다.

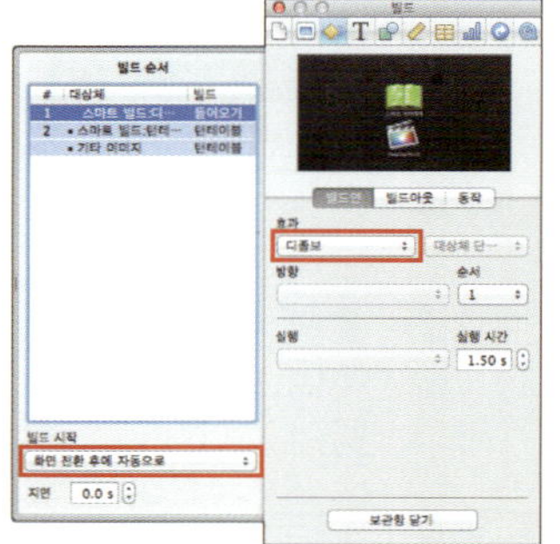

11 화면 전환으로 [교체]를 적용합니다.

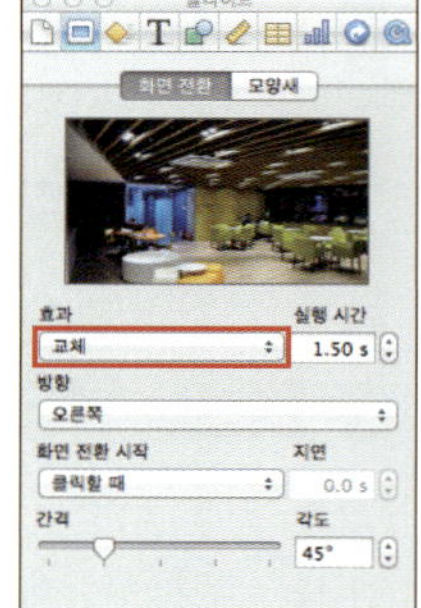

12 화면 전환으로 [대상체 밀어내기]를 적용하고, 방향을 [오른쪽에서 왼쪽으로]를 선택합니다.

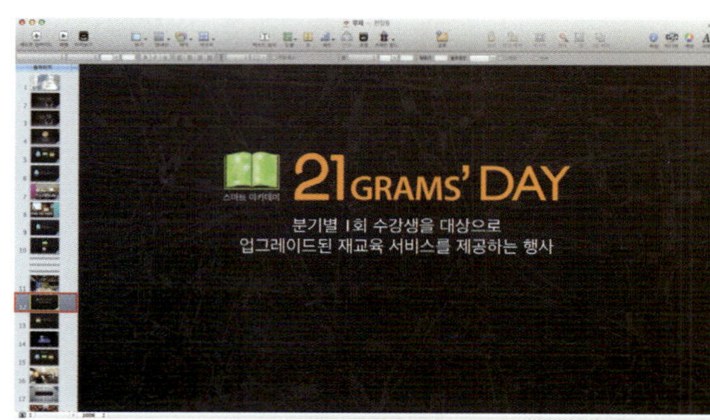

13 화면 전환으로 [모션 디졸브]를 적용합니다.

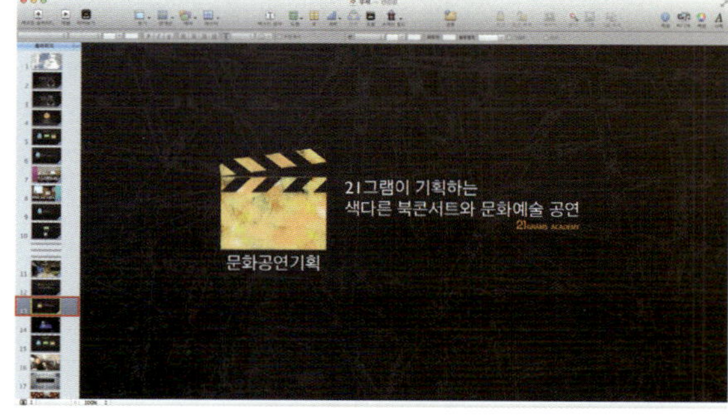

14 화면 전환으로 [반사]를 적용하고, 방향을 [오른쪽]으로 선택합니다.

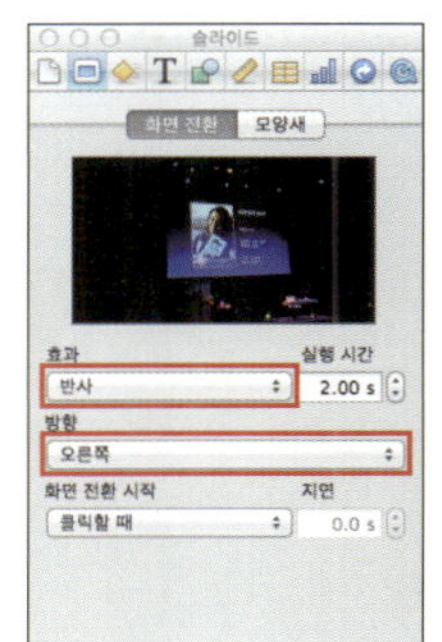

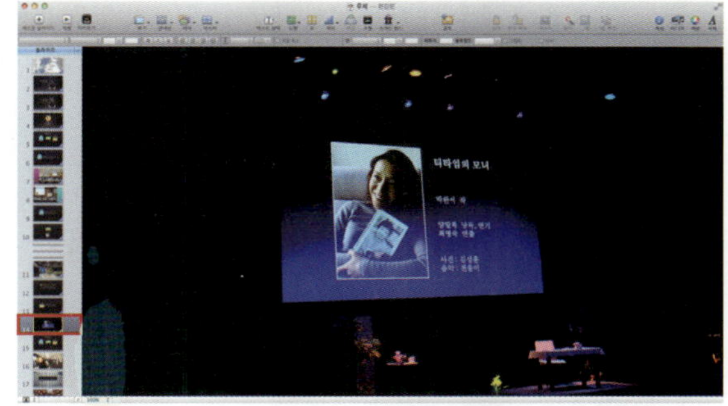

15 화면 전환으로 [회전문 효과]를 선택합니다.

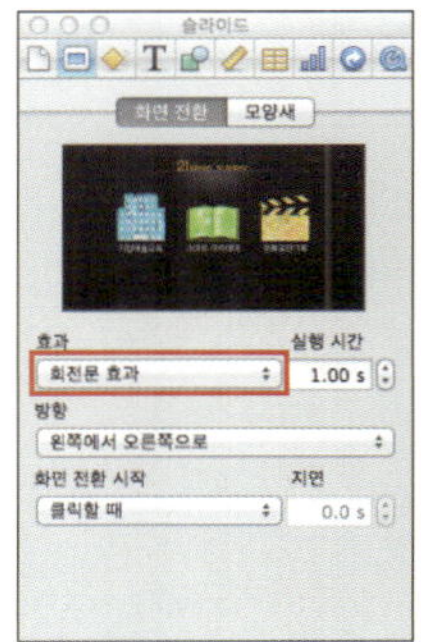

16 배경 사진을 선택하고, 빌드인으로 [디졸브]를 적용하고, [실행 시간]을 '3초'로 늘려줍니다. 빌드 시작은 [화면 전환 후에 자동으로]를 선택합니다. 화면 전환으로 [철자 바꾸기]를 적용합니다.

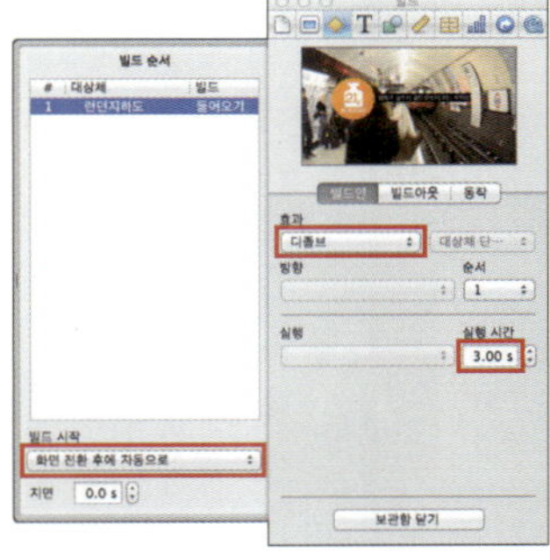

17 배경 사진을 선택하고, [크기 조절] 동작을 적용하고, 5초 동안 95%로 작아지게 합니다. 빌드 시작은 [화면 전환 후에 자동으로]를 선택합니다. [철자바꾸기] 화면 전환을 적용하고, [실행 시간]을 '1.2초'로 조절합니다.

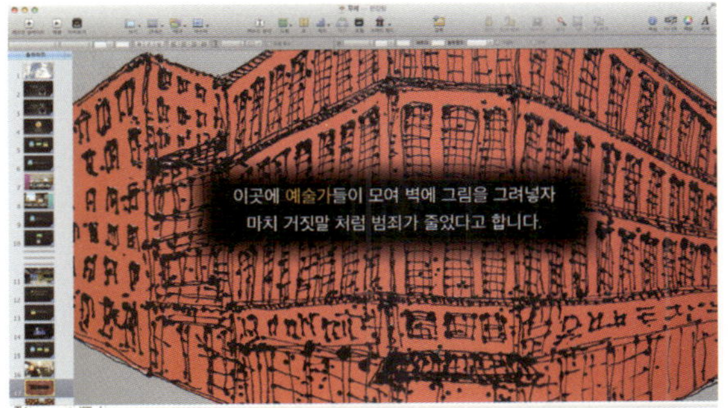

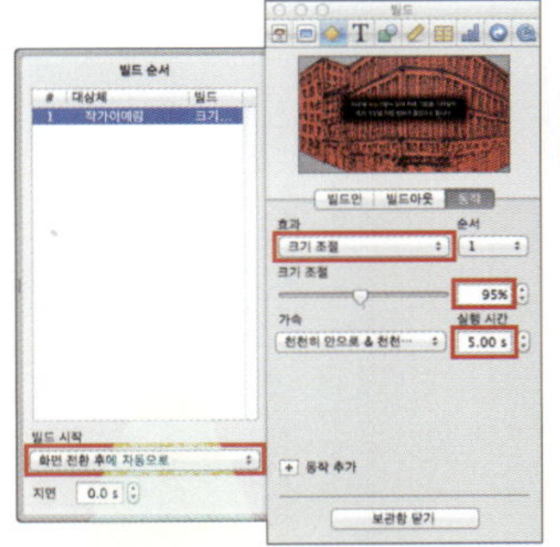

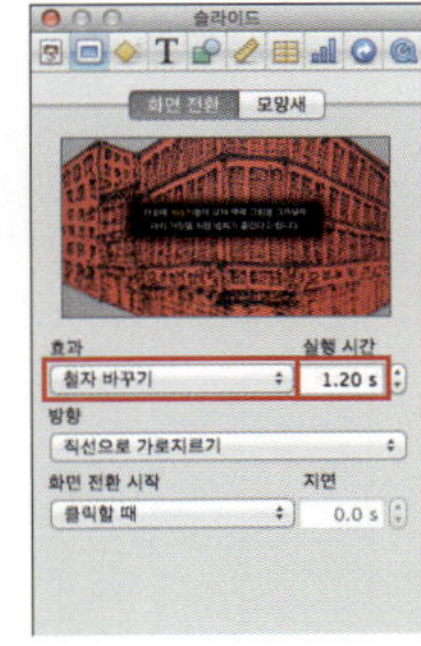

18 배경사진에 [닦아내기] 빌드인을 적용하고, 방향을 [상단 왼쪽에서]로 바꿉니다. 빌드아웃으로 [아지랑이 효과]를 적용합니다. 화면 전환으로 [밀어내기]를 적용하고, 방향을 [아래에서 위로]를 선택합니다.

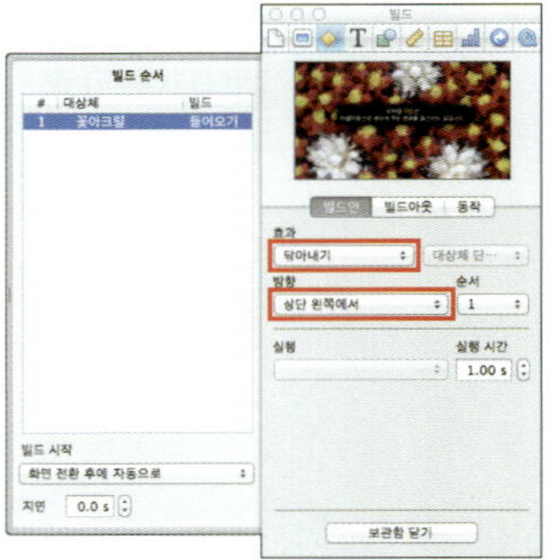

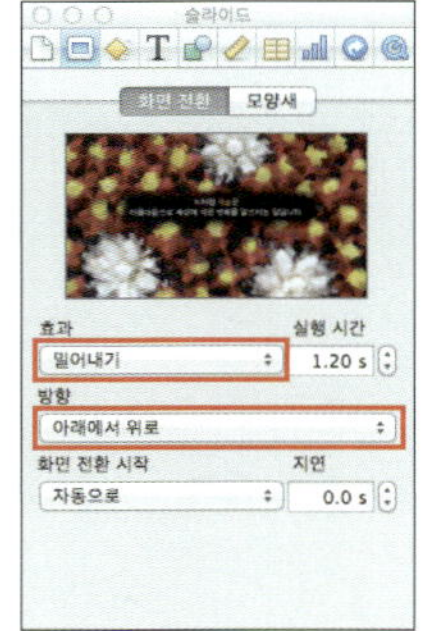

19 [텍스트 상자]를 선택하고, 빌드인으로 [디졸브]를 적용합니다. [글자단위로]를 선택하면 한 글자씩 [디졸브] 됩니다. [실행 시간]을 '2초'로 늘려줍니다. 화면 전환으로 [이동 마법사]를 적용합니다.

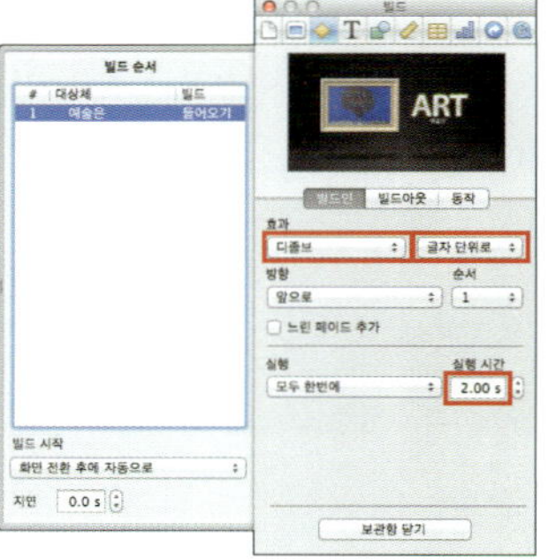
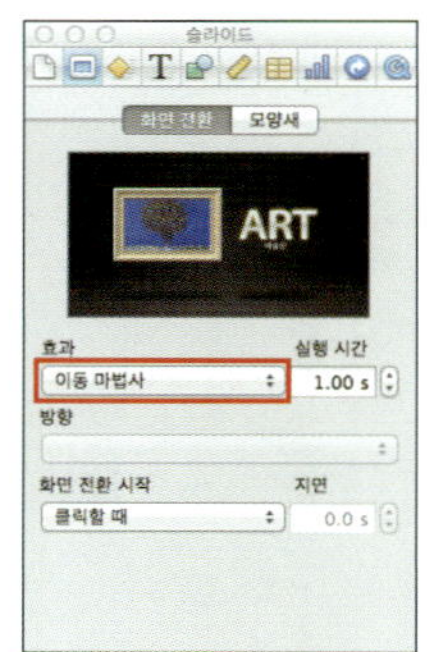

20 [디졸브] 효과를 고려하여 6개 아이콘 중 한 개와 그림자를 그룹으로 묶어줍니다. 아이콘과 [텍스트 상자]를 선택하여 [디졸브] 빌드인을 적용합니다. 빌드 순서에서 첫 번째 순서의 대상체는 [화면 전환 후에 자동으로]를 적용하고, 나머지 대상체는 빌드 시작을 [이전빌드와 함께 자동으로]를 선택하고 0.2초, 지연시간을 적용합니다.

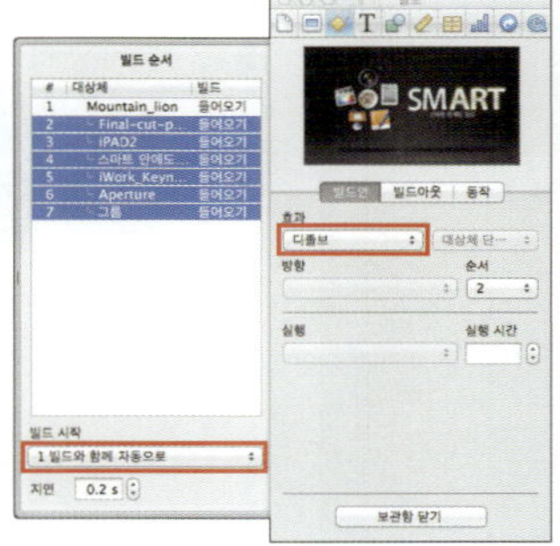

20-1 [디졸브]가 적용된 [텍스트 상자]를 선택하고, [글자 단위로]를 선택한 후, [실행 시간]을 '3초'로 늘려줍니다. 화면 전환으로 [이동 마법사]를 적용합니다.

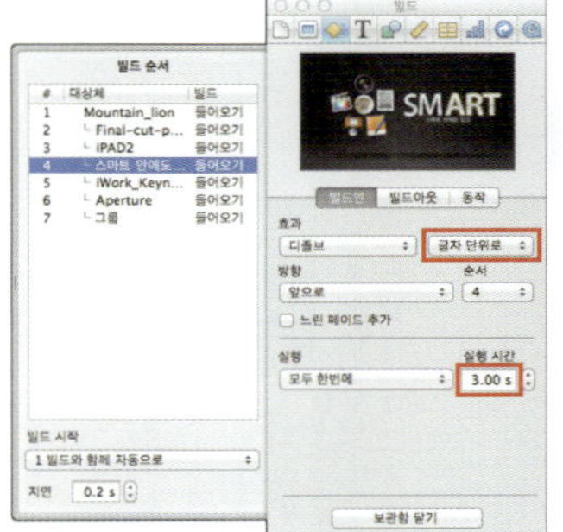

21 손도장 이미지를 전부 개별로 [디졸브]를 시킬 경우 필요 이상으로 실행 시간이 소요되므로 무작위로 선택하여 [그룹]을 합니다. 손도장 이미지 중 하나와 아래 그림자를 선택하여 그룹합니다. 손도장 대상체와 [텍스트 상자]를 선택하고, 빌드인으로 [디졸브]를 적용합니다. 빌드 순서에서 첫 번째 대상체는 [화면 전환 후에 자동으로]를 적용하고, 나머지 대상체는 전부 선택하여 [이전빌드와 함께 자동으로]를 적용하고, 지연시간을 0.1초로 맞춥니다.

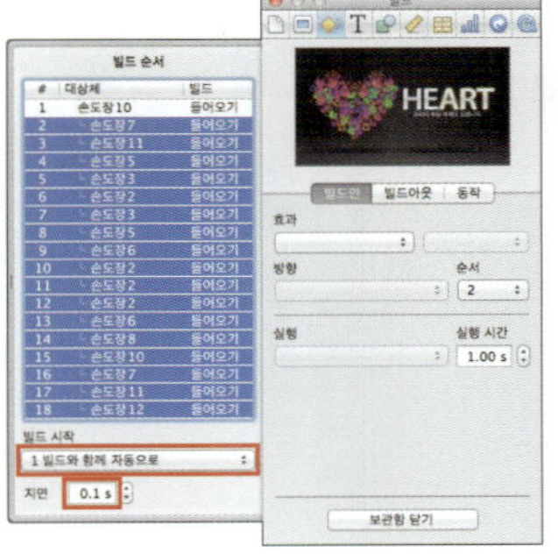

21 **1** [텍스트 상자]의 빌드 순서를 10번째로 이동하고, [글자 단위로]를 선택하고, [실행 시간]을 '3초'로 늘려줍니다. 화면 전환으로 [이동 마법사]를 적용합니다. 손도장 이미지 하나가 다음 슬라이드로 이동하는 효과를 얻을 수 있습니다.

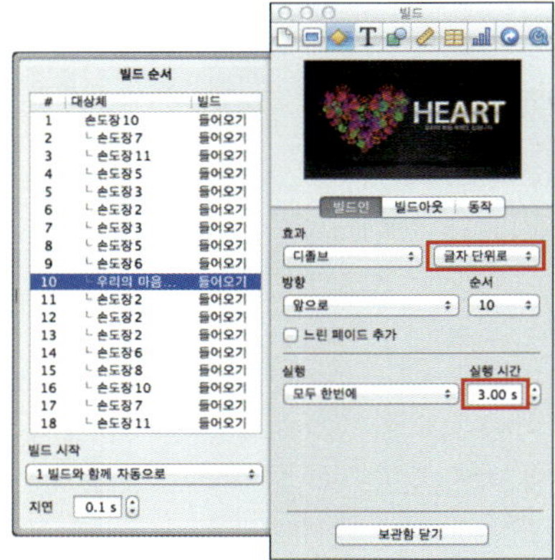
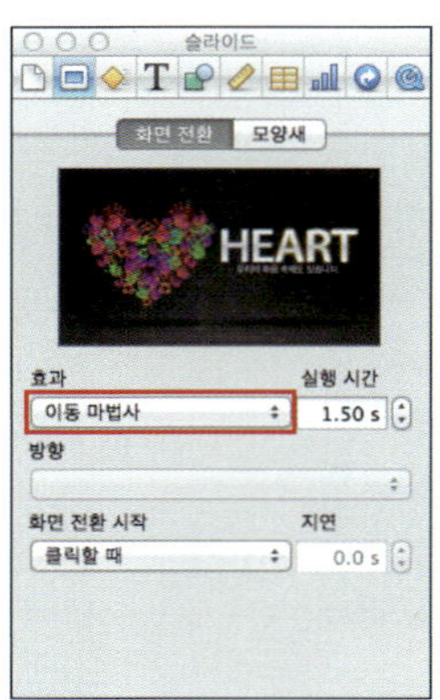

22 화면 전환으로 [철자 바꾸기]를 적용합니다.

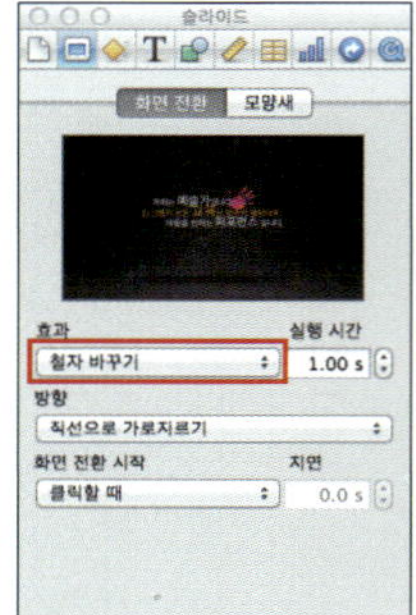

23 다음 슬라이드와 배경이 다르므로 화면 전체가 바뀌는 화면 전환을 선택해주어야 합니다. 따라서 [블라인드 효과]를 적용합니다.

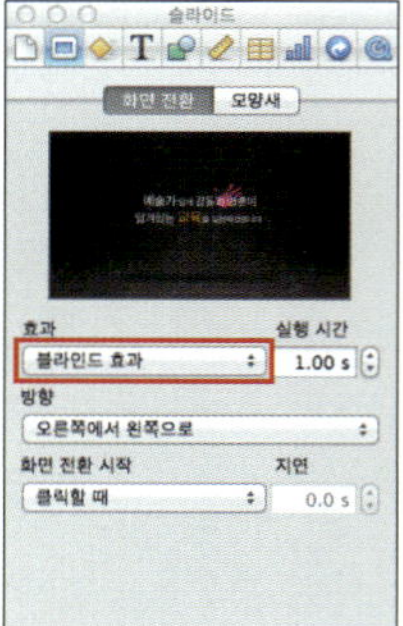
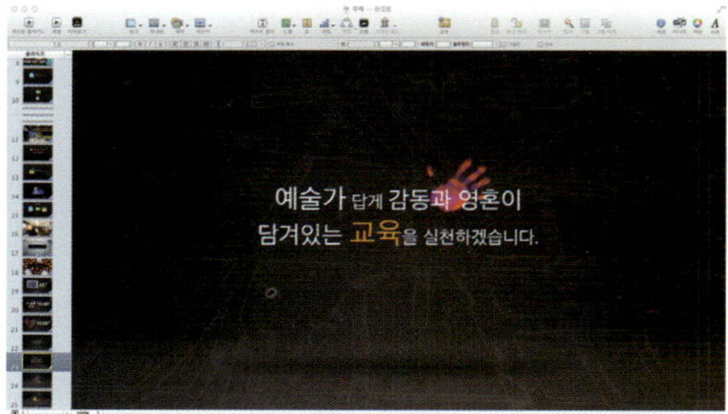

24 화면 전환으로 [회전문 효과]를 적용합니다. 텍스트가 다음 슬라이드의 로고로 회전하며 변하는 효과를 얻을 수 있습니다.

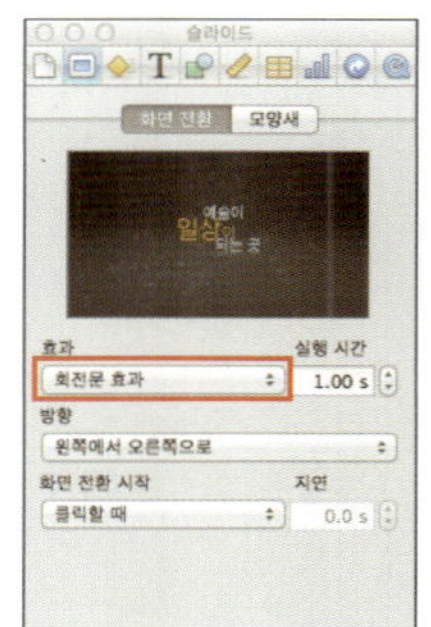

25 화면 하단의 URL [텍스트 상자]를 선택하고, [디졸브] 빌드인을 적용하고, [실행 시간]을 '5초'로 늘려줍니다. [화면 전환 후에 자동으로]를 적용합니다. 이렇게 하여야 [회전문 효과] 화면 전환 시에 [텍스트 상자]는 나타나지 않게 됩니다. (※ 만약 URL 대상체에 [디졸브] 빌드인을 적용하지 않는다면 로고 이외에 다른 움직임이 생기게 되어 시선을 분산하게 됩니다.)

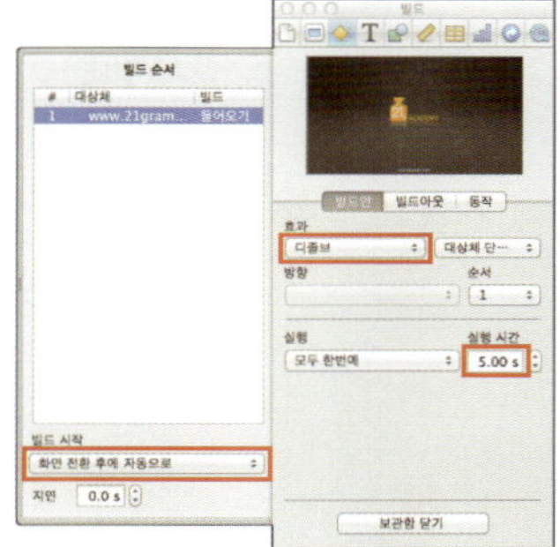

실무 디자이너가 제안하는 Keynote Presentation Design

키노트 프레젠테이션 디자인

1판 1쇄 인쇄 2013년 1월 25일
1판 1쇄 발행 2013년 1월 30일

지 은 이 신다니엘
발 행 인 이미옥
발 행 처 디지털북스
정　　가 20,000원
등 록 일 1999년 9월 3일
등록번호 220-90-18139
주　　소 (143-849)서울 광진구 능동 253-21
새 주 소 (143-849)서울 광진구 능동로 32길 159
전화번호 (02)447-3157~8
팩스번호 (02)447-3159

ISBN 978-89-6088-113-6 (13000)
D-13-01